한중 수교 30년,
평가와 전망

일러두기

1장 『국제지역연구』 31권 2호(2022년 여름) 35–78쪽에 게재된 「한중 외교관계 30년: 회고와 전망」(김한권)을 수정 및 보완한 것이다.

2장 『국제지역연구』 31권 2호(2022년 여름) 79–107쪽에 게재된 「한중 군사관계 30년: 회고와 전망, 그리고 발전방안」(박창희)을 수정 및 보완한 것이다.

3장 『중국지역연구』 제9권 제3호 55–86쪽에 게재된 「한중관계에서 북한 요인이 주는 전략적 함수관계 연구」(주재우)를 수정 및 보완한 것이다.

4장 『국제지역연구』 31권 2호(2022년 여름) 109–140쪽에 게재된 「한중 경제통상관계 30년 회고와 전망」(정환우)을 수정 및 보완한 것이다.

5장 『국제지역연구』 31권 2호(2022년 여름) 141–179쪽에 게재된 「한중 상호 직접투자 30년 회고와 평가」(왕윤종 · 최필수)를 수정 및 보완한 것이다.

6장 『국제지역연구』 31권 3호(2022년 가을) 1–42쪽에 게재된 「한중관계와 사회문화 교류: 인적 이동과 문화콘텐츠의 확산을 중심으로」(정종호)를 수정 및 보완한 것이다.

7장 『국제지역연구』 31권 2호(2022년 여름) 181–209쪽에 게재된 「한중 수교 30년 문화갈등: 양상과 전개 과정, 극복 과제」(이욱연)를 수정 및 보완한 것이다.

8장 『국제지역연구』 31권 2호(2022년 여름) 1–33쪽에 게재된 「한중관계 30년의 분석과 평가」(조영남)를 수정 및 보완한 것이다.

INSTITUTE OF INTERNATIONAL AFFAIRS
SEOUL NATIONAL UNIVERSITY
서울대학교 국제학연구소 연구총서 4

한중 수교 30년, 평가와 전망

갈등과 협력의 한중 관계, 상생의 길을 묻다

서울대학교 국제학연구소 기획 | 정종호 편

21세기북스

Contents

서문

한중 수교 30년 평가와 전망

1. 전환점에 선 한중 관계

1992년 8월 24일, 한국과 중국은 베이징에서 양국 관계의 역사적 전환점이 된 수교 협정을 체결하였다. 냉전 시기, 특히 한국전쟁 이후 오랫동안 대립과 단절의 적대적 관계를 유지해왔던 한중 양국의 수교는, 한편으로는 한반도 안보 및 통일 문제에 있어 중국의 전략적 지지를 확보하기 위한 한국 노태우 정부의 '북방외교', 또 다른 한편으로는 1989년 천안문사건 이후 위축된 개혁·개방의 공간을 확대하는 동시에 1992년 덩샤오핑의 '남순강화(南巡講話)'를 계기로 제시된 '사회주의 시장경제' 건설이라는 국가적 목표를 추진하기 위해 주변 정세의 안정이 절실히 필요했던 중국의 시대적 상황, 그리고 무엇보다도 구소련 및 동유럽 사회주의 국가의 해체에 따른 냉전 체제의 종식이라는 국제질서의 대변화가 이룩한 결과였다. 수교 이후 지난 30년 동안 한중 양국은 적지 않은 굴곡을 거치면서도, 경제 영역을 중심축으로 외교, 사회·문화, 군사·안보 분야에 이르기까지 전방위적인 협력과 교류를 이루어내며 괄목할 만한 성과를 거두었다.

한중 양국의 교역 규모(한국 관세청 기준)는 1992년 수교 당시 64억 달러에서 2021년 3,015억 달러로 47.1배 증가하였고, 한국의 대중국 직접투자액(홍콩 제외, 한국수출입은행 기준)은 1992년 1.4억 달러에서 2021년 66.7억 달러로 47.6배 증가했으며, 누계 기준으로 한국의 대중국 직접투자액은 1992년 2억 달러 수준에서 2021년 9월 789억 달러로 증가하였다.[1] 그 결과 중국은 2003년 이래 한국의 최대 수출 대상국, 2007년 이래 한국의 최대 수입 대상국이며, 투자 건수를 기준으로 수교 이래 지금까지 한국의 최대 투자 대상국이다. 중국의 입장에서도 한국은 중요한 무역 상대국인데, 중화권을 제외하면 한국은 사실상 중국의 최대 수입 대상국이자 최대의 투자유치 상대국이다. 특히 2015년 12월에는 한중 자유무역협정(FTA)이 공식 발효되면서 양국 간의 무역과 투자를 위한 제도적 기반도 마련되었다.

양국 관계는 외교 분야에서도 눈부신 발전을 거듭하였는데, 2021년 말 기준 지난 30년간 양국은 약 46차례의 공식 정상회담을 포함하여 총리, 장관급 인사, 국회와 정당 지도자 등 양국 고위층 인사 간의 교류도 활발하게 진행해왔다. 한중 양국은 한반도 평화와 북핵 문제 해결을 위해서도 긴밀히 협력하였는데, 중국은 북한의 핵 문제 해결을 위한 6자회담을 2003년 8월 베이징에서 처음으로 개최하였으며, 양국의 지속적인 협력을 기반으로 2005년 9월 제4차 6자회담에서 한반도 비핵화 원칙 등 6개 항의 '9·19 공동성명'이 발표되었다. 또한 인적 교류, 문화 콘텐츠 교류, 학술 교류 등 냉전 체제 하에서 철저히 단절되었던 사회문화 분야 교류에서도 한중 양국은 지난 30년간 중요한 성과를 거두었다. 한중 양국의 인적 교류는 수교 초기 13만 명 수준에서 2014년 처음으로 1,000만 명을 달성한 후 2016년에는 한중 수교 이래 최고 수치인 1,282.9만 명을 기록하였으며, 한중 양국에는 상대국의 수십만 국민이 거주하는 차이나타운과 코리아타운이 각각 형성되었고, 코로나19 이전에는 양국 모두 6만 명이 넘는 자국 학생들이 상대국에 유학하였다.[2]

한편 양국의 문화 콘텐츠가 상대국에 널리 진출하면서 중국에서는 한류(韓流), 한국에서는 한풍(漢風 또는 中國熱)이 등장하였고, 양국의 사회문화 교류를 위해 공자학원(孔子學院)과 세종학당(世宗學堂)이 각각 한국과 중국에 설립되었으며, 정부 영역과 민간 영역의 다양한 기관에 의해 학술회의, 공동연구, 심포지엄, 공동 세미나 등 다양한 학술 교류가 이루어졌다. 심지어 국가 간의 우호도나 친밀도를 가늠하는 가장 민감한 척도라 할 수 있는 군사 관계에 있어서도 한중 양국 교류는 수교 30년 동안 군 고위급 인사들의 상호 방문으로 시작하여, 고위급 대화 및 실무회의, 국방관련 협정 체결, 양국 해군 간 연합 수색구조훈련 실시에 이르기까지 확대되었다.

물론 한중 관계에서 갈등과 충돌이 없었던 것은 아니었다. 수교 이래 밀월 관계를 유지하던 한국과 중국은, 2000년 마늘분쟁을 시작으로, 2003년 고구려사를 둘러싼 역사분쟁인 '동북공정(东北工

程)', 2005년 강릉 단오절의 유네스코 무형문화유산 등재를 둘러싼 논란에서부터 인쇄술, 신화(神話), 혼천의(渾天儀), 한자, 한의학, 김치 등으로 이어진 인터넷상의 각종 전통문화 '원조(元朝) 논쟁(문화 귀속 논쟁)', 2010년 발생한 천안함 피격 사건 및 연평도 포격 사건에서 노출된 안보적 이해관계에 따른 갈등까지, 정치·사회·문화·역사 등 여러 영역에서 대립하고 충돌했다. 그럼에도 2015년 9월 박근혜 대통령의 중국 전승절 열병식 행사 참석, 그해 12월 한중 FTA의 공식 발효로 한중 관계의 발전은 최고조에 이르기도 하였다.

그러나 이듬해인 2016년 7월 한국 내 고고도 미사일 방어체계(THAAD: Terminal High Altitude Area Defense, 이하 사드) 배치를 둘러싼 갈등이 시작되고 사실상 한한령(限韓令)이 내려지면서 한국 관광객 제한, 한국 문화 콘텐츠 중국 시장 진출 제한, 한국 수입품에 대한 규제 강화 등 일련의 비공식적인 보복 조치가 단계적으로 취해졌다. 한중 간에는 거의 모든 대화와 교류가 단절되었으며, 한중 관계는 '최상의 관계'에서 '최악의 관계'로 급변하였다(신종호 외, 2021; 이동률, 2017; 한석희, 2022). 2017년 출범한 문재인 정부는 사드 갈등을 풀기 위한 노력의 일환으로 '3불'(미국의 미사일 방어 시스템에 참여하지 않으며, 사드를 추가 배치하지 않고, 한미일 군사 협력이 동맹으로 발전하지 않는다)을 언급하며 같은 해 12월 중국 방문을 통해 양국의 관계 개선을 시도했으나 여전히 한중 관계는 회복되지 못한 채 갈등은 더욱 심화되고 있다. 이에 더하여 코로나19 팬데믹 위기, 미중 갈등 고조 등으로 인해 양국 국민의 상호 인식은 점점 더 부정적으로 변화하였다.

수교 30주년을 맞이하여 한국과 중국은 양국 관계의 다음을 결정할 전환점을 다시금 직면하고 있다. 중국의 급속한 부상에 따라 양국 관계의 비대칭성이 증가하면서 한중 경제가 상호 보완적인 관계에서 경쟁적인 관계로 변화하였고, 그동안 한중 관계의 안정적인 발전을 담보해왔던 탈냉전의 국제질서가 미중 전략적 경쟁의 심화와 함께 신냉전의 질서로 변화하면서 한중 관계의 미중 관계 종속화 및 한미 동맹과 북중 동맹 간 대립의 강화가 전개되고 있으며, 특히 양국의 젊은 세대를 중심으로 상호 부정적 인식이 그 어느 때보다 높은 수준에 달하고 있다. 그 결과 '협력'과 '상생'보다 '갈등'과 '대립'의 한중 관계가 주도하는 양상이 나타나고 있다. 이러한 인식하에 이 책은 수교 30년을 맞이하여 한중 관계 30년의 성과와 한계를 평가하고, 이를 바탕으로 전환점에 선 한중 관계의 미래를 전망하며, 미래지향적인 한중 관계를 도모하기 위한 발전 방안을 제시하는 것을 목적으로 기획되었다.

2. 수교 30년: 갈등과 협력의 한중 관계

한중 관계 30년을 회고하고 평가하는 한 가지 방법은 시기 구분을 하는 것이다. 시기 구분과 시기별 특징 분석을 통해 한중 관계 30년이 어떤 궤적을 밟아왔는가를 한눈에 볼 수 있고, 동시에 시기별 성과와 문제점이 무엇인가도 함께 평가할 수 있기 때문이다.[3] 가장 공식적인 시기 구분은 1992년 수교 당시 '선린우호 협력 관계(睦

邻友好合作关系)', 1998년 '21세기를 향한 협력 동반자 관계(面向21世纪的合作伙伴关系)', 2003년 '전면적 협력 동반자 관계(全面合作伙伴关系)', 2008년 '전략적 협력 동반자 관계(战略合作伙伴关系)', 그리고 이후 '전략적 협력 동반자 관계의 실질적인 내실화' 시기로, 지난 한중 관계의 30년을 구분하는 것이다. 이러한 시기 구분에서 한중 양국의 공식적 관계가 꾸준히 격상되어왔음을 알 수 있다. 그러나 조영남(8장)이 지적하고 있는 것처럼, 공식 관계 규정에 입각한 시기 구분은 '전략적 협력 동반자 관계' 시기에 발생한 2010년 천안함 폭침 사건과 북한의 연평도 포격 사건을 둘러싼 갈등, '전략적 협력 동반자 관계의 내실화' 시기에 나타난 사드 갈등에서 드러나듯이, 한중 관계의 실제 양상을 반영하지 못한다는 문제가 있다.

이 책에서는 정치·외교·군사·경제·사회·문화 등 주요 영역별로 나누어 다양한 관점에서 한중 관계 30년의 시기 구분을 제시하고 있다. 김한권(1장)은 외교 관계를 중심으로 '수교 전후 시기'(전두환 및 노태우 정부 시기, 1980~1993년), '발전기'(김영삼 및 김대중 정부 시기, 1993~2003년), '조정기'(노무현 및 이명박 정부와 박근혜 정부 전반기 시기, 2003~2015년), '갈등기'(박근혜 정부 후반기 및 문재인 정부 시기, 2016~2022년)로, 박창희(2장)는 군사 관계를 중심으로 낮은 수준이지만 군사 협력의 단계로 발전하였던 '발전기'(1992~2009년), 2010년 천안함 폭침과 연평도 포격 도발로 부침을 겪었던 '시험기'(2010~2015년), 사드 배치 이후 군사 관계가 중단된 '침체기'(2016년 이후)로, 주재우(3장)는 북중 관계를 중심으로 '한중 관계 밀착기와 북한의 공백기'(1992~1998년), '한중 관계 발전기와 남북중 우호기'(1999~

2009년), '한중 관계 부침의 반복기와 북한의 공백기'(2010~2017년), '한중 소원기와 북중 일변도 시기'(2018~2022년)로, 한중 관계 30년의 시기를 어떤 분야·영역에 초점을 두느냐에 따라서 각각 다르게 구분하고 있다.

또한 정환우(4장)는 경제 관계를 중심으로 수교 이후 중국의 WTO 가입(2001년) 직전까지의 '분업 기반 협력' 시기, 중국의 WTO 가입 이후 글로벌 금융위기의 수습 시점까지의 '전환기(혹은 확대기)', 글로벌 금융위기 이후 미중 갈등이 본격화된 현재까지의 '경쟁적 통합시장' 시기로, 왕윤종·최필수(5장)는 한국의 대중국 직접투자를 중심으로 기초 탐색기로부터 초기 투자 붐 기간인 '사양산업 이전기(移轉期)'(1988~1997년), 외환위기 이후 중국의 WTO 가입을 계기로 대중 투자가 폭발적으로 증가하던 '주력산업 이전기'(1998~2007년), 글로벌 금융위기 이후 소강상태에서 대기업 위주의 투자가 이루어진 '과도기'(2008~2016년), 미중 갈등 이후 새로운 국면을 맞아 대규모 투자와 구조조정이 아울러 진행되는 '구조조정기'(2017년 이후)로, 이욱연(7장)은 임대근(2022)의 논의에 기반하여 문화 교류를 중심으로, 동북공정 이전까지의 '상호 탐색기'(1992~2002년), 동북공정과 여러 문화 갈등이 간헐적으로 지속되는 상황에서도 문화 교류가 지속적으로 확대되었던 '교류 성숙기'(2002~2016년), 그리고 중국의 한한령 이후 문화 교류가 중지되고 문화 갈등이 빈번하게 발생하는 '문화 냉각기'(2016년~현재)로 구분하고 있다.

한편 조영남(8장)은 이상과 같은 영역별 시기 구분은 경제·문화·군사·북한 등 특정 영역에만 한정되기 때문에 한중 관계 전체를 포괄할 수 없다고 지적하며, 한 시기를 뚜렷하게 특징짓는 중요한 사건의 발생 여부, 영역별 실제 교류 상황, 양국 국민 간의 상호 인식 변화를 기준으로 하는 시기 구분을 제시하고 있는데, 경제 교류를 중심으로 급속한 관계 발전을 이룬 '우호 협력기'(1992~2003년), 양국 관계의 지속적인 발전 속에도 경제(통상) 분쟁뿐만 아니라 역사와 문화, 외교와 안보 등 다양한 영역에서 여러 가지 갈등과 대립이 표출되면서 어려움에 직면한 '발전 중의 갈등 표출기'(2003~2013년), 미중 경쟁의 전면화로 대표되는 지구적 요소 및 지역적 요소의 영향을 강하게 받으면서 심하게 요동친 '새로운 관계 모색기'(2013~2022년)로 한중 관계 30년의 역사를 시기 구분하고 있다.

이상의 시기 구분에서 알 수 있듯이, 지난 30년의 한중 관계는 전체적으로는 괄목할 만한 성과를 이루어왔지만, 동시에 영역에 따라 상이한 궤적을 밟아왔다는 특징을 보인다. 한중 관계 역사에서의 중대한 사건들은 그간 30년의 시간 동안 정치·경제·사회·문화·외교·군사 등 주요 영역별로 상이한 영향을 미친 것으로 보인다. 예를 들어, 2001년 중국의 WTO 가입은 경제 관계, 2003년 발생한 동북공정은 외교와 사회·문화 관계, 2010년 천안함 폭침 사건과 북한의 연평도 포격 사건은 외교와 군사 관계, 그리고 남북중 관계, 2015년 한중 FTA는 경제 관계에 상대적으로 더 직접적인 영향을 미쳤다.

또한 이 책에 수록된 논문들은 지난 30년의 한중 관계 전체를 관통하는 공통적인 특징을 분석하고 있다. 앞서 언급하였던 정치·경제·사회·문화·외교·군사 등 주요 영역 간 불균등 발전의 심화 및 한중 관계의 공식 규정과 실제 간의 괴리 이외에도, 한중 간 국력 격차와 비대칭성의 확대, 교류 영역 및 주체의 급속한 확대, 중국의 일관된 한반도 정책과 한국의 당파적인 대중국 정책 간의 대비, 그리고 미중 전략적 경쟁의 심화에 따른 한중 관계의 미중 관계 종속화 등 지난 30년의 한중 관계 전체를 관통하는 공통적인 특징에 대해 설명하고 있다.

특히 사드 사태는 한중 관계의 모든 영역에 절대적인 영향을 미친, 지난 30년 한중 관계에서 가장 중요한 사건이라는 점에는 이견이 없다. 사드 사태는, 미중 전략적 경쟁이라는 지역을 넘어선 지구적 차원의 외부 요소가 한중 관계를 규정하게 된 변화와, 한중 관계의 발전을 추동해왔던 탈냉전의 국제질서에서 냉전적 질서로의 변화를 단적으로 드러내 보인 사건이었다. 한중 관계를 사드 사태 이전과 이후로 나누는 것이 가능할 정도로 사드 사태는 한중 관계 30년사를 가르는 분수령으로 작용했으며, 그 영향력은 아직 현재진행형이다. 사드 사태 이전에는 한중 관계에서 여러 갈등과 문제가 발생해왔음에도 불구하고, 양국은 서로의 차이점을 이해하고 공통점을 모색하며 상대국을 보다 협력적이고 우호적인 미래를 기약할 수 있는 대상으로 인식하였으나, 사드 사태 이후에는 양국 관계가 이전으로 돌아가기 힘든 국면에 이르렀다(김태호, 2017). 이 책은 사드 사태를 계기로 변화한 한중 관계를 외교 관계에서는 갈등기(1장), 군사 교류에서는 침체기(2장), 경제 관계에서는 구조조정기(5장), 문화 교류에서는 냉각기(6장)로 상세히 묘사하고 있다.

3. 미래 한중 관계의 주요 변수

1992년부터 2022년까지의 한중 관계 30년은 한중 양국의 국가 정책의 방향과 경로, 경제 발전 및 높아진 국제 위상, 글로벌 및 지역적 차원의 변화 등 여러 요인이 상호작용하며 이루어진 과정이자 결과였다. 한중 관계의 미래 역시 이러한 변수들의 상호작용에 의해 영향을 받으며 그 구체적인 양상이 결정될 것이다. 한중 관계에 중대한 영향을 미칠 것으로 보이는 주요 변수들은 다음과 같다.

첫째, 미중 전략적 경쟁의 심화이다. 1992년 한중 수교는 냉전 체제의 종식이라는 국제질서의 대변화로 인한 결과였다. 이러한 우호적인 국제환경 속에서 한국은 한미 동맹을 기반으로 중국과의 협력을 추구할 수 있었다. 그러나 2008년 시작된 글로벌 금융위기 이후 계속해서 심화되고 있는 미중 갈등은 한중 관계에 커다란 도전을 제기하고 있다. 2012년 등장한 시진핑 정부는 공세적인 외교 정책과 전략을 구사하고 있으며, 미국 역시 오바마 행정부의 '아시아 재균형 전략'에 이어, '미국 우선주의(America First)'를 내세운 트럼프 행정부가 중국을 '전략적 경쟁자(strategic competitor)'로 규정하면서 본격적으로 중국에 대한 적대 정책을 공식화하였다. 이렇듯 미중 간의 갈등이 본격화되면서 한중 관계는 미중 관계에 직접적인 영향을 받게 되었는데, 사드 배치를 둘러싼 갈등이 그 대표적인 사례이다. 미중 간의 경쟁과 갈등은 2018년 관세 부과를 중심으로 하는 통상 분쟁, 2020년 코로나19 팬데믹 책임론 논쟁을 거치면서, 전면적이고 전방위적인 양상으로 확대되고 있다.

한중 수교 30주년을 맞이하는 2022년 현재 미중 간의 경쟁은 더욱 심화되고 있다. 우선 바이든 행정부는 중국에 대한 인식에 있어서 트럼프 행정부와 큰 차이를 보이지 않고 있으며, 자유와 인권 등 보편 가치를 중심으로 동맹을 재구축하고 다자주의의 강화를 통해 중국을 견제하는 정책을 추진하고 있다. 중국 역시 2022년 10월 중국 공산당 20차 당대회를 통해 출범한 '시진핑 집권 3기'에서도 여전히 공세적인 대외정책을 구사할 것으로 예측되고 있다. 이처럼 첨예하게 대립하는 미국과 중국의 관계는 한국에 심각한 도전을 제기할 것이다. 이는 중국을 겨냥한 미국 주도의 동맹 네트워크의 구축에 적극적인 참여를 요구하는 미국과, 한국의 참여를 저지하려는 중국 사이에서 그동안 한국이 나름대로 유지해왔던 '전략적 모호성'의 공간이 축소되기 때문이다.

특히 자유와 민주주의를 기반으로 한 '가치외교', '한미 동맹 공고화' 및 '상호 존중에 기반한 한중 관계'를 강조하는 윤석열 정부는 기존의 '전략적 모호성'에서 탈피하여 미중 사이의 주요 현안에 대한 한국의 '전략적 명확성'을 점차 늘려나갈 것으로 전망되는데(김한권, 2022; 신종호 외, 2021; 한석희, 2022), 그 과정에서 한국과 중국 간의 갈등과 대립도 증가하게 될 것으로 예상된다. 인도·태평양 지역을 중심으로 한 대중국 봉쇄 네트워크인 쿼드(Quad: 미국·일본·인도·호주) 플러스(+), 인도·태평양 경제 프레임워크(IPEF: Indo-Pacific Economic Framework), 미국의 미사일 방어체계, 한·미·일 지역안보 협력 체제, 첨단산업에서의 국제 규범과 표준 설정, 대만의 자치권 문제 등의 현안에서 한국이 한미 동맹 강화 방침에 따라 반중연대에 참여할 경우, 한중 관계는 점점 더 심각한 도전에 직면하게 될 것이다(이에 대한 자세한 논의는 1장과 2장에서 다루고 있다).

둘째, 중국의 급속한 성장에 따른 한중 간 비대칭성 확대이다. 중국은 빠른 경제성장을 토대로 막대한 경제력을 갖춘 강대국이 되었으며, 이는 지난 30년간 한중 관계의 모습을 변화시켜온 중요한 요인이었다. 경제력의 측면에서 보면 한국과 중국의 GDP 격차는 수교 당시 1.4배에 불과하였으나 2020년에는 9배로 확대되었고, 군사력의 측면에서도 한국과 중국의 국방비 격차는 1998년 1.1배에서 2021년에는 4.4배로 확대되었다.[4] 또한 중국의 산업구조 고도화는 한국 수출의 대중국 비중 하락 및 중국 수입에서 한국의 점유율 하락을 야기했으며, 그에 따라 세계 시장으로의 수출을 목표로 중국의 노동집약적 공정과 한국의 자본집약적 공정 간의 호혜적 분업이 이루어졌던 초기의 상호 보완적 한중 경제 관계는 점차 상호 경쟁적인 관계로 바뀌어갔다. 그야말로 폭발적인 경제성장을 토대로 중국은 G2로 부상하였으며, 2012년 시진핑 체제의 등장 이후에는 일대일로, '인류 운명 공동체' 등 자국의 이익에 기초한 지구적 전략을 제기하면서 국제질서의 새로운 규범 형성을 시도하고 있다.

이러한 중국의 급속한 성장에 따른 한중 간 비대칭성 확대는 중국의 전략적 선택에 대한 한국의 취약성을 증가시키고 있는데, 사드 배치에 대한 중국의 보복으로 한국이 겪은 어려움은 한중 간 비대칭성 확대가 초래한 중국의 한국에 대한 레버리지 강화와 한국의 중국에 대한 취약성 심화를 단적으로 보여주었다(Byun, 2021). 더 큰 문제는 한중 간 비대칭성이 앞으로 더욱 확대될 가능성이 높다는 점이다. 특히 우려할 만한 점은 기술경쟁력과 산업경쟁력에서 한중 간 경쟁이 치열해지고 있을 뿐만 아니라, 일부 첨단 기술 분야에서의 경쟁에서 중국이 한국을 조만간 앞설 것이라는 전망이다. '중국제조 2025'를 통해 미래 기술 연구개발 및 첨단 제조업 육성, 그리고 디지털 전환에 노력을 집중해온 중국은 이미 높은 수준의 연구개발 실적을 거두고 있으며, 그 결과 중국은 반도체 등 핵심 주력 산업 일부를 제외하고, 전기차용 배터리, 인공지능(AI) 등 첨단 기술에서도 한국보다 기술경쟁력 및 산업경쟁력이 우세한 상황이다(조철 외, 2020). 따라서 반도체 등 첨단 분야에서 중국과의 기술경쟁력 및 산업경쟁력의 격차를 유지하려는 한국의 노력과 역량에 한중 관계 양상의 미래가 달려 있다고 볼 수 있다(이에 대한 자세한 논의는 4장, 5장, 8장에서 다루고 있다).

한편 중국은 경제적 부상과 함께 글로벌 문화대국이 되려는 국가 전략 차원에서 중국 자체의 문화 콘텐츠 경쟁력 강화에도 노력을 집중하고 있는데, 한국 역시 소프트 파워 강화를 통한 중견국가로서의 국제적 지위 유지 및 강화를 추구하고 있어, 문화 영역에서도 양국의 경쟁과 충돌이 더욱 증가하게 될 가능성이 크다. 예를 들어, 한류 물결을 타고 한국은 지금까지 중국과의 문화 콘텐츠 경쟁에서 압도적인 지위를 누리며 절대적인 수혜를 보았으나, 중국이 급속한 경제성장을 바탕으로 확보한 거대자본을 문화산업에 대대적으로 투입하여 자국 문화산업의 경쟁력을 증대시킨다면, 한국이 우세한 위치를 점하고 있는 문화 콘텐츠 영역은 추후 한중 간 심각한 갈등과 치열한 경쟁의 장으로 변화하게 될 것이다(이에 대한 자세한 논의는

6장에서 다루고 있다).

셋째, 북한 및 북핵 문제이다. 한중 수교 이래 지난 30년간 북한 및 북핵 문제는 한중 협력을 어렵게 만드는 요인으로 작용했다. 1992년 이루어진 한중 수교의 배경에는 중국과의 관계가 정상화된다면 한반도 안보 및 통일 문제에 있어, 중국이 같은 사회주의권 국가로서 북한에 긍정적인 영향력을 발휘할 수 있을 것이라는 한국의 기대가 자리하고 있었다. 실제로 중국은 한국의 햇볕정책을 포함한 대북관여정책을 지지하였으며, 제2차 북핵 위기 발생 이후 6자회담 주최국으로서 북한 핵 문제 해결을 위해 중요한 역할을 수행하였다. 그러나 결과적으로 중국은 지난 30년간 북한 및 북핵 문제의 해결에 대한 우리의 기대에 부응하지 못하였고, 한국이 직면하고 있는 북한 및 북핵 문제는 더욱 고착화되고 있는 상황이다. 북핵 문제 해결에 있어서 중국이 우리의 기대에 부응하지 못하는 중요한 이유는, 한미 동맹과 미일 동맹이 유지되고 있는 동아시아의 역학 구도하에서 북한이 미국의 세력 확장을 억제하는 데 있어 중국에게 중요한 전략적 자산이 되고 있기 때문이다.

여기서 주목해야 할 점은 미중 전략적 경쟁이 고조될수록 북핵 문제와 관련된 한중 양자 사이의 협력 공간이 줄어들면서, 북핵 문제는 한중 관계에서 더욱 해결하기 어려운 도전이 되어가고 있다는 사실이다. 이는 중국이 책임 있는 강대국으로서 북핵 문제를 해결하는 데 있어서 보다 적극적인 역할을 수행해주기를 바라는 한국의 기대와는 달리, 미중 경쟁이 심화되고 있는 상황에서 중국은 전략적 자산으로서의 북한의 필요성을 더욱 절감하고 북핵 문제를 북한 체제의 안정이라는 전제에서 접근하며 미중 경쟁 및 갈등에 대비하게 될 가능성이 높기 때문이다. 따라서 미중 경쟁이 초래하고 있는 현실적 한계에 대한 체계적인 인식을 바탕으로, 북한 및 북핵 문제에 대해 중국이 우리가 기대하는 역할을 해낼 수 있는 공간을 만들어줄 정책의 모색이 시급하다고 하겠다(이에 대한 자세한 논의는 3장에서 다루고 있다).

마지막으로 한중 양국의 젊은 세대를 중심으로 확산되고 있는 반중·반한 정서이다. 수교 이후 한중 양국은 지리적 인접성, 문화적 유사성 등에 기반하여 전면적인 교류를 통해 양국 국민의 정서적 공감대를 확대하고 상호 이해를 증진해왔다. 그러나 최근 한중 양국 국민의 부정적 상호 인식이 증가하고 있으며, 이로 인해 한중 관계 발전에 제동이 걸렸다는 우려의 목소리가 높아지고 있다. 미국 여론조사기관인 퓨리서치센터(Pew Research Center)가 2022년 6월 29일 발표한 중국에 대한 인식 조사 결과에 따르면, 한국인 응답자로서는 역대 최고 수치인 80%가 중국에 대한 비호감(unfavorable) 인식을 나타냈다. 중요한 사실은 19개 조사 대상국 중 유일하게 한국에서만 30세 이하 청년층의 중국에 대한 비호감도가 장년층의 비호감도를 넘어선 사실이다.[5] 특히 올해 초 개최된 2022 베이징 동계올림픽에서의 개막식 한복 논란과 쇼트트랙에서의 편파 판정 논란 등이 이어지면서 네티즌을 중심으로 한국 젊은 세대의 반중 정서가 심각한 수준에 달하였다. 한국의 젊은 세대가 가진 반중 정서의 배경에는 사드 배치를 둘러싼 갈등과 이에 따른 중국의 보복 이외에도 중국의 문화적 침탈 의도에 대한 반감, 코로나19 발생과 중국 정부의 축소 및 은폐 의혹, 홍콩 민주화 운동 탄압, 시진핑의 개인 권력 강화 및 장기 집권 추구, 중국의 노골적인 애국주의 선전 등이 있다.

중국 내에서도 사드 갈등 이후 반한 정서가 확대되고 있다. 최근 『The Diplomat』이 공개한 세계 주요 14개국에 대한 중국인의 인식 조사 결과에 따르면, 한국에 대한 비호감 인식을 표시한 중국인 응답자는 2020년 41%, 2021년 43%로 비교적 높은 수준으로 나타났다(Liu, Li, and Fang, 2021).[6] 특히 중국의 젊은 세대들은 배타적인 민족주의적 성향을 보이며 주로 인터넷 공간을 중심으로 한국에 대한 혐오의 감정을 빈번하게 드러내고 있다(이욱연, 2021). 미중 전략적 경쟁이 심화되고 있는 상황에서 추진되고 있는 시진핑 체제의 애국주의 및 민족주의 강화 정책으로 인해 중국의 젊은 세대가 중화 문명에 대한 자긍심과 자신감으로 무장되고 있는데, 이들이 향후 한국과 더 많은 사회문화적 갈등을 일으킬 것으로 우려되고 있다(이에 대한 자세한 논의는 7장에서 다루고 있다).

미래 한중 관계를 이끌어갈 주역이 청년들이라는 점을 고려한다면, 젊은 세대의 서로에 대한 반감은 미래 한중 관계에 있어서 갈등의 확대 및 심화를 의미한다. 따라서 현재 양국의 젊은 층에서 확대되고 있는 반중·반한 정서는 미래 한중 관계의 발전을 도모해나가는 과정에서 반드시 중요하게 다루어져야 할 문제이다. 한 가지 주목할 점은 한국 젊은 세대의 반중 정서에 비해 중국 젊은 세대의 반한 정서는 상대적으로 아직은 개선의 여지가 크다는 것이다. 예를 들어, 앞서 언급한 『The Diplomat』의 인식 조사 결과에 따르면, 한국에 대한 중국인의 비호감 인식은 독일, 프랑스, 이탈리아 등에 대한 비호감 인식보다는 높으나 미국과 일본에 대한 비호감 인식보다는 훨씬 낮으며, 호주, 영국, 캐나다 등에 대한 비호감 인식보다도 낮은 수준인 것으로 나타났다(Liu, Li, and Fang, 2021). 이러한 중국의 한국에 대한 '상대적 우호성'의 경향은 사드 갈등 이후 이루어진 한중 간 사회문화 교류에서도 확인할 수 있다. 사드 갈등과 코로나19로 인해 재중 한국인 유학생의 수는 눈에 띄게 감소하였지만, 재한 중국인 학위과정 유학생의 수는 사드 갈등과 코로나19 시기에도 꾸준히 증가하여 2021년에는 수교 이래 최고 수치인 5만 9,774명을 기록하였다. 또한 한한령의 직접적이고 치명적인 타격을 받은 방송 및 영화 등과 같은 콘텐츠 분야에서 대중국 수출은 대폭 감소했지만, 중국 내부에 한국 문화 콘텐츠에 대한 확고한 수요 기반이 견고히 존재하고 있는 덕분에 대중국 콘텐츠 총수출액은 지속적으로 증가했다. 이러한 점은 미래 한중 관계의 발전을 모색하는 과정에서 한국에 중요한 기회적 요소로 작용할 수 있다.

4. 한중 관계의 미래를 위한 제언

이상에서 살펴본 바와 같이 미중 전략적 경쟁의 심화, 중국의 급속한 성장에 따른 한중 간 비대칭성 확대, 북한 및 북핵 문제의 고착화, 그리고 젊은 세대를 중심으로 확산되고 있는 반중·반한 정서 등의 주요 변수에 의해 움직이게 될 미래 한중 관계는 '경쟁'과 '갈등'의 양상으로 전개될 소지가 다분하다. 수교 30년을 맞이하여 새로운 전환점에 이른 한중 관계가 '협력'과 '상생'의 미래지향적인 관계로 발전하기 위해서는 다음과 같은 점을 고려해볼 필요가 있다.

첫째, '가치', '정체성', '국익'의 의미를 명확하게 정의하고 명시하는 대중국 정책에서의 '원칙' 확립이 필요하다. 한중 관계의 지난 30년을 회고하며 한 가지 아쉬운 점은 비교적 일관되게 유지되어온 중국의 한반도 정책과는 달리, 한미 동맹과 한중 관계, 통일과 북한과의 평화 공존 사이에서 정권에 따라 '전략적 선택'이 상이하게 전개되었던 비일관적이고 비지속적인 우리의 대중국·대북한 정책이다. 이러한 점은 한국의 대중국 외교에 있어 심각한 장애물로 작용하였다. 특히 미중 전략적 경쟁으로 인해 주요 현안을 두고 미중 사이의 선택을 지속적으로 요구받게 될 앞으로의 상황을 고려한다면, 대중국 정책의 원칙 확립이 매우 시급한 과제임을 알 수 있다. 대중국 정책의 원칙 확립과 관련하여 김한권(1장)은 '인권과 민주주의, 자유시장경제 체제, 다자간 개방적인 자유무역주의, 규칙 기반의 질서(rule based order)' 등과 같이 대다수 국민들의 합의를 이끌어낼 수 있는 '가치'를 바탕으로 그동안의 '전략적 모호성'의 틀에서 벗어나 주요 현안별로 미중 사이에서 한국의 '국익'에 따른 대응의 '원칙'적인 방안을 수립해야 함을 강조하고 있고, 정환우(4장)는 '공정(한국과 중국의 기업이 상호 내수시장 개척 과정에서 겪어왔던 차별적 대우가 없어져야 한다는 의미)하고 포용적(한국과 중국 모두 다른 국가와 힘을 합쳐 상대국을 배제하면 안 된다는 의미)이며, 규범에 기반(한중 어느 한쪽이 임의로 상대방에게 어떤 조치를 취해서는 안 된다는 것을 의미)한 호혜적 협력 관계'를 미래 한중 경제 관계의 원칙으로 제시하고 있다. 즉 심화되고 있는 미중 갈등의 긴장 속에서 한중 관계가 협력과 상생의 미래지향적인 관계로 발전하기 위해서는, 이분법적으로 미국과 중국과의 관계를 접근하려는 기존의 경향에서 탈피하여 우리가 스스로 확립한 원칙에 기반하여 주체적으로 한미 관계와 한중 관계를 관리하는 것이 필요하다.

둘째, 다자 협력 및 다자 외교를 적극적으로 구축하고 활용해야 한다. 김한권(1장)의 지적처럼, 앞서 제안한 원칙 기반의 대중국 정책은 미중 전략적 경쟁 구도 하에서 일부 현안들에 대한 선택 압력의 증가로 인해 중국과 외교적 갈등을 야기할 수 있으며, 따라서 갈등이 예상되는 주요 현안별로 대중국 '제한적 손상(limited damage)' 외교를 염두에 둔 다자 협력·다자 외교의 선제적인 구축 및 활용이 필요하다. 이러한 다자 협력·다자 외교의 구축과 활용은 경제, 문화, 군사 등 다양한 영역으로 확대될 수 있다. 경제적인 측면에서는 한중 FTA, 한중일 FTA, CPTPP를 연계하여 기존 체제에 다자 체제를 추가하는 것을 고려할 수 있고, 문화적인 측면에서는 양자 간의 소모적인 문화 논쟁에서 벗어나 '아시아적 공동 가치'에 기반한 문화 콘텐츠 창출의 다자 협력 체제 구축을 계획해볼 수 있으며, 심지어 군사적인 측면에서도 역내 국가들 간의 군사안보 협력을 증진하기 위해 동아시아 국가들의 국방장관이 참여하는 장관급 대화체의 창설을 생각해볼 수 있다. 즉 주요 현안에 대한 미중 사이에서 선택의 강요를 받으며 발생하게 될 중국과의 마찰과 갈등이 제한적 손상으로 관리될 수 있도록 우리는 다자 협력 및 다자 외교를 적극적으로 구축하고 활용해야 하며, 이에 요구되는 외교 역량을 갖추어야만 한다.

셋째, 전략적인 대화 및 교류 채널을 복구하고 강화해야 한다. 미중 전략적 경쟁의 심화로 인해 한중 양국 간의 대화·교류 채널에 대한 필요성이 그 어느 때보다 증가하고 있다. 그러나 지난 30년 동안의 한중 관계를 돌아보면 양국 간에 갈등이 발생한 경우 이를 해결하기 위한 전략적인 대화·교류 채널이 제대로 작동하지 못하였다는 점을 발견할 수 있다. 따라서 우선 사드 갈등 이후에 중단된 양국 간 대화 및 교류 채널의 복구가 조속히 이루어져야 하겠다. 특히 안보와 관련된 한중 고위급 전략대화(strategic dialogue), 경제 분야에 있어 가장 대표적인 협의체인 한중경제장관회의 등을 재개하고 정례화해야 한다. 또한 한중 간 갈등을 예방하고 관리하기 위해 다양한 대화·교류 채널을 새롭게 구축할 필요가 있다. 특히 한중 관계의 미래 발전에 가장 심각한 걸림돌이 되고 있는 한중 양국의 젊은 세대 중심의 반중·반한 정서에 대응하기 위해 'Young Global Leaders Forum' 또는 아시아판 "Salzburg Global Seminar" 등을 새롭게 구축하여 양국의 미래를 이끌어갈 청년 세대 리더들에게 진솔한 소통의 장을 제공할 필요가 있다.

****

이 책은 서울대학교 국제학연구소 연구총서로 기획되었다. 본 연구총서의 기획을 지원해주신 서울대학교 국제학연구소 박철희 소장님께 감사드린다. SK그룹은 서울대학교 국제학연구소가 재출범

할 수 있도록 발전기금을 출연하였을 뿐만 아니라, 특별히 이번 총서 발간을 위해서도 추가적인 지원을 하였다. 이 자리를 빌려 SK그룹의 SV위원회 이형희 위원장님께도 감사를 드린다.

이 책에 수록된 논문들은 서울대학교 국제학연구소가 6월 10일 개최한 기획 심포지엄 '한중수교 30주년: 회고와 전망'에서 발표한 글들을 수정 보완하여 출간한 것이다. 기획 심포지엄에 지정토론자로 참여하여 유익한 논평을 해주신 안치영(인천대), 이남주(성공회대), 이동률(동덕여대), 조문영(연세대), 지만수(금융연구원), 황재호(한국외국어대) 교수님께 감사드린다. 끝으로 한중 수교 30년의 통계자료 수집 및 정리에서부터 총서의 교정 전반을 담당해준 서울대학교 국제대학원 박사과정의 김수정, 김현정 조교에게 깊은 감사를 드린다.

필자들을 대표하여 정종호

제1장

한중 외교 관계 30년

김한권(국립외교원)

1992-2022

1. 서론

한중 간 공식적인 대사급 외교 관계가 수립된 1992년 8월 24일 이후 한중 관계는 2022년에 이르러 어느덧 수교 30주년을 맞이하고 있다. 약 30년에 다다른 한중 관계는 그간 경제, 사회·문화, 정치·외교, 군사·안보 등 다양한 분야에서 발전과 퇴조를 경험해온 것이 사실이다. 하지만 1992년 수교 당시와 비교해본다면 2022년의 한중 관계는 외교를 포함한 대부분의 분야에서 일정 수준의 발전을 이루어내었다고 평가된다.

한중 양국 정부는 수교 30주년을 맞이하며 '2021–2022 한중 문화 교류의 해'를 선포하는 등 양자 관계를 한층 발전시키기 위한 계기로 만들기 위해 노력하고 있는 모습이다. 그러나 최근 한중 관계의 외교 분야를 살펴본다면 협력 요인들에 비해 도전 요인들의 부상이 더욱 눈에 띄어 우려되고 있다. 특히 근년에 들어와 미중 전략적 경쟁이 점차 심화되자 경제와 군사·안보 분야는 물론, 한중 사이 수면 아래 가라앉아 있던 정치 및 사회·문화 분야의 도전 요인들까지 부상하고 있는 상황이다. 이에 더하여 미중 전략적 경쟁의 장기화가 전망됨에 따라 미중 관계에 직간접적으로 영향을 받는 한중 사이의 도전 요인들도 점차 장기적인 정책적 대응이 필요해지는 모습이다.

이러한 배경을 바탕으로 한중 관계의 외교 분야는 수교 30주년을 바라보며 지난 시기를 회고하고 평가하는 동시에 이를 바탕으로 향후 안정적이고 지속적인 양국 관계의 발전을 위해 협력 요인들을 발굴하고 도전 요인들을 관리할 수 있는 한중 외교 관계의 재정립과 이에 대한 조속한 실행이 필요한 국면에 접어들었다고 생각된다. 따라서 이 글에서는 2022년 한중 수교 30주년을 맞이하여 먼저 1992년 8월 24일의 한중 수교 이후 나타난 한중 관계 외교 분야에 대해 회고하고 평가해보고자 한다. 지난 30년의 한중 외교에 대한 회고와 평가 과정에서는 외교 관계의 특성상 국제 관계의 요인뿐만 아니라 경제, 국내 정치, 사회·문화 등 다양한 요인들에서 영향을 받았음을 확인할 수 있다.

따라서 각 시기별 회고와 평가에서는 한중 외교 관계에 영향을 끼친 다양한 영역의 대표적 현안들이 자연히 함께 다루어질 것이다. 이어 이러한 회고와 평가를 바탕으로 새로이 다가올 한중 외교 관계를 전망하고 이에 따른 한국의 대중국 외교정책에 대해 제언해보고자 한다.

이를 위해 이 연구의 주된 시간적 범위를 1992년 8월 24일에 체결된 한중 수교 당시의 노태우 정부로부터 수교 30년을 맞이하게 되는 2022년 5월의 문재인 정부까지로 설정했다. 하지만 한중 외교 관계의 보다 정확한 회고와 분석을 위해 이 연구는 양국 수교의 또 다른 기반이 되었던 수교 이전인 1980년대에 공식 또는 비공식적 교류가 진행되었던 시기를 함께 살펴보았다.

이로 인해 이 글은 지난 한중 외교 관계를 ① 한중 수교 전후 시기(전두환 및 노태우 정부 시기, 1980~1993년), ② 한중 외교 관계 발전기(김영삼 및 김대중 정부 시기, 1993~2003년), ③ 한중 외교 관계 조정기(노무현 및 이명박 정부와 박근혜 정부 전반기 시기, 2003~2015년), ④ 한중 외교 관계 갈등기(박근혜 정부 후반기 및 문재인 정부 시기, 2016~2022년)의 네 시기로 구분했다. 특히 박근혜 정부 시기는 2015년 9월의 전승절 '망루 외교'로 한중 관계의 절정을 이루기도 했지만, 이듬해인 2016년 7월에는 한국 내 고고도 미사일 방어 체계(THAAD: Terminal High Altitude Area Defense, 이하 사드) 배치 현안으로 양국 관계에 급속한 냉각이 나타나는 대조적인 변화를 경험하게 된다. 또한 이로 인해 박근혜 정부 시기는 2015년까지를 조정기로, 2016년 이후를 갈등기로 나누어 구분했다.

물론 그간 학계와 관계에서는 한중 관계를 시기별로 구분할 때 중국 측이 자국의 양자 관계 기준에 따라 제안하고 한국이 수용했던 1992년 수교 당시의 우호 협력 관계 시기(노태우 및 김영삼 정부), 1998년 21세기를 향한 협력 동반자 관계(合作伙伴关系)(김대중 정부), 2003년 전면적 협력 동반자 관계(全面合作伙伴关系)(노무현 정부), 2008년 전략적 협력 동반자 관계(战略合作伙伴关系)(이명박 정부), 전략적 협력 동반자 관계의 실질적인 내실화 시기(박근혜 및 문재인 정부)로

의 구분이 일반적으로 사용되어온 것이 사실이다.[1]

하지만 이 글에서는 한국의 시각에서 수교 이후의 한중 외교 관계를 회고하고 평가해본다는 연구 목적에 맞추어 중국 측의 양자 관계 기준에 따른 구분보다는 한국의 시각에서 바라본 한중 수교 전후 시기, 발전기, 조정기, 갈등기라는 네 시기의 구분을 적용했다. 이와 함께 또 다른 이유로는 중국식 양자 관계의 구분이 한중 관계의 현실과는 괴리가 나타나고 있기 때문이다.

예를 들어, 2016년 7월의 한국 내 사드 배치 현안 이후 한중 관계는 급속히 냉각되고 현재까지도 완전한 양자 관계의 개선이 이루어지지 않았다. 하지만 중국 측 양자 관계의 기준에 따른다면, 2016년 이후의 한중 관계는 여전히 '전략적 협력 동반자 관계'로 이전의 '전면적 협력 동반자 관계(2003~2008)'에 비해 현재 전략적 협력 동반자 관계로 격상되어 있는 한중 관계가 한층 협력이 증진되었다는 의미로 다가올 수 있다. 이로 인해 한중 관계에 대한 발전적 인식과 국익의 충돌로 냉각된 양자 관계의 현실 사이에 괴리가 존재한다.

수교 이후 한중 외교 관계를 포함한 한중 관계의 전반에서 한국의 역대 정부가 다수의 국민들이 동의하는 가치, 정체성 그리고 국익을 지키기 위해 수립했던 한중 관계의 기본 틀은 '공고한 한미 동맹을 기반으로 한 한중 협력 관계의 발전 추구'였다. 수교 이후 한국이 마주했던 분단된 한반도와 동북아 정세하에서 한중 관계를 논하면서도 현실적으로 한미 관계와 미중 관계를 주의 깊게 살필 수밖에 없었던 한국의 현실에서는 가장 안정적이고 국익을 극대화하는 대외정책의 방향성이었다고 생각된다.

지난 30년을 되돌아보면 한국의 역대 정부는 미중 사이에서 이러한 한국 대외정책의 기본 틀을 유지하려 노력하면서도 각 정부의 특색 또는 특정 정부에 주어진 대내외 환경에 따라 어떤 시기는 한미 동맹을 중시하느라 한중 관계에서 도전 요인이 발생하고, 또 다른 시기에는 반대의 현상이 나타나기도 했다. 이와 관련된 최근의 사례를 살펴보면 한국은 박근혜 정부 후반기에 한국 내 사드 배치를 결정함으로써 한중 관계가 급격히 냉각되는 경험을 했다. 이어진 문재인 정부에서는 어찌 보면 당연히 한중 관계를 개선하기 위해 많은 노력을 기울여야 했다.

이러한 배경을 바탕으로 이 연구는 수교 이후 한중 관계 외교 분야의 평가 및 문제점과 도전 요인들을 분석하고 이에 대한 대응 방안을 제시해보고자 한다. 이를 위해 이 글에서는 먼저 수교 이후 10주년, 20주년, 25주년을 통해 각 시기별로 나타났던 한중 관계에 대한 시기별 선행 평가의 내용들을 간략히 살펴보고자 한다. 다음으로는 앞서 언급했던 수교 전후 시기, 발전기, 조정기, 갈등기의 네 가지 시기로 나누어 한중 관계 외교 분야를 회고 및 평가한 후, 한중 관계 외교 분야의 전망을 논의해보고자 한다. 끝으로 이 글에서는 회고와 평가, 그리고 전망을 바탕으로 한중 관계의 외교 분야에서 새로운 세대를 준비하는 발전 방안을 제안해보고자 한다.

2. 수교 이후 주요 시기별 선행연구와 평가

(1) 한중 관계 10주년의 선행연구와 평가

2022년에 들어와 한중 수교 30주년을 맞이하며 지나간 한중 관계의 외교 분야를 회고하고 전망하듯이 2002년에는 수교 10주년을 맞이하며, 2012년에는 20주년을, 그리고 2017년에는 25주년을 맞이하면서 유사한 주제의 연구가 진행되었다. 먼저 한중 관계의 발전기를 증명하듯 수교 10주년을 맞이했던 2002년 전후의 연구에서는 양자 관계의 빠른 발전을 긍정적으로 평가했다.

하지만 '중국의 부상(Rise of China)'에 따른 미국과 서구 사회에서의 '중국 위협론'이 중국의 인권, 민족주의, 군사력 강화 등을 지적하며 확대되는 가운데 타이완과 한반도 문제 등 역내에서 예상되는 미중 사이의 갈등에 대비하는 한국의 대응이 필요함을 지적하기도 했다(이남주, 2002). 다른 한편으로는 역시 '중국의 부상'에 따른 미중 관계의 변화를 배경으로 중국 연구에 있어 서구의 시각에 기초한 틀로서 중국 사회를 체계적으로 이해하기 어려운 점을 지적하면서 21세기에 들어서며 변화하는 중국을 이해하기 위해 한국의 중국학 연구가 어떠한 방향으로 나아가야 하는가를 고민하기도 하였다(이희옥, 2002).

또한 수교 10주년을 맞이하며 한중 양자 관계에 대한 평가에서는 국가 간 호감도에 대한 연구와 평가가 나타났던 것이 주목된다. 한국전쟁 시기였던 1950년 7월에 미군이 충북 영동군 황간면 노근리 인근 마을의 주민 수백 명을 사격하여 수백여 명의 사상자를 내었던 '노근리 사건'이 1990년대 말부터 불거져 나오고, 2002년에는 주한미군의 장갑차에 의해 두 명의 한국 여자 중학생이 사망했던 효선·미순 사건이 발생하며 한국 사회 내에서 반미 감정과 미국에 대해 자주적인 모습을 보이려는 의지가 퍼져나가고 있었다. 반미 감정의 증가로 인한 반작용으로 중국에 대한 기대와 호감도가 한국 국민들 사이에서 높아지는 현상이 나타났다.

하지만 2000년의 마늘 파동 및 특히 2002년의 '동북공정' 현안이 불거지며 한국 국민들이 가졌던 중국에 대한 기대와 호감도가 크게 감소하는 모습이 나타났으며 이러한 한국인들의 대중국 인식 변화에 대한 분석과 평가는 수교 10주년을 평가하는 데 부정적인 요인으로 나타났다(정재호, 2011; 주장환, 2011).

(2) 한중 관계 20주년의 선행연구와 평가

2012년을 한중 우정의 연도로 선포하며 수교 20주년을 맞이했던 한중 관계는 전반적으로 수교 이후 외교를 포함한 협력 관계를 증진시켜온 점을 긍정적으로 평가하고 있다. 또한 한중 관계의 교류 주체와 영역이 빠르게 확대되는 점을 강조하고 있다. 무엇보다도 수교 20년에 이르러서는 한중 외교 관계에서 한반도 문제와 함께 점차 경쟁 관계로 변화해가는 미중 관계의 함의에 대한 분석이 증가하는 모습이 나타났다.

반면 한중 외교 관계가 1992년 수교 당시 또는 수교 10주년을 맞았던 해인 2002년과 비교해볼 때 긍정적인 평가를 받기는 쉽지 않아 보인다는 분석도 나타났다. 특히 2002년의 중국 동북공정에 의한 양국 간의 갈등 표출 이후 한중 외교 관계는 일정한 관리가 필요한 정도에까지 이르렀으며, 2010년에 발생한 천안함 피격(3월)과 연평도 포격 사건(11월)을 거치며 양국 간에 "경제는 여전히 뜨겁지만, 외교는 미지근한 정도이고, 안보는 냉랭한(經濟熱 外交溫 安全冷) 분위기가 형성되었다"는 평가가 나타나기도 했다(정재호, 2002: 24-25). 또한 한중 관계는 점차 복합적인 형태로 나타나며 한국은 미국과 중국의 양 강대국 사이에서 약소국의 편승 외교나 일변도 외교보다는 복합적인 외교 전략을 수립하여 긍정적이고 능동적인 태도로 중국과 신뢰를 구축하고 다차원적인 협력 기제를 마련할 필요가 있음을 강조하는 시각이 제시되기도 했다(김흥규, 2012).

다른 한편으로는 한중 관계에서 세부 영역별 불균등한 발전이 심화되고, 공식 규정과 실제 관계 사이에 괴리가 존재하며, 한중 간의 격차와 비대칭이 확대되는 점에 대한 우려가 지적됐다(조영남, 2012: 2). 또한 한중 간의 교역량이 1992년에 비해 약 30배가 넘게 증가하여 한미 간의 교역량을 초과하였고 한국 경제의 중국 의존도가 심화되고 있어 이에 대한 정책적 고려가 필요하다는 지적과 함께 한국은 미중 경쟁 관계에서 미국과 중국 중 하나를 선택하지 않으면 안 되는 상황으로 전개될 가능성이 있다는 우려를 표명하기도 했다(홍성의, 2012: 295-296).

특히 한중 수교 20주년을 즈음하여 미중 관계를 중심으로 중국의 시각에서 바라본 한중 관계에 대한 연구 결과들은 당시 '안미경중(安美經中)'의 틀 속에서 한국 외교가 내포했던 한미 동맹과 한중 협력의 불안한 병행을 엿볼 수 있게 한다. 예를 들어, 리단(李丹)은 한중 수교 이후 20년 동안 양국은 경제, 정치·외교, 군사·안보 영역에서의 협력은 거대한 성과를 거두었다고 평가했다. 하지만 그는 한국이 정책의 선택에서 변화된 중국과 미국 사이에서 힘의 균형을 고려할 필요가 있다고 제언했다(李丹, 2013).

김경일과 전재우는 한중 협력이 동북아의 협력과 공동체 구축에 있어서 가장 안정된 기초적 역할을 할 수 있다고 평가했다. 특히 한중의 협력에서 가장 중요한 것은 한반도에서의 영구평화 체제를 구축하는 것이며, 이를 위한 가장 확실한 방법은 한국과 중국이 지경학적 접근으로 협력을 이루어 윈–윈의 구도를 이루는 것이라고 주장했다. 또한 한중이 소통과 협조를 통해 동북아 지역이 궁극적으로 냉전 구도에서 탈피하는 것이 양국의 공동 번영은 물론 역내 및 세계적 차원에서 항구적인 공통의 이익이 될 것이라고 전망했다(김경일·전재우, 2012).

(3) 한중 관계 25주년의 선행연구와 평가

이어 2017년에 이르러 한중 관계 25주년 시기의 평가를 살펴보면, 우선 한국 내 사드 배치 현안으로 인해 경색된 한중 관계에 대한 우려와 탈출구를 찾기 위한 지혜와 노력에 집중하는 모습이 나타난다. 특히 당시 수교 25주년을 맞이하여 발표된 회고 및 평가의 글들에서는 사드 현안에 대해 지적하면서도 한중 관계의 냉각은 사드 현안이 직접적인 원인을 제공했지만, 그 이면에는 수교 이후 양국 관계가 진화해오며 이제는 협력과 갈등의 요인들이 교차하는 새로운 국면에 접어들었다는 평가도 함께 거론되고 있다(백영서, 2017: 4).

특히 당시 사드 배치 현안과 더불어 중화 문명의 재보편화를 중심으로 한 문화보수주의의 확산과 중국의 대국화 추구, 그리고 중화 제국론에 대한 인식이 거론되기 시작했던 점은 최근 한중 관계에서 자주 나타나는 문화 논란과 연계해 유의하여 살펴볼 필요가 있어 보인다(전인갑, 2016: 1–19). 또한 한중 관계와 중일 관계를 비교하며 일본과는 다르게 한국에서는 혐중론을 다루는 대중 서적이 많지 않고, 설사 있다 해도 한국 사회 내에서 크게 주목받지 못한다는 평가가 나타났다(백영서, 2017: 27–28).

당시의 이러한 평가는 한국과 일본의 대중국 인식과 비교해 매우 의미 있는 분석이었다. 반면 그로부터 약 5년이 지난 2022년 현재 중국에 대한 한국 국민들의 호감도가 일본 못지않게 감소해 있으며, 한국 사회 내에서 중국에 대해 비판적인 시각이 담긴 글이 증가하고 있는 점은 한중 관계에 있어 의미를 내포한다고 생각된다.

3. 한중 외교 관계의 회고와 평가

(1) 한중 수교 전후 시기

한중 관계는 수교 이전인 1980년대 들어와 비공식적인 교류가 증진되었다. 한중 사이의 주요 현안에 대해 양국은 공식 수교 관계가 이루어지지 않은 시기였지만 공식·비공식 외교 접촉을 통해 문제를 풀어나갔다. 한국과 중국은 이러한 외교적 물밑 교섭을 통해 수교 전부터 조금씩 외교 관계의 기반을 쌓았다. 이와 더불어 1980년대 후반부터 나타났던 냉전 종식이라는 국제 환경의 변화와 노태우 정부 시기 외교적 총력을 기울인 북방 외교의 결과로 1992년 8월에 한중 수교가 체결되었다.

수교 전의 시기였지만 한중 사이에는 외교적 교섭이 필요했던 사건들이 발생함으로써 양국 수교에 기반이 되는 외교적 경험을 쌓게 된다. 대표적인 사례들로는 1982년 10월 및 1986년 2월 22일에 있었던 중공(수교 이전이었던 당시 중국의 명칭) 미그 19기 망명 사건, 1983년 5월 5일의 중공 민항기 사건, 1985년 3월 22일의 중공 어뢰정 사건, 1986년 6월 17일에 발생한 중공 민간인 선박 표류 사건 등이 있다. 그리고 1986년 서울 아시안게임 및 1988년 서울 하계올림픽의 개최와 중국 선수단의 참석은 한중 간의 외교적 접촉을 촉진시키고 양국 수교의 기반을 강화하는 중요한 계기가 되었다.

이 중에서도 1983년 중공 민항기 사건과 1985년 중공 어뢰정 사건은 수교 전 한중 간 외교적 교섭의 대표적인 사례로 들 수 있다.

또한 이들 사건이 한중 사이에서 원만하게 외교적 해결에 이르렀던 시기에 즈음하여 한중 수교에 있어 중요한 열쇠를 쥐고 있던 당시 중공의 최고지도자 덩샤오핑(鄧小平)이 한국과의 수교에 대한 필요성을 표명하기 시작한 것으로 알려져 있다. 첸치천(錢其琛) 전 중국 외교부장의 회고록인 『외교십기(外交十記)』에는 1985년 4월에 덩샤오핑은 한중 관계의 발전이 중국의 입장에서는 필요하다며 "첫째, 사업을 할 수 있고 이는 경제적으로 이익이다. 둘째, 한국을 타이완과의 관계에서 단절시킬 수 있다"라고 기술하고 있다(錢其琛, 2003: 151). 물론 덩샤오핑과 중국 공산당 지도부가 한중 수교에 더욱 적극성을 보이며 박차를 가했던 시기는 1991년 9월에 개최된 제46차 UN 총회에서 남북한이 각각 UN 회원국으로 동시 가입이 됨으로써 '하나의 중국' 원칙과 관련된 타이완 문제가 돌파구를 찾은 시기부터이다.

이후 국제사회의 탈냉전 국면의 도래와 함께 한중 간에는 수교를 위한 본격적인 물밑 교섭이 진행되었으며, 결국 한중 수교라는 역사적인 외교적 성과를 이루어냈다. 하지만 노태우 정부가 북방 외교의 화룡점정을 위해 임기 내 중국과의 수교를 서두르는 과정에서 타이완과의 단교 과정이 외교적으로 매끄럽지 못했다는 평가에 대해서는 한국 외교가 검토해볼 필요성이 있다.

당시 국제정세에 비추어본다면 한중 수교는 한국의 국익에 부합했으며 필연적으로 동반되었던 타이완과의 단교는 불가피한 선택이었음에는 이론의 여지가 없다. 하지만 타이완과의 단교 과정에서 미국과 일본이 보여주었던 타이완에 대한 외교적 배려와 존중과 비교해 한국의 외교적 대응이 미비했던 점이 존재했으며 이로 인해 이후 한국과 타이완의 관계는 물론 대중국 외교에서도 부정적인 요인이 되었음에 대해서는 논쟁이 존재한다(이상옥, 2002: 176-204; 국립외교원 외교안보연구소 외교사연구센터(편), 2020: 215-216). 결과적으로 본다면 앞서 언급했던 덩샤오핑의 의도대로 한국은 중국과의 수교 과정에서 또 하나의 외교적 과제였던 타이완과의 단교 과정이 매끄럽지 못했다고 생각된다. 실제로 이후 타이완인들이 가지는 한국에 대한 호감도가 크게 감소하는 주요 원인이 되었다.

(2) 한중 외교 관계 발전기

수교 이후 한중은 무역을 중심으로 한 경제 협력을 중심으로 우호 협력 관계를 발전시켜왔다. 한중 관계는 김영삼 정부 시기에 들어와 1993년 김영삼 대통령의 방중에 이어 1995년에는 11월 13~17일 사이 장쩌민(江澤民) 주석이 한국을 답방했다. 당시 장쩌민 주석의 방한은 한중 관계의 외교 분야에서 두 가지의 커다란 의미를 가지고 있었다. 첫째, 장쩌민 주석은 중국의 국가원수로는 처음으로 한국을 방문하여 정상회담을 개최한 중국의 최고지도자였다. 둘째, 장 주석은 또한 국가주석 취임 이후 북한을 방문하지 않고 한국을 먼저 방문한 최초의 중국 국가주석이기도 했다. 이처럼 당시 중국은 기존의 한반도 정책에서 외교적 관례를 깨며 한국과의 관계를 중시하는 모습을 보였다. 반면 탈냉전 시기에 접어들며 북중 관계는 과거 혈맹 관계에서 점차 국가 대 국가의 관계로 변화하며 냉각되어갔다.

1997년 2월 12일에 북한의 황장엽 국제담당비서의 망명 사건이 발생했다. 중국은 이 사건의 처리에 관해 한국과 북한의 요구 사이에서 고심하던 중 같은 달 19일에는 당시 중국의 최고지도자 덩샤오핑이 사망하는 사건까지 겹치며 황장엽의 망명 사건에 대한 한중 간의 협상은 난항을 거듭했다. 하지만 황장엽은 결국 제3국인 필리핀을 거쳐 한국에 입국했다. 중국은 결과적으로 국제법과 관례에 따라 황장엽의 의사와 한국의 의견을 존중하면서도 황장엽의 필리핀 체류 기간을 최대한으로 연장시키며 북한의 반발을 최소화하기 위해 노력하는 모습을 보였다(국립외교원 외교안보연구소 외교사연구센터, 2018: 289–310).

김대중 정부 시기였던 1998년에는 11월 11~15일 사이 대통령의 국빈 방문이 성사되었다. 김 대통령은 방중 당시 경제 관계에 집중되어 있었던 한중 관계를 정치, 사회·문화, 안보 등 다양한 분야에 걸쳐 포괄적인 협력 관계를 구축하기 위해 노력했으며, 양국 관계는 '21세기를 향한 협력 동반자 관계'로 격상되었다. 김대중 대통령은 '햇볕정책'에 대한 중국의 협력을 이끌어내었으며, 2000년 6월 13~15일 사이 평양을 방문하여 6·15 공동선언을 이루어내었다. 김대중 대통령은 '햇볕정책'과 성공적인 남북 정상회담의 성과를 인정받아 2000년 12월에 노벨 평화상을 수상했다. 또한 김대중 정부 시기 한중은 북한의 핵 개발에 함께 대응하는 과정에서 중국이 의장국을 맡은 6자회담이 2003년 8월에 중국 베이징에서 처음으로 개최

됐다. 이어 2005년 9월에 열린 제4차 6자회담에서는 한반도 비핵화 원칙 등 6개항의 '9·19 공동성명'이 발표되며 한중은 한반도 비핵화와 평화를 위해 함께 협력했다.

반면 발전을 거듭하던 한중 관계는 2000년에 마늘 분쟁 사건이 발생했으며, 이는 한중 관계에서 가장 두드러진 발전을 보이던 경제 분야에서 한중이 처음으로 무역 분쟁에서 충돌한 사안이었다. 한중 간 마늘 분쟁은 1999년 전후로 중국산 마늘의 수입이 급증하자 한국 무역위원회는 구제 조치가 지연되면 한국 내 마늘 생산 농가의 피해가 회복하기 어려운 상황이 초래될 수 있다는 예비 판정에 근거하여 같은 해 11월 잠정적으로 세이프가드(Safeguard, 긴급수입제한조치)를 취했다.

2000년 들어와 중국산 마늘의 수입 증가에 기인한 국내 산업 피해 긍정 판정이 최종적으로 결정되자 같은 해 6월 1일에 한국 정부는 중국산 냉동 마늘과 초산조제 마늘에 대해 세이프가드를 발동하며 한중 간 마늘 무역 분쟁이 본격적으로 부상했다. 한국 정부는 이들 품목에 315%의 긴급수입관세를 부과하였으며, 중국 정부는 이에 대한 보복 조치로 동년 6월 7일 한국산 휴대용 무선 전화기와 폴리에틸렌에 대한 전면 수입 금지 조치를 취하였다. 한중 당국은 양국 간의 무역 분쟁을 해결하기 위해 협상을 개시하여 2000년 7월 31일 양국 대표가 합의서에 최종적으로 공식 서명하였다. 이어 8월 2일에 합의서가 공식 발효함으로써 양국 간의 마늘 분쟁이 일단락되었다.

이후에도 한중 사이에는 마늘 분쟁을 해결하기 위해 다시 여러 차례의 재협상 과정을 거치게 된다. 결국 한국 정부는 국내 정치적 요구를 수용하기 위해 마늘 재배 농가에 대한 지원을 약속하고, 중국 측의 요구에는 2000년 7월에 체결한 한중 마늘 합의 부속서에 따라 2003년부터 중국산 마늘 수입 자유화를 공식 발표하며 3년여에 걸친 한중 마늘 분쟁이 마침내 종결됐다.

결과적으로 마늘 분쟁 이후로도 한중 간에는 무역을 중심으로 한 경제 협력이 발전을 이어나갔다. 한중 관계의 발전기에 마늘 분쟁으로 나타난 통상 마찰이 더 이상 확대되지 않고 합의에 이르도록 양국이 모두 협력하고 위기를 관리하기 위해 노력했다는 점에서 의미를 찾을 수 있다. 또한 이 지점은 김대중 정부 시기에 마늘 분쟁의 갈등이 발생했음에도 이 시기를 조정기나 갈등기로 구분하지 않은 이유이기도 하다. 당시 한중은 양국 관계의 발전에 정책적 우선순위를 두고 설사 마찰의 현안이 발생하더라도 양국 관계를 흔들거나 양국 국민들 사이에 감정적 대립이 나타나는 것을 바라지 않고 해결과 관리에 우선순위를 두는 시기였다고 평가한다.

하지만 한중 외교 통상 관계에서 한국의 국내 정치적인 이유로 중국과의 무역에 논란이 발생하였다는 점은 주의 깊게 검토할 필요성이 있다. 당시 한국의 정부 당국은 2000년의 총선이란 정치적 상황으로 인해 1999년 당시 총수입액 898만 달러였던 중국산 마늘에 관한 긴급 조정 관세를 부과함으로써 중국은 총수입액 5억 달러에 달하는 한국산 휴대용 무선전화기 및 폴리에틸렌에 대한 전면 수입 금지 조치를 취하는 결과를 초래했다(신정승, 2016).

(3) 한중 외교 관계 조정기

수교 이후 한중 관계는 다양한 분야에서 발전을 거듭해왔으며, 외교 분야도 예외가 아니었다. 하지만 노무현과 이명박 정부 시기에 들어와서는 한중 관계에서 점차 도전 요인들이 발생하며 양국 관계에 흔들림이 나타나기 시작했다. 특히 조정기는 발전기와는 다르게 한중 관계의 마찰이 해결되기보다는 갈등이 확대되지 않도록 관리에 우선하며 양국 사이의 현안에 대한 이견이 좁혀지지 않고, 나아가 국민들 사이에 상대국에 대한 호감도가 감소하는 현상이 나타났다.

가장 대표적인 사례로는 중국의 '동북공정(東北工程, 동북변강역사여현상계열연구공정, 東北邊疆歷史與現狀系列硏究工程)'과 한미 동맹에 대한 비판적 시각의 공개적 표출이었다. 중국은 2002년부터 동북공정 역사 연구 프로젝트를 진행하며 자국의 동북 변경의 역사를 재구성하기 시작했다. 실제로 중국은 동북공정과 함께 티베트에 대한 서남공정(西南工程), 신장 위구르 자치구에 대한 서북공정(西北工程) 등을 함께 진행하고 있었다. 중국의 입장에서는 이렇게 자국의 변경 지역 역사를 정리함으로써 중국 내 소수민족 문제와 국경 영토 논쟁에 대응하는 역사적 논리와 자료를 쌓을 수 있었다.

하지만 중국에게 동북 변경 지역 역사의 정리를 맡았던 동북공정이 고조선을 중국사에 귀속시키는 것은 물론 고구려와 발해를 중국의 지방 정권으로 해석하면서 한국인들에게는 자국의 민족사적 자긍심을 높여왔던 고대 국가들의 역사를 중국에 빼앗겼다는 불만과 중국에 대한 비판이 높아졌다(조법종, 2006). 결국 한중 정부는 양국 사이의 갈등을 관리하기 위해 동북공정의 문제를 봉합하기로 했다. 노무현 정부 시기에 한중 관계를 흔들었던 '동북공정' 현안은 양국 수교 이후 처음으로 한국 내 반중 정서를 급격하게 고조시키는 사건이 되었으며, 이러한 반중 정서는 한국 내에서 2004년까지 이어졌다.

한중 관계 조정기에 나타났던 또 하나의 대표적인 특징은 한미 동맹에 대한 한국과 중국의 시각 차이였다. 한국은 한미 동맹을 대외정책의 기반으로 삼고 북한의 핵과 미사일 위협에 대응하고 있었으며, 공고한 한미 동맹을 바탕으로 중국과의 협력 강화를 추구하고 있었다. 하지만 중국이 경제 발전을 바탕으로 한 자국의 국력과 국제사회의 위상이 높아지면서 점차 동아시아 지역에서 미국과의 긴장도 높아지고 있었다.

이러한 역내 국제 관계의 배경과 함께 2008년 8월에 이명박 대통령이 중국을 국빈 방문했다. 하지만 중국은 이 대통령의 방문 당시 한미 동맹에 대한 비판적 시각을 표출하며 양국 간의 한미 동맹의 시각 차이에 관한 논쟁은 물론 한국 내에서는 외교적 결례라는 비판까지 나타나게 된다.

당시 중국 외교부 친강(秦剛) 대변인이 "한미 군사동맹은 지나간 역사의 유물"이며 "냉전 시대의 군사동맹으로 전 세계 또는 각 지역이 당면한 문제를 다루고 처리하려 해서는 안 된다"라는 발언을 하며 중국이 한미 동맹에 대한 비판적 시각을 공개적으로 표출했다. 이러한 친강 대변인의 발언은 사실상 한국에게 '안미경중'의 틀을 바탕으로 한미 동맹과 한중 협력을 병행 발전시킨다는 한국의 대외 정책이 본격적인 시험의 무대에 오르는 신호탄이 되었다.

하지만 당시 한중 정부는 한미 동맹에 대한 시각 차이의 상황을 관리하기 위해 외교적 노력을 기울이는 모습을 보이며 계속해서 한중 관계의 발전을 중시하고 기본적인 외교 관계의 틀을 이탈하지 않으려는 모습을 견지했다고 평가한다. 또한 노무현 정부 시기였던 2003년에 한중 관계는 '전면적 협력 동반자 관계'로 격상되었다. 이어 이명박 정부 시기에는 한미 동맹에 대한 중국의 비판이 표출되었던 2008년에 '전략적 협력 동반자 관계'로 다시 한번 양국 관계의 격상이 나타났다.

이후 박근혜 정부 시기에 들어와 한중 관계의 친밀도가 한층 높아졌다. 2013년에 박근혜 대통령이 중국을 방문하여 중국인들로부터 열렬한 환영을 받았다. 2014년에는 시진핑 주석이 한국을 답방하며 한중 우호 관계는 한층 증진되었다. 2015년 9월에는 박근혜 대통령이 동맹국인 미국의 비판과 반대에서 불구하고 중국이 개최한 '항일전쟁 승리 및 세계 반(反)파시스트 전쟁 승리 70주년' 기념 행사에 참석하며 한중 우호 협력 관계가 절정을 이룬 시점으로 평가되고 있다. 하지만 이와는 대조적으로 당시 미국과 일본에서는 한국이 중국에 기울었다는 시각이 확산되며 한미 동맹에 틈이 생긴 것이 아니냐는 우려가 나타났던 시기이기도 했다.

(4) 한중 외교 관계 갈등기

한중 관계는 노무현, 이명박, 박근혜 정부 2015년까지 시기의 조정기에 이어 박근혜 정부 후반기인 2016년 이후의 시기 및 문재인 정부 시기에 들어와 도전 요인들이 본격적으로 부상하며 양국 관계는 갈등기에 접어들게 된다. 이 시기에 나타났던 양국 사이의 갈등과 도전 요인들은 한중 관계가 조정기를 겪으며 우려했던 잠재적 사안들이 북한의 핵·미사일 도발 및 미중 전략적 경쟁의 심화 등 한반도 주변 환경의 변화로 인해 결국 수면 위로 불거져 나온 것으로 평가된다.

이 시기에 들어와 한중 관계에서 또 하나의 유의할 점이자 과제로 떠오른 것은 문재인 정부 시기의 지속적인 대중국 유화정책 또는 저자세로까지 평가되었던 외교적 대응에도 불구하고 한중 관계의 개선이 쉽게 이루어지지 않았다는 점이다. 즉 이전 한중 관계의 조정기까지 나타났던 양국 정부의 상호 간 갈등 관리와 관계 회복의 노력이 한국의 구애로만 나타났다는 지점이다. 다른 한편으로 또 하나의 주목할 점은 문재인 정부의 지속적인 대중국 유화정책과는 대조적으로, 오히려 한국 국민들의 대중국 호감도는 감소했다는 것이다.

먼저 박근혜 정부 당시 중국 전승절 행사에 참석했던 속칭 '망루외교'를 통해 절정을 이루었던 한중 우호 협력 관계를 순식간에 냉각시켜버렸던 현안이 2016년 7월 8일에 한국과 미국 정부가 공식 발표했던 한국 내 사드 배치 결정이라는 점에는 전문가들 사이에서도 이견이 없어 보인다. 당시 한국의 입장에서는 북한 김정은 체제가 시작된 후 사드 배치를 발표하는 약 5년여의 시간 동안 북한은 2013년 2월 12일, 2016년 1월 6일 및 9월 9일, 그리고 2017년 9월 3일 등 총 4차례의 핵실험과 80여 차례에 걸쳐 대륙간탄도미사일(ICBM: Intercontinental Ballistic Missile)과 잠수함발사탄도미사일(SLBM: Submarine-Launched Ballistic Missile)이 포함된 미사일 발사 실험을 단행했다. 따라서 북한의 증가한 핵과 미사일 위협에 대응해 사드를 한국 내 배치하는 국방정책의 결정은 한국의 고유한 주권이라고 주장했다.

반면 중국은 한국 내 사드 배치 결정의 철회를 주장하며 사드 배치는 미중 사이의 전략적 균형을 깨는 행위라며 강하게 비판했다. 또한 한국에 대한 단체관광 및 한한령(限韓令)과 관계된 직간접적인 경제 제재를 가하였으며 중국 내에서는 한국 내 사드 부지를 제공한 롯데 그룹의 중국 롯데마트를 비롯한 한국 기업과 상품의 불매운동이 나타나기도 했다.

다른 한편으로 이 시기 한중 사이의 갈등에서 다시금 살펴보아야 할 점은 양국 국민들 사이에 나타났던 불필요한 민족적 반감이다. 수교 이후 한중 사이에 국가 간의 국익 및 다양한 정책적 갈등이 발생했을 때마다 이익을 조정하고 정책을 관리하며 양국 간의 협력 관계를 유지할 수 있었다. 하지만 사드 사태 이후 나타난 양국 국민들 간의 불필요한 민족주의적 반감과 감정적 대립은 결국 양국 국민들 사이에 상대국에 대한 상호 호감도가 감소하는 상황을 초래하였으며, 이는 다시 양국 우호 협력 관계 및 상호 신뢰를 회복하는 시간이 더욱 길어지게 될 것이다.

문재인 정부 시기에 들어와 한국은 중국과의 관계 개선의 필요성이 제기되었으며, 이에 더하여 문재인 정부는 심혈을 기울인 한반도 비핵화와 북한과의 교류 강화를 통한 평화 안착을 위해 중국의 협력과 역할이 필요했다. 이러한 배경을 바탕으로 문재인 정부는 대중국 유화정책을 적극적으로 펼치며 중국과의 관계 개선에 많은 외교적 노력을 기울였다. 물론 한중 수교 이후 역대 한국 정부는 모두 중국과의 원만한 협력 관계를 원했고 이를 위해 외교적 노력을 기울였던 것이 사실이다. 하지만 문재인 정부의 대중 정책에서는 전반적인 국민 정서와는 맞지 않는 저자세 외교의 논란과 외교적 비대칭성이 확대된 점은 장기적인 한중 관계의 발전을 위해 주의 깊은 검토가 필요해 보이며, 이는 다음 절에서 자세히 다루어보고자 한다.

문재인 정부는 한중 관계의 회복을 위한 노력의 일환으로 2017년 10월 30일에 한국 국회 외교통일위원회에서 당시 더불어민주당 박병석 의원의 질의에 대해 강경화 외교부 장관이 답변하며 '3불 입장 표명'에 대해 밝혔다. 당시 강 장관은 먼저 문재인 정부는 사드 추가 배치를 검토하고 있지 않다고 밝혔다. 이어 미국이 주도하는 동아시아 미사일 방어 체계(MD: Missile Defense)에 대한 한국의 가입 여부와 관련해 강 장관은 사드 배치는 북한의 핵과 미사일 위협에 대응하고 한국과 주한미군을 보호하기 위한 자위적 조치이며 미국의 미사일 방어 체계의 편입과는 무관함을 분명히 했다. 강 장관은 또한 문재인 정부는 미국의 미사일 방어 체계에 참여하지 않는다는 기존 입장에 변함이 없으며, 한반도 전략환경에 적합한 독자적인 '킬체인(Kill-Chain)'과 한국형 미사일 방어 체계(KAMD: Korea Air and Missile Defense)의 조기 구축을 위해 노력 중이라고 언급했다. 끝으로 강 장관은 한·미·일 3국 안보 협력은 북한의 핵·미사일 위협에 대해 억지력을 증진하고 실효적으로 대응하기 위한 범위에서 이루어지는 것이며, 이러한 3국 간 안보 협력이 3국 간의 군사동맹으로 발전하지 않을 것임을 밝혔다.

중국은 한국의 '3불 입장 표명'을 계기로 다음 날인 31일에 '한중 관계 개선 관련 양국 간 협의 결과'를 한중이 공동 발표하며 양국 관계 개선의 돌파구를 마련했다. 이어 2017년 12월에 문재인 대통령의 방중 및 대중국 유화정책의 지속적인 실행을 바탕으로 한중 관계의 복원을 추구했다. 이러한 문재인 정부의 노력은 일부 분야에서 양자 관계의 회복과 발전을 이룩했으나 2022년 현재까지 완전한 한중 관계의 개선은 이루어지지 않고 있다.

4. 한중 외교 관계 전망

(1) 미중 전략적 경쟁의 장기화와 한중 외교 분야의 도전 요인 증가

수교 30년을 바라보는 한중 관계는 미중 전략적 경쟁이 심화되면서 한중 외교 분야에서 새로이 도전 요인들이 부상하고 기존에 나타났던 도전 요인들이 악화될 가능성이 높아질 것으로 전망된다.

물론 한중 관계 외교 분야에서는 미중 전략적 경쟁 이외에도 북핵 요인을 포함한 한반도 정세, 한중 산업구조의 변화와 문화 논란 등 양자 관계에서의 요인에도 영향을 끼칠 것으로 전망된다. 하지만 특히 한국 윤석열 정부가 추구하는 한미 동맹 공고화라는 대외정책의 방향성 및 중국 내 애국·민족주의 및 사상 교육의 강화 추세는 점차 심화하는 미중 전략적 경쟁 구도하에서 한중 간 도전 요인들에 대한 우려를 한층 심화시키고 있다. 게다가 미중 전략적 경쟁이 점차 장기화되는 구조를 보이고 있어 이러한 한중 간 외교 분야의 도전 요인들이 자칫 장기적인 문제로 자리 잡을 가능성도 존재한다.

1) 한미 동맹의 공고화

먼저 단기적인 측면에서 한국은 윤석열 정부 출범 이후 전임 문재인 정부가 추구했던 대중국 유화정책의 견지보다는 한미 동맹의 공고화를 추구할 가능성이 높다. 2022년의 한국 대통령 선거 기간 중에 발표된 공약집을 살펴보면 외교 분야에서는 "한미 동맹의 재건"과 "포괄적 전략동맹"을 제일선에서 강조하고 있다. 구체적으로는 "자유민주주의의 가치를 바탕으로 아태 지역과 글로벌 질서의 미래 비전을 함께 설계"하고, 신기술, 글로벌 공급망, 우주, 사이버, 원자로 등으로 정의된 "뉴프런티어 분야"에서의 협력을 확대하고 심화하겠다고 기술하고 있다.[2]

반면 한중 관계에서는 "상호 존중"을 강조하고 있다. 특히 문재인 정부의 대중 정책을 "지나친 이념 편향 외교"로 평가하며 한미 동맹과 한·미·일 안보 협력의 구조적 약화를 불러왔다고 언급하고 있다. 또한 현재의 갈등과 대립이 심화되는 미중 관계를 감안한다면 기존의 '안미경중'과 '전략적 모호성(strategic ambiguity)'의 외교 기조는 더 이상 유지하기 어렵다고 적고 있다. 반면 "경제, 공중보건, 기후변화, 미세먼지, 문화 교류" 등을 중심으로 한중 관계의 발전을 추구하겠다고 밝혔다.[3]

2022년 대선 공약집에 기술된 이러한 내용들을 종합해본다면 윤석열 정부 시기의 한미 관계와 비교해 상대적으로 한중 관계는 쉽지 않은 과제들을 짊어질 것으로 예상된다. 앞서 언급된 한미 관계의 주요 협력 분야로 지목된 사안들은 중국의 입장에서 본다면 정치적, 군사·안보적, 경제적으로 매우 민감한 현안들을 내포하고 있다. 반면 한중 관계의 주요 협력 사안들은 미국의 입장에서는 상당 부분 수용이 가능한 현안들로 생각되기 때문이다.

실제로 미국의 민주당과 바이든 행정부는 미중 전략적 경쟁이 심화되는 과정에서도 자국의 국익을 위해 기후변화, 글로벌 보건 안보(global health security), 군축(arms control), 핵의 비확산 분야에서 새로운 국제규범과 기준의 논의에 적극적인 참여 및 중국과의 협력 강화를 추구하겠다고 공식적으로 밝힌 바 있다. 먼저 2020년 11월에 치러진 미국의 대통령 선거 기간에 발표된 '2020 민주당 강령'의 '기후변화' 절에서 민주당은 기후변화에 대한 책임감을 높이고 중국과의 연대를 추구한다고 밝혔다.[4] 또한 '핵의 비확산' 절에서는 러시아는 물론 중국과도 군축 협상을 진행해 세계를 '핵 벼랑(nuclear precipice)'에서 벗어나게 하겠다고 언급하고 있다.[5] 다음으로 바이든 대통령이 취임 후 2021년 3월 3일에 백악관에서 공개한 '국가 안보 전략 중간 지침(Interim National Security Strategic Guidance)'의 내용에는 미국이 기후변화, 글로벌 보건 안보, 군축, 핵의 비확산 분야에서 중국과의 협력을 환영할 것임을 밝히고 있다.[6]

물론 정치적 논리가 앞설 수밖에 없는 대통령 선거 기간의 공약과 정부 출범 이후의 구체적인 정책적 방향성에서는 차이가 나타날 수 있는 것도 사실이다. 하지만 한국 사회 내에서 2022년 베이징 동계올림픽에서의 한복 및 쇼트트랙에서의 판정 논란으로 중국에 대한 비판적인 정서가 여전히 팽배해 있다. 또한 2022년 대통령 선거 이후 미국에 파견된 한미정책협의대표단의 활동과 논의 내용을 살펴본다면 한미 관계에서 2022년 대선 공약집의 내용을 대부분 수용하고 있다고 평가된다.[7] 따라서 한미 동맹의 강화를 기반으로 상호 존중의 한중 관계를 추구하는 윤석열 정부의 대미 및 대중 정책의 방향성이 견지될 것으로 전망된다.

이를 증명하듯 2022년 5월에 한국에서 개최된 윤석열-바이든 정상회담에서는 큰 틀에서 한미 글로벌·포괄적 전략동맹의 방향성이 확인되었다. 경제 분야에서는 한국의 인도-태평양 경제 프레임워크(IPEF) 참여 및 한국의 대통령실과 미국 국가안전보장회의(NSC) 경제 안보 대화 채널 구축이 논의됐다. 또한 군사·안보 분야에서는 한·미·일 지역 안보 협력 강화가 논의되었다. 이와 더불어 북한의 핵과 미사일 도발에 대한 한미 간의 긴밀한 소통과 협력 강화 및 고위급 확장억제전략협의체(EDSCG: Extended Deterrence Strategy and Consultation Group)의 재가동이 합의되며 한미 동맹의 공고화가 한층 강화된 결과를 보여주었다.

향후 한국의 윤석열 정부가 미국 바이든 행정부가 요구하는 쿼드(QUAD), 인도-태평양 경제 프레임워크(IPEF: Indo-Pacific Economic Framework), 미국 주도의 동아시아 미사일 방어 체계, 한·미·일 지역 안보 협력 체제, 신뢰 가치 사슬(TVC: Trusted Value Chain) 등의 현안에서 한미 동맹의 전략적 신뢰 회복 및 실질적인 강화를 추구한다면, 이는 역으로 한중 관계에서는 민감한 도전 요인으로 나타날 수 있다. 무엇보다도 미중 간 경쟁이 심화될수록 핵심적이고 민감한 사안에서 양 강대국 모두가 한국에 정책적 선택을 압박하고 요구할 수 있다.

장기적인 측면에서도 미중 전략적 경쟁 구도하에서 한국의 미래 먹거리인 반도체, 2차전지 등의 첨단산업에서 미국의 공급망, 특히 신뢰 가치 사슬에 대한 의존도가 높아질 수밖에 없는 구조가 계속될 것으로 예상된다. 특히 반도체의 원천 기술을 포함하여 첨단 기술과 관련 산업에서 미국과의 협력이 필수적인 상황이다. 앞서 언급했던 한미 동맹의 군사·안보적 협력 강화 기류에 이어 한국이 국익에 기반을 둔 미국 주도의 신뢰 가치 사슬에 대한 참여는 현실적으로 한중 간 군사·안보 교류에서 국방 전략에 대한 상호 신뢰의 감소 및 첨단 기술 개발에서의 투자 및 협력 과정에 어려움을 초래할 수밖에 없어 보인다. 이는 궁극적으로 한중 외교 분야에서의 도전 요인으로 다가올 것으로 예상되며 실질적인 진전을 만들어내기가 어려운 한중 전략적 협력 동반자 관계의 지난한 내실화 과정이 전망된다.

2) 중국 내 애국·민족주의 및 사상 교육의 강화와 한중 간 문화 논란

중국의 시진핑 지도부는 미중 전략적 경쟁이 점차 심화되는 과정에서 중국 내 애국·민족주의 및 사상 교육을 강화시켜왔으며, 다른 한편으로는 중국 공산당 중앙 선전부를 통해 중국 언론 매체와 SNS를 엄격히 통제해왔다. 시진핑 지도부는 이를 통해 민족주의적인 대미 항전 의지를 높이며 미국과의 경쟁을 위한 중국인들의 내부 결집을 추구하였다. 특히 애국·민족주의 및 사상 교육의 강화는 중국 공산당과 시진핑 지도부에 대한 정통성과 지지도를 제고시킴으로써 시진핑 주석의 입장에서는 국내 정치적인 이익 또한 얻을 수 있는 방안이었다.

따라서 중국 내 애국·민족주의 및 사상 교육의 강화는 2022년 가을에 개최 예정인 중국 공산당 20차 전국대표대회까지 이어지며 시진핑 주석의 당 총서기 3연임의 과정을 공고히 하는 데 적지 않은 기여를 할 것으로 평가된다. 나아가 미중 전략적 경쟁이 장기화된다면 중국 내 애국·민족주의 및 사상 교육도 지속될 것으로 예상된다.

하지만 이러한 중국 내 애국·민족주의 및 사상 교육의 강화는 중국인들, 특히 20~30대의 젊은 세대에서 중화 문명에 대한 민족주의적 자긍심이 높아졌으며, 이로 인해 한국을 포함해 오랜 역사를 통해 중국과 문화를 교류해온 이웃 국가들과 점차 문화적 갈등이 발생하는 현상이 나타나고 있다. 특히 문화적 공유도가 높은 한국과는 근년에 들어와 한복과 김치의 원조 논란이 연이어 나타났다. 이러한 현상은 양국 간의 문화적 논란을 넘어 민족적 반감으로까지 확대되며 양국 국민들 사이에서 상대 국가에 대한 국가 호감도를 낮추고 있다.

대표적인 사례들로 2020년 11월에 중국의 게임회사인 페이퍼 게임즈(Paper Games)가 모바일 스타일링 게임인 '샤이닝니키'를 출시하며 한복이 명나라 의상 또는 중국 소수민족 중 하나인 조선족의 의상이니 원래 중국의 옷이라는 중국 이용자들 주장에 동의하는 공식 입장문을 발표함으로써 한복의 원조 논란이 나타났다. 이어 2020년 11월 28일에는 중국 언론이 자국의 소금 절임 채소인 파오차이(泡菜)가 국제표준화기구(ISO) 표준인증(ISO 24220: 2020, Pao cai)을 받은 점을 보도하며 이를 한국의 김치와 연결시켜 김치 종주국의 치욕이라고 주장하며 한국과 또 다른 문화적 마찰이 발생했다.[8]

2021년에 들어와서는 중국 조선족 출신의 작가가 집필한 한국 드라마 〈철인왕후〉에서 조선왕조실록에 대한 폄하가 나타났다. 다른 한편으로 같은 해 2월부터 5월까지 방영된 한국 드라마 〈빈센조〉에서는 한국의 전통 음식인 비빔밥이 중국산 간접 광고(PPL: Product Placement)로 등장하였으며, 역시 같은 해 3월에 방영된 한국 드라마 〈조선구마사〉에서는 태종과 훗날 세종대왕이 되는 충녕대군에 대한 폄하 및 조선시대의 식탁에 진열된 음식이 중국 전통 음식인 월병과 피단 등 중국식으로 등장하여 한국 시청자들이 강하게 비판하며 결국 방영이 중단되는 사태가 발생하는 사건이 발생했다. 세계적인 K-Culture의 관심과 인기 속에서 중국 회사가 재정적 지원을 한 한국 드라마를 문화적 논란이 연이어 발생하자 한국 내에서는 중국 자본에 의한 한국 문화의 중국화 시도가 아니냐는 강한 비판이 나타났다.

최근에는 2022년 2월 4일~20일 사이에 개최된 제24회 베이징 동계올림픽 개막식 행사에서 한국의 전통 복장인 한복이 중국 내 소수민족 중 조선족의 의상으로 등장하며 또다시 한중 사이에 한복 논란이 발생했다. 하지만 중국 정부는 한중 간 문화 논란에 대한 공식적인 대응에서 자국의 입장을 분명히 전달하는 모습을 보이고 있다. 당시 올림픽 개막식에서의 한복 논란이 일자 같은 달 10일에 주한 중국 대사관은 대변인 입장 표명을 통해 한국의 일부 언론에서 중국이 '문화공정'과 '문화약탈'을 하고 있다며 억측과 비난을 내놓고 있는 데 대해 주의를 기울이고 있으며, 중국 네티즌들 특히 조선족들은 이에 대해 매우 불만스러워하고 있다고 밝혔다. 이어 전통문화는 한반도의 것이며 또한 중국 조선족의 것으로 이른바 '문화공정', '민족약탈'이라는 말은 전혀 성립될 수 없다고 주장했다. 끝으로 중국은 한국의 역사·문화 전통을 존중하며, 한국 측도 조선족을 포함한 중국 각 민족 인민들의 감정을 존중해주기를 바란다고 언급하며 양국 사이의 문화 논란에 대해 정면 대응하는 입장을 표명했다.[9]

한국 내에서는 앞 절에서 언급되었던 2002년의 '동북공정'에 이어 최근 들어 한복과 김치의 원조 논란 등으로 중국과 문화적 논란이 지속적으로 발생하고 있는 점에서 중국에 대한 비판과 우려가 점차 증가하고 있다. 또한 이로 인해 한국 국민들의 중국에 대한 호감도가 감소하고 나아가 반중 감정이 증가하는 현상이 점차 뚜렷해지고 있다.

하지만 이러한 한중 간의 문화적 논란은 미중 전략적 경쟁의 장기화와 중국의 애국·민족주의 교육의 강화로 인해 역시 장기적인 한중 관계의 도전 요인으로 자리 잡을 것으로 전망된다. 대표적인 사례로 시진핑 지도부 시기에 들어와 변화가 나타났던 중국 중·고등학교 교과서의 내용을 들 수 있으며, 이러한 변화는 한중 사이의 문화 논란이 단기적인 현안이 아닌 중국인들의 세대별 인식이 바뀌어 나타나는 한중 사이의 장기적인 현안이 될 수 있음을 의미하고 있다.

현재 시진핑 지도부는 '통편 교과서(국정제)' 제도를 채택하고 있으며 역사 교과서 서술에서 정치이념 교육을 강화해왔다. 이는 덩샤오핑 시기 중국이 개혁·개방 정책을 실행한 이후 중국의 역사 교육이 탈정치화, 개방화, 자율화를 추구해왔던 추세와 정면으로 대치되는 변화이다. 특히 미중 전략적 경쟁 시대에 맞추어 세계와 중국의 관계를 재해석하고, 내부적 국민통합과 사상 동원에 필요한 새로운 국가 정체성을 재구성하는 내용이 채워지고 있다(오병수, 2021: 4).

구체적인 사례를 살펴보면 미국이 주도하는 글로벌 자본주의에 대한 비판적 인식, 개혁·개방의 심화와 탈사회주의 정책에 따른 정체성의 위기, 소련 해체가 야기한 민족 문제 등을 지적하며 이를 해소하기 위한 새로운 국가 정체성의 창출을 추구하는 내용들이 강조되고 있다. 이로 인해 중국 중·고등학교의 교육과정과 교과서 내용은 정치 교육 및 국가 주도의 이념 교육을 통해 집단적 정체성을 중시하는 방향으로 선회하는 모습이다. 특히 시진핑 지도부 시기의 새로운 교육과정에 따라 신설된 '역사: 중외역사강요(歷史:中外歷史

綱要)'는 문화 제국론에 바탕을 둔 제국사적 서술과 비서방적 대국으로서의 자국 이미지 형성에 기반을 두어 중국의 역사를 재구축한 것으로 평가된다(오병수, 2021: 7-10).

따라서 이러한 중국의 자국 역사 서술의 방향성은 한국을 포함한 주변 국가와의 역사 갈등을 새로운 차원으로 비화시킬 가능성이 높아질 것으로 전망된다. 이와 관련하여 한국 학계에서도 중화 문명의 재보편화를 중심으로 한 문화 보수주의의 확산과 중화 문명의 제도와 문화를 내세우는 중국의 문화 제국론에 관해 대국으로서의 자기 인식이 자국과 주변국과의 역사 관계를 대국과 소국 관계로 치환함으로써 동아시아 지역 질서 전반에 대한 중국의 대국적 개입을 정당화하는 논리로 삼을 수 있다는 우려가 나타났다(오병수, 2021: 16; 전인갑, 2016: 329-370).

이러한 우려에 관해서는 중국 내에서 지적되고 있다. 민족적 자긍심과 우월감이 강해진 젊은 세대들이 향후 중국을 이끌어나가는 기성세대로 성장하였을 때 과연 국제정세를 객관적으로 관찰하고 판단할 수 있을 것인가에 의문을 표하고 중국의 젊은이들이 이를 자각하길 지적하고 있다.[10]

(2) 대중국 유화정책과 '전략적 모호성'의 변화

한국 외교는 윤석열 정부의 출범과 더불어 문재인 정부 시기 한중 관계에서 최근까지 견지되었던 대중국 유화정책 및 미중 사이에서 전반적으로 유지했던 '전략적 모호성'에서 탈피하려는 움직임을 보여줄 것으로 전망된다. 특히 한중 관계는 외교적 미숙함과 국민 정서에 맞지 않는 저자세 등으로 기울어진 외교적 비대칭성을 바로 잡으려는 노력과 더불어 단기적으로 한미 동맹의 공고화 과정에서 중국과의 도전 요인이 증가할 것으로 예상된다. 또한 장기적인 측면에서는 심화되는 미중 전략적 경쟁 구도하에서 '전략적 모호성'에서 점차 양 강대국 사이의 주요 현안별 한국의 '전략적 명확성'이 증가할 것으로 전망된다.

1) 대중국 유화정책의 변화 요인

전임 박근혜 정부의 한국 내 사드 결정으로 인해 냉각된 한중 관계를 이어받은 문재인 정부의 입장에서는 한중 관계의 조속한 개선이 중요한 외교적 과제였다고 이해할 수 있다. 특히 중국과 관련된 한국의 경제적 이익은 물론 문재인 정부가 중점을 두었던 한반도 비핵화와 평화 안착 프로세스를 위해 중국의 협력에 요구되고 또한 중국의 역할에 기대를 걸었기에 조속한 한중 관계 개선은 문재인 정부에게는 외교적 지상 과제였다고 볼 수 있다. 또 다른 한편으로는 문재인 정부가 임기 내내 보여주었던 미국에 대해 자주적인 입장을 보여주려는 모습과 일본과의 역사적 인식 차이로 인해 냉각된 한일 관계가 지속되었던 당시 한국의 외교적 상황은 문재인 정부로 하여금 더욱 중국과의 관계를 중시하고 대중국 유화정책을 견지하게 만들었던 요인으로 볼 수 있다.

하지만 문재인 정부의 대중국 유화정책은 결과적으로 한국 외교가 국익의 극대화를 위해 최선의 노력을 기울여온 한미 동맹과 한중 협력의 균형을 유지하지 못했던 점이 검토해보아야 할 부분으로 생각된다. 물론 1992년 한중 수교 이후 한국의 대통령들과 새로운 정부들은 모두 한국의 국익을 위해 한미 동맹과 한중 협력의 균형을 추구해왔으나 각각의 정부마다 마주했던 대내외적 환경에 따른 난제들의 발생으로 인해 만족스러운 '균형'과 '이익'을 성취했던 정부는 많지 않아 보인다. 특히 미중 전략적 경쟁이 사실상 개시되고 중국이 공개적으로 한미 동맹에 대한 비판이 나타났던 이명박 정부 시기 이후 점차 치열해지는 미중 사이의 경쟁에서 한국이 바라는 균형적인 위치를 점하기가 갈수록 힘들어지고 있는 점도 사실이다.

따라서 문재인 정부 역시 쉽지 않은 대외 환경 속에서 한중 관계의 개선이라는 어려운 외교적 과제를 부여받았던 것이라 해도 틀린 말이 아니다. 하지만 문재인 정부가 대중국 유화정책에 집중하면서도 한중 관계에서 외교 관례상 한국 측의 미숙함, 국민 정서에 부합하지 않는 중국에 대한 저자세 논란, 중국의 한국에 대한 외교적 홀대 등의 문제들이 지적되었고, 무엇보다도 대중국 유화정책 견지의 주요 요인 중 하나였던 한반도 문제에 대한 중국의 역할에 대한 기대가 결과적으로 성과를 이루지 못했다는 지적이 대두되었다.

대표적인 사례들을 살펴본다면, 먼저 한중 관계의 외교 관례상 한국 측의 미숙함으로는 2017년 10월 25일에 문재인 대통령이 중국 공산당 제19차 전국대표대회를 통해 당의 총서기로 연임된 시진핑 주석에게 보낸 축전의 내용을 들 수 있다. 당시 문재인 대통령의 축전에는 "금번 중화인민공화국 공산당 제19차 전국대표대회가 성공적으로 개최되고, 중화인민공화국 공산당 총서기에 연임되신 것을 진심으로 축하한다"라고 기술되어 있었다.[11] 공식적인 명칭인 '중국 공산당' 대신에 '중화인민공화국 공산당'이라고 호칭한 것이었다.

전임 정부의 사례와 비교해본다면 이명박 대통령은 2012년 11월 16일에 당 총서기로 선출된 시진핑에게 축전을 보냈다. 당시 이명박 정부는 청와대에서 "제18차 중국 공산당 전국대표대회에서 총서기로 선출된 시진핑 총서기에게 오늘 축전을 전달"했다는 축전 관련 브리핑 기사를 발표했었다.[12] 문재인 정부 당시 '중화인민공화국 공산당'의 용어 실수는 하나의 작은 외교적 해프닝으로 처리되었다. 하지만 이 사안으로 인해 대중 정책의 적극성에 비해 문재인 정부 내에서 중국에 대한 실질적이고 깊이 있는 연구와 이해의 노력이 진행되고 있는가에 대한 의문과 더불어 한중 관계의 주요 외교 문건 작성에서 청와대와 외교부 사이에 원활한 논의와 내용의 검토 과정이 진행되고 있는가에 대한 의문이 제기되었던 문재인 정부 초기의 사건이었다.

다음으로는 중국에 대한 저자세 논란을 들 수 있다. 대표적으로 논란이 되었던 사례는 2017년 노영민 주중 한국 대사의 '만절필동(萬折必東)'의 사자성어 사용으로 인한 사대주의 논란과 같은 해 문재인 대통령이 중국을 "높은 산봉우리"에, 그리고 마치 한국을 "주변 봉우리"로 표현한 듯했던 '대국'과 '소국'의 논란 사건이었다.

먼저 '만절필동'의 사안은 2017년 12월 5일에 노영민 주중 한국 대사가 베이징 인민대회당에서 열린 신임장 제정식 행사에서 방명

록에 "만절필동 공창미래(萬折必東 共創未來)"라고 적은 것이 발단이 되었다. '공창미래'는 함께 미래를 만들어나가자라는 뜻으로 크게 문제가 없었다. 하지만 '만절필동'은 구성 글자의 뜻으로만 해석하면 황하가 만 번을 꺾어도 결국 동쪽으로 흘러간다는 뜻을 가졌으나, 이 사자성어는 조선시대 명나라에 대한 사대주의가 담긴 글귀로 해석되며 저자세 외교의 논란이 발생했다.[13] 당시 사대 논란에 대해 문재인 정부는 이 글귀를 한중 간 사드 문제로 양국 관계가 어려운 상황에 처했지만 결국은 잘 풀려갈 테니 힘을 합쳐 미래를 함께 만들어가자는 의미였다고 설명했다.

이어 같은 해 12월 문재인 대통령의 방중 기간 중 15일에 있었던 중국 베이징대(北京大)에서의 연설문에는 "중국은 단지 중국이 아니라 주변국들과 어울려 있을 때 그 존재가 빛나는 국가입니다. 높은 산봉우리가 주변의 많은 산봉우리와 어울리면서 더 높아지는 것과 같습니다"라는 내용이 포함되어 있었다.[14] 중국을 "높은 산봉우리"에 한국을 마치 주변의 많은 봉우리 중 하나로 비유한 듯한 표현에서 또 한 번의 저자세 외교의 문제가 지적되었다. 하지만 당시 한국 내에서는 이 표현을 두고 겉으로는 중국을 치켜세우고 있지만, 내용상으로는 중국이 북핵과 한반도 문제 등 동북아 현안에 있어 보다 책임 있는 역할을 해달라는 메시지를 담은 완곡어법이었다는 분석이 존재하기도 했다.

당시 문재인 대통령의 베이징대 연설에서 더욱 문제가 되었던 것은 중국을 "대국"으로 부르고 한국은 "작은 나라"로 표현하며 스스로를 낮추는 속칭 대국과 소국의 논란이었다. 실제로 문 대통령의 연설문 내용에는 한국은 "그 꿈에 함께할 것"이라는 표현으로 '중국몽(中國夢)'에 대한 지지와 함께 "호혜 상생과 개방 전략 속에서 인류 운명공동체 구축을 견지하겠다는 시 주석의 말에 큰 박수를 보냅니다"라는 언급 및 "또한 수교 25년의 역사가 다시 한번 증명하듯이 양국은 한쪽의 번영이 서로에게 도움이 되는 운명공동체의 관계라고 믿습니다"라고 언급했다.[15] 문재인 대통령의 이러한 표현은 한국 내에서 중국이 강조하는 '인류 운명공동체'를 미중 전략적 경쟁 구도하에서 전략적 여과 없이 지지했다는 논란이 나타나기도 했지만 결과적으로 "대국"과 "작은 나라"의 논란이 더욱 크게 나타났다.[16]

문 대통령의 베이징대 연설문의 "대국"과 "작은 나라"의 논란에서 먼저 언급된 것은 중국에 대한 "대국"의 표현이었다. 문재인 대통령은 연설에서 "중국이 법과 덕을 앞세우고 널리 포용하는 것은 중국을 대국답게 하는 기초입니다. 주변국들로 하여금 중국을 신뢰하게 하고 함께하고자 할 것입니다"라며 중국이 대국으로서 나아가야 할 길을 제언했다.[17]

이어 문재인 대통령이 언급했던 "작은 나라"의 표현과 이와 관련된 외교적 저자세 논란은 자칫 학문적 검증의 논쟁이 될 수도 있어 주의 깊은 접근이 필요하다. 먼저 이와 관련하여 2018년 청와대가 공식적으로 공개한 문 대통령의 연설문집에 따르면 문 대통령의 2017년 12월 베이징대 연설문에는 "작은 나라"가 포함된 위의 문장에서 "작은 나라"가 삭제되고 "한국도 책임 있는 중견 국가로서 그 꿈에 함께할 것입니다"라고 기술되어 있다.[18]

하지만 당시 연설 후 다수의 한국 언론들은 직접 인용부호를 사용하여 문 대통령의 연설이 바로 앞 문장에서 언급했던 '중국몽'과 이어지며 "한국도 작은 나라지만 책임 있는 중견 국가로서 그 꿈에 함께할 것입니다"라고 언급했다며 연설 전문과 함께 "작은 나라"의 표현 사용에 대한 논란을 보도했다.[19] 정리해보면 2017년 12월 당시 "대국"과 "작은 나라"에 대한 논란이 일자 문재인 정부의 대통령 비서실에서 2018년 7월 31일에 공식적으로 발간한 『문재인 대통령 연설문집』에서 "작은 나라"의 표현을 삭제했던 것으로 생각된다.

이상과 같이 문재인 정부 시기 한중 관계에서 발생했던 국민들의 정서에 맞지 않는 저자세 논란은 새로이 출범한 윤석열 정부로 하여금 자연스럽게 한국의 대중국 유화정책에 대한 방향성 검토를 불러올 것으로 예상된다. 특히 한국 사회 내에서 전반적으로 나타나는 중국에 대한 호감도 감소 현상과 한미 동맹을 강조하는 윤석열 정부의 입장에서는 국민 정서가 허용하는 수준으로 한중 간 외교적 비대칭성을 수정하기 위해 노력을 기울일 것으로 전망된다.

2) 전략적 모호성의 변화 요인

한중 관계에서 기존에 유지되었던 '전략적 모호성'은 장기적인 측면에서 점차 '전략적 명료성'이 증가되는 방향으로 전환될 것으로 전망된다. 미중 전략적 경쟁이 본격적으로 부상하며 문재인 정부는 '전략적 모호성'을 추구했으나 결과적으로 동맹국인 미국은 물론 중국으로부터도 한국에 대한 전략적 신뢰가 감소되는 현상이 나타났다. 이에 더하여 미중 전략적 경쟁이 심화되며 다양한 영역에서 양

강대국 사이의 주요 현안과 관련하여 한국에 대한 압박이 점차 증가하는 결과가 나타났다.

특히 미중 사이에서 핵심 경쟁 분야로 부상한 첨단산업의 국제규범과 표준 및 공급망 구성을 포함한 기술 패권 경쟁, 그리고 남태평양에 이어 최근에는 타이완 해협에서의 군사·안보적 긴장이 높아지며 한국도 점차 정책적 선택의 순간이 다가오고 있어 보인다. 이와 관련하여 한중 관계에서는 미국의 인도-태평양 전략의 일환인 QUAD 및 남중국해에서의 항행의 자유 작전(FONOPs)에 대한 한국의 참여 여부가 이미 민감한 현안으로 다가왔다.

이외에도 기후변화와 탄소중립의 현안들을 꼽을 수 있다. 한국은 이들 현안에 대해 원칙적으로 동의를 표하고 있으며 미중도 이들 현안에 대한 협력을 강조하고 있다. 대표적인 사례로 2021년 11월에 미중은 영국 글래스고에서 개최된 제26차 UN 기후변화 협약 당사국 총회(The UN Climate Change Conference, 또는 COP26; the 26th annual summit of Conference of the Parties) 기간 중 '2020년대 기후 대응 강화에 관한 미중 공동 글래스고 선언(U.S.-China Joint Glasgow Declaration on Enhancing Climate Action in the 2020s)'을 함께 발표하기도 했다.[20]

하지만 기후변화 대응에 대한 미중의 입장은 각론으로 들어갈수록 차이가 나타나고 있다. 미국은 트럼프 대통령이 일방적으로 파리 기후변화 협정에서 탈퇴하던 모습과는 대조적으로 바이든 행정부가 출범하며 파리 기후변화 협정에 복귀하고 기후변화 현안에 관한 국제사회에서의 주도적인 리더십을 회복해나가고 있다. 반면 중국은 기후변화 관련 논의에서 자국을 개발도상국으로 정의하고 개발도상국과 저개발 국가들의 이익을 대변하며 기존 선진국들의 주장과 차이를 보이고 있다. 중국을 위시로 한 개발도상국가들은 선진국이 이들 국가에 대한 재정 지원 등 온실 감축 이행의 약속을 지키지 않고 있음을 비판하는 한편, 선진국들의 역사적 책임을 다시금 지적하고 있다. 이러한 미중의 세력 대결은 마치 북반구와 남반구로 대표되는 새로운 진영 간 대결 국면의 정세로 나타나고 있다(조원호, 2021).

한국은 제26차 유엔기후변화협약 당사국총회(COP26)에서 2050년에는 탄소중립을 달성하겠다고 공언했다. 준비가 앞서있고 환경에 초점을 맞춘 미국, EU 등의 서구 선진국과 현실적인 경제 상황이 여의치 않고 개발에 중심을 둔 중국, 인도를 포함한 개발도상국 및 저개발국가들의 입장 사이에서 한국은 기업들의 현실적인 상황에 대한 검토와 장기적인 차원에서 국익에 기반을 둔 정책적 선택이 필요하리라 생각된다.

다른 한편으로 미중 사이 경쟁 영역의 온도 차이에 따라 일부 현안에서는 단기적으로 한국이 전략적 모호성에서 명료성이 요구될 가능성이 있다. 대표적인 현안들로는 미중 사이 4차 산업혁명과 관련된 5G, 빅데이터(Big Data), 사물인터넷(IoT: Internet of Things), 인공지능(AI: Artificial Intelligence) 등 첨단산업에서의 국제규범과 표준, 그리고 첨단산업 관련 일부 공급망의 선택 등이다. 이에 더하여 2022년 한국의 대통령 선거 당시 윤석열 후보는 미·일·인·호의 쿼드(QUAD) 협의체에서 백신, 기후변화, 신기술 등의 워킹그룹에 참여하며 부분적인 협력을 추구하고 있다. 게다가 문재인 정부의 '3불 입장 표명'에 대해 당시 한미 동맹의 회복은 물론 나아가 사드의 한국 내 추가 배치의 검토 가능성이 거론함으로써 새로운 한중 관계의 도전 요인으로 부상하기도 했다.

실제로 2022년 5월 10일 윤석열 정부 출범 이후 같은 달 20~22일 사이 미국 바이든 대통령이 방한하여 한미 동맹이 글로벌·포괄적 전략동맹임을 확인했다. 구체적으로 반도체, 2차전지, 인공지능(AI) 등의 한미 간 첨단 기술 공조, 인도-태평양 경제 프레임워크(IPEF) 참여, 및 공급망 구축에 관한 협력을 논의했다. 또한 고위급 확장억제전략협의체(EDSCG: Extended Deterrence Strategy and Consultation Group)의 재가동의 합의를 대표적인 사례로 북한의 핵과 미사일 도발에 대한 긴밀한 소통과 협력을 강화하며 한반도 현안에 대한 한미 동맹의 협력 강화를 구체화시켰다. 출범 이후 빠르게 한미 동맹을 강화시킨 윤석열 정부가 향후 증가되는 한중 관계의 도전 요인들을 어떻게 관리할지가 수교 30년을 맞이하는 한중 외교 관계의 발전에 중요한 고비가 될 것으로 생각된다.

5. 한중 외교 관계 발전 방안

(1) '원칙'이 정립된 대중 정책

향후 한중 관계 외교 분야의 발전을 위해서는 무엇보다도 국민들과 합의된 한국의 '가치', '정체성', '국익'이 정의된 한국 대중 정책의 '원칙' 확립이 필요해 보인다. 한국은 문재인 정부 시기 QUAD 및 코로나-19 방역 등의 현안 대응과 관련해 개방성, 투명성, 포용성, 민주성, 국제규범 준수 등의 원칙을 제시했다. 하지만 향후 더욱 심화될 것으로 전망되는 미중 간의 전략적 경쟁 구도를 감안한다면 한국이 단·장기적인 양 강대국 사이의 주요 현안별 대응 방안을 마련하기 위해 한층 더 구체화된 국민들과 합의된 미중 사이 및 한중 관계에서의 원칙 수립이 필요해 보인다.

최근 한국 사회 내에서는 정치적 진영 싸움과 일부 민감한 현안들은 외부의 압박과 흔들기에 남남갈등이 나타나기도 했다. 이러한 한국 내부의 상황을 이해한다면 한중 관계와 관련하여 대다수의 한국 국민들과 합의할 수 있는 '가치'는 제한적일 수밖에 없다. 아마도 인권과 민주주의, 자유시장경제 체제, 다자간 개방적인 자유무역주의, '규칙 기반의 질서(rule based order)' 등이 현재 한국 사회 내에서 대다수 국민들의 합의를 이끌어낼 수 있을 것으로 생각된다. 하지만 한국 사회 내에서 국민들과 합의된 '가치'를 정립하는 것과 한국이 '가치 외교'를 정책적 방향성으로 삼고 실행하는 것과는 분명한 구별이 필요하다.

한국의 '정체성'으로는 핵과 미사일 위협을 받는 분단국가, 부족한 자원과 좁은 시장으로 인한 높은 대외 의존도 및 수출 중심의 경제 발전 모델, 산업 현대화를 기반으로 한 서구식 민주화 및 다원화된 사회, 중국과의 지리적 근접성 및 높은 문화적 공유 등을 꼽을 수 있을 것이다. 또한 이러한 한국의 '정체성'을 미중 모두에게 지속적으로 명확히 인식시킬 필요가 있다.

이러한 '가치'와 '정체성'을 바탕으로 한국은 '안미경중'과 '전략적 모호성'의 틀에서 벗어나 미중 사이 주요 현안별로 한국의 '국익'에 따른 구체적인 대응의 '원칙'적인 방안을 수립해야 한다. 특히 미중 전략적 경쟁에 직간접적인 영향을 받는 한중 관계에서 한국의 '원칙'적인 정책적 선택은 미국 또는 중국 중 어느 한 국가의 '선택'이 아니라 국제사회의 주요 현안별 한국의 '가치', '정체성', '국익'에 기반을 둔 대응 방안 수립과 이를 실현하기 위한 적극적인 실행을 뜻한다고 미국과 중국 모두에게 인식시켜야 한다.

또한 '국민들과 합의된 원칙'이 존재해야 한다. 국민들과 합의된 원칙이 있어야 향후 한국 정부가 설사 미국 또는 중국으로부터의 단기적인 압박과 갈등, 그리고 국익의 손실이 발생하더라도 장기적으로 한국에게 더욱 큰 이익을 가져오는 정책을 일관성 있게 펼칠 수 있기 때문이다. 무엇보다도 국민과 정부가 공유하는 분명한 원칙이 있어야 방향성 없는 눈치 보기의 '전략적 모호성'이 아닌, '원칙'과 정책적 목표가 분명하지만 현실적인 상황을 고려한 '전략적 유연성'을 발휘할 수 있다. 또한 '원칙'과 정책적 목표가 분명해야 '전략적 유연성'을 수용하면서도 정책적 방향성을 잃지 않고 대내외 환경의 변화를 주시하다 적절한 시기를 맞이하여 다시금 '전략적 명료성'으로 전환하기에 용이할 수 있기 때문이다.

끝으로 바이든 행정부가 강조하는 동맹 관계의 개선 및 협력 강화를 통한 대중국 압박정책은 다른 한편으로 미국이 대중 정책의 목적 달성을 위해 동맹국들과 우방국들을 활용한다는 의미로도 해석될 수 있다. 이는 한국에게 점차 미국과 중국 사이에서 '선택'의 상황으로 내몰리며 이로 인해 한중 관계는 더욱 많은 도전 요인이 발생할 수 있다는 뜻이기도 하다. 따라서 만약 이러한 상황에서 한국에게 대다수 국민들과 합의된 '원칙'이 수립되어 있지 않다면 미국의 협력 강화는 한미 상호 간의 전략적 이익의 조율과 소통이 아닌, 자칫 미국의 일방적인 '요구'가 될 가능성에 유의할 필요가 있다. 다른 한편으로는 중국 또한 이러한 미국의 행보를 예상하고 한국에게 '선택'에 대한 선제적인 회유와 압박을 가해올 가능성이 존재한다.

(2) 전략적 유연성과 다자 외교의 활용

만약 한국 정부가 '가치', '정체성', '국익'에 기반을 둔 '원칙' 외교를 펼친다면 미중 전략적 경쟁 구도하에서 일부 현안들에 대한 한국의 정책적 선택이 중국과 외교적 갈등을 불러올 수 있다. 더욱이 미중 전략적 경쟁이 심화되며 전반적으로 한국은 미중 사이에서 '전략적 모호성'의 영역이 줄어들고 점차 '전략적 명료성'의 영역이 확대될 것으로 전망된다. 이는 한중 관계에도 대부분의 영역에서 유사하게 적용될 것으로 생각된다.

따라서 한국은 한중 관계에서 갈등이 예상되는 주요 현안별로 선제적인 대중국 '제한적 손상(limited damage)' 외교를 염두에 둔 다자 외교의 활용이 필요해 보인다. 이를 통해 한국은 '전략적 모호성'에서 '전략적 명료성'이 요구되는 국면의 변화가 나타나는 상황에서

'전략적 유연성'의 영역을 최대한 확보하여 중국으로부터의 이익을 가능한 보호하는 한편, 중국과의 갈등과 대립이 '제한적 손상'으로 나타나도록 외교적 노력을 기울여야 한다.

대표적인 사례로 QUAD(또는 QUAD+) 참여 요구와 관련하여 한국은 다자간 개방된 자유무역 및 규칙 기반 질서의 유지를 위한다는 '원칙'을 기반으로 특정 국가 배제에 반대하며 역내 보건 안보, 해상 조난 구조, 기후변화 등의 영역에 대한 부분적 참여라는 '전략적 유연성'의 실행을 검토할 수 있다. 또한 미중 사이에 첨예하게 대립하고 있는 인권과 민주주의의 '가치' 현안에 관해 국제사회의 다자 외교 무대에서는 인권과 민주주의의 '가치'에 대한 한국의 입장과 지지를 분명히 표명하는 것이 필요해 보인다. 하지만 한중 양자 외교에서는 '가치'와 '주권'의 분리를 통해 중국과의 민감한 갈등 요인에 대한 외교적 유연성을 활용하고, 설사 중국과의 갈등 및 이익의 손상이 나타나더라도 한중 관계의 '제한적 손상'을 유도하는 외교적 관리가 필요해 보인다. 특히 한국은 대중국 '제한적 손상' 외교를 위해 한중 관계의 예상되는 갈등 현안에 대해서는 중국과 선제적인 논의를 통해 설사 양국 간 '가치' 또는 '국익'의 충돌이 나타나더라도 한중 관계의 기본적인 틀이 깨어지지 않고, 양국 국민들 간에 불필요한 민족주의적 반감과 대립으로 나아가지 않도록 상황을 관리할 필요가 있다.

(3) 미중 협력 분야에 대한 한국 정부의 적극적인 참여

앞 절에서 언급했듯이 미중 전략적 경쟁 구도하에서도 미국 바이든 행정부는 자국의 국익을 위해 기후변화, 글로벌 보건 안보, 군축, 핵의 비확산 등의 네 가지 분야에서 중국과 협력이 가능하다고 공식적으로 밝힌 바 있다. 한국 정부는 이들 영역에서 미국은 물론 중국과의 협력을 강화하며 한중 관계의 외교적 발전을 추구해야 한다.

또한 한국의 입장에서는 미중 협력 분야에 대한 적극적인 참여로 안정적이고 협력적인 미중 관계의 강조와 유도를 통해 국제사회의 평화와 공동 번영에 기여하고 동시에 한국의 한중 관계의 외교적 발전을 추구하고 협력을 확대해야 한다. 특히 '핵의 비확산' 영역에서는 한반도 비핵화와 연계하여 한국은 현안의 당사국으로서 미중 양국의 협력을 유도하는 한편, 한반도 정세에서 국제사회의 제재 이행과 북핵 협상 재개에서 적극적인 역할을 통해 국제사회의 보편적 가치의 옹호 및 기여를 실행할 필요가 있다.

이와 더불어 한국이 강점을 보여주었던 글로벌 보건 안보 영역에서도 북한에 대한 인도주의적 접근과 연계하여 적극적으로 미국을 이해시키고 이 분야에서 중국과의 협력 강화를 모색할 수 있다. 특히 향후 코로나 백신 제공 및 방역 협력은 물론, 나아가 북한 여성과 아동들에 대한 의료와 영양 공급을 포함해 북한 주민들에 대한 인도주의적 접근을 한중 관계의 주요 협력 분야 중 하나로 발전시켜나가야 한다.

(4) 한중 문화 논란과 '화이부동'의 정립

한중 간 민족주의적 문화 논란에 대응하기 위해 한국은 수교 이후 한중 관계에서 지속적으로 강조했던 '구동존이(求同存異: 다르지만 같음을 추구한다)'에서 '화이부동(和而不同: 협력하지만 서로 다름을 인정한다)'으로 한중 관계의 기본 틀을 새로이 정립하는 노력이 필요해 보인다. 한중 사이에는 수교 이전부터 '가치', '체제', '이념' 등에서 분명한 차이가 존재했다. 그리고 이러한 차이점들이 수교 이후 한중 관계의 협력기와 조정기까지는 큰 문제가 되지 않았다. 하지만 양국 관계가 갈등기에 접어들고 특히 미중 전략적 경쟁 구도가 경제 및 군사·안보적 영역에 이어 인권과 민주주의의 '가치' 및 이념의 영역까지 확대되면서 한중 사이의 차이들도 점차 크게 인식되기 시작했다.[21]

이와 더불어 앞 절에서 논의했던 대로 온라인상에서 발생하는 한중 네티즌들 사이의 문화적 논란이 양국 국민들 간의 불필요한 민족주의적 감정 대립으로 악화되지 않도록 양국 정부 차원에서의 관리를 논의할 필요가 있다. 또한 한중 청소년과 전문가 사이 사회·문화 분야를 포함한 다양한 영역에서의 상호 교류의 확대를 위한 정부 차원에서의 정책적 지원의 강화가 필요해 보인다. 특히 이와 관련하여 '동북공정', '김치', '한복' 등 한중 간 역사 및 사회·문화적 논란과 갈등에 대응하기 위해서는 정부 차원에서 이러한 논란들이 한중 사이 네티즌들의 논란이 아닌 학문적 교류를 통한 학자와 전문가들의 논의로 유도할 필요가 있다.

이는 자칫 동북공정 당시의 경험과 같이 학자와 전문가들의 손을 떠나 더 이상 건설적인 학문적 토론이 이루어지지 않고, 양국 국민들 사이에서 고구려사는 자국의 것이라는 등의 감정적인 주장의 대립이 나타날 수 있기 때문이다. 실제의 사례로 중국의 '동북공정' 역사 프로젝트가 끝난 후 다양한 국제학술회의를 통한 양국 학자들의 학문적 교류 및 한국 측의 학문적 비판은 중국으로 하여금 자국의 고구려사에 대한 연구 결과를 수정하고 보완하는 결과를 이끌어내기도 하였다.

예를 들어, 동북공정 시기 중국의 고구려사 연구는 중국에서 이주해 간 사람들이 고구려를 건국했으므로 고구려사는 중국 역사에 속한다는 '족원(族源)' 문제가 논리의 주를 이루었다. 하지만 이후 많은 학문적 비판으로 인해 비록 중국 내에서 여전히 족원 문제가 많이 연구되고 있지만, 중국은 고구려의 건국 과정 및 정치제도에 초점을 맞추어 연구하는 경향이 늘고 있다. 이외에도 중국이 고구려 '유민(遺民)'의 용어가 '이민(移民)'으로 수정된 사례 및 번속 체제를 일국 관계에서 대외 관계로 보는 해석의 등장 등을 학문적 교류를 통한 역사적 시각 차이를 좁혔던 대표적인 사례들이다(김현숙, 2016: 48-52; 馬大正, 2003).

(5) 한중 관계의 외교적 비대칭성 탈피

한국은 대중국 외교에서 비대칭성을 탈피하고 당당한 대중 외교 실현을 추구해야 한다. 문재인 정부 시기에 들어와 한중 관계에서 나타났던 외교적 비대칭성을 묵인해온 주요 이유는 중국으로부터의 경제적 이익과 함께 북한 관련 현안에 대한 중국의 협력과 역할에 대한 기대가 컸기 때문이었다. 하지만 북한 현안에 있어 중국의 제한된 역할이 확인되고, 중국과 산업 '분업'화에서 '경쟁' 구조로 전환된 현 상황에서 한국에게는 장기적인 한중 관계의 발전을 위해 외교 분야에서 대칭적인 양자 관계의 복원을 지향하는 정책적 방향성이 필요해 보인다.

이를 위해 우선 한국은 '안미경중'의 외교적 관성을 멈추고 공고한 한미 동맹의 기반 강화를 통한 한중 관계의 대칭성 복원을 추구할 필요성이 있다. 또한 한미 동맹의 강화에 이어 한일 관계의 개선 및 협력 강화는 중국에게 가지는 한국의 전략적 가치를 제고시킬 수 있으므로 향후 한국은 한중 관계의 외교적 대칭성을 추구하는 과정에서 한일 관계 개선 요인을 활용할 필요성이 있다.

(6) 한중 전략 채널의 강화

미중 전략적 경쟁의 심화로 한국은 물론 중국도 한국과의 전략 채널 복구 및 확대의 필요성이 점차 증가하고 있다. 하지만 수교 이후 한중 사이의 전략 채널이 보여주었던 문제는 중국이 언제든 한국과의 전략 채널을 끊거나 자신들이 필요한 때에만 전략 채널을 활용하는 모습이 나타났던 것이었다. 따라서 한국의 입장에서는 전략 채널의 복구와 확대가 우선 필요하지만, 이에 더하여 한중 전략 채널이 대내외적 환경에 흔들리지 않게 '정례화'시키는 방안이 필요하다. 이를 위해 한국은 중국이 장기적으로 관심을 표할 전략 채널의 의제 개발이 필요하다.

6. 결론

1992년에 체결된 한중 수교는 수천 년을 교류해온 한중 관계가 한국 근·현대사의 아픔인 일제강점기, 한국전쟁, 한반도 분단, 미·소 냉전 등의 직간접적인 요인들의 영향으로 인해 일시적으로 단절되었던 양국 관계를 다시 정상적으로 연결시켰다는 의미를 가지고 있었다. 이러한 한중 관계의 역사적 배경을 바탕으로 이 연구는 지난 30년의 한중 외교 관계를 회고하고 평가하는 작업을 진행했다.

수교 이후 양국은 또다시 다양한 역사의 굴곡을 겪으며 외교 분야에서는 한중 수교 전후의 시기를 거쳐 이후 한중 외교 관계의 발전기, 조정기, 갈등기의 시기를 지나 이제 2022년에 수교 30주년을 맞이하게 되었다. 하지만 한중 관계는 한국 내 사드 배치 현안으로 관계가 냉각되고 갈등기에 접어든 이후 아직 충분히 관계 개선이 이루어지지 않은 상황이다. 비록 양국 사이에 상호 국익 확대를 위한 관계 증진의 필요성이 논의되고 있지만, 미중 전략적 경쟁이 심화하고 중국 내 애국·민족주의 및 사상 교육이 강화됨으로써 양국 외교 분야에서의 도전 요인들은 앞으로도 증가할 것으로 전망된다.

하지만 다른 한편으로 한중 관계가 갈등기를 맞이한 또 다른 원인으로는 수교 이후 점차 한중 사이에 종합국력과 국제사회에서의 위상에 점차 차이가 나타나고, 이로 인해 국제사회 및 지역 내의 주요 현안들에 대해 한중 사이에 인식에 차이가 발생했다. 또한 양국이 주요 국익을 정의하고 접근하는 방식에서 점차 차이가 나타났으나 이러한 변화에 대해 한국이 선제적으로 정책적 대응을 준비하지 못했던 점이 놓쳐서는 안 될 또 다른 중요한 원인 중 하나라고 생각된다. 이에 더하여 중국이 글로벌 리더십과 외교를 추구하는 상황에서 사실상 한국은 여전히 한반도와 주변 4강 외교에 몰입해 있었던 점도 검토할 필요가 있다.

다른 한편으로 수교 30년에 즈음한 한중 외교 관계에서는 문재인 정부에서 견지했던 대중국 유화정책과 미중 사이 주요 현안에 대한 전략적 모호성의 기조가 윤석열 정부에서는 한미 동맹 강화와 미중 사이 주요 현안별 구체적 대응으로 무게중심에 이동이 나타날 것으로 예상된다. 이에 대응하기 위해 문재인 정부가 대중국 유화정책을 일관성 있게 견지한 점은 향후 한중 외교 관계의 발전을 위해 검토해볼 부분이다.

한반도 현안을 남북 관계를 중심으로 주도적으로 풀어나가려 시도했던 자주적인 모습, 대중국 유화정책을 펼치면서 한미 관계에서 타이완 해협 현안을 언급하면서도 중국과 커다란 갈등 없이 한중 관계를 관리한 점, AUKUS의 한 축인 호주와 공급망 협력 및 무기 수출을 합의하면서도 2022년 베이징 동계올림픽에 외교적 보이콧에 동참하지 않으며 미중 사이에서 한국의 전략적 자율성을 높인 점 등은 긍정적인 평가를 받을 수 있다.

반면 문재인 정부의 출범 직후 특사의 자리 배치 논란을 시작으로 한중 관계에서 지속적으로 지적되었던 한국의 대중국 저자세 외교 논란 및 중국의 한국에 대한 외교적 홀대 등의 현안들이 한국 사회의 전반적인 정서와 맞지 않았던 점, 그리고 전문가들 사이에서 한반도 정세와 현안들에 대한 중국의 협력과 역할이 기대에 미치지 못하고 성과가 미미했다는 평가 등은 최근까지 한국이 보여준 대중국 유화정책의 방향성에 변화가 나타나는 또 다른 추동 요인이 될 것으로 생각된다.

종합해본다면 수교 30주년을 맞이하는 한중 양자 외교는 도전 요인들에 대한 관리와 선제적 대응이 한층 요구되는 국면을 마주할 것으로 생각된다. 이를 위해 이 글은 앞 절에서 최근 한국의 대중 정책에서 나타난 문제점들에 대한 근본적인 원인과 대응 방안을 찾아가기 위해 최근의 사례를 구체적으로 분석하였다. 하지만 이러한 한중 관계의 외교 분야에서 나타났던 문제점들이 어느 특정 정부의 잘못이라고 보기보다는 본질적으로 유사한 형태의 크고 작은 문제들이 항상 발생했으며, 만약 근본적인 대응 방안이 실질적으로 실행되지 않는다면 향후에도 유사한 문제들은 반복해서 발생될 수 있다고 생각된다.

물론 이러한 문제점들을 근본적으로 해결하기 위해서는 정책적 비판 의식과 결과에 대한 분명한 책임과 원인의 규명도 중요하다. 하지만 근본적인 원인을 해결하기 위해서는 무엇보다도 정부의 정책 결정 과정과 정치 지도자들의 대중국 메시지의 용어 선택 및 전달 과정에서 '정책 결정자 및 정치 지도자 그룹–외교 관료 그룹–학계 전문가 그룹'으로 연결되는 유기적인 소통과 협력 체계가 구축되고 효과적으로 실행되는 것이 무엇보다도 근본적이고 필수적인 조건임을 다시 한번 강조하고자 한다.

이러한 각 그룹의 유기적인 소통과 협력 체계를 바탕으로 한국은 중국과의 외교 관계에서 무엇보다도 국민들과 합의된 가치, 정체성, 국익이 정의된 '원칙' 있는 대중 정책의 입안과 일관적인 실행이 필요하다. 또한 미중의 전략적 경쟁이 심화되며 점차 전략적 모호성의 공간이 감소하는 국면에서 한국은 양 강대국 사이 주요 현안별 '원칙'에 따른 전략적 명료성과 유연성의 강화 및 이를 효과적으로 활용하기 위한 다자 외교의 역량 강화가 필요하다. 이와 더불어 기후 변화, 글로벌 보건 안보, 핵의 비확산, 군축 등 미중 협력 가능 분야에 대한 한국 정부의 적극적인 참여가 요구된다. 또한 한복과 김치의 원조 논란 등 점차 증가하는 한중 사이 문화 논란에 대응하기 위해 '구동존이'에서 벗어나 '화이부동'의 한중 외교 관계의 새로운 틀을 정립해야 한다. 이외에도 한중 관계에서의 외교적 비대칭성 탈피, 한중 전략 채널의 강화 등을 통해 공고한 한미 동맹을 기반으로 한 한중 협력 관계의 발전을 추구해야 한다.

제2장

한중 군사 관계 30년

박창희(국방대)

1992-2022

1. 서론

군사 관계는 국가 간의 우호 정도나 친밀도를 가늠할 수 있는 가장 민감한 척도라 할 수 있다. 통상적으로 외교 관계를 수립한 국가들 사이에는 군 고위급 방문이나 함정 방문, 그리고 군사 교육 및 학술 교류 등을 시행하는 것이 보통이다. 만일 안보적 요구에 의해 상호 신뢰하고 의지해야 하는 경우라면 정보 교류, 군사훈련, 군사기지 제공, 방산 분야에서 협력할 수 있다. 여기에 더하여 국가들이 공동의 적을 상대로 국가 생존을 도모하고 사활적 이익을 수호해야 하는 경우는 상호 방위조약을 체결하여 동맹 관계를 맺을 수 있다. 반대로 국가 간의 관계가 갈등 또는 적대적 관계에 있다면 군사적 관계는 소원하거나 단절될 수밖에 없다.

그렇다면 한중 수교 30년을 맞이한 시점에서 한중 군사 관계는 어떻게 평가할 수 있는가? 군사 외교의 목적이 상대국과의 군사적 유대를 강화하고 교류 및 협력을 통해 국가 외교에 기여하는 것이라면, 한중 양국의 군사 관계는 그러한 성과를 거두고 있는가? 국가 간의 군사 관계를 통상 그 발전 수준에 따라 군사 교류, 군사 협력, 군사동맹으로 구분할 수 있다면, 한중 군사 관계는 어느 수준에 도달해 있는가?(강범두, 2020; 합동참모본부, 2020)[1]

한국과 중국은 지난 30년 동안 다양한 분야에서 군사 교류를 진행해왔다. 군 고위급 인사들의 상호 방문, 육해공군 부대 간 교류, 고위급 대화 및 실무회의, 국방 관련 협정 체결, 해공군 부대 간 직통전화(hot line) 설치, 그리고 심지어는 양국 해군 간 3회에 걸쳐 해난사고를 가정한 수색구조훈련(search and rescue exercise)도 실시한 바 있다. 비록 이러한 군사 교류와 협력은 양국 간 정치 외교적 상황에 따라 난관에 부딪히기도 하지만 한중 관계의 발전을 뒷받침하는 소중한 노력으로 간주할 수 있다. 특히 한국전쟁 이후부터 수교 전까지 한중 관계가 줄곧 적대적이었음을 고려한다면, 지난 30년간의 군사 관계는 결코 적지 않은 진전으로 볼 수 있다.

그러나 일반적으로 군사 관계는 국가 간 정치 외교 관계에 종속되는 한계가 있다. 국가 관계가 좋으면 군사 교류를 활발하게 진행할 수 있지만, 국가 간 갈등이 불거진 상황에서 유의미한 군 고위급 회담이나 성과 있는 군사훈련을 실시하기는 어렵다. 마찬가지로 한중 군사 관계도 대내외의 정치 외교적 상황에 휘둘리기는 마찬가지다. 한중 관계는 양자 간의 현안보다도 주변의 문제들, 특히 북한 핵 문제, 남북 관계, 한미 동맹, 미일 동맹, 한·미·일 안보 협력, 그리고 심지어는 대만이나 남중국해 문제 등으로부터 영향을 받고 있으며, 이러한 이슈들이 복잡하게 작용하여 한중 군사 관계를 제약하고 있다.

이로 인해 한중 군사 관계는 한반도 안보 상황의 변화에 따라 부침(浮沈)을 거듭해오고 있다. 수교 이후 꾸준히 발전했던 한중 군사 관계는 2010년 북한의 천안함 공격과 연평도 포격 도발을 계기로 잠시 단절되었으며, 2011년 5월 국방장관 회담을 통해 관계를 회복하고 재도약의 기회를 맞게 되었다. 그리고 2015년 9월 박근혜 대통령이 중국 전승절 기념 행사에 참석하고 한중 관계가 절정기를 맞으면서 군사 관계에도 훈풍이 부는 것으로 보였다. 그러나 2016년 7월 한국 정부가 사드 배치를 결정하면서 한중 관계는 급속히 악화되고 군사 관계도 중단되었다. 비록 문재인 정부는 3불(三不), 즉 사드를 추가로 배치하지 않고, 미 주도의 미사일 방어 체계에 편입하지 않으며, 한·미·일 군사동맹을 체결하지 않겠다고 언급하여 중국과의 관계 개선을 시도했지만, 아직까지 양국의 군사 관계는 회복되지 않고 있다(杨阳, 2017).

이 글은 한중 군사 관계 30년을 평가하고자 한다. 우선 과거 한중 군사 관계가 어떻게 이루어졌는지를 시기별로 나누어 회고하고 평가할 것이다. 다음으로 향후 양국의 군사 관계가 어떻게 전개될 것인지를 현 정부의 대외정책을 중심으로 전망할 것이다. 마지막으로 이를 토대로 한중 군사 관계의 발전 방향을 제시하고자 한다.

2. 한중 군사 관계 회고

(1) 발전기: 전략적 협력 동반자 관계 합의

한중 군사 관계는 1992년 9월 노태우 대통령이 중국을 방문하여 양상쿤(楊尙昆) 국가주석과 정상회담을 갖고 '선린우호 협력 관계' 수립에 합의함에 따라 본격화되었다. 1993년 주중 한국 무관부가 설치되고 이듬해에는 주한 중국 무관부가 개설되었으며, 1992년과 1994년에는 한국 합참의장이 중국을 방문하여 군 수뇌부 간의 첫 회동이 이루어졌다. 1995년에는 양국 간 군사 교류를 조율하고 협조하기 위해 국장급 국방정책실무회의를 처음으로 개최했으나, 2004년까지는 정례화되지 않은 채 필요할 때마다 회의를 가졌다.

한중 군사 관계는 1998년 11월 김대중 대통령의 방중을 계기로 양국 관계가 '21세기를 향한 협력 동반자 관계'로 발전하면서 활기를 띠었다(中華人民共和國外交部亞洲司, 2007). 1998년 8월 중국군 총참모부 슝광카이(熊光楷) 부총참모장이 한국을 방문한 데 이어, 1999년 7월 조성태 국방장관이 한국전쟁 이후 처음으로 중국을 방문했고, 2000년 1월 츠하오톈(遲浩田) 중국 국방부장이 답방으로 한국을 방문하면서 양국 군사 관계에 활력을 불어넣었다. 2001년 12월에는 김동신 국방장관이 중국을 방문하여 츠하오톈 국방부장과 회담하면서 양국 간 고위급 군사 교류를 이어갔다.

이러한 분위기 속에서 1999년부터 한중 정보교류회의가 시작되어 7차례 개최되었고, 2002년에는 베이징에서 한중 외교 및 국방

당국자 간 '2+2' 형식의 제1차 안보대화를 가졌다(中華人民共和國外交部亞洲司, 2007). 군 간의 교류도 이루어져 2001년 10월 한국 해군사관학교 생도들의 순항함대가 중국을 방문한 데 이어, 2002년 5월에는 중국의 자싱(嘉興)호와 롄윈강(連雲港)호 등 호위함으로 구성된 중국 해군 편대가 인천항에 입항하여 우호방문을 시작했다(中華人民共和國外交部, 2007). 2002년 9월에는 한국 공군대학 학생들이 수송기를 이용하여 처음으로 중국을 방문했다(하도형, 2008). 군 교육기관 간의 교류로 한국은 육해공군 장교들을 중국군 뤄양(落陽) 외국어학원, 중국 국방대학 단기과정, 그리고 군의대학에 파견하여 중국 전문가를 양성했고, 중국은 2000년부터 중국 국방대학 학생들을 보내 한국 국방대학교와 군 기관을 방문하도록 했다.

2003년 노무현 대통령의 방중을 계기로 한중 관계가 '전면적 협력 동반자 관계'로 격상되면서 양국 군사 관계에 커다란 진전이 있었다. 2005년 3월 윤광웅 국방장관이, 2007년에는 김장수 국방장관이 중국을 방문했으며, 중국에서는 차오강촨(曹剛川) 국방부장이 2006년 4월 한국을 방문했다. 한중 국방대화도 활성화되어 1995년부터 비정기적으로 실시되었던 국방정책실무회의가 2004년부터 정례화됨으로써 양국의 국방정책을 소개하고 군사 교류 및 협력 증진 방안을 논의하는 장을 제공했다. 국방정책실무회의는 천안함 피격 사건이 발생한 2011년까지 총 12회가 실시되어 양국의 군사 현안을 논의하는 귀중한 대화의 장을 제공했다.

각 군 간 교류도 활발하게 이루어져 2006년 육군에서는 3군사령부와 지난(齊南)군구 간 상호 방문을 정례화했고, 해군에서는 2함대와 북해함대, 3함대와 동해함대 간 교류를 시작했다. 공군에서는 2004년부터 2년마다 한중 공군회의를 가졌다(中華人民共和國外交部, 2007). 또한 한중 양국 해군은 2005년 9월 하이난다오 인근에서 충무공 이순신함과 천지함이 중국의 마오밍(茂名)함과, 그리고 2007년 9월에는 상하이 근해에서 충무공 이순신함과 화천함이 중국해군의 화베이(華北) 함과 함께 공동으로 수색구조훈련을 실시했는데, 이는 양국이 초보적 형태나마 연합군사훈련을 실시했다는 의미를 갖는다(박창희, 2012).

한중 양국은 2008년 5월 이명박 대통령의 방중을 계기로 양국관계를 '전략적 협력 동반자 관계'로 격상시켜 1992년 한중 수교 이후 가장 높은 단계의 양자 관계를 설정하는 데 합의했다. 이에 따라 한중 군사 관계도 보다 높은 수준으로 발전할 수 있었다. 2008년 11월 양국 국방부는 '해공군 직통전화 설치 및 운영에 관한 양해각서'를 체결하여 해군은 한국해군 2함대사와 중국 북해함대 사령부 간에, 공군은 제2중앙방공통제소와 지난군구 간에 직통전화를 설치했다. 양국 군이 인접 해공역에서 우발적인 충돌을 방지하고 재난이 발생할 경우 수색구조 등을 협력하는 제도적 장치를 마련한 것이다(이태환, 2010; 王旭, 2008). 또한 한중 양국은 연합 수색구조훈련도 계속 실시하여 2008년 10월에는 부산 국제관함식에 참석하기 위해 방한한 중국 해군 하얼빈(哈爾濱)함 및 뤄양(洛陽)함이 한국 해군의 충무공 이순신함과 함께 부산 인근 해역에서 세 번째로 연합 수색구조훈련을 실시했다. 이러한 분위기 속에서 2009년 5월 이상희 국방장관이 중국을 방문하고 량광례(梁光烈) 국방부장과 회담을 가짐으로써 우호적인 한중 군사 관계를 이어갔다.

이렇게 볼 때 한중 군사 관계는 수교 후부터 2009년까지 고위급 인사들의 교류와 실무회담 등의 군사 교류를 활발하게 진행한 것은 물론, 연합으로 수색구조훈련을 실시함으로써 낮은 수준이지만 군사 협력의 단계로 발전했음을 알 수 있다.

(2) 시험기: 북한의 도발과 한중 군사 관계의 부침

2010년 천안함 폭침과 연평도 포격 도발로 한중 관계는 시험대에 올랐다. 3월 26일 북한의 어뢰 공격으로 한국 해군 천안함이 침몰했을 때 중국은 국제조사단의 조사 결과에도 불구하고 천안함 피격을 북한의 소행으로 단정하는 데 반대하며 '북한 편들기'에 나섰다. 친강(秦剛) 중국 외교부 대변인은 "유관 당사국이 한반도 평화와 안정 수호라는 대국적 견지에서 냉정과 절제를 유지해야 한다"라고 하며 한국 정부에 '인내'를 요구했다(정우상, 2010). 우리 정부는 북한의 도발을 유엔헌장과 정전협정을 정면으로 위반한 사안으로 규정하고 유엔(UN)안보리에 회부하려 했으나 중국의 반대에 부딪혀 의장성명을 채택하는 데 그쳐야 했으며, 그나마 의장성명에는 천안함 침몰 공격을 규탄했을 뿐 북한의 책임을 명시할 수 없었다(안윤석, 2010; 〈中国新闻网〉, 2010. 6. 12).

2010년 11월 23일 북한의 연평도 포격 도발로 한반도 긴장이 최고조에 이르는 상황에서 중국이 보여준 태도는 천안함 폭침 못지않게 실망스러운 것이었다. 11월 28일 방한하여 이명박 대통령을 만난 다이빙궈(戴秉國) 중국 외교 담당 국무위원은 "한반도의 긴장이 완화되어야 한다. 한국이 자제해야 한다"라는 말만 되풀이했다. 이후 열린 유엔안보리 회의에서 중국은 러시아와 함께 북한의 연평도 포격을 비난하는 문구를 삽입하는 데 반대하는 등 북한의 안보리 회부를 방해했다(이도원, 2010; 中国外交部, 2010).

이처럼 북한을 두둔하는 중국의 일방적인 태도는 한국 국민들의 공분을 샀으며, 이후로 한중 군사 관계는 소원해질 수밖에 없었다. 2010년 3월 한국 국방대학교 총장의 방중 이후 양국의 고위급 군인사 교류는 2011년 5월 김관진 국방장관의 방중이 성사될 때까지 이루어지지 않았다.

비록 북한의 연이은 도발로 한중 관계가 잠시 교착되었지만 그것이 양국 관계의 단절을 의미하는 것은 아니었다. 잠시 냉각기를 가진 한국과 중국은 김관진 장관의 방중을 통해 다시 군사 관계를 재개할 수 있었다. 2011년 5월 15일 김관진 국방장관과 량광례(梁光烈) 중국 국방부장은 베이징에서 국방장관회담을 갖고 양국의 군사 관계를 '전략적 협력 동반자 관계' 수준에 걸맞게 확대 발전시키기로 합의했다. 이 회담에서 두 장관은 군사 교류 확대, '국방전략대화' 신설, 재난구호 상호 지원 관련 양해각서 조속 체결, 그리고 아덴만에서의 해적 퇴치 활동에 협력하기로 의견을 모으고, 이러한 내용을 담은 공동 보도문을 발표했다(김수정, 2011).

두 장관이 고위급 국방전략대화를 신설하기로 합의함에 따라 2011년 7월 마샤오톈(馬曉天) 중국군 총참모부 부총참모장이 방한하여 백승주 한국 국방차관과 제1차 한중 국방전략대화를 가질 수 있었다. 이는 국방장관회담에서 합의한 지 2개월 만에 전격적으로 개최된 것으로 한중 양측이 그만큼 상호 이해를 도모하고 신뢰를 증진하기 위해 국방 대화가 필요하다는 점을 인식하고 있었음을 보여준다. 이 회의에서 양측은 국방부 간 직통전화를 구축하기로 합의하는 성과를 거두었고(郑青亭·杨牧, 2014), 이후 국방전략대화는 연 1회 양측이 교대로 주최하면서 실시되었다. 또한 합참과 각 군 본부 차원에서의 교류도 재개되었으며, 안보 전문가들, 학자들, 퇴역한 외교관 및 장성들도 서로 접촉하면서 한반도 및 지역 안보 현안에 대한 논의를 이어나갔다.

박근혜 대통령이 취임하면서 한중 관계는 급속도로 발전했다. 박 대통령은 2013년 6월 중국을 국빈으로 방문해 시진핑 국가주석과 첫 정상회담을 가진 데 이어, 2014년 7월에는 시진핑 주석이 방한하여 정상회담을 가졌다(김영권, 2015). 2015년에는 베이징에서 개최된 2차대전 승리 70주년 전승절 기념식에 박근혜 대통령이 참석하여 톈안먼 광장 사열대에 오르면서 한중 관계는 절정에 이르게 되었다.

이러한 우호적인 분위기를 반영하여 한중 군사 관계는 탄력을 받게 되었고, 한중 양국은 고위급 군 인사 교류를 통해 보다 진전된 의제들을 다룰 수 있었다. 2013년 6월 정승조 합참의장은 베이징을 방문하여 팡펑후이(房峰輝) 중국군 총참모장과 회담을 갖고 양국이 전략적 협력 동반자 관계에 부응하도록 군사 분야에서의 전략적 협력을 보다 강화하는 데 합의했다. 이 회담에서 양측은 북한의 핵실험, 장거리 미사일 발사 등 한반도 정세에 대해 논의하고 북한의 비핵화와 한반도의 평화와 안정을 정착시키기 위해 군사 교류 협력을 지속적으로 확대하기로 했다. 또한 2001년 이후 중단된 합참과 총참모부 간 군사 협력 체제를 강화하기 위해 소장급 회의체인 '전략부장회의'를 재개하기로 합의했으며, 한국군과 중국군이 단독으로 실시하는 대테러 및 화력 시범훈련 등을 상호 참관하는 방안도 협의하기로 했다(『解放军报』, 2013. 6. 5; KBS World, 2013. 6. 6). 한국 측이 처음 제기한 상호 군사훈련 참관이 성사된다면 '잠재적 적국' 간의 훈련 상황을 공개한다는 측면에서 양국 간 군사적 신뢰를 크게 증진하는 효과를 기대할 수 있었다.

2014년 9월과 2015년 11월에는 한중 전략부장회의가 서울과 베이징에서 각각 개최되었다. 이 회의에서 한중은 '전략부장회의'를 정례화하는 문제를 포함해 상호 군사훈련 참관, 해외파병 부대 간 교류 협력 증진, 양국 군 간 중견장교 상호 방문 추진, 우발 상황에 신속히 대처하고 긴밀한 소통을 위해 합참-연합참모부 간 직통전화 개설 등 보다 구체적인 군사 교류 협력 증진 방안을 논의했다. 특히 합참 전략부장회의는 국방부의 국방정책실무회의와 별도로 합참 수준에서 군사적 신뢰를 제고하고 군사 교류 협력 증진을 목적으로 함으로써 보다 실질적인 의제들을 논의할 수 있었다. 다만 이 회의는 사드 문제로 인해 두 차례 실시된 후 중단되었다.

이와 함께 한국 국방부는 2014년부터 국제법과 인도주의 정신에 입각하여 6·25 전쟁에서 사망한 중국군 전사자 유해를 발굴하여 송환하는 작업을 지속적으로 실시했다. 이는 박근혜 대통령이

2013년 6월 중국 방문 때 유해 송환 의사를 밝히고 그해 12월 한중 양국이 국방정책실무회의에서 합의함에 따라 이루어진 것으로, 한국군은 2014년부터 2021년 9월까지 총 8차에 걸쳐 총 825구의 중국군 사망자의 유해를 발굴하여 송환했다(국방부, 2021). 이에 대해 중국은 유해 송환이 한중 우호 관계의 결실임을 인정하면서도, "영웅들과 순교자들에 대한 추모는 미국의 침략에 대항하는 위대한 정신을 계승하기 위한 것"이라며 인민들의 반미 애국주의를 고양하는 데 열을 올렸다(徐焰, 2021).

이로써 북한의 천안함 공격으로 경색되었던 한중 군사 관계는 약 14개월 만에 복원되어 발전할 수 있었다. 이 시기 한중 군사 당국은 국가 최고지도자들의 친분과 정치 외교적 밀월 관계 속에서 구체적인 의제를 개발하고 논의함으로써 적지 않은 진전을 이룬 것으로 평가할 수 있다.

(3) 침체기: 사드 문제와 한중 군사 관계 중단

2016년 7월 한국 정부가 미 사드의 한반도 배치를 결정하고 한중 관계가 악화되면서 양국의 군사 관계는 다시 교착되었다. 중국 정부는 사드가 자국 안보 이익을 침해하는 것이라 주장하며 한국 기업과 민간 영역에 대한 보복에 나섰으며, 그동안 활발하게 진행되었던 양국 군 간의 교류를 일방적으로 중단했다. 2017년 10월 말 한국 정부는 사드와 관련한 '3불(三不)'을 언급하며 중국과의 관계 개선에 나섰지만 여전히 한중 간의 군사 교류는 이전과 같은 수준을 회복하지 못하고 있다.

이러한 상황에서 한중 고위급 교류는 서로가 상대국을 방문할 수 없었기 때문에 주로 국제회의 참석을 계기로 만남을 이어갔다. 2017년 10월 송영무 국방장관은 필리핀에서 열린 '아세안 확대 국방장관회의(ADMM-Plus)'에 참석한 창완취안(常萬全) 중국 국방부장과 비공개 회담을 가졌다. 회담 내용은 알려지지 않았지만 사드 배치 및 양국 군사 관계 재개 등을 논의했을 것으로 보인다(연합뉴스, 2017. 10. 25). 또한 2018년 10월 서주석 국방차관은 베이징에서 열린 샹산(香山) 포럼에 참석하여 사오위안밍(蕭淵明) 연합참모부 부참모장과 양자회담을 갖고 지역 안보 정세 및 양국 국방 교류 협력에 관해 논의했다(김성진, 2018).

2019년 6월 정경두 국방장관은 싱가포르에서 열린 아시아안보회의(Asian Security Council)에 참가하여 웨이펑허(魏鳳和) 중국 국방부장을 만나 군사적 신뢰 증진을 위해 공군 직통전화 추가 설치, 신속한 재난 구호와 인도적 지원을 위한 양해각서 체결 추진 등의 국방 협력 방안을 논의했다(유강문, 2019). 그리고 두 장관은 그해 11월 태국에서 열린 ADMM-Plus에서 다시 만나 유사한 의제를 추가로 논의했다. 2019년 10월에는 박재민 국방차관과 웨이펑허 중국 국방부장이 샹산(香山)포럼에서 만나 회담을 가졌다. 이 자리에서 웨이펑허 국방부장은 양국이 "서로의 관심사를 확실히 존중하고 민감한 문제를 적절히 처리하는 데 기초하여 양국 군의 관계 발전을 촉진할 것을 희망한다"라고 하여 아직 사드 문제가 완전히 해소된 것이 아님을 에둘러 언급했다(김광수, 2019).

이 시기 고위급 군 인사들 간의 교류는 상호 공식 방문이 아니라 국제회의를 매개로 이루어진 만큼 양측의 관심사를 심도 있게 다루기는 어려웠다. 한중 양측은 사드 문제에 대한 원론적 입장을 교환하거나 군사 교류 재개의 당위성을 확인하는 데 그쳤으며, 따라서 중단된 군사 관계를 정상화하기에는 한계가 있었다.

3. 한중 군사 관계 평가: 한계와 성과

(1) 한중 군사 관계 개관

지난 30년간의 한중 군사 관계를 어떻게 평가할 수 있는가? 양국군은 1992년 수교 이후 고위급 군 인사들의 상호 방문을 중심으로 교류를 시작하여 지속적으로 군사 관계를 발전시켰다. 2004년과 2005년, 그리고 2008년에는 양국 해군이 연합 수색구조훈련을 실시하는 등 초보적이나마 군사 협력의 단계까지 발전하기도 했다.

그러나 양국의 군사 관계는 2010년 북한의 천안함 공격으로 약 14개월 단절되었다가 2011년 5월 김관진 장관의 방중을 통해 다시 회복될 수 있었다. 그리고 박근혜 정부 시기 한중 관계가 우호적으로 변화하면서 양국의 군사 관계는 다시 정상화되고 발전하기 시작했으나, 2016년 7월 한국 정부가 사드 배치를 결정하면서 다시 냉각되었다. 2017년 10월 말 문재인 정부는 '3불'을 언급하여 양국의 관

〈그림 2-1〉 한중 군사 관계 발전 추세

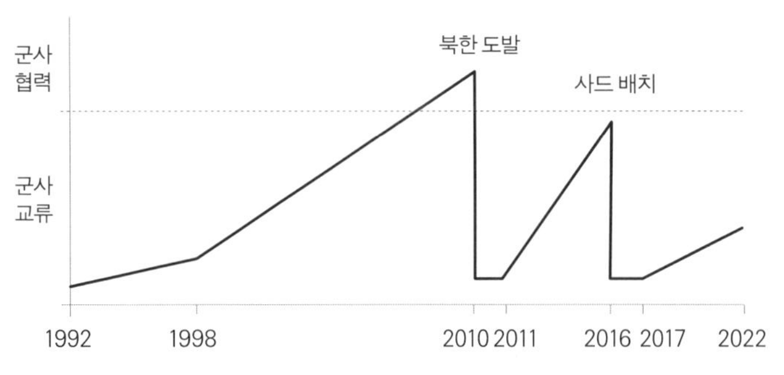

자료: 한중 관계의 현황을 고려하여 필자가 작성함.

계 개선을 시도했으나 아직까지 한중 관계 및 군사 관계는 완전히 회복되지 않고 있다. 한중 군사 관계의 변화를 그래프로 보면 〈그림 2-1〉과 같다.

이렇게 볼 때 한중 군사 관계는 그 기반이 매우 취약한 것으로 평가할 수 있다. 통상적으로 국가 관계는 정치, 외교, 경제, 사회, 군사, 문화 등 다방면의 이슈와 연계하여 좋은 관계를 유지하다가도 서로 갈등하거나 대립할 수 있으며, 상황이 변화하면 다시 이를 극복하고 우호적으로 발전하는 것이 통례이다. 미국과 중국의 관계가 그러하고 중국과 일본, 일본과 러시아의 관계도 마찬가지다. 그러나 지난 30년 동안 지속된 한중 관계, 특히 한중 군사 관계를 보면 그러한 변화의 폭이 매우 크다는 특징이 있다. 북한의 군사도발과 사드 문제로 군사 교류가 갑자기 중단되고 그동안 축적되었던 성과가 일시에 무너져 내린 것은 한중 군사 관계가 마치 모래 위에 성을 쌓은 것처럼 토대가 매우 부실하다는 것을 잘 보여주고 있다.

(2) 한중 군사 관계의 한계

이처럼 한중 군사 관계가 겉으로 발전하고 있는 것처럼 보이지만 아직까지 뿌리를 내리지 못하는 데에는 양국이 추구하는 군사 관계의 구조적 배경, 목적, 위상, 내용, 그리고 접근 방식 측면에서 다음과 같은 문제가 있기 때문으로 볼 수 있다. 첫째, 한중이 추구하는 군사 관계의 구조적 배경으로 한반도를 둘러싼 냉전적 국제 질서를 들 수 있다(하도형, 2008; 황재호, 2007). 냉전이 종식되었지만 한반도에는 남북 간의 군사적 대립이 지속되고 긴장이 해소되지 않고 있다. 그리고 남한과 북한의 대립은 동북아 차원에서 한미 동맹과 미일 동맹, 그리고 북중 동맹이라는 또 다른 잠재적 갈등구조로 확대되고, 이는 다시 동아시아 차원에서 미국과 중국 간의 전략 경쟁으로 증폭되고 있다. 최근 이러한 안보 구조는 미국이 인도-태평양 전략을 추구함에 따라 한·미·일을 포함한 민주주의 국가들과 북·중·러 권위주의 국가들 간의 '신냉전' 구도로 나아가고 있다.

한국과 중국이 수교를 맺고 군사 관계를 발전시킨 것은 냉전 종식으로 급속히 부상한 신자유주의적 제도주의(neo-liberal institutionalism)에 대한 믿음 때문이었다. 이념적 대결이 종식된 새로운 국제 질서 속에서 한중 양국은 과거의 대립과 반목을 접고 국가 간 교류와 협력을 통해 상호 신뢰를 증진하고 공동의 이익을 창출할 수 있다는 기대를 가졌던 것이다. 그러나 이러한 기대는 주변 강대국들이 이념적 대립이나 패권 경쟁에 휩쓸리지 않고 서로 협력하는 분위기를 조성해야 하며, 그래서 한반도를 둘러싼 안보 환경이 안정적으로 유지될 때 가능한 것이었다. 실제로 한중 군사 관계는 수교 후 21세기 초까지 미중의 협력적 분위기 속에서 비약적으로 발전할 수 있었으나, 이후로 북한의 핵 개발과 도발적 행동, 그에 따른 한미 동맹 강화 조치, 그리고 최근 미중 간의 전략 경쟁이 가열되면서 어려움을 겪지 않을 수 없게 되었다. 한반도와 동북아, 그리고 동아시아에 드리워지고 있는 냉전의 잔재에 더하여 최근 형성되고 있는 '신냉전적 기류'가 한중 군사 관계를 제약하는 근본적 요인으로 작용하는 것이다.

둘째, 한중 군사 관계의 목적이 일치하지 않고 서로 다른 방향을 지향하고 있다는 점이다. 한국은 중국과의 군사 관계 발전을 통해 신뢰를 증진하고, 그럼으로써 중국이 북한 핵 문제를 비롯한 한반도 문제를 해결하는 데 책임 있는 강대국으로 행동해주기를 바라고 있다. 그러나 중국은 한국과의 관계를 미중 경쟁이라는 지정학적 관점에서 접근하고 있다. 즉 중국의 전략적 목표는 미국의 아태 지역 동맹국들 가운데 약한 고리라 할 수 있는 한국과의 관계를 강화함으로써 상대적으로 미국의 동맹 체계를 약화시키는 데 있다(Shambaugh, 2003). 미국과의 경쟁이라는 관점에서 한국과 군사 관계를 활용하고 있는 것이다.

따라서 한국과 중국이 추구하는 군사 관계의 목적은 겉으로 유사한 것처럼 보이지만 그 내면을 들여다보면 다른 경우가 많다. 양국은 북한 비핵화, 한반도 평화와 안정, 경제적 공동 번영, 지역 안보 문제의 평화로운 해결 등 원론적인 면에서 일치하지만, 각론으로 들어가면 적지 않은 입장의 차이를 드러내고 있다. 예를 들어,

북한 핵 문제의 경우 한중 양국은 모두 '한반도 비핵화'라는 목표를 설정하고 이 문제에 접근하고 있다. 그러나 한국은 '북한'의 비핵화를 염두에 두고 북한의 핵 개발 동결과 핵물질 사찰, 그리고 핵 폐기를 주장하는 반면, 중국은 북한을 자극할 수 있는 한미의 연합군사훈련이나 미 전략자산 배치 등에 반대함으로써 한미 동맹이 강화되는 것을 방지하고자 한다.

또한 한미 동맹과 한중 관계에 대해서도 마찬가지로 이견이 존재한다. 2008년 5월 이명박 대통령이 베이징을 방문하여 후진타오 주석과 '전략적 협력 동반자 관계'에 합의한 것은 한미 동맹과 한중 관계가 조화롭게 발전할 것을 전제로 한 것이었다. 그러나 중국은 이 두 관계가 양립할 수 없다고 본다. 정상회담 직후 친강 중국 외교부 대변인은 "한미 군사동맹은 지나간 역사의 유물"이며, "시대가 많이 변하고 동북아 각국의 상황도 크게 변한 만큼 낡은 사고로 세계 또는 각 지역이 당면한 문제를 다루고 처리하려 해서는 안 된다"라고 언급하여 한미 동맹을 용인하기 어렵다는 입장을 드러냈다(정욱식, 2008).

이처럼 한국과 중국이 상호 군사 교류를 통해 추구하는 목적은 상이하다. 그리고 이는 한중 간에 의제를 설정하고 논의하는 과정에서 종종 불협화음을 낳는 원인이 되고 있다.

셋째, 한중 군사 관계의 위상이 '자율성'을 갖지 못하고 정치 외교적 관계에 종속되고 있다는 점이다. 앞의 〈그림 2-1〉에서 볼 수 있듯이 한중 군사 관계는 양국 간의 군사 현안보다는 북한의 도발이나 사드 배치와 같은 다른 변수들에 의해 영향을 받고 있다(김흥규,

2019). 심지어 북한 위협에 대비하기 위한 한미연합군사훈련으로부터 한일 군사 관계, 그리고 남중국해 문제와 같은 지역 현안도 영향을 주고 있다. 이러한 변수들은 한중 양자 관계에 직접적인 관련이 없음에도 불구하고 한국은 북한의 위협에 우선 대비해야 하기 때문에, 그리고 중국은 미중 경쟁이라는 관점에서 접근하기 때문에 서로가 민감하게 반응하지 않을 수 없다. 이러한 이슈들은 때로 국내 정치적으로 여론과 민심을 자극하고 양국의 정치 사회적 분위기를 좌우함으로써 군사 관계에 파급 영향을 미치고 있다.

이로 인해 한중 군사 관계는 언제든 외부 요인에 영향을 받을 수 있어 예측 가능성이 떨어지고 지속적으로 유지되기 어렵다. 실제로 한중 양국의 군사 관계는 수교 이후 외부 변수의 개입 정도가 비교적 낮고 한중 양국이 경제 협력에 치중했던 2010년까지 꾸준히 발전할 수 있었다. 그러나 2010년 북한이 천안함 공격 및 연평도 포격 도발을 야기했을 때 중국이 보여준 북한 편들기는 한국 정부와 국민들의 반발을 샀고, 양국 간 군사 교류는 중단될 수밖에 없었다. 반대로 한국 정부의 사드 배치 결정은 시진핑 지도부와 중국 인민들의 불만을 야기했으며, 이것이 한국 기업에 대한 보복과 관광 중단, 중국 내 혐한 정서 형성 등으로 이어져 군사 관계를 소원하게 하는 요인으로 작용했다.

넷째, 한중 군사 관계의 내용을 볼 때 공통된 의제가 빈약하고 그나마 이행하기 어렵다는 점을 들 수 있다. 한중 관계가 '전략적 협력 동반자 관계'라는 것은 양국이 경제 분야 외에 정치, 외교, 안보 분야에서 한중 양자는 물론 지역적 현안들에 대해서도 긴밀하게 논의하고 협력하는 것을 의미한다. 그러나 한중 간에는 앞에서 언급한 대로 '냉전적 구조' 하에서 안보와 관련한 전향적인 의제를 찾기가 쉽지 않다. 군사 관계가 단순한 교류를 넘어 협력 단계로 발전하기 위해서는 민감한 정보를 교류하고 군수 및 방산 분야 협력을 추진하며 연합군사훈련 및 군사작전을 수행해야 하는데, 한미 동맹과 북중 동맹으로 엮인 한국과 중국이 그러한 단계로 나아가기가 사실상 불가능한 것이다.

그러다 보니 한중 간 군사회담에서 발굴된 의제는 비전통적 안보 영역에서의 군사 협력에 국한되고 있다. 한중 양국은 2011년 국방장관 회담에서 평화유지활동(PKO), 인도주의적 지원 및 재난 구호, 해적 퇴치 활동 등 평화를 목적으로 한 국방 분야의 협력을 강화할 필요가 있다는 데 인식을 같이했다(김수정, 2011). 그리고 2014년 한중 합참 간 전략부장회의에서도 상호 훈련 참관과 해외파병 부대 간 교류 협력 증진 방안을 논의한 바 있다. 이러한 의제들은 한편으로 한중 양국 군이 전통적 안보 영역에서의 협력이 불가능한 상황에서 다룰 수 있는 최선의 어젠다임에는 분명하지만, 다른 한편으로 한중 군사 협력의 한계를 여실히 보여주는 것이라 할 수 있다. 나아가 한중 양국이 이러한 의제들을 협의하고 합의하더라도 지역안보 구조와 대내외적 요인들, 그리고 정치 외교 상황에 따라 실제로 이행되기까지 많은 어려움이 뒤따를 수밖에 없다는 것도 또 다른 한계로 지적할 수 있다.

다섯째, 한중 간에 상호 군사 관계에 접근하는 방식에서 나타나는 차이도 군사 관계를 어렵게 하는 요인으로 볼 수 있다. 한국은 교류를 증진하면 신뢰가 쌓일 수 있다고 본다. 그래서 한국은 적극적으로 중국 측과 접촉하려 하고 다양한 의제를 제기하고 있다. 반면 중국은 신뢰가 먼저 형성되어야 교류를 본격화할 수 있다고 본다(Shambaugh, 2002). 가령 중국은 한국이 대만과의 교육 교류를 중단해야 신뢰가 형성되고 한중 군사 교육기관 간에 교류를 진행할 수 있다고 주장한다. 이러한 가운데 한중 군사 관계는 비대칭적 성격이 강화되고 있다. 한국이 중국에 매달리듯 교류를 요청하면 중국은 마치 선심을 베푸는 듯 마지못해 응하고 있기 때문이다.

예를 들어, 2008년 한중 해공군 간 직통전화가 설치되었을 때 이에 대한 양국의 인식은 사뭇 달랐다. 한국은 직통전화 설치를 큰 성과로 간주하여 양국 군사 관계가 "전략적 동반자 관계에 따라 군사 협력 단계에 진입한 것"이라고 평가했다. 반면 중국은 이것이 양국의 신뢰를 기반으로 한 것이 아니기 때문에 전술적이고 기술적인 협력에 불과하다고 본다. 중국국방대학 리다광(李大光) 교수는 직통전화 설치에 대해 "중국과 러시아는 신뢰가 높기 때문에 실질적인 의미가 있으나, 한중 간에는 신뢰가 높지 않기 때문에 상징적인 제스처에 불과하다"라고 평가절하 한 바 있다(王旭, 2008).

문제는 한중 군사 관계에 대한 양국의 상이한 접근이 자칫 오해를 불러일으킬 수 있다는 것이다. 한국의 경우 고위급 군 인사들의 교류가 활발하게 이루어지면서 중국이 한국 편에 설 것이라는 잘못된 희망(wishful thinking)을 가질 수 있다. 북한의 군사도발이나 북한 핵 문제와 관련하여 중국이 한국의 편에 설 것으로 기대할 수 있다. 그러나 중국은 정작 그렇게 할 수 없다. 한국과 적지 않은 교

〈표 2-1〉 한중 군사 관계를 제한하는 요인들

구분	내용
안보 구조	한반도를 둘러싼 냉전적 구조와 '신냉전 기류'의 작용
군사 관계의 목적	한중이 상호 군사 관계에서 추구하는 목적이 상이
군사 관계의 위상	한중 군사 관계가 자율성을 갖지 못하고 정치 외교 관계에 종속
군사 관계의 내용	군사 관계에서 다루는 의제가 빈약하고 이행이 어려움
접근 방식	한국은 교류 우선, 중국은 신뢰 우선

류가 이루어졌다고 해서 충분한 신뢰가 구축된 것은 아니기 때문에 한국이 희망하는 대로 북한을 비판하는 태도를 취할 수 없기 때문이다. 역으로 중국도 마찬가지로 한국의 선택에 대해 낙관할 수 있다. 한국이 일방적으로 중국과 신뢰를 형성하기 위해 노력하는 상황에서 한국이 쿼드나 핵심 공급망 등 미국의 대중국 포위 전략에 참여하지 않을 것으로 기대할 수 있다. 그러나 한국은 사드 사례에서 본 것처럼 동맹국인 미국의 요구를 무시할 수 없을 것이고, 이는 중국에 커다란 실망감을 안겨줄 수밖에 없다(심현섭, 2017).

이처럼 한중 군사 관계는 30년 동안의 다양한 교류에도 불구하고 아직도 그 기반이 약한 것으로 평가할 수 있다. 이러한 다섯 가지 요인으로 인해 한중 군사 관계는 마치 '시지프스의 신화'처럼 진전과 퇴보, 그리고 회복을 거듭하는 가운데 제자리걸음을 반복하고 있다.

(3) 한중 군사 관계의 성과

지난 30년간의 한중 군사 관계를 돌이켜보면 성과가 전혀 없었던 것은 아니다. 현재 시점에서 한중 관계가 어려운 것은 사실이지만, 양측의 많은 접촉과 대화, 군 간 교류와 협력은 이미 한중 군사 관계에 지울 수 없는 역사로 남아 있다. 그리고 이는 향후 상황이 호전될 경우 한중 관계 발전을 위한 도약의 발판이 될 수 있다. 그간의 성과를 살펴보면 다음과 같다.

첫째, 군사적으로 교류하고 협력할 수 있는 '끈'을 유지할 수 있게 되었다. 양국 국방부와 합참, 각 군 간에 대화와 소통을 할 수 있는 창구가 마련되어 교류가 중단되더라도 언제든 재개하고 접촉할 수 있는 채널이 유지되고 있는 것이다. 모든 국가 관계는 협력과 갈등을 반복하기 마련이다. 한국과 중국의 경우에는 이러한 기복이 더 심할 수밖에 없다. 다행히 한중 관계는 이미 경제 사회적으로 상호 의존도가 심화되어 있기 때문에 정치 외교적 갈등이 발생하더라도 양국 관계가 장기간 단절되기는 어렵다. 이렇게 본다면 한중 군사 관계는 잠시 단절되더라도 정치적으로 화해가 이루어지면 언제든 다시 시작될 수 있으며, 이 경우 한중 간의 군사 외교 채널은 과거의 친분과 경험을 바탕으로 쉽게 복원될 수 있다.

둘째, 다양한 수준에서의 대화를 통해 군사·안보 분야에서의 상호 입장을 확인할 수 있게 되었다. 서로가 한반도 안보 상황, 북한 핵 문제, 한미 동맹, 사드 그리고 지역 안보 현안에 대해 논의하는 가운데, 비록 상대의 입장을 이해하고 공감대를 형성하지는 못하더라도 최소한 상대의 입장이 무엇인지를 인식할 수 있게 되었다(박병광, 2007; 이동률, 2011). 물론 이것으로 양국 간 견해의 차이를 좁히고 공동의 해결 방안을 모색할 수 있는 것은 아니다. 다만 서로 이견을 확인하고 차이를 인식한 것은 우발적인 상황이 발생했을 때 상대에 대한 오해를 방지하고 충돌을 예방할 수 있다는 점에서 적지 않은 의미가 있다.

셋째, 군사 교류를 넘어 군사 협력으로 진전할 수 있는 가능성을 보여주었다. 한중 해군이 연합으로 해난사고를 가정해 3차례 수색구조훈련을 실시한 것이 그러한 사례이다. 이 훈련은 비록 전시나 분쟁 상황을 상정한 것이 아니라 평시 인도적 목적 아래 이루어진 것이지만 양국 해군이 공동으로 군사훈련을 수행했다는 점에서, 그리고 고위급 군 인사들이 회담을 통해 합의한 사항을 양국 군이 현장에서 행동으로 옮겼다는 점에서 의미가 크다. 무엇보다도 향후 양국 군사 관계가 발전한다면 비전통 안보 분야인 PKO, 재난 구호, 해적 퇴치 등에서 군사 협력을 도모할 수 있는 계기를 마련했다는 측면에서 높게 평가할 수 있다.

넷째, 한중 군사 관계가 갖는 탄력성과 회복력을 보여주었다. 한중 양국은 지리적으로 인접한 이웃으로서 비록 이념과 가치, 전략적 이익을 달리하지만 한반도 안정이나 경제적 번영과 같은 공동의 이해를 갖고 있다. 숙명적으로 떼려야 뗄 수 없는 관계인 것이다. 실제로 한중 양국은 북한의 도발과 사드로 인해 잠시 냉각기를 가졌지만 곧 정치 외교적으로 교섭이 이루어짐에 따라 군사 관계를 회복할 수 있었는데, 이는 외부의 도전 요인에도 불구하고 적지 않은

〈표 2-2〉 한중 군사 관계의 성과

- 군사적 교류와 협력 창구 및 채널 유지
- 군사·안보 분야에서의 상호 입장 차이 확인
- 군사 교류를 넘어 군사 협력으로 진전할 수 있는 가능성 확인
- 한중 군사 관계가 갖는 탄력성과 회복성 입증

탄력성을 입증한 것으로 볼 수 있다.

이렇게 볼 때 한중 군사 관계를 마냥 회의적인 것으로 볼 필요는 없다. 한중 양국의 국가 관계가 단절될 수 없듯이 군사 관계는 지속될 것이며, 이를 통해 교류를 증진하고 군사적 신뢰를 구축하는 노력이 꾸준히 이루어져야 할 것이다.

4. 한중 군사 관계 전망과 발전 방안

(1) 한중 군사 관계 전망

향후 한중 군사 관계에 대한 전망은 그리 밝아 보이지 않는다. 윤석열 정부의 대외정책 기조는 한미 동맹 강화, 한일 관계 개선, 북핵 미사일 위협에 강력히 대응, 그리고 '상호 존중에 기반한 한중 관계'를 지향하고 있다(윤석열 공약위키, 2022). 전반적으로 중국이 꺼리는 한미 동맹 및 한·미·일 안보 협력을 강화하고 중국에 대해서는 이전 정부와 달리 '대등한' 입장에서 외교정책을 추진하겠다는 것을 의미한다. 특히 한중 관계와 관련하여 '상호 존중'이라는 수식어

를 붙인 것은 사드 사태나 '3불'과 같은 저자세의 대중국 외교를 바로잡겠다는 것으로 볼 수 있다. 이로 인해 한중 관계는 이전보다 더 어려워질 수 있으며, 군사 관계 역시 순탄치 않을 가능성이 높다. 앞으로 한중 간에 불거질 수 있는 몇 가지 이슈를 중심으로 양국의 군사 관계를 전망해보면 다음과 같다.

첫째, 북한 핵 문제는 한국의 사드 추가 배치와 미 미사일 방어 체계 편입과 연계되어 한중 관계를 악화시킬 수 있는 직접적인 요인으로 작용할 수 있다. 윤석열 대통령은 2022년 2월 『포린 어페어즈(Foreign Affairs)』 기고문에서 "3불 정책은 한국의 주권을 약화시키는 선언이었다. 한국은… 핵심 안보 이익을 지키는 데 어떤 타협도 있을 수 없다. 북한의 위협으로부터 주권을 지키기 위해서 앞으로 한국은 사드의 추가 배치에 열린 자세를 취해야 할 것"이라고 밝힌 바 있다(Yoon, 2022). 실제로 한국은 북한의 핵 능력이 고도화되고 실전 배치가 임박한 상황에서 북한의 핵미사일 위협에 대비하지 않을 수 없다. 사드이든 아니면 자체 개발하고 있는 장거리지대공요격미사일(L-SAM)이든 북한의 핵미사일을 방어할 수 있는 요격 체계를 강화하지 않을 수 없으며, 이러한 체계를 효과적으로 운용하기 위해 미국 및 일본의 미사일 방어 체계와 통합하고자 할 것이다.

이에 대해 중국은 이미 경계심을 드러내고 있다. 2022년 3월 10일 『환구시보(环球时报)』는 "사드는 한국의 방위 요구를 넘어선 것으로 중국의 전략적 이익을 심각하게 훼손할 뿐 아니라, 한반도의 평화와 안정을 수호하는 데 기여하지 못한다"라고 주장했다(郭晓鹏, 2022; 袁小存, 2022). 2022년 5월 9일 윤 대통령 취임식 사절로 방한

한 왕치산(王岐山) 부주석은 윤 대통령과의 접견 자리에서 "한반도 문제에 대한 협력을 강화하고 민감한 문제를 타당하게 처리해야 한다"라고 하여 사드를 포함한 '3불'에 대한 한국 정부의 정책 변화 가능성을 견제했다(李涛摄, 2022).

이러한 상황에서 한국 정부가 사드를 추가로 배치하기는 어려울 것이다. 윤석열 정부가 110대 국정 과제에서 사드를 제외한 것은 중국과의 관계 악화를 피하기 위한 조치로 볼 수 있으며, 중국도 이에 대해서는 긍정적으로 평가하고 있다(赵建东, 2022). 그러나 한국 정부는 독자적으로 개발한 미사일 방어 체계를 배치하고 이를 미국의 체계와 통합하여 운용하는 방안을 추진할 수 있다. 한미 미사일 방어 체계의 통합은 북한의 핵미사일 위협에 효과적으로 대응하고 한미 동맹을 강화하는 실효적 조치가 될 수 있기 때문이다. 이 경우 중국은 '3불'에 대한 약속 위반으로 간주하여 반발할 것이며, 한국과의 외교 및 군사 관계를 또다시 중단할 수 있다.

둘째는 한일 관계 개선에 따른 한·미·일 안보 협력 가능성도 향후 한중 군사 관계를 위협하는 요인이 될 수 있다. 윤 대통령은 대선 유세 기간 대일 외교정책의 핵심 공약으로 '김대중–오부치 선언 2.0 시대'를 실현하겠다고 공언한 바 있다. 과거의 불행한 역사를 극복하고 화해와 선린우호 협력에 입각한 미래지향적인 관계를 발전시키겠다는 것이다. 또한 대선 승리 후 3월 10일 가진 기자회견에서도 상호 존중의 한중 관계를 발전시키고 미래지향적인 한일 관계를 만들겠다고 언급한 바 있다(손덕호, 2022). 향후 한일 정상 간 '셔틀 외교'가 복원되고 군사정보보호협정(GSOMIA)이 다시 발효되는 등 한일 관계가 개선되면 한국 정부는 이를 바탕으로 한·미·일 안보 협력을 추진할 수 있다. 아직까지 중국은 한국의 한일 관계 개선 의지에 대해 함구하고 있지만 향후 한·미·일 안보 협력이 가시화될 경우 '3불' 약속을 거론하며 한국 정부를 압박할 수 있다.

셋째는 한국 정부의 한미 동맹 강화 방침에 따라 한국이 미 주도의 반중 연대에 참여할 경우에도 한중 관계는 악화될 것이다. 윤 대통령은 대선 후보 시절인 1월 24일 외교 안보 비전 발표회에서 민주주의 정상회의 유치, 쿼드 가입, 한미 첨단 기술 동맹을 언급했다. 먼저 그는 민주주의 정상회의를 유치하여 "자유와 민주, 시장경제, 법치, 인권의 핵심 가치를 공유하고 국제사회의 평화와 번영에 기여하는 포괄적 전략동맹을 강화해나가겠다"라고 밝혔다. 또한 쿼드 산하 백신, 기후변화, 신기술 워킹그룹에 참여해 역내 관련국들과 공동이익을 확대하는 열린 협력을 추구하고, 한미 동맹을 반도체, 배터리, 인공지능, 바이오, 6G, 원전, 우주항공 등 글로벌 혁신을 이끄는 동맹으로 업그레이드하겠다고 언급했다. 향후 수위 조절이 이루어지겠지만 사실상 미국이 주도하는 반중국 연대에 동참하겠다는 의지를 밝힌 것이다.

이에 대해 중국은 신경을 곤두세우고 있다. 2022년 3월 7일 양회(兩會) 기간 중 왕이 외교부장은 기자회견에서 "미국이 중국의 핵심이익에 관련한 이슈를 공격하고 중국을 제압하기 위해 세력을 끌어모으고 있다"고 지적하고, "인도-태평양 전략의 진정한 목적은 인도-태평양 버전의 NATO를 만들려는 것"이라고 비난했다(新华网, 2022. 3. 8). 4월 7일 한중 전문가대화에서 닝푸쿠이(寧賦魁) 전 주한

중국 대사는 한중 양국은 "확고한 중한 관계 발전을 견지하고 진영 대결에 참여하지 않으며 신냉전을 조장하지 말고 서로의 주권과 안보, 발전 이익을 존중해야 한다"며, 중국은 역내 세력 균형을 깨는 한국의 쿼드 참여를 반대한다고 주장했다. 추궈홍(邱國洪) 전 대사도 한중 관계의 세 가지 변수로 한국의 '3불 1한(三不一限)' 약속 이행 여부, 인도-태평양 전략 참여 여부, 그리고 반도체 등 미국 주도의 핵심 공급망 참여 여부를 꼽았다(한국글로벌전략협력연구원, 2022). 향후 한국이 미국과의 동맹을 강화하여 중국을 견제하는 조치를 취할 경우 한국 정부에 대한 중국의 외교적 압력은 더욱 거세질 것으로 보인다.

이러한 상황에서 한중 군사 관계는 개선되기보다는 악화될 가능성이 높다. 만일 한국 정부가 사드를 추가로 배치하지는 않더라도 미일 미사일 방어 체계 편입, 한·미·일 안보 협력 강화, 쿼드 산하 워킹그룹 참여, 핵심 공급망 참여 등의 조치를 고려할 경우 중국은 고강도 3전(三戰)—여론전, 심리전, 법률전—과 군사적 강압의 수위를 올려 한국 정부를 압박할 것이다. 경제 보복, 자원 수출 중단, KADIZ 침범, 서해 중간선 침범 등을 야기할 수 있으며, 상황이 악화될 경우 KADIZ 내 공군기 실사격 훈련 등 도발적 행동, 서해 중간선을 넘어 해상 민병 및 해경 전개, 한국 EEZ 내 지질조사선 및 해군 투입, 이어도 영유권 주장 및 한국 구조물 철거 등을 요구하여 군사적 긴장을 고조시킬 수 있다. 최악의 경우 이어도를 둘러싼 한중 해군 간 충돌 가능성을 배제할 수 없다.

(2) 향후 군사 관계 발전 방안

향후 한중 관계가 어려울 것으로 전망되는 만큼 양국 간 군사 관계를 발전시킬 수 있는 해법을 찾기는 쉽지 않다. 그럼에도 지리적으로 인접하여 한반도 및 지역 안보 현안을 공유하고 있는 한국과 중국이 국가 관계를 단절할 수 없다면 군사 관계 발전을 통해 양국의 정치 외교적 관계를 견인하는 방안도 생각해볼 수 있다. 물론 이는 과거 30년의 역사가 보여주듯이 녹록지 않은 과제이지만, 현재의 교착된 군사 관계를 돌파하기 위한 방안으로 다음과 같은 몇 가지를 고려해볼 수 있다.

첫째, '정경분리(政經分離)'와 '정군분리(政軍分離)'를 통해 양국 군 간의 교류가 지속될 수 있도록 보장해야 한다. 지금까지 한국과 중국이 수교하고 동반자 관계로 발전한 배경에는 '정경분리'의 원칙이 작용하고 있었다. 이념과 체제를 달리하는 양국이 정치적 문제는 접어두고 경제 협력을 통해 상호 이익을 도모하고 관계를 강화하자는 묵시적 합의가 있었던 것이다. 그러나 중국은 한국의 경제적 의존도가 심화되자 이를 이용하여 경제 보복에 나서며 한국을 정치적으로 압박하기 시작했다. '정경분리'가 '정경일치(政經一致)'로 바뀐 것이다. 이에 따라 한국은 정치적으로 중국의 눈치를 보며 구속될 수밖에 없었고, 이는 중국에 대한 불만과 함께 양국 관계를 소원하게 하는 요인으로 작용하고 있다. 따라서 한중 관계가 정상적으로 발전하기 위해서는 '정경분리' 원칙을 다시 수립할 필요가 있다.

마찬가지로 한중 군사 관계를 뿌리내리기 위해서는 정치와 군사를 연계하지 않는 '정군분리' 원칙을 고려해야 한다. 과거와 같이 북한의 군사도발이나 사드 문제가 양국 간 외교적 갈등을 유발한다고 해서 군사 관계를 단절하는 조치를 취하는 것은 바람직하지 않다. 이러한 상황이 반복될 경우 한중 양국 군 간에 이루어지는 회담은 권위를 가질 수 없으며 회담에서 나온 합의는 퇴색될 수밖에 없다. 물론 중국이 연평도 포격을 도발한 북한을 옹호하고 한국과 미국의 적대적 정책에 책임을 돌리는 상황에서 정상적인 군사 대화를 갖기는 어려울 수 있다. 한국 정부의 사드 배치 결정에 대한 중국의 입장도 마찬가지다. 그럼에도 양국 간 대화는 지속되어야 한다. 서로가 불만을 갖고 있다고 해서 대화를 단절하기보다는 대화의 장에서 불만 사항을 토로하는 것이 양국의 군사 관계, 나아가 국가 관계를 유지하고 발전시킬 수 있는 토대를 마련할 수 있기 때문이다.

따라서 양국의 군사 관계는 정치 외교적 상황과 관계없이 지속적으로 이루어져야 한다. 향후 한중 관계에 예상되는 험난한 여정에서 한국 정부가 한미 동맹을 강화하는 조치를 취하든, 이로 인해 중국의 경제 보복이 이루어지든 양국의 군사 교류는 계속 진행되어야 한다. 한중 간 정치 외교 관계가 경색되더라도 군사 대화가 이루어질 수 있다면 이는 양국 간 신뢰의 상징이 될 수 있으며, 나아가 정치 외교 관계를 조속히 회복하는 데 기여할 수도 있다.

둘째, 한중 양국은 군사 관계에 대한 접근 방식을 전환함으로써 '교류와 신뢰 구축' 간의 상승효과(synergy)를 높여야 한다. 앞에서 지적한 대로 한국은 먼저 교류를 진행하면 신뢰가 쌓일 것으로 보는 반면, 중국은 신뢰를 먼저 쌓아야 교류가 가능하다는 입장이다.

지금까지 한국군은 교류를 우선시하여 중국과 군 인사 교류, 장관으로부터 실무진에 이르는 다양한 대화체 창설, 군사교육 교류, 해외파병 부대 협력, 그리고 군사훈련 참관 등 많은 의제를 개발하고 중국 측에 제시해왔다. 그러나 중국군은 이러한 의제들을 선뜻 받아들이기를 주저하며 한국 측에 신뢰성 있는 조치를 우선 이행하도록 요구하고 있다. 이러한 가운데 한국군은 교류에 방점을 두다 보니 저자세로 일관하는 반면, 중국군은 한국 측에 조건을 달며 여유를 부리는 가운데 한중 군사 관계는 표류하고 있다.

따라서 한국군은 '교류 만능주의'에서 벗어나야 하고, 중국군은 '신뢰 우선주의'에서 탈피해야 한다. 그럼으로써 '교류'와 '신뢰'의 균형점을 찾는 노력이 요구된다. 한국군은 중국군에 일방적으로 대화를 종용하기보다는 한중 간의 신뢰 정도를 고려하여 가능성 있는 의제를 선정하고 진중하게 논의하는 것이 바람직하다. 가령 군사훈련 참관과 같이 신뢰가 결핍된 상황에서 이행하기 어려운 의제는 피해야 한다. 또한 중국은 교류에 조건을 달기보다는 진정성을 가지고 대화 및 활동에 임함으로써 양측의 교류가 신뢰로 이어질 수 있도록 해야 한다. 예를 들어, 사드 문제로 군 고위급 인사들의 교류가 어렵다면 최소한 육해공군 간 부대 교류를 계속 허용함으로써 교류의 지속성과 신뢰 구축의 토대를 유지할 수 있을 것이다.

셋째, 한중 군사 관계에서 다루는 이슈를 가급적 양국 군 간의 관심사로 한정해야 한다. 양국 간의 군 고위급 회담에서 중국군이 꺼리는 북한 급변 사태 문제에 대해 논의할 경우 중국군은 논의를 회피할 것이고 회담은 성과 없이 끝날 수밖에 없다. 중국군이 한미

연합군사훈련 중단 문제를 들고 나온다면 한국군은 이에 응하지 않을 것이다. 이러한 문제들은 아무런 결론을 도출하지 못한 채 상대방의 감정을 자극함으로써 자칫 회담 무용론으로 흐를 수도 있다. 따라서 의제는 가급적 군 차원에 한정된 공동의 관심사로 선정할 필요가 있다.

물론 한중 양국 군이 논의하는 군사적 의제는 다른 안보 이슈와 연계되지 않을 수 없다. 가령 중국군의 한국방공식별구역(KADIZ) 침범이나 서해 중국 해군의 중간선 침범 등의 문제를 논의할 경우 한국의 KADIZ 설정 범위의 타당성, 이어도 관할권 문제, 서해 중간선 획정 문제, 한미연합군사훈련, 그리고 심지어는 미국의 중국 해안 정찰 행위가 도마 위에 오를 수 있다. 그리고 이러한 문제들은 양측의 입장 차가 커서 쉽게 합의를 이루기도 어렵다. 그럼에도 한중 군사회담이 상호 교류의 취지를 살리고 지속성을 담보하기 위해서는 가급적 정치 외교적 현안을 배제하고 군사적 현안에 집중해야 한다. 그리고 그러한 현안은 양국 군이 협력할 수 있고 이행할 수 있는 것으로 한정해야 한다.

넷째, 한중 양국 군은 다자적 군사 협력을 병행함으로써 한중 군사 관계 발전을 견인할 수 있다. 동북아에서 한·미·일 대 북·중·러의 안보 구도가 형성되는 가운데 한중 관계는 단순히 양자 관계만으로 볼 수 없다. 그리고 한중 외에 미·일·러 및 북한 간의 신뢰가 형성되지 않는다면 한중 군사 관계도 제약을 받을 수밖에 없다. 따라서 한중은 양국 군 간의 군사 교류뿐만 아니라 다자적 군사 교류 협력을 병행함으로써 한중 군사 관계 발전에 긍정적 효과를 증진하도록 하는 우회적인 방안을 모색할 수 있다.

이를 위해 한중은 현재 진행되고 있는 양자 및 다자간 군사 관계를 통합하여 가칭 '동북아 국방대화체'를 창설하는 방안을 검토할 수 있다. 이는 동북아 국가들의 국방장관이 참여하는 장관급 대화체로 지역 국가들 간의 신뢰를 구축하고 군사·안보 협력을 증진하는 기제가 될 수 있다. 동북아 국방대화체는 기존의 쌍무동맹을 대체하거나 전통적 위협에 대처하기 위한 집단 안보 기구가 아니라, 기존의 안보 구조를 보완하는 차원에서의 협의기구가 될 수 있다. 특정 국가 간 군사·안보 현안이나 갈등을 해결하기보다는 공동의 관심사를 논의하고 공동의 안보 이익을 추구하는 장을 제공하는 것이다. 물론 국방대화체는 다자간 협력의 어려움을 감안하여 가시적 성과에 집착하기보다는 국가들 간의 서로 다른 입장을 이해하고 군사적 투명성을 제고함으로써 점차 신뢰를 쌓아가는 것에 의미를 부여해야 할 것이다(Park, 2020). 처음 단계에서는 테러, 전염성 질병, 해적, 재해·재난, 수색구조훈련, 비전투원 후송 등 비전통적 안보 위협과 관련한 정보를 교환하고 상호 협력을 증진할 수 있을 것이며, 어느 정도 신뢰가 구축된다면 군사적 투명성을 제고하기 위해 군사 정보를 교환하고 최근 아태 지역에서 이슈화되고 있는 해양 군비통제 문제까지도 다룰 수 있을 것이다. 만일 이를 통해 다자간 군사 관계가 개선된다면 한중 군사 관계는 비약적으로 발전할 수 있는 견실한 토대를 마련하게 될 것이다.

5. 결론

이 글은 지난 30년간의 한중 군사 관계를 주요 시기별로 회고하고 그동안 군사 관계에서 보였던 한계와 성과를 짚어보았다. 그리고 한국의 신정부 출범에 따라 녹록지 않을 것으로 예상되는 양국의 군사 관계를 전망하고, 향후 양국의 교류를 발전시키기 위한 몇 가지 방안을 제시했다.

한중 군사 관계가 단순한 교류를 넘어 군사 협력 단계로 발전하는 데에는 엄연한 한계가 있다. 지금 당장 사드 사태 이후 군 고위급 교류마저 제대로 이루어지지 않고 있는 상황에서 양국의 군사 관계는 회복될 기미를 보이지 않고 있다. 앞으로 북한 핵미사일 위협이 고조되는 가운데 한국 정부가 '3불' 약속을 뒤집거나 쿼드 및 핵심 공급망 등 미국의 반중 연대에 참여할 경우 한중 관계는 악화되고 군사 교류는 교착될 수 있다. 이러한 점을 고려하여 한국 정부는 윤 대통령이 대선 기간 예고했던 대외정책의 수위를 조절하겠지만, 향후 예상되는 한미 동맹 및 한·미·일 안보 협력 강화 조치는 한중 군사 관계를 더욱 어렵게 할 가능성이 크다.

그러나 군사 관계는 어떻게 관리하느냐에 따라 정치 외교적 관계를 견인할 수도 있다. 한국과 중국이 정치 외교 상황과 별개로 양국간 군사 교류의 자율성을 인정하고, 교류와 신뢰 구축 간의 상승효과를 창출할 수 있다면, 양국 군이 군사 분야에 한정된 이슈를 중심으로 정치 외교적 관계의 영향을 받지 않고 독자적으로 군사 관계를 발전시킬 수 있다면, 그리고 지역 차원에서 다자간 군사 협력을 통해 한중 양국의 군사 교류를 촉진시킬 수 있다면 한중 군사 관계는 한층 더 높은 단계로 도약할 수 있는 전기를 맞게 될 것이다.

그러나 너무 큰 기대는 금물이다. 어차피 중국이 호응하지 않으면 군사 관계가 진척되기 어렵다. 한국이 북한의 군사도발에 대해 중국에 실망하고 중국이 사드 문제로 한국 정부에 배신감을 느꼈던 것처럼 한국이 일방적으로 군사 교류를 종용하여 섣부른 성과를 추구하는 것은 오히려 양국 관계를 위험하게 할 수 있다. 어려울 때일수록 돌아가라는 말이 있다. 한중 관계가 순탄하지 않을 것으로 전망되는 상황에서 양국은 원칙으로 돌아가 기초부터 다져야 할 필요가 있다. 해외파병 부대 간의 협력이나 대해적 공동작전과 같은 거창하고 화려하지만 지속되기 어려운 분야보다는 육해공군 각급 부대 간 상호 방문을 확대하고 교류를 정례화하는 등 기초적인 것에서부터 다시 시작할 필요가 있다. 보다 높은 수준의 군사 협력은 그러한 기초가 충분히 다져졌을 때 비로소 실현 가능하고 지속 가능하게 될 것이다.

제3장

한중 관계와 북한

주재우(경희대)

1992-2022

1. 서론

이 글의 목적은 한국과 중국이 수교한 이후 지난 30년 동안 북한과 중국 관계, 그리고 남북 관계가 어떻게 전개되었는지를 보려고 하는 것이 아니다. 대신 이 기간 동안 북한이라는 요소(factor)가 한중 관계의 부침에 어떠한 영향을 미쳤는지를 분석하는 데 목적이 있다. 다시 말해, 한중 관계에 북한 요소가 어떠한 경우 발전을 촉진했고 저해했는지를 분석할 것이다. 가령 북한의 핵 문제나 전반적인 문제가 한중 양국의 협력 관계를 촉발 내지는 발전시켰는지, 아니면 북한의 도발이 한중 관계에 부정적인 영향을 미치면서 양국 사이의 간극을 확대하는 요소로 작용했는지와 같은 관점에서 이를 조망할 것이다.

한중 수교에 대한 우리와 중국의 기대감은 컸다. 그러나 그 지향점은 달랐다. 우선 중국은 1989년 6월 천안문 사태로 서구 사회로부터 경제 제재를 받으면서 경제에 큰 타격을 입게 된다. 1980년대

평균 10%에 달했던 경제성장률은 1990년과 1991년 4%대로 급락하였다. 천안문 사태에 대한 책임으로 중국 공산당 지도부 내부에서 급격한 정권 교체가 단행되었으나 급변한 경제 상황에 어떻게 대처해야 할지에 대해서는 여전히 '패닉(panic)' 상태였다. 이 같은 정치 상황은 1992년 초 덩샤오핑을 소환한다. 그는 중국 남부지방의 푸젠성과 광둥성에 위치한 경제특구를 순회하며 개혁·개방을 견지해야 한다는 연설('南巡講話')을 연일 이어나갔다.

중국은 경제 발전의 급격한 하락과 침체에 새로운 출구전략이 필요하였고, 이 중 하나가 외교 분야에서 채택되었다. 주변 지역의 미수교 국가이나 중국의 경제 회복에 도움이 될 수 있는 나라와 지역과의 관계 정상화였다. 가령 아시아의 '네 마리 용', 즉 싱가포르, 홍콩, 대만과 한국 등이 거론되었다. 이들은 1980년대에 경제력이 급성장하면서 중국 시장의 진출을 모색했으나 정치적인 문제로 제약을 받던 나라와 지역이었다. 중국은 이들과의 교역 관계를 정상화하고 이들로부터 투자와 기술이전을 받음으로써 서구의 제재를 일시적으로나마 극복하고자 하였다(Mann, 1998).

우리의 경우 중국과의 수교를 통해 한반도 안보 및 통일 문제에서 상당한 이점을 확보할 수 있을 것이라 판단하였다. 소련 해체 이후에도 중국은 북한의 동맹이며 유일한 소통 창구이고 북한에 영향력을 발휘할 수 있다는 기대감이 팽배했기 때문이다. 이러한 기대감은 1970년대에 제안되었던 이른바 남북한의 '교차승인(cross-recognition)'과도 일맥상통하였다(주재우, 2017). 한국이 1988년부터 추진한 '북방정책'도 이런 의도와 취지에서 추진된 결과였다.

1990년 구(舊)소련과, 그리고 1992년 중국과 수교에 성공하면서 이제 북한이 미국, 일본과 수교만 하면 '교차승인'은 완성될 것이었다. 남북한의 교차승인 문제가 처음 제기되었을 때부터 긍정적인 기대감이 만연하였다. 체제 경쟁을 했던 남북한이 주변 공산국가와 민주국가와 각각 수교하면 한반도의 평화와 안정은 물론 통일에도 굳건한 토대가 마련될 수 있기 때문이었다(전재성, 2003).

그러나 '교차승인'의 반만 이뤄진 상황에서 이 같은 기대감은 실현되지 못한다. 오히려 반대의 현상이 현실 정치 외교 관계에서 발생하고 '교차승인'에 대한 재평가가 이후 제기되었다. 중국은 정치·외교·안보·군사 등의 영역에서 한국과의 관계 발전을 도모하는 데 있어 북한 요소를 의식하지 않을 수 없다. 이와 반대로 한국은 중국과의 관계 발전이 한반도의 평화와 안정은 물론 남북 관계를 포함한 북한의 문제 해결에 있어 중국의 건설적인 기여와 작용으로 이어질 것을 기대한다.

이런 현상의 가장 근본적인 원인에는 한반도를 둘러싼 주변국 간의 지정학적 전략 관계 구조가 있다. 중국과 북한 간의 "동맹" 관계가 유효하고, 한국과 미국의 동맹 관계 역시 굳게 유지된다. 구소련이 1992년 러시아로 재탄생하고 2000년에 북한과의 "동맹" 관계가 비록 "준동맹"의 수준으로 격하되었지만(장덕준, 2004), 북한 유사시 최소한 러시아의 지원 가능성을 무시할 수 없다. 따라서 북한이 미국과 미수교인 상황에서 한반도 지역의 동맹 구조의 변화를 기대하는 것은 아직 시기상조이다.

양자 동맹 관계가 유효한 가운데 한중 관계의 전면적인 발전을 기대하는 것마저도 현실적이지 못하다. 중국은 한중 관계를 발전시키는 데 있어 "동맹"인 북한에서 벗어날 수 없다. 여기에는 세 가지 요인이 유효하게 작동한다. 우선 남북한 간의 교차승인이 성사되지 않은 상황에서 한미 동맹이 유효하기 때문이다. 이런 가운데 북한의 한반도 지정학적 전략 가치는 아직 중국에 유효하다. 남북한의 분단 및 대치 상황과 주한미군 및 한미 동맹의 존재 때문에 중국의 동북아 전략이익에서 북한의 활용 가치가 아직 유효하다는 의미다.

둘째, 한미 동맹이 유지되는 동안 중국의 한국에 대한 인식은 전략적 제약을 받는다. 즉 미중 관계의 부침이 필연적으로 한중 관계에 영향을 미친다는 의미다. 미국과의 갈등 관계로 미중 관계가 비우호적인 양상을 보이면 한국에 대한 중국의 인식도 유사하게 변할 수밖에 없는 구조가 존재한다. 마지막으로 역내 동맹 관계 구조로 인해 중국은 우리 기대에 부응하는 수준의 대북 영향력을 발휘하는 데 제한적일 수밖에 없다. 자신의 역내 안보 전략 이익을 수호함에 있어 다른 동맹이 미치는 영향뿐 아니라 이에 북한이 "동맹"으로서 기여하는 가치를 고려하지 않을 수 없기 때문이다.

한중 수교 이후 지난 30년 동안 한중은 북한에 대한 동상이몽을 역력히 드러냈다. 한국은 북한과 한반도 문제에서 중국에 대한 기대감을 가지고 있고, 중국은 비(非)경제 분야에서 한중 관계를 발전시킴에 있어 북한을 의식해 남북한 간에 '등거리(균형) 외교'를 견지하려 한다. 더욱이 한중 양국 간 서로에 대한 관계 인식이 상이하게 나타나면서 북한이 이를 이용하려는 양상 또한 나타나고 있다. 가령 한중 관계가 순탄하게 발전할 때 북한이 도발로 이를 제동한 사례를 무시할 수 없다. 물론 북한이 의도적으로 이를 행했는지는 논란이 될 수 있다. 정확한 근거가 없기 때문이다. 그러나 정황 증거만으로도 이를 설명하는 데 부족하지 않다. 따라서 필자는 종래의 정황적 증거에 3자 관계의 역학구도를 활용하여 북한과 남한, 미국, 중국 이들 국가 간 관계와 상호 인식의 변화를 논술하고자 한다. 다시 말해, 북한이란 변수를 중심으로 한중 관계, 미중 관계, 그리고 북중 관계의 부침을 분석할 것이다.

2. 한중 관계 부침에서의 북한 요인 회고

(1) 한중 관계 밀착기와 북한의 공백기(1992~1998년)

노태우 정부의 출범과 함께 추진된 북방정책은 1992년 한중 수교로 종결되었다. 이후 한중 관계는 경제·통상과 인적 교류 분야에서 비약적인 발전을 보였다. 중국이 남한을 주권국가로 인정하는 것에 북한이 고도의 불만을 표하면서 북중 관계가 악화되었다는 것은 주지하는 사실이다. 이와 관련된 후일담도 첸지천 전 중국 외교부장의 회고록『외교십기(外交十記)』를 통해 알려졌다(錢其琛, 2003). 가령 한국과의 수교 결정을 알리기 위해 평양을 방문한 그의 일행단은 김일성 주석을 알현하지 못했을 뿐 아니라 오찬도 하지 못하고 귀국길에 올랐다. 그해 김일성 생일에도 이들은 초대받지 못했고, 이후 양국 간의 고위급 인사 교류는 중단되었다.

〈표 3-1〉 한중 관계 부침에서의 북한 요인 및 주변국의 입장과 교류의 상호작용

시기별 정의	중대한 이벤트	주변국 지도자	각국의 입장, 교류 및 상호작용
1992~1998년 한중 관계 밀착기와 북한의 공백기	• 1992년 한중 수교 • 1993년 1차 북핵 위기 발발	한: 김영삼 중: 장쩌민 미: 클린턴 북: 김일성 김정은	• 한중 정상 상호 방문 • 북중 고위급 교류 중단 • 미국, 북핵에 대화와 선제공격 압박 병행 전략 • 북한의 고립과 한미중의 협력 양산
1999~2009년 한중 관계 발전기와 남북중 우호기	• 1999년 북중 관계 정상화 선언과 페리 미 특사 방북 • 2000년 북미 고위급 인사 상호 방문 • 2000년 남북 정상회담 • 2002년 2차 북핵 위기 발발 • 2003년 6자회담 개시 • 2005년 방코델타아시아은행의 북한 자금 동결 • 2006년 1차 북한 핵실험 및 첫 유엔 대북 제재 결의안 채택 • 2007년 남북 정상회담 • 2009년 2차 북한 핵실험	한: 김대중 노무현 이명박 중: 장쩌민 후진타오 미: 부시 오바마 북: 김정일	• 남북미중 고위급 인사 교류 활발 • 6자회담으로 우호적인 협력 관계와 분위기 • 북한 자금 동결에 중국의 협조로 6자회담에서 북한 고립 자각 • 1차 핵실험 이후 중국의 유엔 제재 결의안 가결 투표로 북한 고립감 증가 • 유엔 제재 이후 북한의 대중 경제 의존도 상승
2010~2017년 한중 관계 부침의 반복기와 북한의 공백	• 2008년 6자회담 중단 • 2010년 천안함 폭침 및 연평도 폭격 사건 • 2010, 2015년 개성공단 폐쇄 • 2011년 김정일 사망 • 2013년 중국의 독자적 대북 제재 채택 • 2014년 시진핑 방한 • 2012, 2013, 2015, 2017년 북한 핵실험 • 2016년 한국 사드 배치 결정 및 하반기 중국의 대한국 독자 제재 채택	한: 이명박 박근혜 문재인 중: 후진타오 시진핑 미: 오바마 트럼프 북: 김정일 김정은	• 이명박, 박근혜 정부 첫 3년 한중 관계 우호적 • 이명박, 박근혜 정권 시기 한미 관계 강화 • 미국의 '전략적 인내' 북핵 전략과 '동아시아 회귀' 전략 • 중국의 부상 가시화 • 김정일 사망으로 북중 고위급 교류 중단 • 북중 관계의 소원함과 북한의 상대적 고립감 증대 • 북한 4차례 핵실험 수 단행 • 중국의 대한국 제재로 한중 관계 소원
2018~2022년 한중 소원기와 북중 일변도 시기	• 2017년 사드 배치 완료 • 2017년 미중 관세전쟁 개시 • 2018년 평창올림픽, 남북, 북중, 북미 정상회담 • 2019년 남북, 북중, 북미 정상회담 • 2020년 코로나19	한: 문재인 중: 시진핑 미: 트럼프 바이든 북: 김정은	• 트럼프 정부의 대북, 대중 강경책과 한반도 긴장 고조 • 사드 배치로 한중 관계 소원 • 남북, 북미 정상회담으로 북중 관계 정상화 • 미중 갈등 심화와 북미 관계 경색, 한중 관계 소원, 남북 관계 소원 • 중국의 대북 전략의 전환과 북중 관계 긴밀화

이렇게 북중 관계가 소원해진 표면적인 이유에는 한중 수교가 주된 원인으로 알려졌다. 이런 주장이 사실일지언정 당시 북한의 대내외 정세 변화가 북중 관계에 미친 영향을 간과해서도 안 된다. 대외 관계가 자국의 이익과 처한 상황에 따라 상호연동작용을 하는 내재적 속성을 가지고 있기 때문이다. 이 중 몇 가지를 다음과 같이 역사적으로 고찰해볼 수 있다. 우선, 북중 간의 최고위급 인사 교류의 중단과 관련된 일이다. 북한이 중국과 한국의 수교에 불만을 가지며 이 같은 사태를 불러일으킨 것은 사실이다. 그러나 김일성 주석 사망 이후 김정일 위원장이 삼년상을 치르면서 집권의 일정이 늦어진 당시 북한의 국정 상황도 설득력이 있다. 김정일 위원장은 1983년 이후 실제로 중국 방문이 어려운 상황에 처해 있었다.

김정일은 1993년 3월 방중 계획과 함께 당시 중국의 막후 최고 실력자(paramount leader), 덩샤오핑(鄧小平)에게 면담을 요청하였다. 그러나 1983년 김정일이 버마(오늘날 미얀마) 랑군 폭탄 테러를 지시한 것에 불만이 있었던 덩샤오핑은 그의 요청을 거절하였다. 김정일은 덩샤오핑 사후(1997년) 비로소 중국을 방문할 수 있었고, 덩샤오핑은 그해 4월 15일 김일성 생일날 예정되어 있던 중국 고위급 방문단의 방북 역시 취소하였다. 중국의 이런 태도에 북한은 보복 조치로서 양국 국경을 잠정적으로 폐쇄하였다. 심지어 북한 보위대가 중국군을 향해 발포한 사건까지 발생하였다(Sun and Diehl, 1993).

둘째, 1차 북한 핵 위기 사태의 발생이었다. 우리를 포함한 국제사회는 북한 핵 문제의 평화적 해결에 있어 중국의 건설적 역할에 많은 기대감을 가졌다. 그러나 중국은 미국의 대북 제재론이나 선제 타격론이 운운될 경우를 제외하고는 소극적인 자세를 유지하였고, 이에 국제사회의 불만이 고조되었다. 중국은 일관되게 '당사국 원칙'을 요구하였다. 즉 당사국인 북한과 미국 간의 대화로 문제를 해결할 것을 촉구한 것이다. 그러나 역으로 북한의 입장에서는 이런 중국의 태도가 소극적으로 인식될 수밖에 없었다. 당시 북한이 중국의 태도를 모호하고 비협조적인 것으로 인식하면서 자연스럽게 중국에 대한 신뢰와 자신감도 사라졌다.

셋째, 중국의 경제적 원조와 지원 정책에 대한 북한의 불만이 확대되었다. 1990년대 초 소련이 붕괴된 이후, 중국이 경제적 지원자로서 충분히 역할을 다하지 못한 것도 양국 관계에 큰 영향을 미쳤다. 베이징은 모스크바가 지녔던 책무를 완전히 받아들이지 않았다. 대신 무역 보상정책의 철폐, 경화결제를 요구하는 등 현실적인 노선을 받아들였다. 이는 결국 평양이 중국의 개혁에 의구심을 가지고 비판을 가함으로써 양국 관계가 악화되는 계기가 된다.

1996년 북한에서 발생한 기근으로 북한 정권 붕괴와 난민 유입 등의 가능성이 제기되자, 중국은 북한에 식량 공급을 재개한다(Noland, 2000: 187-188). 1996년 5월 1일에 중국은 2만 톤의 곡물을 우선 공급하고, 5개월 후엔 10만 톤의 식량을 추가 제공하기로 결정하였다(『조선일보』, 2005. 7. 15). 지금까지 중국은 북한에 200만 톤에 가까운 식량 원조를 진행하였다. 그러나 중국의 식량 원조는 실상 여러 원인에 의해 자유롭지 못하다. 한국의 통일부는 때때로 "식량 원조의 감소는 양국 간의 동료 관계가 약화되고 있다는 것을 증명한다"는 논리를 들어 북중 관계의 변동을 주장한다. 중국의 식량 원조는 1997년의 15만 톤에서 1998년의 10만 톤, 1999년에는 겨우 2만 톤으로 급감한다. 2000년에 들어 4만 톤으로 약간 증가했을 뿐이다(Kim, July 4, 2003).

1991년 구소련이 해체되면서 중국은 자연스럽게 북한의 제1경제, 교역 파트너로 성장한다. 그러나 양국 교역은 냉전 시기에 꾸준한 성장세를 보였던 것과 달리, 1990년대에 들어서는 1992년을 제외하고 마이너스 성장세에서 벗어나지 못하였다. 가령 1991년 이래 북한 전체 교역량에서 중국이 차지하는 비중은 38% 이하로, 이는 과거 소련이 차지했던 비중의 절반을 조금 넘는 수준에 불과하였다(Zhebin, 1995: 730).[1] 더욱이 북한이 1990년대 초중반부터 일명 '고난의 행군'이라는 경제적으로 어려운 시기를 겪고 있을 때, 중국은 북한과의 무역정책을 변경한다. 1993년에 이른바 '우호가격'과 무역 보상정책을 철폐하고 교역에서 경화결제를 요구한 것이다(이영훈, 2005).[2] 그러나 동시에 중국은 북한 경제의 심각한 상황을 인지하여 그 이듬해에 해당 철폐 조치들을 번복하였다. 당시 상황에서 북한의 생존에 일조한 나라는 아이러니하게 한국과 미국이다. 1994년 '제네바협정'에 따라 양국은 1995년부터 대북 인도적 지원을 시작하였다(Manyin and Jun, 2003: 19). 북중 관계가 소원한 시기에 북한 고위급 인사의 방중 사례는 단 한 번이었다. 1996년 5월 북한의 홍성남 총리가 임기 만료였던 '경제 기술 협력 협정'을 연장하기 위해 중국을 방문한다. 이로써 북한은 중국으로부터 향후 5년간 원조를 보장받게 되었다(이영훈, 2006: 4).

1996년 4월 16일 클린턴 전 미 대통령과 김영삼 전 한국 대통령의 건의하에 선결 조건 없이 남북한, 중국, 미국이 참여하는 '4자회담'이 발족된다. 4자회담의 목적은 영구적인 평화 협의 프로세스의 실현이었다. 4자회담은 상기한 국가들로 구성되었고, 핵심 협의 내용은 한반도 문제 해결과 정부급 협상 기구의 구축이었다. 4자회담 개최 여부에 대한 논의가 시작되면서 한반도 평화 체제 문제가 의제로 부상하자, 1996년 8월 26일에 첸지천 외교부장은 이기주 한국 외교부 차관에 국제 형세의 변화에 따라 한반도에 새로운 평화 체제의 건립이 필요하고, 중국은 이를 위해 건설적인 역할을 할 용의가 있다고 밝혔다(朱鋒, 2006). 이는 한반도 평화 체제 구축에 관해 중국 정부 대표 인사가 처음 발언한 것으로 의미가 상당히 크다고 할 수 있다. 4자회담은 1997년 12월 9일 스위스 제네바에서 첫 공식회의를 가진 이후 총 여섯 번 개최되었다.

중국이 4자회담에서 한반도 긴장 국면 완화와 평화 체제 구축에 관한 의견을 처음으로 개진한 것은 1999년 1월에 열린 제4차 회담이다. 중국 측이 소개한 기본 입장은 다음과 같다. ① 관련국 간의 갈등을 종결한다. ② 상호 신뢰 증진과 관계 개선에 주력한다. ③ 협력 증진, 충돌 예방, 분쟁의 평화적 해결, 군비 감축, 평화 공존 등을 추구한다. ④ 이를 통해 자주적 평화 통일을 실현한다(丁詩傳, 李强, 1999: 44). 동 회담을 통해 '한반도 긴장완화 실무그룹'과 '한반도 평화 기제(체제) 구축 실무그룹' 등이 설립되는 성과가 있었다. 하지만 4자회담은 일본과 러시아의 반대로 더 이상 진척을 보지 못하였다(巴殿君, 2004: 45).

(2) 한중 관계 발전기와 남·북·중 우호기(1999~2009년)

이 시기 한중 관계가 한층 더 안정적으로 발전할 수 있었던 배경에는 북한의 긍정적인 변화가 있었다. 아이러니한 사실은 북한의 변화는 도발에서 시작되었다는 것이다. 이의 대표적인 사례로 두 가지가 있다. 하나는 1998년의 대포동 미사일 발사 시험이고, 다른 하나는 2002년에 우라늄 농축 시설의 재가동으로 촉발된 이른바 '2차 북핵 위기 사태'였다.

첫 번째 도발은 시기적으로 1998년에 김정일 위원장이 삼년상을 마치고 본격적으로 집정하기 시작한 것과 맞물렸다. '고난의 행군'이 지속되는 가운데 내부 결속을 다지고 대외적으로 북한의 건재함을 알리기 위해 이 같은 군사적 도발을 자행한 것이다. 이로써 북한은 미국의 주의를 끄는 데 우선 성공한다. 미국은 1993~1994년 때와 같이 압박 수단을 동원해 도발 문제를 해결하고자 하였다. 하지만 주변국의 만류로 외교적 해법을 취할 수밖에 없었다. 그 결과가 1999년 5월, 대북 특사로 임명된 윌리엄 페리(William Perry) 전 국방장관의 평양 방문이다.

미국 고위급 인사의 방북이 성사되기 전인 1999년 4월, 북한은 김영남 최고인민회의 상임대표를 베이징에 파견한다. 이는 1994년 이후 북중 양국 간의 첫 고위급 회담이었다. 회담 결과 두 나라는 양국 관계의 정상화를 선언하였고, 중국은 같은 해 10월 탕자쉬엔(唐家璇) 외교부장을 평양에 파견한다. 북한은 이를 외교적·정치적 고립 상황에서 탈피할 수 있는 계기로 활용하였다. 페리 특사의 방문 이후 미국은 일명 「페리 보고서」에 따라, 북한과의 대화를 통해 핵과 미사일 문제를 해결하려는 전략 마련에 착수한다. 김정일 위원장도 이 같은 대외적 변화에 따라 변화된 외교 행보에 박차를 가하기 시작하였다.

2000년 5월 김정일 위원장이 집권 이후 처음으로 중국을 방문한다. 5개월 후인 10월에는 츠하오티엔(遲浩田) 중국 국방장관과 올브라이트(Madeline Albright) 미 국무장관이 각각 평양을 찾았다. 북중 교류는 2001년에도 이어졌다. 1월에 김정일이 다시 중국을 방문한데 이어, 장쩌민(江澤民) 중국 국가주석이 그해 9월 북한을 답방한다. 우방궈(吳邦國) 중국 인민대표자대회 상임위원장 역시 2003년 10월에 평양을 방문하였다. 지속된 교류의 결과로 북중은 정치·군사·경제 분야에서의 관계를 모두 회복한다. 이와 함께 중국의 대북 지원 또한 급증하였다. 북한 외교 행보에 나타난 긍정적인 변화는 또한 남북 관계 개선에도 유리하게 작용하여 2000년 6월 사상 첫 남북 정상회담의 개최로 이어졌다.

두 번째 도발은 2002년 10월 제임스 켈리(James Kelly) 미 국무부 차관보의 평양 방문 기간에 발생하였다. 북한 김계관 외무상과의 만남에서 북한의 핵 개발 프로그램이 재개되었다는 것이 공개되자 중국은 곤경에 빠졌다. 미국은 2001년 '9·11 테러 사태'로 '테러와의 전쟁(war on terror)' 정책에 몰두할 수밖에 없었다. 그 때문에 아프가니스탄과 이라크 등지에서 두 개의 전쟁을 치러야 하는 미국에게 2차 북핵 위기 사태의 발발은 상당한 전략적 부담이었다. 미국은 중국에게 북한과의 다자협의로 문제를 해결할 것을 압박하였다

(주재우, 2022). 당시 압박에는 2001년에 선언한 미국의 대북 중유 지원 및 경수로 지원 사업 중단과 선제 및 정밀타격 계획의 재고 등이 포함되었다(Rice, 2011; Rumsfeld, 2011). 중국은 미국의 요구에 우회적으로 대응하는 전략적 선택으로서 6자회담을 제안한다(石源華, 2006). 중국이 미국의 요청을 수용하면서 출범한 6자회담은 2005년까지 순조롭게 진행되었다.

중국과 북한이 미국의 다자협상 요청에 협조적으로 임한 이유는 상이하다. 중국의 입장에서는, 국제 분쟁에 대한 새로운 정책 기조를 채택하고 평화적인 부상에 대한 결의를 알리려는 당위적 목적이 주요했다. 1999년 중국은 이른바 '신안보관'을 국제 분쟁의 평화적 해결 방안으로 발표한다. '신안보관'은 "상호 신뢰, 상호 이익, 평등, 협력(互信, 互利, 平等, 協作)"으로 축약된다. 여기서 의미하는 "상호 신뢰"는 신안보관의 기초이며, "상호 이익"은 신안보관의 목적이다. 그리고 "평등"은 신안보관의 보장이며, "협력"은 신안보관의 방식이다(倪建民, 陳子舜, 2003; 317). 중국은 또한 1990년대 초부터 성행하기 시작한 '중국 위협론'을 불식하는 데 주력하였다. 그 결과 2003년에 '평화적 굴기'를 소개하고, 2004년에 이르러서는 그를 '평화 발전론'으로 대체하였다(徐堅, 2004).

북한의 입장에서는 외교적·정치적 고립에서 탈피하는 동시에, 외부 세계와의 협상과 교류를 통해 경제적 지원을 획득하는 것이 주된 동기였다. 주지하듯 북한과의 대화나 협상은 보상이 전제된다. 보상의 제공 방식이 지원이든 원조든, 북한에는 이득이다. 북한은 6자회담이 개최되는 동안 참여국과의 잦은 접촉과 교류를 통해 관계 개선을 기도하였다. 그 결과 북한은 경제를 개선할 수 있는 기회를 획득한다.

북중 간의 교역은 2000년을 기점으로 극적인 전환기를 맞는다. 2000년 북한의 교역량은 4억 8,800만 달러를 기록하며 전년 대비 31.8% 성장한다. 특히 2000~2004년 사이 양국 교역은 매년 30% 이상의 성장세를 기록하였는데, 그중 2004년 양국 무역총액은 13억 8,500만 달러로 전년 대비 34%의 증가한 규모였다(이영훈, 2005).[3] 양국의 교역은 이듬해 32억 9,500만 달러로 더욱 증가하여 북한 총교역량의 42%를 차지하였다(『세계일보』, 2005. 12. 5).

6자회담의 회원국 중 특히 미국과 남한과의 관계 개선이 두드러지면서 북한에 대한 이들의 원조도 증가하기 시작한다. 미국은 6자회담 개최 이전까지, 특히 고난의 행군 시기에 가장 많은 식량을 원조하였다(김영훈, 2010; Manyin, 2005; Manyin and Nikitin, 2014).[4] 일례로 1995년에서 2004년 동안 미국은 7억 달러에 해당하는 200만 톤 규모의 식량을 북한에 제공하였는데(Manyun, 2005: 9). 이 중 90%는 세계식량프로그램(WFP)을 통해 제공되었다. 그러나 미국의 지원은 2000년을 기점으로 축소되고, 일본이 미국을 대신해 북한의 최대 식량 지원국이 되었다. 하지만 일본이 2002년 대북 제재를 결정하면서 지원 규모는 급격히 축소되었고, 이후 미국과 중국의 원조 역시 하향세를 보이자 한국이 부족분을 채우기 시작하였다. 2006년 북한의 1차 핵실험 이후 중국, 미국, 일본 등의 식량 지원이 하락한 반면, 우리의 지원은 2007년에 급상승하였다(〈그림 3-1〉 참조).

〈그림 3-1〉 주요 지원국의 연도별 대북 식량 지원 규모의 변화

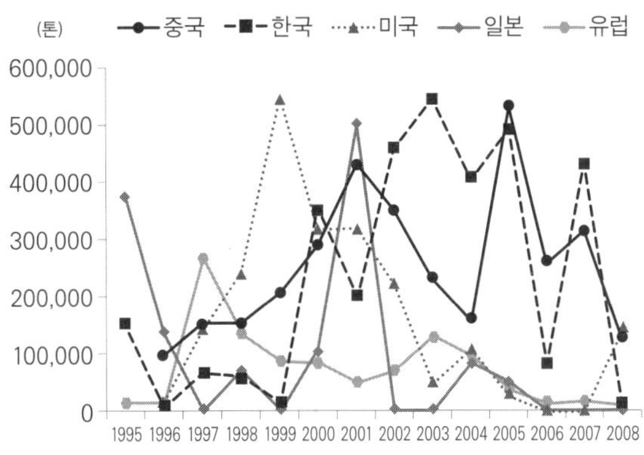

자료: 김영훈, 2010: 6.

북한의 주변국과의 관계 개선은 지원 총액에서도 나타난다. 6자회담 개최 이전까지 한국과 미국의 대북 지원 규모는 중국의 것을 압도하였는데(〈표 3-2〉 참조), 이는 북한과 주변국의 관계 개선(因)이 북한에 대한 지원 및 원조 증가(果)와 인과관계에 있음을 방증하는 대목이다. 한편 중국의 대북 원조는 〈표 3-3〉에서 나타나듯 정상회담 이후 증가하였다.

한국이 1996년부터 2003년까지 북한에 제공한 곡물은 약 200만 톤이다(Manyin, 2005: 23). 2004년에 30만 톤의 식량을 추가 지원하기로 약속하였으나, 실제로는 2005년이 되어서야 제공하였다. 무상원조도 급증하는 양상을 보였다. 2004년도 남한의 북한에 대한 무상원조 규모는 중국의 것보다 월등히 높은 수치를 기록하였다. 그해 중국의 대북 무상원조 총액이 1,460만 달러였던 반면, 한국의 지원액은 2억 5,620만 달러였다. 중국의 대북 지원액이 한국

〈표 3-2〉 국가별 정부 차원 대북 지원액 비교(1995. 6~2004. 7)

(단위: 만 달러)

국가	한국	미국	유럽연합	일본	중국	UN기구 (2004년 말)	한국 (2004년 말, 곡물차관 포함)
대북 지원액	67,829	65,000	34,000	25,000	25,000	131,109	99,493

자료: 조명철 외, 2005: 93에서 재인용.

〈표 3-3〉 중국의 대북한 원조 추이(1997~2004)

(단위: 백만 달러)

연도	1997	1998	1999	2000	2001	2002	2003	2004
대북한 수출	534.7	355.7	328.7	450.8	573.1	467.7	395.3	585.7
원조·증여	34.4	32.0	48.4	27.6	69.1	16.0	10.9	14.6

자료: 조명철 외, 2005: 93에서 재인용.

의 5.7%에 불과하였던 셈이다. 중국의 대북 무상원조는 2001년에 6,912만 9,000달러로 최고치에 달했으나, 이후 감소세로 돌아선다(조명철, 271쪽). 이 밖에 1994년 '제네바협정'으로 미국은 2002년까지 연간 50만 톤의 원유를 공급하였다(Manyin and Jun, 2003).[5]

2000년대 초 북한은 미국, 중국, 남한과 빈번히 회담하였다. 중국과는 최고지도자의 상호 방문, 남한과는 사상 첫 정상회담, 미국과는 고위급 인사의 상호 방문이 있었다. 특히 북한은 올브라이트 국무장관의 방북(2000년 10월 23일)에 앞서 조명록 국방위원장 부위원장을 워싱턴에 파견(10월 10일)해 '북미 코뮈니케(공동성명)'를 발표할 정도로 우호적인 분위기를 형성하였다. 이후 6자회담의 출범으로 북한 고위급 인사의 대외교류와 회담은 더욱 빈번해졌다. 2008년 6자회담이 종결하기 전까지 정상회담을 포함한 남북한 회담도 총

〈표 3-4〉 정권별 남북회담 개최 수

대통령	임기	회담 횟수(회)	비고
박정희	1971~1979	111	1971년 이전에 회담 없음. 1976년 회담 없음.
전두환	1980~1987	32	1981~1983년 회담 없음.
노태우	1988~1992	163	
김영삼	1993~1997	28	1996년 회담 없음.
김대중	1998~2002	80	2000년 남북장상회담
노무현	2003~2007	171	2007년 남북정상회담
이명박	2008~2012	21	2012년 회담 없음.
박근혜	2013~2017	37	2016~2017년 회담 없음.
문재인	2017~2022	36	2018년 이후 없음.

자료: 통일부 남북회담본부 회담(https://dialogue.unikorea.go.kr).

177차례(2008년에 6회) 개최되었다(〈표 3-4〉 참조).

6자회담 이후 2011년 김정일 위원장이 사망할 때까지 북한과 중국 간의 정상회담을 포함한 고위급 회담은 최고조에 달한다. 2004년 4월 김정일 위원장과 10월 김영남 상임위원장이 중국을 다시 방문한다. 2005년에는 박봉주 내각 총리의 방중(3월)에 이어, 우이(吳儀) 부총리(10월 8~11일)와 후진타오(胡錦濤) 국가주석(10월 28~30일)이 차례로 북한을 방문하였다. 2006년 1월에 김정일이 다시 베이징을, 2008년 6월에 시진핑(習近平) 부주석이 평양을 찾았고, 두 달 뒤인 8월에는 김영남 상임위원장이 다시 베이징을 방문하였다. 북중 고위급 인사 교류는 2009년에도 지속된다. 그해 3월 김영일 내각 총리의 방중, 10월 초 원자바오(溫家寶) 총리의 답방, 10월 말 최태복 북한 노동당 중앙위원회 비서의 베이징 방문이 이어졌다. 이듬해 4월 김영남 상임위원장이 다시 방중하였고, 곧이어 5월에는 김정일이 중국을 방문하였다. 이후 그는 그해 8월과 이듬해인 2011년 5월에도 베이징을 방문한다.

1999~2009년 11월 22일 중국 국방부 장관의 평양 방문까지 북중 간의 고위급 회담은 총 262차례 개최되었다. 이 중 평양에서 진행된 것이 총 146회, 베이징·충칭과 몇 개의 성(省) 등 중국에서 개최된 것은 113차례였다. 평균적으로 고위급 회담은 연평균 26회 이상씩 개최되었으며, 회담의 주제는 경제, 외교, 군사, 문화 등 다방면에 걸쳐 있었다.

그러나 이 과정에서 발생한 첫 번째 핵실험은 남북 관계, 북중 관계, 북미 관계에 악영향을 미치며, 북핵을 반대하는 중국으로 하여금 표면적으로 한국과 미국의 편에 서도록 유도한다. 미국은 2005년 6자회담이 '9·19 합의서'를 채택하기 4일 전에 방코델타아시아은행에 예치된 북한 자금을 동결하였다. 이의 효율적인 집행을 위해 중국의 참여는 필연적이었다. 홍콩이 중국령이었기 때문이다. 2006년 4월 중국은 동참을 결정한다. 그러나 그는 더 나아가 중국은행의 베이징 지점과 쭈하이 지점, 그리고 중국 동북 지역의 지방은행에까지 북한과의 금융거래를 중단하였다. 중국이 제재에 동참하기 이전인 2006년 1월에 김정일의 방중이 있었음에도 불구하고, 중국의 결정에 영향을 미치지 못했던 셈이다. 상기한 중국의 대북 금융제재는 북한의 대중 불신과 불만을 배가시키는 동시에 북한이 미사일 발사 시험과 핵실험을 자행하게 된 배경으로 작용하였다고도 볼 수 있다.

북한은 결국 세 번째 도발을 단행한다. 2006년 7월에 대포동 미사일을 시험 발사하고, 10월에는 사상 첫 핵실험을 진행하였다. 중국에 사전 통지 없이 실시된 핵실험으로 중국의 불만은 고조되었다. 그 결과 중국은 이례적으로 외교부 대변인의 성명을 통해 과거 미 제국주의를 비유하던 표현인 '횡포(悍然)'를 사용하며 북한의 도발을 비난하였다. 중국의 불편한 심기는 북한 핵실험에 대한 UN 제재 결의안에 찬성하는 것으로 표출되었다. 핵실험 직후 중국은 탕지아쉔 외교부장을 평양에 급파하여 김정일과 사후 대처 방안을 논의하였다. 그 자리에서 북한은 탕지아쉔에 제2차 핵실험은 없을 것이라고 약속하면서 6자회담에 복귀할 의사를 전달하였다. 이런 배경이 있었기 때문에 중국은 북한을 배려하여 UN 결의안의 극단적 조치를 사전에 예방하고자 하였다.

북한 핵실험 도발은 6자회담의 재개를 촉발하고, 나아가 다자협의체 내 북한의 대외 관계 개선 노력을 유지시켰다. 특히 UN 제재로 인한 경제적 어려움에 대비하려는 북한의 위기감이 이를 추동한 것으로 분석할 수 있다. 전술하였듯 북한은 지속적인 고위급 인사 파견이 중국의 식량 자원과 원조 규모의 확대로 이어진다는 인과관계를 확인하였다. 그리고 그 연장선상에서 2007년에는 2차 남북 정상회담을 개최할 수 있는 여건도 마련하였다.

(3) 한중 관계 부침의 반복기와 북한의 공백(2010~2017년)

이명박 정부 출범 직후부터 한중 관계는 예상과는 달리 긴밀한 양상을 보였다. 우선 이명박 대통령은 취임 3개월 만인 5월에 중국을 국빈 방문하였다. 8월에는 베이징 올림픽 개막식에 참석하며 후진타오 주석과 회담을 가졌다. 후진타오 주석은 올림픽이 폐막한 뒤인 8월 말에 답방한다. 이 밖에 ASEM 회의(10월), APEC 회의(11월)와 한중일 회의(12월)에는 원자바오 총리와도 회담을 가진다. 한중 양국의 협력을 추동한 가장 큰 원인 중 하나는 당시 미국발 세계 금융위기 사태였다.

그러나 북한의 입장에서는 2008년 이후 6자회담의 종결에 이어 주변국과의 관계를 유지할 수 있는 환경이 훼손되고 있는 것으로 인식되었을 가능성이 높다. 핵실험으로 인한 UN의 제재와 더불어 대북 강경책을 구사하는 이명박 정권의 출현, 그리고 버락 오바마 민주당 대통령 후보의 상승세 등은 북한 외교에 악재로 평가되었을 가능성이 농후하다. 특히 '비핵화 3000' 정책에 북한의 불만이 노골화되던 2008년 7월, 금강산 한국인 관광객의 피격 사건이 발생하면서 남북 관계는 경색되기에 이르렀다. 이의 대응 조치로 이명박 정부는 개성공단 사업 중단 및 출입 제한 등 이른바 '12·1 조치'를 선포한다.

한편 세계 금융위기 속에서 취임한 오바마 대통령은 중국과의 긴밀한 협력이 불가피하였다. 특히 미국의 국채가 위기를 맞아 매수자가 필요할 때 중국이 이를 자처하였다. 미중 관계의 긴밀함은 오바마 대통령의 첫 중국 방문으로 입증되었다. 그는 취임 첫해에 중국을 방문(11월)하는 첫 미국 대통령이 된다.

이런 분위기에서 북한은 중국과의 관계를 유지하는 데 집중하는 동시에 부유(浮游)하고 있는 한중 관계와 미중 관계를 '침수(沈水)'시키기 위해 도발을 자행한다. 2009년 1월에 미국 여기자 2명을 나포하고, 3월에는 개성공단의 남한 직원을 억류시켰다. 5월에는 2차 핵실험을 단행하여 UN으로 하여금 다시 한번 제재를 채택하게 하였다. 그리고 11월에는 대청해전을 발발하기에 이른다.

이후 북한은 도발의 수위를 높여갔다. 2010년 3월에 남한의 초계함 '천안함호(號)'를 폭침시키고 11월에는 남한의 연평도를 포격하였다. 천안함호의 폭침 사건으로 이명박 정부는 북한에 북한 선박의 제주해협 통과 금지, 남북 교역 중단 및 북한 주민 접촉 금지, 대북 심리전 재개 등의 제재 내용을 담은 '5·24 조치'를 발표하고 대규모 한미 해상연합훈련을 실시하였다. 최고조에 달했던 남북 군사긴장은 신의주 지역의 수해에 대한 우리 정부의 대북 인도적 지원을 기회로, 이산가족 상봉을 위한 적십자회담과 군사실무회담 등이 개최되며 해결의 실마리를 찾는 듯하였다. 하지만 11월 23일, 북한의 연평도 포격으로 남북은 다시 긴장 상태로 돌아갔다.

천안함 폭침 사건 이후 한중 관계는 급랭한다. 4월부터 사건 조사를 위한 국제공동조사단이 출범하자 미국과 한국은 중국과 러시아의 참여를 요청하였다. 그러나 이들은 요청을 거부하면서 자체 조사단을 꾸리기로 결정한다. 이런 그들의 행동은 북한에 도발 책임을 묻지 않겠다는 의미로 풀이되었고, 중국은 한반도의 위기 상황을 북한과의 관계를 강화하는 계기로 삼았다. 천안함 사건 이후 김정일의 방중이 이듬해까지 세 차례 이뤄졌다. 중국은 UN과 남한의 제재 범위 밖에서 북한과의 경제 협력 강화를 추진하였다. 황금평·위화도 특구에서의 경협사업이었다.

하지만 김정일 생전과 사후에 진행된 중국과 북한의 나진·선봉지역, 황금평·위화도 등 2개의 경제특구(이하 '두 경제특구') 경협사업은 순조롭지 못하였다. 2010년 11월부터 두 경제특구의 공동지도위원회 회의가 본격적으로 시작되자 중국은 이를 계기 삼아 북한을 개혁·개방으로 견인할 수 있겠다는 자신감으로 가득 찼다.[6] 그리고 2012년 8월에 개혁·개방의 실질적인 추진을 위해 공동지도위원회를 공동관리위원회로 격상시키면서, 베이징의 평양 개혁·개방에 대한 기대는 한 층 더 고조되었다.

그러나 공동관리위원회는 신설된 후 한 번도 개최되지 않았다. 그러면서 자연스럽게 두 경제특구의 개발 논의는 중단되었다. 나선지역의 협약된 개발사업만 현재 중국의 지방정부와 기업 차원에서 간헐적으로 진행되고 있다. 협력이 중단된 가장 큰 이유는 두 경제특구에 대한 양국의 인식과 목표에 괴리가 존재했기 때문이다. 중국은 김정일 사후에도 그의 유훈에 따라 북한을 개혁·개방으로 견인할 수 있는 기회로서 두 경제특구 사업을 인식하고 전례에 없는 지대한 관심을 가지고 최고 지도부 수준에서 적극적인 자세로 임하였다. 그러나 특구와 관련된 회의에서 김정은의 북한은 개혁·개방 의사가 없음을 입증하였다.

중국은 매 회의 때마다 특구 운영을 위한 제도 마련을 요구했으나, 북한은 매번 이를 충족하지 않았다. 중국의 요구에 매우 피동적으로 응하면서 제도 구축에 소홀한 모습을 보였다. 중국이 요구한 제도를 다음 회의 때 완벽히 준비하여 오는 것이 아닌, 몇 가지를 누락한 채 제출하는 양상을 보였다. 이것이 자의에 의한 것인지는 확인할 수 없지만 특구의 관리위원회 운영에 무의한 북한 당국의 태도를 보면, 개혁·개방에 대한 의지 역시 없다고 유추할 수 있다. 김정은 정권은 오히려 중국의 투자를 명목으로 현금 확보에만 관심을 보였다.

하지만 김정일 정권 말기에 중국과의 경제 협력에 대한 필요성을 자각하기 시작하면서 북중 간 경제 협력의 활로가 펼쳐진다. 특히 2010년 5월에 후진타오와의 회담에서 김정일은 경제 협력에 대해 과거와 같이 원론적인 합의가 아닌, 실질적이고 구체적인 협력을 강구할 의사를 피력하였다. 이 회담에서 북중 양국은 나선 경제무역구와 황금평·위화도 경제무역구의 개발 협력을 본격적으로 가동할 수 있는 북중 공동(연합)지도위원회를 발족하기로 합의하였다. 그 1차 회의는 당해 11월 평양에서 개최되었다. 이후 두 차례 이상의 공동지도위원회가 개최되었고 3차 회의에서는 북중 공동(연합)관리위원회가 발족되었다. 관리위원회의 설립을 통해 개발사업에 대한 양국의 관리 감독 운영을 체계화하고 제도화하겠다는 의지를 밝힌 것이다.

북중의 밀착은 군사 영역에서도 나타난다. 2011년 8월 4일 중국 인민해방군의 해군 훈련함대가 사상 처음으로 북한 원산항을 5일 여정으로 우호 방문한다. 중국 인민해방군 해군 북해 함대사령원

톈종(田中)을 대표로 하는 '정허(鄭和)'호 훈련함과 '뤄양(洛陽)'호 미사일 호위선 등이 원산항에서 입항 의식을 가졌다.

그리고 같은 해 11월 15~18일 중국 중앙군사위의 위원이며 총정치부 주임인 리지나이(李繼耐) 상장을 대표로 하는 중국 인민해방군 고위급 군사대표단이 북한인민무력부의 초청을 받아 북한을 공식 방문한다. 방문 기간 동안 대표단은 김정일을 접견하면서 양국의 우호 관계를 확인하는 한편, 양국이 지역 평화와 안정을 위해 '새로운 노력(김정일 발언)/적극적 노력(중국 측 발언)'을 할 것을 표명하였다.

김정일의 사망을 전후하여 북한 주변국 관계에 변화가 일어나기 시작하였다. 2010년 남한에 대한 도발로 남북 관계의 경색은 물론, 미중 관계도 그해 여름 아세안지역포럼(ARF)에서 양국 외교장관이 남중국해에서의 '항행의 자유'를 두고 설전을 벌이며 악화일로에 접어들었다(Thayer, 2011).

이후 미국이 '아시아로의 회귀(Pivot to Asia)' 정책을 공식화하자, 중국은 이를 자신에 대한 포위망으로 간주하기 시작한다. 그러면서 미국의 아시아에서의 경계 대상은 북한에서 중국으로 자연스럽게 옮겨갔다. 2013년 미국 캘리포니아 써니랜드에서 열린 미중 정상 간의 회담에서 시진핑 주석은 태평양에 대한 중국의 권리를 언급하며 미국에 대한 견제를 드러냈다. 2년 뒤인 2015년에는 백악관 기자회견에 참석해 남중국해 열도의 요새화는 없을 것이라고 설명하고서, 귀국 후에는 이의 완성을 공표하는 모순을 보였다. 이후 미중 양국 관계는 지금까지 회복세를 보이지 못하고 있다.

아이러니한 사실은 당시 한중 관계와 한미 관계가 모두 좋았다는 것이다. 2013년 박근혜 정부는 한미 관계에 기반한 한중 관계의 발전을 일시적으로나마 현실화시켰다. 이렇게 한국, 중국, 미국 간의 관계가 양호한 상황에서 북한이 남북중, 남북미, 북미중 등의 3각 관계에서 고립의 전주를 느끼면서 이를 극복하기 위한 대응 차원으로 이들 3국에 대한 전략 조정을 개진하였다. 그의 취임 직후인 3월에 한미 동맹의 복원을 상징하는 '키리졸브' 연합군사훈련이 재개되자 북한은 1991년의 남북 불가침 합의를 일방적으로 폐기하면서 판문점 남북 연락선의 단절을 선언한다. 더 나아가 4월에는 개성공단의 입경을 일방적으로 차단하면서 공단이 9월까지 폐쇄되기도 하였다. 이후 '흡수통일'을 의미하는 '통일 대박론(2014년 2월)'이 채택되고, 이를 핵심 내용으로 하는 '드레스덴 선언(3월)'이 발표되면서 남한에 대한 북한의 비방은 고조에 이른다.

북중 관계는 김정일의 사망과 양국의 경협사업 중단, 그리고 연이은 장거리 미사일 시험발사 및 3차 핵실험 등으로 경색되었다. 특히 2012년 12월에 진행한 '은하-3호' 장거리 미사일 시험발사는 중국에 수모를 안기는 처사였다. 11월 말에 시진핑이 중국 공산당 총서기로 선출된 지 얼마 되지 않은 시점이었기 때문이다. 그리고 이듬해 2월 12일, 시진핑이 국가주석으로 선출(3월)되기 직전에 3차 핵실험을 단행하면서 양국의 불편한 관계는 심화되었다.

북한에 대한 중국의 불만은 사상 처음으로 채택한 일련의 제재 조치로 드러났다. 중국은 북한의 3차 핵실험 이후 일련의 독자적인 대북 제재 조치 3개를 채택한다.

중국 정부가 대북 제재 관련 당국에 참여와 협력을 요구하는 통지문이 해당 당국의 홈페이지에 게재되었다. 중국 교통운수부는 2013년 3월 7일 채택된 유엔안보리 북한 제재 결의안 2094호의 철저한 이행을 지시한 통지문(4월 17일발)을 홈페이지에 게재(4월 25일)하는 초유의 행태를 보였다.[7] 2013년 9월 23일 중국 상무부는 공업정보화부, 해관총서, 국가원자력기구 등 4개 관련 부처의 공동 명의로 핵과 미사일, 화학과 생물, 보충 물품 등 네 가지 분야에서 900여 개 품목을 제재하는 이른바 '민군 겸용물자와 기술의 대북 수출금지 품목에 관한 공고'를 홈페이지에 공시하였다.[8]

이런 전례 없는 대북 제재 조치와 관련해 중국 공산당은 제재의 원칙을 아래와 같이 『환구시보』 사설을 통해 발표하였다. 중국은 독자적·자체적으로 북한에 대한 제재를 다음과 같은 상황이 발생할 때 채택한다고 천명하였다. 이런 상황은 ① 중국 동북 지역의 환경 안보에 위해가 될 때, ② 중국의 '공간 이익'에 위해가 될 때, ③ 중국이 (제재 채택을) 주도당할 수 없으나 주도할 수도 없을 때, ④ 중국의 능력이 허용하는 범위 내에서만 (제재를) 이행할 수 있을 때 등이다(『环球时报』, 2013年 2月 17日.)

이런 배경 속에서 박근혜 대통령이 2013년 6월 방중하고, 시진핑 주석은 '선(先) 방북, 후(後) 방한'의 관행을 깨고 2014년 7월에 답방한다. 그리고 박근혜 대통령이 2015년 10월 베이징 톈안먼 광장의 망루에 올라 중국 인민해방군의 전승 기념 열병식을 관람한 것은 한중 관계의 절정을 알리는 징표가 되었다.

한미 관계와 한중 관계가 긴밀해지는 가운데 북한은 또다시 도발을 감행한다. 북한은 무수한 미사일 시험발사와 함께 2016년 1월과

〈그림 3-2〉 북중 무역의 추이와 북한의 수출

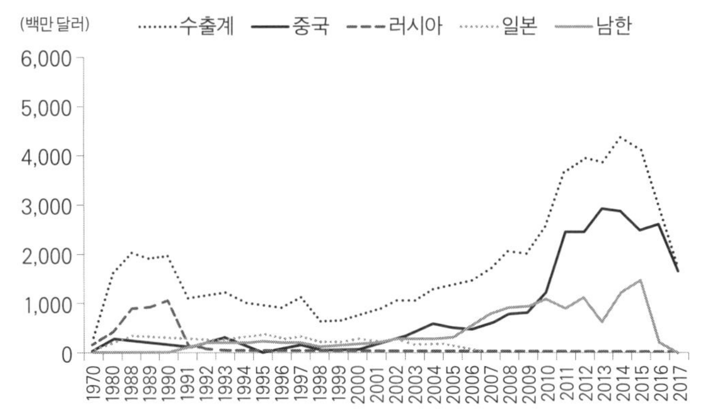

자료: 이찬우, 2018.

〈그림 3-3〉 북중 무역의 추이와 북한의 수입

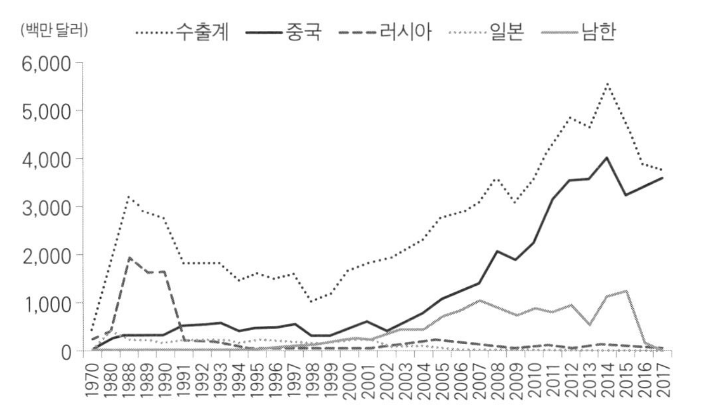

자료: 이찬우, 2018.

9월에 핵실험을 각각 한 차례 단행하였다. 이로 인해 한국 정부의 '사드(THAAD, 고고도미사일방어시스템)' 배치 결정이 촉발되자 한중 관계에는 균열이 일어나기 시작하였다. 2017년 사드가 배치되면서 한중 관계는 '돌아올 수 없는 강'을 건넜다.

(4) 한중 소원기와 북중 일변도 시기(2018~2022년)

문재인 정부 시기, 각종 제약 요건들로 인해 한중 관계는 크게 발전하지 못한다. 2017년 12월 중국 방문에서 겪은 이른바 '혼밥 사건'이 이를 방증하였다. 문재인 정부는 사드 사태로 한중 관계가 경색된 가운데 조속한 방중을 실현하기 위해 10월에 중국 측과 이른바 사드 '3불(不)'을 도출한다.[9] 이후 2019년 12월 중국에서 시작된 코로나 바이러스가 국내에 확산되기 시작하였음에도 불구하고, 시진핑의 답방을 기대하며 중국인의 입국을 금지하지 않는 '저자세' 외교를 구사함으로써 국민의 불만을 유발하였다.

남북 관계와 북미 관계는 2018년 평창 동계올림픽을 계기로 호전되었다. 2017년만 해도 도널드 트럼프 미 대통령은 북한을 선제공격할 만반의 태세를 갖추고 있었다(Woodward, 2019).[10] 이의 절정은 그해 12월 북한의 6차 핵실험이었다.[11] 그러나 평창 동계올림픽의 성공적인 개최를 향한 세계의 염원이 한반도의 긴장 국면을 완화하는 데 결정적으로 작용하면서, 이를 계기 삼아 우리나라는 올림픽 개최 이후 3월에 특사를 평양으로 파견하였다. 이들은 귀국 후 미국을 방문해 트럼프 대통령을 예방하는 자리에서 북한이 미국과 정상회담을 진행할 용의가 있음을 알렸다. 북미 정상회담을 오래전부터 원했던 트럼프 대통령은 6월에 이를 성사시키는 데 이어, 이듬해 2월에는 베트남 하노이에서 2차 정상회담까지 진행하였다. 이를 계기로 박근혜 정부 때부터 소원했던 북중 관계는 급속히 회복되었다. 2018년에서 2019년까지 북중 최고지도자는 다섯 차례의 회담을 가졌는데, 그중 김정은 위원장이 중국을 네 번, 시진핑 주석은 2019년 한 차례 북한을 방문하였다.

이 기간의 미중 관계에서 주목할 만한 특징을 하나 발견할 수 있다. 미중 양국이 국가 차원에서 전례에 없는 갈등 기간에 진입했으나, 지도자 차원에서는 우호적인 감정과 자세로 서로를 대하였다는 사실이다(Woodward, 2019, 2020). 트럼프 대통령과 시진핑 주석 간에는 소통도 원활히 이루어졌고 정상회담도 빈번하게 개최되었다. 그러나 다른 한편, 관세전쟁에서부터 정보통신기술에 대한 제재까지 미국의 대중 견제와 압박 전략은 국가 차원에서 증강되었다(Barr, 2020; O'Brien, 2020; Pompeo, 2020; Wray, 2020). 2019년 12월 코로나 바이러스가 중국을 시작으로 전 세계로 확산되자 중국에 대한 트럼프 대통령의 불만은 고조에 달한다. 특히 코로나 백신 관련 기술과 정보를 중국이 불법 수집하고 탈취하였다는 미국 측의 주장으로 미국이 중국의 휴스턴 영사관을 폐쇄하자 중국도 미국의 청두 영사관을 폐쇄함으로써 대응하였다(『동아일보』, 2020. 7. 30).

남북 관계부터 한반도를 둘러싼 북중 관계, 미중 관계와 한미 관계는 우호적으로 발전하는 것같이 보였다. 하지만 이를 견인한 것은 문재인 정부의 중재자로서의 건설적인 노력이 아닌 것이 최근 들어 밝혀지고 있다. 여러 자서전과 회고록에 의하면, 문재인 정부는 시진핑의 답방으로 중국 정책을 정당화하면서 국민을 현혹시키는 한편, 남북 관계 개선을 위해 미국과 중국을 회유하는 데 더 열심이었다(Bolton, 2020; McMaster, 2020; Woodward, 2020).

2018년 관계 회복 이후, 중국은 대북 관계의 특수성을 유지하기 위한 노력을 부단히 진행하고 있다. 두 가지 측면에서 이를 볼 수 있는데, 하나는 한반도 통일에 대한 중국 측의 지지 입장, 다른 하나는 대북 관계에 대해 시진핑 국가주석이 2018년에 천명한 이른바 '3개의 불변(三個不變) 사항'(이하 '대북 3불')이다(『新華社』, 2018年 5月 8日). 이 중 '대북 3불'은 북중 관계의 공고와 발전에 대한 확고한 입장, 중국의 대북 우호와 우정, 그리고 사회주의 북한에 대한 지지가 불변할 것임을 의미한다. 즉 북한의 생존 문제에 있어 최소한 중국의 지지를 시진핑이 김정은에게 확인시킨 대목이다. 통일은 북한의 국정 최대 목표이다. 시진핑의 '대북 3불'은 북한 생존을 보장하는 중국 측의 약속이다.

이를 실현하기 위한 세 가지 전략 방침도 부연되었다. 시진핑은 김정은에게 우선 전략적 소통과 교류를 거울삼으면 북중 관계에 새로운 의미를 부여할 수 있을 것이라고 설명하였다. 그리고 우호적인 교류와 실무 협력으로 북중 관계가 새로운 동력을 가지게 될 것이고 강조하였다. 마지막으로 소통, 대화와 조율을 위한 협력 강화는 지역의 평화와 안정에 새로운 국면을 창출할 것이라고 덧붙였다. 이런 맥락에서 보면 중국은 동맹 차원에서 북중 관계의 부단한 발전을 기대하고 있다. 중국이 북한과의 공조 강화의 의지와 결의를 적극 드러낸 대목이다.

중국의 지지는 2019년 6월 시진핑의 방북에서 다시 한번 드러난다. 그는 북중 우호 관계를 불변한 입장을 가지고 견지하면 '세 가지 새로운 국면의 장'을 열어갈 수 있다고 확신하였다. 그가 언급한 세 가지 새로운 국면의 장은 다음과 같다. 첫째, 전략적 소통과 교류 강화를 통해 서로의 장점을 배우면 북중 우호에 새로운 함의를 양산할 수 있는 새로운 조건과 환경의 장의 창출이 가능하다. 둘째, 양국 간의 우호 왕래와 실무 협력의 강화로 북중 관계의 발전에 새로운 동력이 제공되는 새로운 장을 개막한다. 셋째, 의사소통과 협력을 통해 양국이 지역의 안정과 평화를 위한 새로운 국면을 연출한다.

1차 북미 정상회담이 나름의 '성과'를 거두고 2차 회담 개최에 대한 모종의 합의가 이뤄지자 중국은 대북 관계를 더 강화하려는 입장을 밝힌다. 6월의 북중 회담에서 시진핑은 다음과 같은 세 가지 발언으로 이를 강조하였다. 첫째, 북중 관계가 '초심을 잃지 말 것(中朝雙方不忘初心)'을 지적하였다. 둘째, '시시때때로 변하지 말 것(不應也不會因一時一事而變化)'을 강조하면서 상황 변화에 유의할 것을 당부하였다. 셋째, '지역의 평화와 안정을 위해 새로운 공헌을 하자(為地區和平穩定作出新的貢獻)'며 양국 간 협력 강화의 필요성을 역설하였다.

2차 북미 정상회담을 앞두고 2019년 1월 7일에 김정은의 4차 방중이 이뤄졌다. 김정은의 방중은 중국이 2차 회담을 중재한 데서 비롯되었다. 『인민일보』 해외판 기사에 따르면, 2018년 12월 1일 아르헨티나 G-20 회의 기간 중 트럼프는 시진핑과 만찬을 가진 자리에서 교착상태에 빠진 2차 북미 정상회담 준비 논의에 중국이 협조해줄 것을 당부하였다(『人民日報海外版』, 2019年 1月 8日). 이후 신년사를 발표한 지 1주일이 채 안 되어 김정은의 방중이 이어졌다.

시진핑은 회담에서 이번 김정은의 방문을 북·미·중 3국이 하나가 된 협력의 결과이자, 한반도 비핵화를 위한 중국의 외교가 실질적으로 공헌하고 있음을 입증한 징표라고 평가하였다((『人民日報海外版』, 2019年 1月 8日). 즉 비핵화에서 북·미·중 3국의 협상의 필요성과 중요성을 강조한 것이다. 그는 또한 2차 북미 회담을 앞둔 상황에서 이번 김정은의 방문을 북한이 중국과 '시간표'를 같이하겠다는 의지의 의미로 해석하였다. 그리고 북·미·중 3국의 협력에서 중국의 역할을 강조하였다. 그는 한반도 정세가 역사적 분기점에 놓여 있다면서 북미 간 '병목(난관)'을 극복해야 할 필요성을 지적하였다. 여기서 그는 중국의 참여와 역할의 중요성을 역설한다.

김정은의 4차 방중은 미중 간의 필요성에 대한 의견 일치와 북한의 협조하에 이뤄졌다. 그래서 북·미·중 3국의 협력의 결과물인 것은 사실이다. 이런 맥락에서 2차 북미 정상회담을 위한 중국의 중재 역할은 새삼 눈에 띄는 부분이다. 북한 비핵화에 대한 미중의 입장이 일치하기 때문이다. 현재로서는 이 문제에 있어 중국에 대한 미국 측의 신뢰가 증가하였음을 추론할 수 있다.

회담 내용에 따르면, 4차 북중 정상회담에서 두 정상은 2차 북미 정상회담에 대한 전략을 논의하였다. 시진핑은 김정은에 2차 북미 정상회담에 참석하기 전, '한반도 문제의 정치적 해결'에 대비할 것을 촉구하였다. 또한 '새로운 길'을 이미 표명한 김정은은 만약의 실패에 대비해 중국에 의존할 수 있는 '헤징 전략'의 의미를 간접적으로 표명하였다. 그는 시진핑에 중국 개혁·개방을 견습하기 위해 중국을 더 자주 오가겠다는 결의를 드러냈다(『新華社』, 2019年 1月 10日).

3. 변수로서의 북한, 의미와 평가

(1) 우리의 중국에 대한 기대감

우리가 한중 수교를 추진한 요인은 다음 몇 가지에 기인한다. 하나는 중국의 거대시장과 잠재 경제성장력이 우리 국익에 도움이 된다는 판단 때문이다. 다른 하나는 북한 문제를 해결하고 한반도 통일을 준비하는 데 있어 중국의 전략적 지지를 확보하기 위함이다. 한중 관계가 비경제 영역에서 우리의 기대에 부응할 수 있는지를 알아보기 위해서는 몇 가지 선제 질문에 대한 해답이 필요하다. 이는 역으로 중국이 한중 관계를 통해 이 같은 문제 해결을 원하는지로 귀결되는 질문이다.

중국이 우리의 기대에 부응하지 못하는 이유는 두 가지다. 하나는 상기 문제에 대한 역대 우리 정부 정책이 일관성과 지속성을 가지지 못하였다는 내재적 문제 때문이다. 다른 하나는 중국과 북한 간의 '특수한 관계'가 유효하게 유지되는 한, 중국의 전략적 이익이 우리의 기대에 부응하는 데 장애 요인으로 작용하는 현실 때문이다. 본 절에서는 우선 우리의 내재적인 문제를 분석한다. 그리고 이어지는 다음 절에서 후자를 논할 것이다.

우리의 북방정책은 1988년 7월에 시작되어 1992년 8월 한중 수교를 계기로 성공적으로 막을 내렸다. 1989년 헝가리를 필두로 우리나라는 폴란드, 유고슬라비아, 체코슬로바키아, 불가리아 등 동구권 국가와 연이어 수교를 하였다. 1990년 수교한 구소련은 과거 공산국가의 맹주였고, 2년 후 손잡은 중국은 우리가 수교를 맺은 마지막 공산국가였다.[12] 당시 북방정책을 추진했던 노태우 정부는 1988년 서울 올림픽을 공산국가와의 수교 계기로 삼았다. 냉전 시대의 두 진영, 즉 민주 진영과 공산 진영은 각각 1980년의 모스크바와 1984년의 LA 올림픽을 보이콧하였다. 그로부터 12년 만에 성사될 올림픽의 '정상'적인 개최를 세계가 기대하는 분위기를 노태우 정부가 호기로 이용한 것이다. 소련과 동구권 국가는 물론 중국의 참여가 관건인 가운데, 1984년 LA 올림픽 때부터 우리 정부는 이들과의 접촉을 꾸준히 이어왔다.

소련, 중국과 동구권 국가들의 참여가 확실시되는 가운데, 노태우 정부는 이 기회를 살려 이들과의 수교를 시도하였다. 당시 우리 정부는 이들과의 수교를 통해 한반도에서의 전쟁 가능성을 낮추고, 안정과 평화를 더욱 확고히 다지는 결과를 북방정책의 목표로 소개하였다. 나아가 우리나라와 공산국가가 공식적인 외교 관계를 맺고, 차후 북한 또한 민주 진영 국가들과 수교를 하게 될 경우, 이른바 남북한의 '교차승인'이 이뤄질 수 있다며 기대감을 드높였다. 남북한의 교차승인이 거론된 것은 1970년대로 거슬러 올라갈 수 있다. 그간 남북한 교차승인은 한반도 평화는 물론 통일을 앞당기는 데 효과적인 수단 중 하나로 여겨졌다(박종철, 1998).

당시의 관점에서는 한반도의 평화를 담보하는 데 남북한 교차승인보다 더 유효한 것이 없어 보였다. 남한이 소련과 중국, 북한이 미국과 일본과 수교를 하면, 한국전쟁의 종전협정이 평화협정으로 전환되는 한편, 양측 간 적대관계 청산과 상호 불가침 관계 수립 등이 모두 가능해 보였다. 이들이 이런 문제를 해결하는 데 중요한 이해당사국이었기 때문에 북한 또한 남북한의 교차승인을 정권의 안정과 국가 안보를 보장하는 가장 유효한 장치로 인식하였다. 북한이 남북한 교차승인을 1970년대부터 주장한 것도 이와 같은 맥락에서 추동된 것이었다.

우리나라 역시 상기를 기점으로 남북한 교차승인의 의미와 결과에 유사한 입장을 직간접적으로 표명하였다. 이는 한반도의 평화·안정과 통일을 조기에 실현할 수 있다는 전략적 계산에서 비롯된 것이었다. 물론 북한이 남한 주도의 흡수통일이나, 민주주의 체제하의 통일을 반대했기 때문에 교차승인이 통일에 미치는 영향에 있어 남북 간 이해 차이는 존재하였다. 따라서 노태우 정부에서는 북방정책에 대한 기대감을 한반도 통일 문제에까지 확대하려 하지는 않았다. 대신 한반도에서의 전쟁 가능성을 낮추고 평화 체제 정착을 더욱 확고하게 하는 측면을 북방정책의 기여와 목표로 설정하고 소개하였다.

한중 수교는 곧 상기와 같은 정치적 계산 아래 이뤄진 것으로 볼 수 있다. 따라서 한중 수교를 계기로 우리는 세 가지 기대감을 가졌다. 첫째, 한반도 비핵화 추진에 있어 중국의 건설적이고 적극적인 역할을 기대하였다. 1980년대 중반부터 북한의 핵 개발 조짐이 미국 정보국에 의해 알려지기 시작하였다. 1991년 미국은 주한미군기지에서 전술핵무기를 모두 철수하면서 남북한 간의 한반도 비핵화 성명을 이끌어내는 데 기여하였다. 그러나 주지하듯 한중 수교가 이뤄지던 당시 북한의 핵 개발 노력이 가시화되기 시작하였고, 결국 북한은 1993년 초 '비확산조약(NPT)'을 탈퇴하며 이른바 '1차 북핵 위기'를 일으켰다. 이는 북한의 유일한 동맹국이며, 북한 지도부와 직접적 소통 채널을 보유한 중국에 대해 전 세계가 기대감을 가질 수밖에 없게 된 연유이기도 하다. 우리 역시 중국과의 수교를 통해 국제사회와 일치된 기대감을 가질 수밖에 없었다.

둘째, 한반도 통일에 있어 중국의 외교적 지지를 확보하는 것이었다. 한반도 통일에 대한 주변국의 지지가 관건이라는 것은 정설같이 자리매김한 지 오래다. 대표적인 사례로 독일의 통일 과정을 꼽을 수 있다. 미국이 소련과 독일 통일을 두고 협상을 벌인 것은 사실이다. 독일 통일이 유럽의 안보 지형 변화에 대한 전략적 비용을 최소화하기 위한 정지작업이었다. 미국과 소련을 포함한 서구 국가들은 나토(NATO)의 동진(東進) 문제부터 통일독일의 군사적 지위, 프랑스의 안보 등을 미래의 관점에서 논의해야만 하였다. 이들은 독일이 통일로 국력이 증강할 것을 예단하면서, 그가 독립적인 군사력을 갖춘 '정상적인 군사국가'로 전환될 가능성을 우려하지 않을 수 없었다. 이는 결국 독일이 두 차례 세계대전을 일으킨 전례 때문이다. 이런 과정을 세계가 목도하면서 한반도 통일에 있어서 주변국의 합의와 지지가 전제되어야 한다는 냉전 시기의 심증은 사실적인 관념이 되었다. 따라서 우리는 우리가 원하는 통일 방식, 가령 흡수통일을 위해 하나의 조건에 대한 중국의 지지 확보가 관건이라는 통념에 사로잡히게 된다. 이는 민주주의 체제하의 한반도 통일을 중국이 지지한다는 것이다.

셋째, 중국의 한반도 관계 원칙과 반대되는 결과를 기대하였다. 우리는 한중 관계가 경제 영역에서 우선 발전하면 정치 분야에서 이의 낙수효과를 볼 수 있다고 기대하였다. 즉 경제 관계의 발전이 외교·안보 등 여타 분야에서 발전을 추동할 것으로 확신하였다. 그러면서 중국이 한중 수교 때부터 견지해온 이른바 '정경분리 원칙'이 '정경일치 원칙'으로 전환될 것을 기대하였다. 따라서 우리 정부는 정권이 바뀔 때마다 '동반자(파트너십)' 관계를 격상시키려 노력하였다.

우리의 기대에도 불구하고, 중국이 한중 관계 발전 과정에서 '정경분리 원칙'을 견지한 근본적인 원인은 중국이 자신과 정치 체제가 다른 국가들과 경제 협력을 개방함에 있어 정당화하고 합리화하기 위한 데 있다. 그러나 이런 중국의 의도에 대한 우리 측의 이해 부족은 '정경분리'가 '정경일치'로 이어질 것이라는 잘못된 예측과 기대를 양산해냈다. 역으로 만약 우리의 이해가 충분했더라도, 중국이 '정경분리 원칙'을 지속해서 견지했을 것이기 때문에 우리 정부가 '정경일치'를 중국과의 동반자 관계를 격상시키는 명분으로 삼지 않았을 것이다.

'정경분리 원칙'은 중국의 발상이 아니다. 이는 일본이 냉전이라는 역사적 배경 속에서 중국과의 관계를 유지하기 위해 고안한 것이다. 즉 정치 외교 분야에서 중일 양국이 역사적인 이유로 관계를 잠시 발전시킬 수 없으나, 경제 등 비정치 영역에서는 관계를 유지할 수 있다는 당위성을 정당화하기 위해 소개된 것이다. 이후 중국은 사회주의 발전 노선을 견지하는 조건으로 1978년에 개혁·개방정책을 채택하였다. 당시 정치·사회 체제가 서로 다른 국가들과의 경제협력을 합리화하기 위한 방편으로 채택된 것이 '정경분리 원칙'이다. 즉 체제가 달라도 자본주의 시장경제 국가들과 경협 협력을 펼칠 수 있다고 개혁·개방정책을 정당화한 결과였다.

우리와 중국의 사회 체제는 엄연히 다르다. 일각에서는 1990년대 초 발생한 천안문 사태에 대한 서구의 대중국 제재를 극복하기 위해 중국이 경제적인 측면을 이유로 우리와의 수교를 모색하였다고 주장하였다. 다만 이를 실천하기 위해 당시 중국은 국내 정치적으로 두 가지 과제를 해결해야 할 필요가 있었다. 바로 공산당 내의 보수파와 북한 지지 세력을 설득하는 것이었다. 그 결과 한국과의 수교를 정당화하는 동시에, 북중 관계가 소원해지고 북한에 모욕을 줄 수 있다는 불필요한 정치적 오해를 불식시키기 위해 '정경분리 원칙'을 내세웠다고 볼 수 있다. 그런데 우리가 이를 제대로 이해하지 못하면서 중국과의 관계에서 '정경일치'를 모색한 것이 오늘날 한중 관계 악화에 일조한 측면이 있다고 볼 수 있다. 중국의 외교정책에서 '정경일치'는 경제 제재가 필요할 때 가용할 수 있는 원칙적 근원이 된다. 우리가 한중 관계에서 '정경분리 원칙'을 견지해야 하는 근본적인 이유이다.

실상 한중 관계에서 우리가 당면한 도전 과제는 우리 국내 정치에 있다. 이는 정권이 바뀔 때마다 대북정책이 바뀌는 데서 기인한다. 가령 진보정권은 통일보다 북한과의 평화공존을 우선시한다. 북핵 문제에 있어서도 '선 평화(경협과 대화), 후 비핵화'의 입장을 고수한다. 반면 보수정권은 북한과의 평화공존보다는 통일을 대북정책의 목표로 삼는다. 따라서 북핵 문제 관련 '선 비핵화, 후 조치(제재 해제와 평화 관련 사업)'가 보수정권의 기본 접근법이다.

중국은 우리의 정권별 대북정책과 통일에 대한 인식이 일관되지 못하다는 사실을 간파한 지 오래다. 그럼에도 중국은 우리의 신정부가 채택하는 한반도 정책에 표면적인 지지 입장을 표명해왔다. 그 이유는 보수정당이든 진보정당이든 어느 정당이 집권해도 대북 관계 개선과 더불어 한반도의 평화와 안정을 최우선 정책 목표로 삼을 것이 자명했기 때문이다. 따라서 중국의 입장에서는 어느 정권의 정책을 지지해도 무방하다는 의미다. 결과는 같기 때문이다. 통일은 요원한 것이고, 비핵화 역시 단기간에 달성은 불가능하다. 그러므로 중국이 어떠한 정권의 정책을 지지해도 중국은 한반도 정책에서 현상 유지라는 소기의 목적 달성은 물론 한국 정부와 양호한 관계를 유지할 수 있는 '일석이조'의 외교적 효과를 볼 수 있다. 이는 중국이 우리의 어느 정권이 내건 대북정책과 통일정책을 모두 지지할 수 있는 전략적 복선이 유효하게 작동한 결과라 할 수 있다.

(2) 중국이 북한을 의식하는 이유

우선, 중국은 기본적으로 북한과의 관계를 특수한 관계로 정의한다. 주지하듯 이는 북중이 우리와는 다른 정치 체제를 공유하고 있기 때문이다. 우리가 '국민국가(nation-state)'의 체제라면, 북중은 '당-국가(party-state)' 체제를 유지하고 있다. 따라서 북중 관계는 공식적인 국가 간의 외교적 관계 외에 '당대당' 관계로도 정의되며, 당 관계가 외교 관계를 지배한다. 이런 이유로 국가와 정부 간의 교류가 소원해지고 고위급 교류가 중단되어도 한순간에 양국의 '관계'는 쉽게 복원된다. 북중 지도자가 당의 대표자로, 당 지도자로 언제든지 어디서든지 자유롭게 만날 수 있기 때문이다.

한때 북한의 전략적 가치에 대한 논쟁이 중국에서 불거진 적이 있었다. 이를 추동한 것은 북한의 지속적인 핵 개발 시도와 핵미사일 실험이었다. 특히 2013년 2월 북한의 3차 핵실험에 대해 '중국이 북핵 문제를 근본적으로 해결하기 위해선 북한을 포기해야 한다'는 중국 공산당교『학습시보』부편집장의 기고문이 해외 언론에서 발표되면서 사태는 확대되었다(Deng, 2013). 이후『학습시보』는 그해 7월의 사설 평론에서 북중 양국의 관계가 정상적인 국가 대 국가의 관계로 전환되고 있다는 주장을 펼쳤다(윤승현, 2015).

당시 중국 학계는 상기 관련 북한 자산론(유지론)과 부담론(포기론)이라는 두 가지 논점을 제시하였다. 북한을 자산으로 규정하는 학파는 한국에 한미 동맹 체제하 주한미군이 존재하기 때문에 북한의 지정학적 가치가 유효하다고 주장한다. 반면 북한 부담론은 북한의 핵 개발 시도가 지속되는 한 중국의 전략적 이익에 부담으로 작용한다고 지적한다. 따라서 중국이 북핵 문제를 해결하고자 한다면, 상기 기고문의 논지와 같이 북한에 대한 지지 또는 북한과의 특수관계를 포기해야 한다는 수준의 강수를 둬야 한다고 주장한다.

그러나 중국에게 북한은 전략자산일 수밖에 없는 구조적 원인이 있다. 그래서 북중 관계가 '정상국가'로 변모하였다는 일각의 주장을 경계해야 한다. 중국 공산당이나 북한의 노동당이 이를 공식화하지 않았기 때문이다. 2010년 후진타오 주석이 평양 방문에서 경협사업을 정부가 주도해야 한다고 해서 북중 관계가 변질되었음을 의미하지는 않는다. 전문화되고 확대될 것으로 기대되었던 양국의 경협사업을 당 차원에서 더 이상 주도할 수 없다는 입장을 공식화한 것에 불과했기 때문이다. 이와 동시에 북중 지도자들이 양국 관계를 '혈맹'이라고 더 이상 묘사하지 않는 사실에 과도한 의미를 부여해서도 안 된다. 이는 시대적 변화에 따라 형언하는 방식이 변화된 결과일 뿐이다. 작금의 북중 지도자들은 전쟁 세대가 아니다. 대신 이들은 선대가 이룩한 '혈맹 관계'를 유지하고 계승하고 발전시켜야 할 책임과 의무를 지닌 지도자 세대이다. 그 결과 오늘날 이런 책임과 의무를 대대손손 전해야 한다는 점이 강조되고 있다.

동북아 지역은 기본적으로 동맹을 통해 세력 균형을 이룬다. 한반도를 중심으로 동북아의 세력 균형은 한미 동맹과 미일 동맹만으로 지탱되는 것이 아니다. 이를 절충하는 북중 동맹과 준동맹의 성격을 띠는 북러 관계도 오늘날까지 유효하게 유지되고 있다. 이 밖에 미국은 대만의 방위에 대한 공약과 의무를 다하겠다는 굳은 결의를 보이고 있다. 필리핀에서도 비록 미군기지가 1991년에 모두 철수되었지만 서류상의 동맹조약이 여전히 유효하며, 최근에 와서는 미군의 복귀가 점진적으로 진행되고 있다.

동아시아 지역의 역학 구조 관점에서 한미 동맹과 미일 동맹이 유지되고 있는 동안 북중 동맹도 유지될 수밖에 없다. 이런 역학 구도의 내재적 속성 때문에 북한은 중국에 전략적 자산이 된다. 다시 말해, 북한이 지정학 전략의 완충지대로서 중국의 전략이익에 주는 자산가치가 유효하다는 의미다. 현재의 세력 균형 구조에서 어느 일방의 동맹 폐기는 전략적 이익의 손실을 유발할 수밖에 없다. 따라서 구조적인 차원에서 한때 제기되었던 중국의 북한 부담론은 시기상조일 뿐이다.

한편 상기 논의의 연장선상에서 중국은 우리 방식의 한반도 통일을 반대할 수밖에 없는 한계를 지니고 있다. 가장 큰 이유는 한반도에서 미국의 세력 확장을 억제하기 위해 북한을 완충지대로 활용하는데 중국으로서는 중요한 전략적 의미를 부여하고 있기 때문이다. 중국은 기본적으로 한반도 통일을 지지한다. 한반도 통일이 외세의 관여 없이 우리 민족끼리 독립·자주적이고 평화롭게 이뤄지는 것을 전혀 반대하지 않겠다는 의미다. 다만 중국은 남한에 의한 흡수통일, 무력통일 등의 방식에 반대하는 입장을 견지한다.

문제는 중국이 '합의 방식'을 한반도 통일의 최선의 방식으로 선호한다는 데 있다. 여기에는 정치적 함정이 존재한다. 중국이 주장하는 '합의 방식'은 남북한 간의 합의보다 북한이 이를 주도하여 합의를 도출하는 방식을 의미한다. 즉 중국은 북한의 통일 방식을 일방적으로 지지한다. 그러나 지금까지 우리는 중국의 주장을 일종의 외교적 수사로만 받아들여 왔다. 중국이 북한에 속삭이는 것과 우리와의 대화 과정에서 표명하는 한반도 통일 관련 발언의 의미를 정확하게 파악하지 못했기 때문이다.

북한이 1980년 고려연방제를 한반도 통일 방식으로 공식 채택한 이후, 중국은 1982년에 개최된 UN총회에서 김일성의 고려연방제 지지를 공식화하였다. 그러면서 '북한 문제'의 해결 전제조건으로 1975년 채택된 UN총회 결의안 3390B호의 즉각적인 이행을 덧붙였다. 이는 UN사령부의 해체, 주한미군의 철수와 유관 당사국의 담판을 통해 정전협정을 평화협정으로 전환하는 것 등을 포함한다. 1990년에도 이 같은 조건하에서 북한의 연방제 지지를 재천명하였다(朱杰勤·黄邦和, 1992). 중국의 동 지지가 위험한 이유는 그 전제조건이 오늘날 북중이 북한 비핵화를 위해 주장하는 미국과의 '평화협정' 내용과 일맥상통하기 때문이다.

심지어 동 방안은 2017년에 중국이 비핵화 방식 중 하나로 '쌍궤병행(비핵화와 평화체제 동시 추진)'을 평화협정에 포함시킬 수 있었던 근간이 되기도 하였다. 중국의 일방적인 북한 지지 입장이 유효한 사실은 오늘날 중국 공산당 최고지도자들의 입을 통해서도 증명되고 있다. 중국은 한중 수교 이후 우리에게 남북 간 자주적 평화통일을 강조해왔지만, 한국 측이 북한의 통일 방식을 따라야 한다는 복선을 숨겨왔다. 이를 우리의 역대 정부와 지도자들이 읽어내지 못하고, 그저 중국이 한반도 통일을 반대하지 않는다는 점에 의미를 부여하였다.

그 밖에 북중 양당의 지도자들은 전통적 우호 관계를 양당, 양국과 양국 인민의 '귀중한 공동 자산(財富)'으로 규정한다. 그리고 이러한 자산을 세대가 계승해야 한다는 원칙을 기본으로 삼고 있다. 이러한 측면에서 북중 간의 특수한 관계가 유지될 수 있었다. 2021년 3월 23일 김정은과 시진핑 간의 구두 친서에서도 재확인되었다. 동 친서에서 양측은 북중 공조를 강화할 태세를 보였다. 김정은은 중국과의 관계를 세계가 부러워하는 관계로 발전시키겠다는 자신감을 표출하였다. 중국도 2005년부터 견지한 북중 간의 전통적 우호 관계가 양국 공동의 '귀중한 자산(共同的財富)'임을 상기시켰다.

이런 맥락에서 북중 동맹은 어느 일방이 침공을 받으면 다른 일방의 자동 개입을 요구하는 의무조항이 유효하다. 이는 1961년에 체결된 북중 동맹조약의 제2조항에 근거한다. 그런데 문제는 북중 간에 존재하는 동맹조약이 아니다. 대신 앞서 언급한 공산국가 간에 암묵적으로 수용되는 국제주의 원칙이다. 이는 설사 동맹조약이 폐기되어도 북중 상호 간에 군사적 지원 제공을 실질적으로 보증한다. 그럼에도 북중 양국이 북중 동맹조약을 유지하는 것은 법리적인 이유 때문일 가능성이 높다.

냉전 시대에는 민주 진영과 공산 진영이 첨예한 대결 구조를 가졌다. 이러한 진영론은 국제법적 효력을 구비하는 조약을 무의미하게 만들었다. 동 관련 실증 사례가 앞서 언급한 한국전쟁과 베트남전쟁이다. 그러나 오늘날 UN과 국제법 체계의 존재로 말미암아, 공산국의 국제주의에 입각한 군사적 개입은 국제사회의 비판에서 자유롭지 못하다. 이를 절충하기 위해 북중이 오늘날까지 원칙적으로 동맹조약을 유지한다고 추론할 수 있는 대목이다.

문제는 우리가 북중 동맹의 자동 개입을 '북한 유사시'라는 일방적인 관점에서만 이해한다는 데 있다. 중국이 침략받는 상황을 상정하는 역발상이 필요하다. 특히 작금의 대만해협 긴장 국면이 고조되고 있는 상황에서 북중 동맹의 역할과 기능을 간과해서는 안 된다. 중국이 대만을 공격할 경우, 미국의 개입이 자명하다는 가정하에 이 문제를 조망해야 한다. 중국은 미국의 반격을 자신에 대한 침공으로 규정할 수 있다. 한국전쟁에서 중국은 미군이 38선 이북으로 진군하는 행위를 자국에 대한 위협으로 인식하였다. 따라서 미군이 압록강 인근 북중 국경 지역에 근접하자 정당방위 명분하에 중국의 참전을 정당화했다.

대만해협 유사시 중국은 한국전쟁과 베트남전쟁 때와 같이 미군의 진입과 개입을 허용하는 범위를 설정할 공산이 크다. 이 경우 미국의 군사적 행동을 중국은 위협 또는 침략 행위로 정의할 수 있다. 북한은 중국의 동맹으로서 이러한 상황에 반응해야 할 책임과 의무가 있다. 국제주의 원칙의 관점에서 보면 중국이 대만에 대한 공격을 자행하더라도 이를 국민당 정부의 축출과 중국 통일이라는 혁명과업의 일환으로 볼 수 있는 '그들만'의 논리와 명분이 확고하기 때문이다.

국제법적 측면에서 북중 동맹조약의 자동개입 조항이 유효한 가운데, 동맹에 대한 침공에 따른 개입은 법적 효력을 가질 수 있다. 따라서 대만 유사시에도 북중은 미군의 반격을 침공 행위로 정의할 수 있다. 이런 행각은 한국전쟁에서 이미 입증되었다. 비록 북한이 남침을 했지만 북중은 미군의 반격을 북한에 대한 침공, 중국에 대한 군사적 위협 행위로 규정하였다.

대만해협 유사시에 북한의 군사적 전략자산 가치는 두 가지 경로를 통해 입증될 수 있다. 미군의 참여 지연과 핵탄두미사일로 미국에 대한 억지력이다.

우선 주한미군의 대만해협 동원 가능성과 관련하여 북한은 이로 초래되는 한반도의 권력 공백에 위협을 증강함으로써 주한미군의 동원 의사결정을 더디게 만들 수 있으며, 심지어 동원 가능성을 실질적으로 중립화할 수 있다. 더 나아가 북한은 탄도미사일을 대만해협으로 발사하면서 미국의 반격 능력을 무력화하는 데도 일조할 수 있다. 특히 핵탄두를 발사할 경우 북한의 억지력은 상당할 수 있다. 역으로 중국은 미국에 핵무기를 사용하지 않고 북한의 핵억지력을 이용할 수 있다. 중국이 자신의 핵억지력(핵위협)을 발휘하지 않으면서 미국의 핵공격 가능성을 북한을 통해 무력화하는 것이다. 이러한 관점에서 보면 실질적으로 핵무장한 북한은 중국에 전략적 자산이라 단언하기에 부족하지 않다.

마지막으로 한반도의 전략자산 관리 차원에서 중국은 남북한에 '등거리(균형) 외교'를 현재도 유지하고 있다. 중국이 이 같은 외교 전략을 구사하는 가장 큰 목표는 한반도에서의 영향력을 증대하는 데 있다. 남한과는 상호 보완적인 경제·무역 구조를 통해 경제적 실익을 취하고, 대중 제재에 따른 국익 손실 최소화를 달성하려 한다. 중국은 한국의 최대 교역 상대로서 자신의 국익을 최대화하려 한다. 다른 한편, 미중 전략 경쟁의 격화로 미국에 의한 글로벌 공급망(GVC) 재편 노력이 가시화되고 있는 가운데 우리로부터의 국익 손실을 최소화하려 한다. 이는 안보 영역에도 적용되는 논리다. 한국의 사드 배치로 인해 자국 안보 이익의 손실(억지력 상실)을 최소화하기 위한 일환으로 경제 제재를 채택한 연유가 여기에 있다.

북한의 핵실험과 관련하여 중국은 대북 제재에 '동참'하고 있다. UN의 대북 제재 결의안에도 동의했고 현재 '이행' 중이다. 더 나아가 중국은 2013년부터 독자적인 대북 제재를 취하고 있다. 2016년부터는 북한산 제품에 대한 독자적인 수입 제재를 채택하였다. 여기서 주목할 만한 것은 2016년부터 중국은 한국에도 일부 경제적 제재를 가하고 있다는 사실이다. 한반도 분단 이후 중국이 남북한을 겨냥해 제재를 동시에 취하고 있는 전례에 없는 상황이 현재 발생한 것이다.

북한이 앞으로 핵실험 할 공산이 크고, 한국이 미국의 GVC 재편과 인도–태평양 지역에서의 전략 조정에 참여할 가능성을 배제할 수 없기 때문에 중국은 남북한을 동시에 통제해야 하는 상황에 처할 것이다. 북한의 '핵실험'에 대해 중국이 UN 제재에 동참이 불가피해질 것이다. 동시에 중국은 남한이 미국의 인도–태평양 전략과 쿼드, 그리고 GVC 재편에 동참함으로써 미국의 대중국 견제 전략에 일조하는 행위를 견제하려 들 것이다. 중국의 전략적 사고가 중국이 한국과의 관계에서 지정학적·지경학적 이익 논리의 지배를 받기 때문이다.

4. 결론: 한중 관계와 북한의 건설적 발전 방향

동북아의 복잡한 역학 구도로 인해 역내 국가들의 관계를 양자 차원에 국한시켜 접근하는 데는 한계가 있다. 물론 양자 성질의 현안이 존재하는 것은 사실이다. 그러나 군사·안보 영역만큼은 양자 차원에서 분석하는 것이 사실상 불가능할뿐더러, 해결하기도 매우 어렵다. 근본적 원인은 앞서 강조한 바와 같이, 역내 역학 구조가 양자 간 동맹 체제로 유지되고 있고, 또한 지역의 평화·발전이 동맹 간의 세력 균형에 기반하고 있기 때문이다.

한미 동맹, 미일 동맹, 북중 동맹과 과거의 북소 동맹으로 세력 균형이 이뤄지고 있다는 사실, 역내 군사·안보 문제가 양자 간의 현안이 될 수 없다는 데 일부 유의미한 근거를 제공한다. 비록 2000년대 들어 북소 동맹조약의 개정으로 과거와 같은 강력한 군사적 의무와 책임 요구조항이 삭제되었고, 일방이 침략을 당하면 즉각적인 개입 조항을 '즉시 접촉'으로 대체하였다. 단, 오늘날 최근의 우크라이나 사태 등을 감안할 시, 북러 관계를 준동맹 수준으로 정의해도 무방하다.

한반도가 분단 상태로, 그리고 남북한이 모두 강대국과 동맹 관계를 유지하고 있는 상황에서 동북아 지역의 지정학적 관계의 기본 패러다임은 결국 '3각 관계'에 기초할 수밖에 없다. 가령 한중 관계만을 놓고 보더라도 한국에 대한 중국의 전략적 계산에는 미국 요소와 한미 동맹이 자연스럽게 포함될 수밖에 없다. 미국이 북한 문제를 해결하는 데 있어 중국과의 협력을 강조하는 이유도 같은 맥략에서 볼 수 있다. 북한이 대남 관계를 대하는 데 있어 한미 동맹을 의식하는 것도 같은 이유에서다. 우리가 한중 관계를 통해 북한 문제를 해결하려 해도 베이징이 북중 관계를 고려하지 않을 수 없는 이유도 여기에 있다.

한국은 동북아의 국제 관계가 '3각 관계'의 구도 하에서 작동한다는 현실을 직시할 필요가 있다. 그럼 '3각 관계'에서 북한은 어떤 의미를 지니고 있는가? 이는 다시 말해 북한을 중심으로 남북미와 북중미 관계를 분석해야 한다는 의미다. 그리고 그 결과 북한의 대남 전략과 남북 관계는 북미 관계의 상황과 성격에 따라, 반대로 북한의 대미 전략은 미중 관계의 상황에 따라 진화하는 것으로 귀결된다.

3각 관계의 속성은 모두가 우호적이고 협력적일 때 균형이 잡힌다. 이의 최선책은 서로가 '윈-윈'할 수 있는 구조를 형성하는 것이다. 이의 차선책은 두 개의 대상 국가와 우호적이고 협력적인 관계를 유지하는 동시에 그 두 나라가 충돌하지 않는 관계를 유지하는 것이다. 이 경우 중재할 수 있는 능력이 뒷받침되어야 한다. 이 같은 3각 관계를 실제로 실천할 수 있었던 국가는 1970년대와 1980년의 미·중·소 관계 가운데 미국이었다. 미국은 1972년 중국과 관계 정상화의 빗장을 열었다. 이와 동시에 소련과는 SALT-I과 ABM 조약을 체결하면서 관계 개선에도 성공하였다. 리차드 닉슨은 1972년에 공산국가 중국과 소련을 처음 방문한 미 대통령으로 역사에 기록되었다. 그리고 세계는 냉전 시기의 첫 데탕트를 맞이하였다. 1980년대 역시 마찬가지였다. 로널드 레이건 정부 시기의 미중 관계는 최고의 밀월 관계를 유지하였다. 소련과도 1984년부터 관계 개선을 하면서 냉전 종결이라는 끝맺음의 초석을 마련할 수 있었다.

3각 관계에서 최악의 시나리오는 두 나라로부터 소외당하는 것이다. 작금의 한국은 북한과 중국으로부터 소외를 당하는 모양새를 보이고 있다. 남·북·미의 관계에서도 우리는 두 차례의 북미 정상회담으로부터 모두 소외당했다. 특히 2차 북미 정상회담에서 우리의 지분을 찾기 위한 노력이 대통령과 정부 차원에서 시도되었음에도, 거절당한 것이 대표적인 사례다. 가령 문재인 대통령은 싱가포르와 하노이회담에 배석하려고 노력했었다. 또한 2019년 6월 급하게 성사된 북미 정상 간의 조우 활동에서도 대화에 참석하려 했으나 북미 양국의 거절로 성사되지 못하였다.

결국 우리의 관점에서, 북한 요인을 한중 관계 발전의 건설적인 요소로 만들기 위한 전략으로 다음과 같은 세 가지 선택을 고려할 수 있다. 하나는 우리가 북중 양국을 중재하는 외교적 능력을 키우는 것이다. 과거 미국이 중국과 소련 사이에서 각각에게 명확한 목적과 원칙을 가지고 외교를 추진한 사례를 교훈으로 삼을 수 있겠다. 다른 하나는 북중 관계를 우리가 이용하는 것이다. 이 경우 그러나 북중 관계가 악화될 때 남북 관계의 희생을 감수해야 할 것이다. 반대로 북중 관계가 양호할 때 우리는 두 나라와의 관계가 우호적이고 협조적으로 발전할 수 있도록 견인해야 할 것이다. 마지막으로 남북 관계가 좋지 않을 경우에는 중국을 두고 북한과 전략적 경쟁을 할 수밖에 없다. 그러나 이 경우는 북중 동맹이라는 요소 때문에 쉽지 않은 도전이 될 것이다.

상기한 바와 같이 동북아 지역에서 '한중 관계'를 양자 차원에서 이해하기에는 구조적 제약이 따른다. 이는 동북아 지역 내의 국가 간의 관계가 모두 동맹으로 구성되어 있기 때문이다. 한국과 중국 두 나라의 후방에는 각각 '안 보이는 끈(invisible string)'이 존재한다. 즉 동맹국과의 관계가 보이지 않게 존재한다. 그래서 한중 관계와 같이 양자 차원에서든, 이들을 비롯한 제3행위자와의 다자관계를 분석함에 있어 한국과 중국 각자가 연계된 동맹국의 존재를 묵인할 수 없고 반드시 고려해야 한다.

그러나 지금까지 우리의 시각과 분석은 이러한 틀에서 벗어나 있었다. 덕분에 북한 문제에 대해 중국의 건설적 기여와 작용을 막연하고 맹목적으로 기대한 기다림과 오해가 한중 수교 30년 동안 입증되었다고 해도 과언이 아니다. 그 결과 중 하나가 중국의 대북 영향력에 대한 지속적인 논쟁이다. 역대 한국 정부가 대북 관계 및 문제 개선을 위해 필요 이상으로 중국에 우호적인 정책을 취하려는 과오를 범한 이유라 할 수 있다.

상기 3각 관계 역학분석을 통해 중국이 우리에게 때론 우호적이나 때론 비우호적인 정책을 취하는 이유도 밝혀졌다. 종래 우리는 우리에 대한 중국의 비우호적인 정책을 양자 차원에서 해결하려는 관성을 보여왔다. 이는 이런 중국의 비우호적인 정책의 결과가 북한의 전략이익에 유리한 결과를 유발할 수 있는 경우의 수를 무시했기 때문이다. 역으로 중국이 우리에게 취하는 우호적인 정책을 우리는 당연시하였다. 이의 동기와 목적을 분석함에 있어 북한 요소를 고려하지 않았다고 추론할 수 있겠다. 북한이 고려되어야만 중국은 지금까지 주장하는 한반도의 평화와 안정을 위한 정책 목표를 구현할 수 있다.

그 외, 우리는 남·북·중 역학구도 분석을 통해 북한이 한중 관계에 미치는 영향과 북한이 이를 조정할 수 있었던 이유를 알 수 있었다. 한중 관계의 발전으로 말미암아 북중 관계가 소원해지면 북한은 도발이라는 수단을 동원하였다. 북중 관계가 양호해지면 북한은 이를 자신의 국익을 극대화하는 계기로 활용하는 사례 또한 볼 수 있었다. 다시 말해, 북한의 도발이 적대국의 주의를 끌기 위함만이 아니었다는 것이다. 한중 관계의 밀착을 저해하려는 의도와 목적도 다분했음을 상기한 삼단논법의 분석 방법으로 증명할 수 있었다.

따라서 앞으로 한중 관계와 북한 간의 관계를 정확히 이해하기 위해서는 다음과 같은 원칙의 수립이 우리 의사결정권 내에서 필요하겠다. 우선, 동북아 지역의 기본 프레임워크는 동맹 관계에 기반하는 사실에 초당적인 합의가 이뤄져야 할 것이다. 둘째, 동북아 국제 관계의 기초 인식이 양자 관계가 아닌 최소한 3국간의 다자관계에 있다는 사실에서 출발해야 한다. 마지막으로, 순수한 양자 간의 현안을 제외한 나머지 현안에 대한 전략은 다차원적인 방정식을 통해 수립해야 할 것이다.

이를 위한 우리의 한중 관계와 북한에 대한 정책을 다음과 같이 제안할 수 있겠다. 첫째, 북중 관계가 동맹에 기반한 '특수한 관계'라는 사실에 입각해 우리의 대응책을 마련해야 한다. 중국 공산당과 북한 노동당 간의 '당대당'이라는 관계가 북중 관계를 뒷받침하고 있기 때문이다. 그리고 이런 '당대당' 관계의 유지해주는 것이 공산주의 교리에 기반한다는 사실을 무시해서도 안 된다.

둘째, 북한이 한중 관계를 종용하는 행위에 대한 대비책을 마련해야 한다. 상기 사례에서 입증되었듯이, 북한은 한중 간의 긴밀한 발전을 수수방관하지 않는다. 도발이든, 회유책을 통해서든 한중 관계의 건설적이고 긍정적인 발전을 저해하려는 시도를 끊임없이 한다. 따라서 한중 관계가 우호적인 방향으로 상승할 때 우리는 북한에 대한 경계심을 갖춰야 할 것이다. 즉 앞으로 한중 양국 간에 이 같은 문제에 대한 논의를 우리가 사전에 전략적으로 견인할 필요가 있다. 그러면서 북한의 도발을 방지할 수 있는 복안을 마련할 수 있겠다.

마지막으로, 한중 관계에서 북한의 종용 행위를 억제하기 위해서는 한중 양국이 북미 관계 개선을 위한 협력 강화에 나설 필요가 있다. 미국과 북한은 한국과 중국 각각의 동맹국이다. 북한이 미국을 주적으로 삼는 동안 이는 북한이 한중 관계의 부침을 종용하는 동기로 존재할 것이다. 따라서 한중 관계의 긍정적이고 건설적인 발전을 위해서는 우리의 외교가 미중 관계보다 북미 관계에 집중하는 것이 필요하다. 사례에서 입증되었듯 북미 관계의 개선은 한중 관계뿐만 아니라 남북 관계에도 양호한 결과를 가져다주었다. 더 나아가 한중 관계의 우호적인 발전은 북미 관계가 진일보하는 전제로서 선순환적인 작용을 한 사실을 볼 수 있었다. 이번 한중 수교 30주년이 한중 관계를 포함한 동북아 역내 구조를 보다 다층적으로 분석하고 활용해 가는 호기가 되길 기대한다.

제4장

한중 경제 통상 관계 30년

정환우(KOTRA 선임연구위원)

1992-2022

1. 분업 협력에서 경쟁적 통합시장으로

지난 30년간 한중 양국의 교역은 세계 역사에서 유례를 보기 힘들 정도로 급속하게 성장했다. 30년간 무역은 47.1배 증가했고, 투자 역시 47.6배나 증가했다.[1] 2021년 기준 중국은 2003년 이후 18년째 한국의 최대 수출 대상국이자, 2007년 이후 14년째 최대 수입 상대국이었다. 중국은 수교 후 10여 년간 한국의 최대 직접투자 상대국이었으며 그 뒤 16년간(2005~2020년)은 미국, 일본에 이어 한국의 제3위 직접투자 상대국이었다. 물론 이 투자 규모는 액수 기준일 뿐 건수 기준으로는 지난 30년간 변함 없이 최대 투자 상대국이었다.[2] 중국의 입장에서도 한국은 오랫동안 최대의 수입 대상국이었으며 사실상 최대의 투자유치 상대국이었다. 특히 중화권을 제외할 경우 한국은 중국의 최대 수입 상대국 자리를 유지하고 있다.[3]

시선을 두 나라가 걸어온 길로 좁혀볼 경우, 지난 30년간 한중 간 교역이 일직선적인 발전만 이루어온 것은 아니었다. 이 기간 글로벌

〈그림 4-1〉 한국의 주요국별 수출의존도

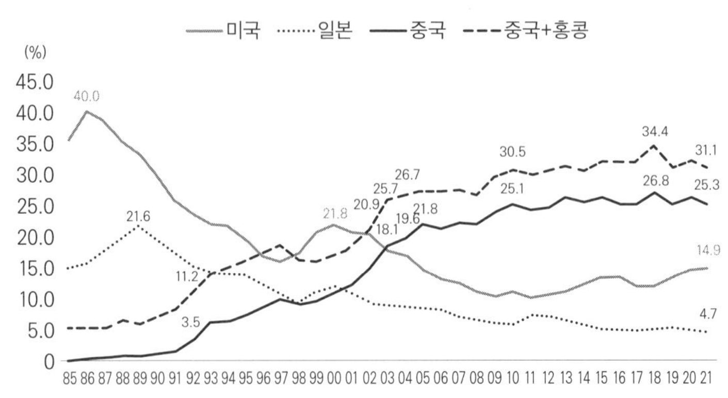

자료: 한국무역협회(kita.net)

〈그림 4-2〉 주요국의 한국 수입점유율

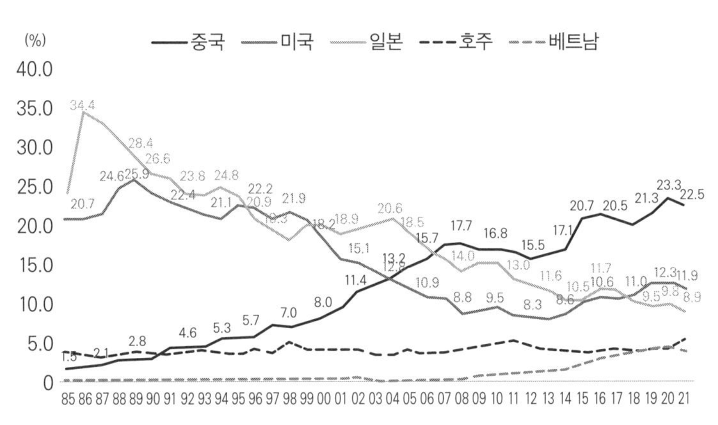

자료: 한국무역협회(kita.net)

경제 환경과 두 나라의 발전 전략이 서로 밀접한 영향을 주고받으며 변화해왔다. 한중 수교가 이루어졌던 1992년, 한국은 그 전 수십 년간 추진해왔던 수출 드라이브 정책에 힘입어 중진국 대열에 합류할 수 있었지만 제조 비용 상승으로 한계에 직면하면서 새로운 발전 전략을 모색하지 않을 수 없었다.[4] 이후 진전된 개방과 세계화(1994년 WTO 가입) 속에서 한국은 금융위기와 IMF 구제금융(1998년)이라는 충격을 경험하기도 했다. 30년이 지난 현재 글로벌 산업과 기술, 문화 대국으로서 자타가 공인하는 선진국 반열에 오르게 되었다.

30년 전 중국은 10여 년의 개혁·개방 경험과 한 차례의 위기(1989년 천안문 시위)와 그 뒤의 숨 고르기(3년간의 조정('치리정돈(治理整頓)', 1989~1991년)를 거친 뒤 본격적인 개혁·개방 시스템 구축에 나선 시점이었다.[5] 30년이 지난 뒤 중국은 글로벌 생산과 연구개발, 소비의 중심지로서 신흥 경제 강대국 지위를 굳혀가고 있다.

시야를 국제경제로 넓혀보면, 한중 수교 후 30년간 글로벌 경제의 변화는 한중 경제 관계의 발전과 변화를 이끌어온 원인이자 결

〈그림 4-3〉 주요국의 세계 수출 비중

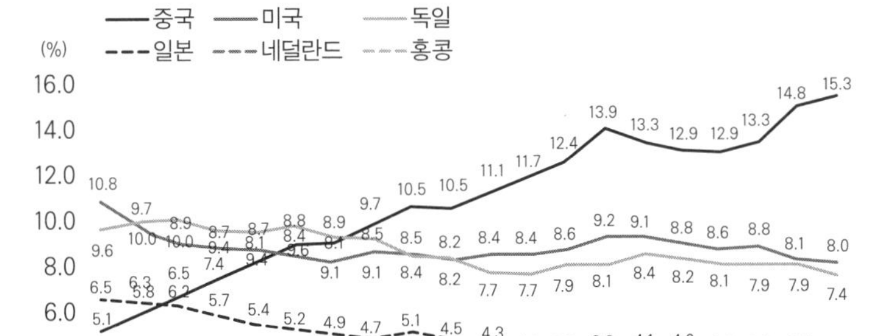

자료: Trade map 통계를 계산하여 작성.

과였다. 한중이 수교한 1990년대 초, 이미 오래전부터 미국 등 선진국의 생산이 둔화되고 있었고 이를 대체해오던 신흥공업국('동아시아 네 마리 용') 역시 생산비용 상승으로 한계에 직면한 상황에서 값싸고 질 좋은 제품의 공급지(생산지)를 마련할 필요성이 커지고 있었다. 막대하고 질 좋은 노동력을 보유한 중국의 세계 경제 편입은 결과적으로 '병목'에 빠진 세계 경제에 활로를 열어줄 비결이자 세계 경제 변화의 촉진제가 되었다.

한중 수교, 그리고 뒤이은 협력과 교류는 중국이 진행해온 세계 시장 참여의 가장 중요한 구성 요소 중 하나였다. 그러나 이 과정에서 이루어진 중국의 급성장은 글로벌 경제의 새로운 불균형을 심화시켰다. 수교 30년이 지난 현재 중국의 급성장에 따른 견제와 갈등이 세계 경제를 뒤덮고 있고 이는 다시 한중 간 교류와 협력에 새로운 과제를 던져주고 있다. 이렇듯 한중 경제 교류 30년은 양국의 발전 과정과 정책, 글로벌 경제가 다층적·중층적으로 얽혀 상호 영향을 주고받는 과정이었다. 한중 경제 관계의 미래 역시 이러한 다층적인 변화와 상호작용에 의해 결정돼갈 것이다.

여기서는 지난 30년간 한중 양국이 경제적으로 어떤 경험을 해왔는지를 살펴보고 좀 더 나은 발전을 위해 어떤 과제를 해결해가야 하는지를 지적하고자 한다. 다만 앞에 지적한 대로 한중 관계가 결코 양국만의 관계에 그치지 않고 양국을 둘러싸고 있는 글로벌 경제와의 상호작용 속에서 진행돼왔음을 간과할 수 없다. 한중 경제 관계의 성격 규명과 전망에 있어 글로벌 경제 환경의 변화와 이에 따른 과제를 중요하게 고려하지 않으면 안 된다.

결론부터 밝히자면 지난 30년간 한중 관계의 변화는 한마디로 '분업 협력에서 경쟁적 통합시장'으로의 변화였다고 할 수 있다. 수교 초기 한중 교역은 '분업', 즉 한국 기업이 중국에서 생산한 뒤(분업) 제3시장에 내다 파는 과정에서 이루어졌다. 이 점에서 교역 초기에 양국 사이에는 상호 경쟁이 거의 없이 협력 관계가 존재했다고 볼 수 있다. 그러나 대략 한중 FTA 타결(2014년 7월) 이후, 멀리는 글로벌 금융위기(2008년) 이후 양국 경제 관계는 상호 시장을 포함한 전 세계 시장을 대상으로 한 전 과정 비즈니스 활동(개발-생산-소비)의 일부로 전환되고 있다. 상호 교역 장벽은 줄어들고(이 점에서 시장 통합) 경쟁이 높아지고 있는 것이다.

이 글에서는 이러한 변화를 추적하는 데서 한 걸음 더 나아가 미래 한중 경제 관계에 대한 전망과 과제를 도출하고자 한다. 위에 밝힌 대로 수교 초기 우리 기업은 양국이 운용하던 무역 및 투자 개방, 그리고 가공무역 우대제도[6]를 잘 활용해 중국에서 잘 생산하고 해외에 내다 팔면 충분했다. 그러나 이제 우리 기업(중국 기업도 마찬가지)은 FTA로 마련된 통일 시장하에서 상호 시장을 겨냥한 제품을 개발하고 상호 시장에서 잘 판매하도록 노력하지 않으면 안 된다. 이를 위해 양국의 정부와 기업은 시장 통합에 기반한 협력의 심화를 위한 제도 구축과 강화, 상호 시장을 겨냥한 전 과정(개발-생산-소비)에 걸친 전방위적 협력을 위해 노력하는 일이 중요한 과제로 되었다. 이를 위한 구체적인 방안 마련은 양국 관계의 당면 과제에 대처하는 데도 중요하지만 한중 관계의 미래를 만들어가는 데에도 중요하다.

이 글은 4개 부분으로 구성된다. 서론의 문제 제기와 방향 제시에 이어 2절에서 한중 경제 관계의 분야별 변화를 각각 3단계로 나누어 제시할 것이다. 3절에서는 세 가지 요인, 즉 ① 양국의 산업·수출 경쟁력, ② 양국의 발전 전략, ③ 국제경제 환경을 통해 한중 경제 통상 관계를 전망할 것이다. 4절에서는 지난 30년간의 변화 방향에 비춰본 향후 한중 경제 관계의 발전을 위한 과제를 살펴볼 것이다.

2. 무역·통상 관계의 시기별 변화

지난 30년간 한중 경제 관계는 대략 3단계의 변화를 거쳤고, 이 3개 단계 각각은 대략 다섯 가지 분야에서 변화를 보여왔다. 이 다섯 가지 변화는 각 단계 변화의 결과이자 다른 분야의 변화를 촉발한 원인이 되기도 했다.

30년의 양 끝단 시기는 각각 '분업 기반 협력' 시기와 '경쟁적 통합시장' 단계로 부를 수 있다. 그리고 중간(중국의 WTO 가입(2001년)~글로벌 금융위기(2008년))에 전환기(혹은 확대기)를 둘 수 있다. 첫 번째 시기(제1시기, 이하 1, 2, 3시기로 표기)는 분업에 기반한 협력 시기로 수교(1992년) 이후 중국의 WTO 가입(2001년) 직전 시기에 해당한다. 아시아 금융위기에 따른 한국의 국가부도 사태(1997~1998년)와 천안문 사태(1989년)에 따른 중국 경제의 일시적 둔화가 있긴 했지만 한국 기업 주도의 중국 내 생산(현지 가공생산)이 활발했던 시기라 할

〈그림 4-4〉 한중 경제 관계 시기별 변화

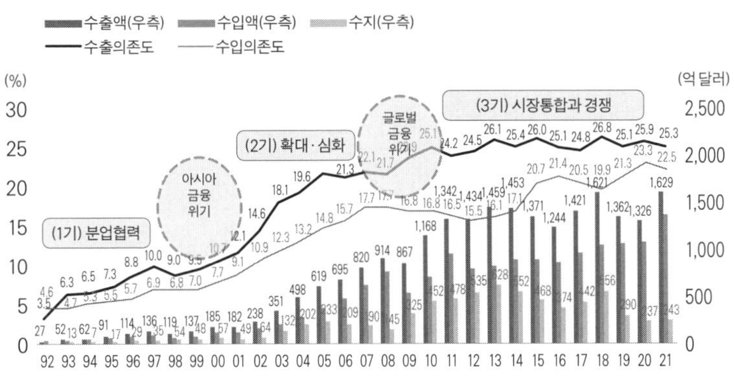

〈표 4-1〉 한중 경제 관계 시기별 변화

구분	형성기 : 분업 기반 협력	확대 및 전환기	모색기* : 경쟁 기반 시장 통합
특성	분업 생산	교역 확대·심화 모색	시장 통합, 경쟁 심화
시기	수교~아시아 금융위기 (1992~1998년)	중, WTO가입~ 글로벌 금융위기 (2001~2008년)	中 '중성장(新常態)' 진입 (2012년~), 한중 FTA(2015. 12 발효), 미중 경쟁 격화(2018년~)
목적	• 한, 대중 가공무역 • 중, 대한 FDI 유치	• 한, 가공무역+내수 개척 • 중, 투자유치, 개방 확대	• 한, 대중 가공무역+내수 개척, GVC • 중, 대한국 GVC 활용, 내수 개척
무역 구조	• (가공 단계) 중간재 중심 무역 • (무역형태) 가공무역 • (GVC) 한→중→선진 소비시장	• (가공 단계) 중간재 >최종재 • (무역형태) 가공무역 비중 둔화 시작 • (GVC) 한→중→선 진시장	• (가공단계) 중간재 중심 지속 - 단, 중간재 고도화 • (무역형태) 가공무역 비중 감소 • (GVC) 다변화: 중+동남아+ 한→글로벌 시장
방향	• 일방향 무역 투자 - 한국→중국	• 일방향 무역 투자 - 한 국→중국 - 중국의 한국 진출 모색	• 쌍방향 무역 투자 - 한, 대중 수입 확대 - 중, 대한 투자 확대
경제/ 산업	• (한) 수출 드라이브 한계, 북방정책, 국제화, WTO 가입 • (중) 개방 확대(남순강화) 고성장	• (한) 아시아 금융위기, 세계화 • (중) WTO 가입 후 고성 장기. 'G2'	• (한) 디지털화 • (중) 글로벌 금융위기 후 '뉴노멀'(신창타이), 국제화, '중국제조 2025', 디지털화

주: * 새로운 변화가 시작됐지만 구체적인 방향을 명명하기에는 다소 이른 감이 있음을 감안해 '모색기'로 표현했다.
자료: 각종 자료와 논의를 참고하여 직접 작성.

수 있다.

두 번째 시기(제2기)는 중국의 WTO 가입 이후 글로벌 금융위기의 수습 시점(2001~2012년 전후)까지다. 이 10년이 채 안 되는 기간에 중국은 말 그대로 고속 성장을 거듭해 'G2'로 불리기에 이르렀다. 한국은 아시아 금융위기(1998년) 이후 혹독한 시련을 뒤로하고 중국의 WTO 가입을 기회 삼아 중국 진출을 중심으로 하는 세계화 경영을 추진해 조기 정상화를 이룰 수 있었다.

마지막 세 번째 시기(제3기)는 중국이 글로벌 금융위기 이후 대대적인 투자 확대로 세계 경제의 구원 투수 역할을 해낸 뒤 국제적 위상이 높아졌지만 오히려 결과적으로는 미중 갈등이 시작되어 지금에 이르게 된 시기였다. 이 시기 한중 관계는 제도적 진전(한중 FTA 발효(2015년 12월)과 실제 관계의 시련(사드 관련 위기, 2017~2018년)이 교차된 시기였다. 이 시기는 지금도 진행 중이다.

(1) 무역 관계 변화

지난 30년간 한중 양국은 3개 단계를 거치면서 대략 4개 분야의 변화를 경험하게 된다. 첫 번째는 경제 교류 목적의 변화이다. 양국의 무역 목적은 초기의 중국 내 가공생산(한국)과 한국 기업 투자유치(중국)에서 점차 상호 내수시장 진출(한국) 및 기술 이전 수용 및 선진기술 획득(중국)으로 바뀌었다. 1기 동안 한국 기업의 중국 내 생산을 위한 투자 진출과 중국 내 생산을 위한 한국의 원부자재, 즉 중간재 수출이 활발하게 진행되었다. 중국은 한국 기업의 중국 투자에 따른 외자 유치 실적과 중국 내 한국 기업 생산품의 수출에 따른 수출 확대 효과, 그리고 한국 기업의 생산에 따른 고용 증진 효과를 즐겼다.

2기 들어 한국 기업은 중국의 WTO 가입에 따른 중국 내외 사업 여건 개선 효과를 누리기 위해 중국 내 생산을 위한 투자 확대에 박차를 가하는 동시에 중국 내수시장 진출을 추진하기 시작한다. 2002년 현대자동차의 중국 합작투자 진출 및 삼성의 중국 지역본부('삼성차이나') 설치는 한국 기업의 중국 내수시장 진출을 겨냥한 대표적인 투자 사례였다. 중국도 한국 기업의 투자 확대 효과를 누리는 가운데 일부 기술 획득을 위한 한국 투자를 시도하기도 했다. 중국의 대표적인 디스플레이 업체 징둥방(京东方)의 하이디스 인수(2002년)와 상하이자동차의 쌍용자동차 인수(2005년)가 이 시기에 이루어졌다.

두 번째는 무역구조의 변화이다. 30년간 한중 무역구조는 한마디로 한국의 중간재 중심 대중 수출 지속과 고도화, 대중 수입에서 중간재, 특히 부품(parts and accessories) 비중의 빠른 증가로 요약된다. 무역구조는 무역의 제품 용도별(즉 가공 단계별)[7] 구성과 무역형태별 구성으로 살펴볼 수 있다. 우선 1시기 한중 무역, 특히 한국의 대중 수출은 제품 용도 면에서 중간재를 중심으로 이루어졌고 무역형태(trade regime)[8] 면에서도 가공무역이 절대적인 비중을 차지했다. 2시기, 즉 한중 무역 확대기이자 전환 모색기에서 한국의 대중 수출에서 중간재 수출의 안정적 증가가 계속되었고 가공무역 비중도 꾸준히 늘어났다.

그러나 한국의 대중 수출(중국의 대한국 수입)에서 중간재 내 세부 분야별로 의미 있는 변화가 나타나기도 했다. 중간재 내에서 양국 간 분업에 좀 더 직접 관련되는 부품의 비중은 꾸준히 늘어나는 반면 반제품(processed materials)의 비중은 둔화 및 감소세를 보이고 있다.[9] 이는 중국 내 생산 능력 증대의 결과이자 생산과정 내의 분업(즉 부품 수출)이 고급 기술 부품을 중심으로[10] 활발해지고 있음을 말해주고 있다. 이와 함께 중국의 대한국 소비재 수입 비중의 둔화 현상도 나타나는데 이는 중국의 성장 지속에 따른 소비재 수입 다변화(즉 선진국 생산 고급소비재)의 결과라고 할 수 있다. 마지막 3시기에서는 한국산 중간재의 중국 수입 정체 혹은 하락세 전환이 눈에 띄기 시작한다.

여기서 주목되는 변화는 중국의 대한국 수출(즉 한국의 대중국 수입)에서 중간재, 특히 국가 간 분업에서 더 큰 의미를 갖는 부품의 비중이 빠른 속도로 늘어나는 점이다. 더구나 부품 분야 내에서도 고부가가치 및 고기술 품목이 크게 늘어나고 있다. 이는 중국 내 생산 능력 제고에 따라 한중 무역이 기존의 일방향(한국 → 중국)에서 쌍방향(한국 ↔ 중국) 분업, 더 나아가 시장 통합으로 전환되고 있음을 의미한다. 〈표 4-2〉에서 보듯이 수교 초기였던 1993년 한국의 대중 수출 상위 20개 품목 가운데 8개 품목이 섬유 및 봉제 관련 품목이었다. 반면 2021년 수출 상위 20개 품목 가운데 12개 품목이 반도체, 디스플레이, 반도체 및 디스플레이 제조 장비 등 첨단 고기술 품목으로 바뀌었다. 부품 수출의 비중이 늘었을 뿐만 아니

〈표 4-2〉 한국의 대중 주요 수출품 비교: 1993년, 2021년

(MTI 6단위, 백만 달러, %)

순번	1993년				2021년			
	품목명	수출액	증감률	구성비	품목명	수출액	증감률	구성비
	총계	5,151	94.1	100.0	총계	162,913	22.9	100.0
1	세단용 승용차	473	6,699.6	9.2	메모리반도체	35,190	15.7	21.6
2	철·비합금열연강판	323	150.0	6.3	프로세서와 콘트롤러	11,204	65.3	6.9
3	기타 가죽	241	94.5	4.7	LCD	4,457	4.9	2.7
4	경유	209	432.9	4.1	파라크실렌	4,420	51.6	2.7
5	철·비합금냉연강판	189	95.9	3.7	화장품	4,132	35.7	2.5
6	철근	171	−18.1	3.3	반도체 제조장비	3,805	28.4	2.3
7	폴리에스테르섬유	146	75.3	2.8	기타 정밀화학원료	3,610	58.7	2.2
8	천연색 음극선관	110	104.5	2.1	경유	3,443	−9.1	2.1
9	폴리프로필렌	109	68.4	2.1	OLED	3,241	25.1	2.0
10	저밀도에틸렌	90	6.4	1.7	기타 광학기기	2,842	38.8	1.7
11	기타석유화학제품	89	29.8	1.7	전산기록매체	2,593	10.7	1.6
12	섬유기계	88	76.0	1.7	TV카메라	2,565	6,466.0	1.6
13	편직물	85	93.0	1.7	기타 무선통신기기 부품	2,379	−14.6	1.5
14	고밀도에틸렌	80	−21.2	1.6	기타 광학기기 부품	2,293	29.9	1.4
15	기타 직물	78	105.8	1.5	기타 합성수지	2,109	42.9	1.3
16	폴리에스터 직물	75	46.0	1.5	동괴	2,029	85.7	1.2
17	통신용 동축 케이블	74	106.4	1.4	인쇄회로	1,730	15.2	1.1
18	벙커-C유	73	134.7	1.4	기타 집적회로 반도체	1,725	73.3	1.1
19	기타 합성수지	72	140.9	1.4	기타 플라스틱제품	1,721	17.1	1.1
20	아크릴섬유	71	55.2	1.4	평판D/P 제조장비	1,705	−34.2	1.0
	소계	2,846		55.3	소계	97,193		59.3

주: 1993년의 진한 글씨는 섬유의류 관련 품목을, 2021년의 진한 글씨는 반도체·디스플레이·전자부품 분야 품목을 가리킨다.
자료: 한국무역협회(kita.net)

라 부품 내에서도 첨단 고기술 제품이 주력 수출품으로 떠오른 것이다.

중간재 수출의 세부 구성 변화는 의미가 크다. 중간재는 크게 반제품과 부품으로 구분되는데 부품은 반도체·디스플레이 등 첨단 제품이 큰 비중을 차지한다. 이런 부품의 수출 비중이 늘어나는 현상이 부정적인 것만은 아니다. 부품 중 가장 큰 품목은 반도체, 디스플레이, 전자부품 등으로 첨단 고부가가치 업종으로 부품 수출 비중이 높다는 것은 수출국의 기술 수준이 매우 높을 뿐 아니라 생산을 둘러싼 해외 진출(즉 GVC)이 매우 활발함을 의미한다.

또 아직 절대 비중은 한계가 있지만 소비품의 비중도 꾸준히 늘어나고 있다는 점도 긍정적인 변화라 할 수 있다. 한국 대중 수출 소비재는 대부분 화장품, 위생용품, 가공식품 등이다. 이런 제품은

〈그림 4-5〉 중국 대한국 수입의 가공 단계별 구성(세분)

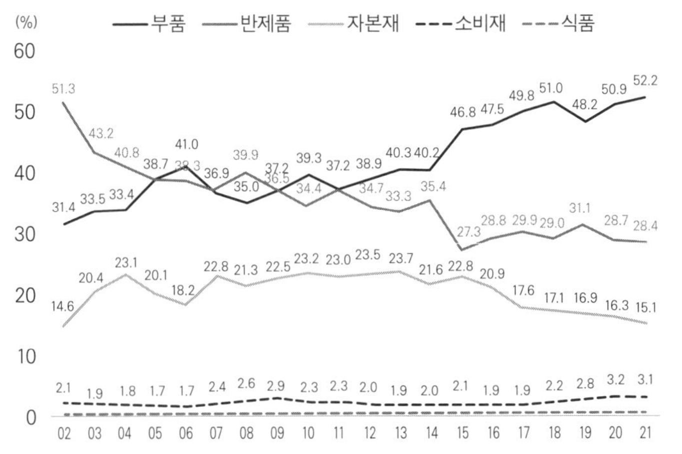

자료: GTA(원 자료는 중국 해관총서)를 계산.

〈그림 4-6〉 중국의 가공 단계별 수입에서 한국의 비중

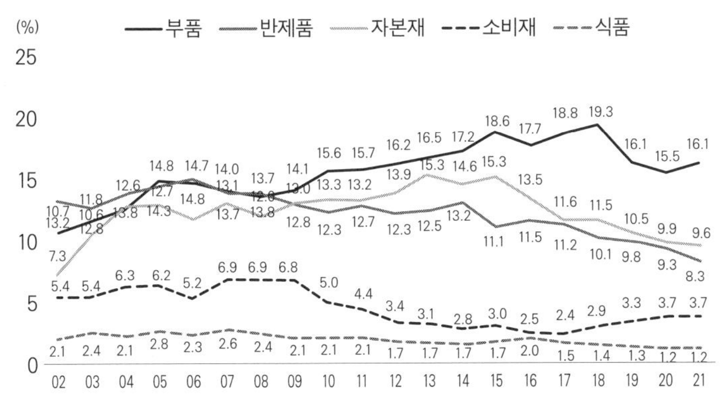

자료: GTA 통계를 UN BEC 기준에 따라 계산하여 작성.

〈그림 4-7〉 한국의 가공 단계별 수입에서 중국의 비중

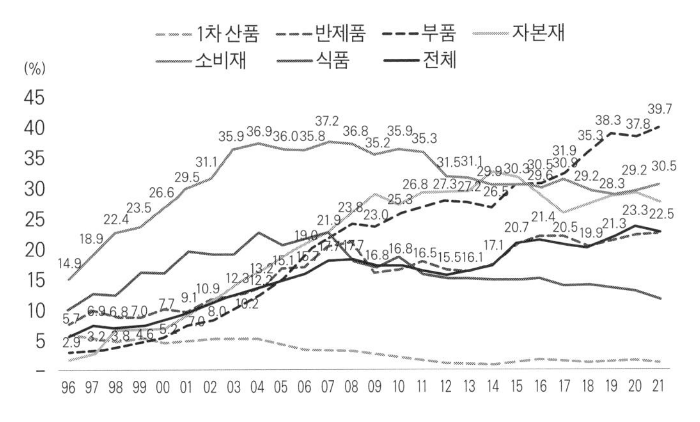

자료: GTA 통계를 UN BEC 기준에 따라 계산하여 작성

절대 기술 수준이 낮은 저부가가치 품목이 아니다. 요컨대 부품을 중심으로 한 중간재와 소비재 수출 비중의 증가는 나름 긍정적인 변화라 할 수 있다. 우리의 대중 무역, 특히 대중 수입이 독특하고

〈그림 4-8〉 중국의 대세계 및 대한국 수입에서 가공무역의 비중

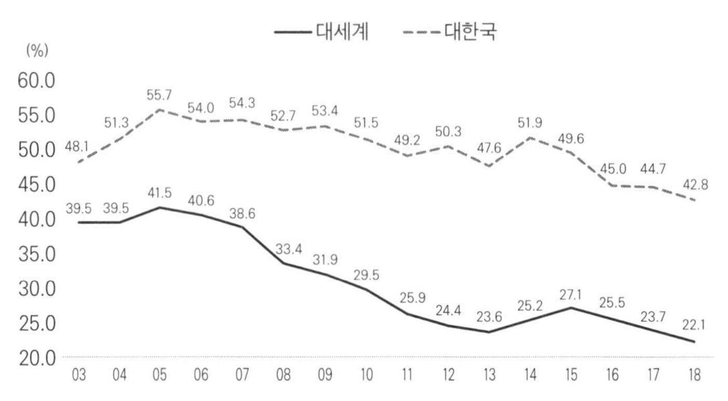

주: 중국 측이 최근 통계를 발표하지 않아 2019년 이후 자료는 구하지 못했음.
자료: 중국 상무부(CEIC data)

새로운 방향으로 재편, 정립되고 있음을 말해준다.

무역형태 면에서도 의미 있는 변화가 진행돼왔고 현재에도 진행 중이다.[11] 한국의 대중 수출에서 가공무역의 비중이 2시기에서 정점을 찍은 뒤 3시기에 들어 하락세를 보이고 있다(물론 중국의 대세계 수입에 대한 가공무역의 비중보다는 훨씬 높다).

세 번째 변화는 방향 변화, 즉 한중 교역의 일방향 → 쌍방향 전환과 이에 따른 무역 불균형 개선(중국의 대한국 무역적자 감소)이다(〈그림 4-1〉과 〈그림 4-2〉 참조). 1시기에서는 말 그대로 한국 기업의 중국 투자 진출과 대중 수출이 활발하게 일어났다. 2시기에서는 한국 기업의 중국 진출과 대중 수출이 더욱 활기를 띠는 동시에 중국 진출 한국 기업과 중국 기업의 대한국 수출, 그리고 일부 중국 기업의 대한국 투자 진출이 시도되기 시작했다. 3시기에서는 중국 기업의 대한국 투자가 확대되고 대한국 수출도 비교적 빠른 속도로 증가하고

〈그림 4-9〉 한국의 대중국 무역흑자 변화

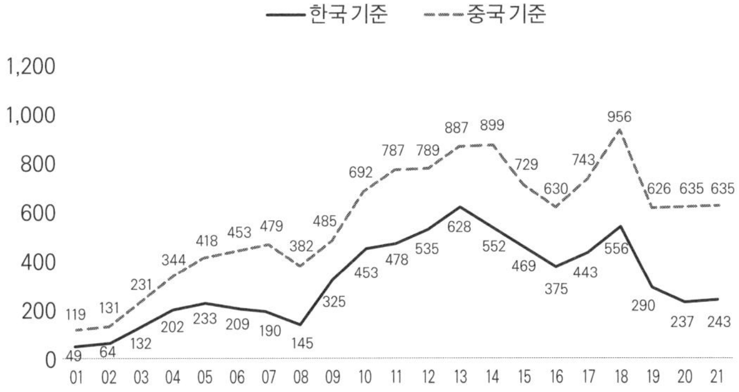

주: 한국의 대중 무역흑자(중국의 대한 무역적자) 규모가 한국 측과 중국 측 기준 간 차이가 큰 이유는 양국의 무역 집계 방식의 차이와 한국의 홍콩 우회 중국 수출(특히 반도체) 규모가 매우 크기 때문이다.
자료: 한국 측 통계는 관세청, 중국 측 통계는 상무부. GTA 통계 이용.

〈그림 4-10〉 한국의 대중국 직접투자

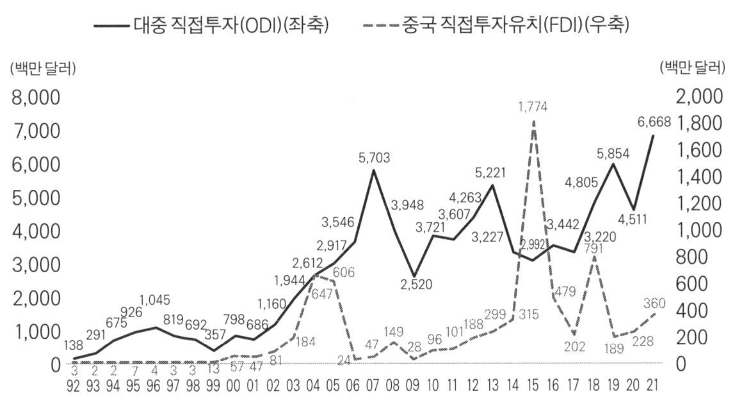

자료: 한국의 대중 투자는 한국수출입은행, 대중국 투자유치는 산업부 통계.

있다.

마지막 네 번째는 국제무역 환경의 변화이다. 한중 교역 30년은 글로벌 경제 환경 격변과 밀접한 관계하에 진행되었다. 지난 30년간의 한중 교역은 글로벌 경제 환경 변화를 초래한 원인이자 결과, 그리고 중요한 부분이었다. 1시기에 그간 글로벌 경제를 주도하던 선진국의 국제경제적 위상이 급속한 하락이 진행되었다. 그림에서 보는 것처럼 미국과 독일, 일본 등 선진 제조국의 세계 수출 비중이 빠른 속도로 줄어들고 있었다. 이와 동시에 한국과 대만으로 대표되는 신흥 수출국은 1970~1980년대 고속 성장의 결과 국내 생산비용 상승에 직면하여 앞서거니 뒤서거니 새로운 수출 경쟁력을 만들어내야 하는 압박에 시달렸다.[12]

2시기는 중국의 WTO 가입을 계기로 1990년대의 구조적 변화가 중국의 부상을 중심으로 표면화된 시기였다. 2008년 중국이 세계 최대 수출국으로 부상되었고, 선진국의 수출 둔화가 지속되었으며, 한국·대만·홍콩 등 신흥공업국의 중국 활용, 즉 중국과의 분업 관계 구축이 본격 진행되었다. 글로벌 강대국 미국은 중국의 부상에 직면해 당혹감을 감춘 채 'G2'라는 이름하에 중국과 협력하는 가운데 대응 방안을 모색하기 시작했다.

3시기는 1, 2시기의 변화가 가시적인 변화, 즉 갈등과 조정으로 표면화된 가운데 새로운 방향이 모색되고 있는 시기다. 중국의 부상, 특히 미국의 대중 적자 확대에 대응해 트럼프 정부 주도하에 대중 견제가 실시되었고, WTO가 힘을 잃게 되었으며, 이러한 변화에 대응해 무역, 기술, 금융 그리고 통상 등 거의 모든 분야에서 중국의 대응이 모색되고 있다. 이 변화는 2022년 현재에도 진행 중이다.

(2) 통상 관계 변화

한중 통상 관계 역시 시기별 표현은 약간 다르지만, 대략 3시기의 변화를 겪어왔다. 1시기가 일반적인 국가 간 관계라 한다면, 2시기는 WTO 최혜국대우 관계, 마지막 3시기는 한중 FTA로 상징되는 경제통합 단계이다.

첫 번째 시기는 한중 수교(1992년)부터 중국이 WTO에 가입한 2001년 직전까지의 대략 10여 년간의 시기로 일반적인 국가 간 관계라 볼 수 있다. 이러한 관계에서 가장 중요한 국제법적 기반은 양국 간 투자보장협정(BIT)이며 그 이상의 규범이나 상호 혜택은 없다. 투자보장협정이란 해당 국가를 오가는 기업의 투자에 대해 법적 지위를 보장한다는 의미로 외교 관계에서 국교 수립의 의미를 갖는다. 실제로 한중 사이에는 정식 수교가 이루어지기 직전(3개월 전)인 1992년 5월에 투자보장협정이 체결되었다. 이와 함께 한중 사이에

〈표 4-3〉 한중 수교 30년 통상 및 국제경제 환경 변화

구분	형성기 : 분업 기반 협력	확대 및 전환기	모색기 : 경쟁 기반 시장통합
특성	분업 생산	교역 확대·심화 모색	시장 통합, 경쟁 심화
시기	수교~아시아금융위기 (1992~1998년)	중 WTO가입~글로벌 금융위기(2001~2008년)	中 '중성장('新常態') 진입(2012년~), 미중 경쟁 격화(2018년~)
제도	일반적인 국가관계 비제도화, 양자 협상	WTO 최혜국 관계 글로벌 규범(WTO)	배타적 이익과 권한 상호 부여 FTA, FTA+, RTA, DEPA(모색)
국제경제	선진국 위축, 신흥공업국 한계 대두, WTO 유지	중, WTO 가입 'G2'	미중 갈등, 표면화 및 격화 WTO 무력화, 대안체제 모색중

자료: 각종 자료 및 본문 내용을 요약하여 작성.

공동수역과 해상경계선을 공유하고 있음을 감안해 어업협정이 이루어지기도 했으며(2001년 6월) 한중 간 경제 현안을 처리하기 위한 '한중 경제공동위원회'가 설치되기도 했다.[13]

관세 역시 각국 사정과 목적에 따라 상대방에게 일방적으로 혜택을 제공하는 경우는 있지만, 법률적 방식(즉 협정)을 통해서는 아무런 혜택을 주고받지 않는다. 예를 들어, 한국이 1994년에 WTO에 가입했지만 중국에 대해 WTO 회원국에 상응하는 대우를 해주지는 않았다. 중국이 WTO 회원국이 아니었기 때문이다.

이 시기 특기할 만한 사건은 2000년 8월에 터졌던 한중 마늘 분쟁이었다. 중국산 절임 마늘 수입 급증에 대응한 긴급수입제한조치(세이프가드) 부과에 대응해 중국 측이 한국의 주력 대중 수출품인 핸드폰 및 폴리에틸렌(PE)의 전면적 수입 금지 조치로 맞서면서 촉발된 마늘 분쟁은 한국 측의 보복 조치나 중국 측의 대응에서 '교훈'이 될 만한 점이 있는 것이 사실이다.[14] 다만 여기서는 마늘 분쟁의 촉발과 해결 과정에서 한중 양국이 상호 말 그대로 '일반적인 국가 관계'에 있었음이 확인됐다는 점을 주목할 필요가 있다. 한국은 애초에 보복관세를 부과할 때 국제법적 근거에 바탕하지 않았으며 중국 역시 어떠한 법적·규범적 고려도 없이 초강경 태도로 대응했다. 분쟁 수습 과정에서도 국제규범에 바탕한 논의가 없었고, 통상 분쟁을 해결하거나 조정하기 위한 국제 중재기구도 활용되지 않았다. 정확히 말하면 중재기구 자체가 없었다.

제2시기 진입의 계기는 2001년 중국의 WTO 가입 협상 타결이었다(발효는 2002년 1월) 중국의 WTO 가입으로 양국은 상호 WTO

특혜관세를 누릴 수 있게 되었고, 중국이 WTO 가입 협상 시 약속했던 서비스 및 투자 개방, 그리고 양국 간 무역 분쟁을 다룰 분쟁해결 절차를 활용할 수 있게 되었다. 이 시기 우리 기업의 중국 수출 및 진출 장벽이 완화된 결과이기도 했지만, 중국의 WTO 가입에 따른 대세계 개방 확대와 제도적 안정성 제고에 따라 중국의 글로벌 경제 위상이 급속하게 상승했다. 당연히 우리 기업의 대중 수출 및 투자 진출도 새로운 급증세를 이루었다. 2003년 중국은 우리의 최대 수출 상대국으로 부상했고, 2007년에는 최대 수입 상대국으로 떠올랐다. 앞에 말한 대로 이 시기 우리 기업은 여전히 중국을 가공 생산기지로 활용했지만 대기업과 중견기업의 주도하에 중국 내수시장을 겨냥한 투자 진출도 본격 추진되기 시작했다.

한중 경제 관계 3시기 진입의 핵심 계기라 할 수 있는 한중 FTA는 2014년 11월 타결되었지만 한중 간 통상 관계를 격상시키려는 시도는 2시기 중반 무렵 이미 시작되었다. 한중 FTA 정식 협상 개시는 2012년 1월 공식 선언되었고, 이후 2년 10개월여 동안 총 14차례의 협상이 한중을 오가며 진행되었다.

한중 FTA 하에서 양국은 일반 수준(WTO 회원국 수준)에서 한층 더 나아간 상호 개방과 상호 배타적 특혜를 주고받게 된다. 우선 협상에 따라 상호 관세를 인하 혹은 철폐하게 되고, 비관세장벽을 완화하며, 무역 원활화와 촉진을 위한 메커니즘을 운용하고, 생길지도 모를 분쟁을 다룰 장치까지 직접 운용 및 활용하게 된다. 서비스와 투자 개방 확대도 추진되었는데, 한중은 2018년 3월 이후 한중 FTA 서비스·투자 후속 협상을 진행하고 있다.[15]

〈표 4-4〉 한중 경제 주요 사건 일지

일시	한중 경제	한중 외교안보	글로벌 경제
1992. 5	한중 투자보장협정(BIT) 체결		
1992. 8. 24	한중 수교	한중 수교	
1994. 3	김영삼 방중, 이중과세방지협정, 문화협정	김영삼 방중, 북핵 대화 해결 합의	
1994. 12			한, WTO 가입
1997~98			한, 금융위기
1998. 11	김대중 방중, '한중협력동반자관계' 선언		
2000. 6~7	한중 무역분쟁: 한, 마늘관세 30→315%인상; 중, 휴대폰·PE 수입 중단		
2001. 6	한중 어업협정 발효(수역, 입어조건, 입어척수, 어로할당량 등 조정)		
2001. 10		김대중 방중, '한중 전면적 협력관계' 선언	
2001.1 2			중, WTO 가입
2003. 7		노무현 방중, '한중 전면적 협력동반자 관계' 선언	
2003~	중, 한국 최대 수출국 부상		
2005. 11	한, 중국 시장경제지위(MES) 인정		
2007~	중, 한국 최대 수입대상국 부상		
2008. 5		이명박 방중, '한중 전략적 협력 동반자관계' 선언	
2009			중, 세계 최대 수출국 부상(2위 미국)
2011. 10			미, 'pivot to Asia' 발표
2012. 5	한중일 투자보장협정 체결 ('14.4월 발효)		

2012. 5	한중 FTA 협상 : '12.5~14.11(14회 협상)		
2013~19	한, 중국의 최대 수입상대국		
2014. 6	원-위안 직거래시장 개설		
2015. 9		박근혜, 중 전승열병식 참석	
2015. 12	한중 FTA 발효		
2016. 7		한미, 사드 배치 발표	
2016. 7~	중, 사드 보복 : 한한령('16년~), 단체관광 금지 · 통관 지연('17년~) 등		
2017. 5	제1회 일대일로 고위급 포럼, 정부 대표단 참석(집권 민주당 대표단)		
2017. 11~21. 2			트럼프 당선, 미중 분쟁 개시, 격화
2018. 2	한중 FTA 서비스 · 투자 후속협상 개시 - 개시 후 2년내 타결 목표		
2020. 3	코로나 방역 협력 강화 합의		
2020. 11			바이든 당선, 미중 분쟁 지속, 변형
2021. 9~11	한국, DEPA 가입 신청(중국은 11월 신청)		
2021. 11			RCEP 발효('22.1)

자료: 각종 언론 및 공개 자료 취합.

3시기에 접어든 이후 한중 통상 관계는 더욱 심화, 확대되고 있다. 한중 FTA와 별도로 한·중·일 FTA 협상이 이미 2012년 11월 개시되어 현재까지 진행 중이다. 한국과 중국이 모두 참여하는 〈역내 포괄적 경제동반자협정(RCEP, Regional Comprehensive Economic Partnership)〉도 오랜 기간의 준비와 협상(2012년 11월 협상 개시~2020년

11월 타결)을 거쳐 2022년 2월 발효되기에 이르렀다.[16] 이와 별도로 양국은 이미 출범한 바 있는 〈포괄적 점진적 환태평양경제동반자협정(CPTPP, Comprehensive and Progressive Agreement for Trans-Pacific Partnership)〉[17] 참여 방침을 발표하고 후속 협상을 준비 중이다.

최근 한중 양국은 〈디지털 무역 동반자협정(DEPA, Digital Economy Partnership Agreement)〉이라는 새로운 복수국 협정[18] 가입 협상을 시작함으로써 경제통합의 기반을 넓혀가고 있다. 세계 최초의 복수국 디지털 무역협정으로 상징성이 크고, CPTPP 가입국의 참여에 개방돼 있다는 점에서 실질적 의미도 큰 DEPA 동시 가입 추진은 한중 간 통상 관계가 확대, 심화되고 있음을 보여주고 있다.[19]

3. 한중 경제 통상 관계 전망

지난 30년간의 경험에서 어느 정도 드러난 것처럼 앞으로의 한중 경제 관계는 ①글로벌 경제환경, ② 양국의 산업경쟁력, ③ 양국의 발전 전략 검토를 통해 전망할 수 있다.

(1) 글로벌 경제 환경 변화

30년 전 한중 양국이 수교하기로 결정하게 된 데는 한중 양국의 대외경제정책에 영향을 미쳐온 국제경제 환경 변화가 바닥에 깔려 있음을 간과할 수 없다. 특히 최근 몇 년간 직접 목격한 것처럼 미중 양 강대국이 공개적이고 치열하게 경쟁을 벌이고 있는 상황에서 국제경제 환경의 영향력은 클 수밖에 없다.

한중 경제 관계의 미래를 전망하는 데 의미 있는 글로벌 환경 변화로는 다자 질서의 불안정성, 지역주의의 강화, 그리고 에너지·환경·디지털 전환 및 디지털 통상 등 새로운 무역 의제의 등장 등을 들 수 있다. 우선 다자 질서, 즉 WTO 체제의 약화가 이미 돌이킬 수 없는 대세가 되었다. 이는 한중 경제 협력을 불안정하게 만들어줄 가능성이 크다. 사실 중국은 미국이 주도하는 다자 질서, 즉 WTO 체제의 가장 큰 수혜국이었다. 2001년 중국의 WTO 가입은 중국 경제가 본격 부상하게 된 출발점이었다. 이와 동시에 WTO 체제하에서 중국이 이루어 낸 급속한 성장에 따른 글로벌 불균형 심화는 대략 2010년 전후 이후의 미중 갈등과 트럼프 집권 이후 미중 갈등의 격화에서 보듯이 WTO 약화 및 와해의 커다란 원인이 되었다.

물론 중국은 다자주의 체제의 든든한 수호자임을 변함없이 강조해오고 있다.[20] 그러나 초강대국(최대 WTO 지분 보유국) 미국은 트럼프의 정책에서 보는 것처럼 WTO의 유지에 관심이 없어졌고 보호주의와 고립주의로 전환했다. 바이든 정부가 들어선 뒤에도 미국의 다자주의에 대한 소극적 태도는 바뀌지 않고 있다. 다자 규범의 약화와 보호주의 및 고립주의의 강화는 한중 경제 관계 진전에 긍정적일 수도 있고 부정적일 수도 있다. 다만 어떤 경우에도 양자택일적 대외경제정책을 강요할 상황이 커진다는 점에서 불안정성을 높여준다는 점은 분명하다.

글로벌 환경 변화에서 또 하나 주목할 만한 변화는 지역(region) 수준의 협력 및 교류 강화 이를테면 역내 협력의 강화이다. 무역 통계 수치로도 역내무역의 비중이 커지고 있다.[21] 또 RCEP과 CPTPP 등 아태 지역 내 복수국 무역협정이 늘어나고 양자 FTA가 늘어나는 데서 보는 것처럼 지역주의의 강화는 글로벌 수준의 다자 질서 약화와 동전의 양면을 이루면서 세계 경제의 변화를 이끌고 있다.

한중 경제 관계에 영향을 줄 수 있는 또 하나의 환경 변화로 새롭게 대두하는 무역 의제가 있다. 환경, 에너지, 디지털, 특히 코로나 19 확산 이후 중요해진 방역협력 등 이른바 신무역 의제들이다. 이러한 신무역 의제는 한국과 중국 모두에게 해결해야 할 과제이자 새로운 기회 분야들이고, 특히 한중 양국이 인접해 있어 함께 해결하지 않으면 안 될 과제들이다. 신무역 의제는 한중 경제 관계에 새로운 기회와 협력 과제로 되고 있다는 점에서 긍정적인 요인이라 할 수 있다.

(2) 산업 및 수출 경쟁력

모든 분야를 일괄해 말하기는 어렵지만 2022년 현재 한국의 연구개발 경쟁력은 매우 높은 수준이라고 볼 수 있다. 반도체, 철강, 화학(석유화학 및 정밀화학), 자동차, 전자 등 주요 업종의 경쟁력이 세계적인 수준에 이른 것으로 평가되고 있으며 이변이 없는 한 이 추세가 바뀔 징후는 별로 보이지 않는다. 게다가 'K-pop', 'K-drama', 'K-food' 등 한국 '소프트파워'의 급성장도 한국의 산업경쟁력 발전을 더욱 촉진시켜줄 가능성이 크다.

한국의 산업경쟁력에서 더욱 중요한 것은 한중 간 중간재 상호 조달이 한국의 산업경쟁력 유지 강화의 원동력 중 하나였다는 사실이다. 앞에 소개한 대로 한국의 중간재, 그중에서도 부품의 수입에서 중국의 비중이 지난 30여 년간 빠른 속도로 증가해온 결과 이미 39.7%(2021년)에 이르고 있다. 굳이 통계 수치가 아니더라도 한국 내 대부분 제조업체는 중국산 중간재를 들여와 추가 가공하거나 아예 주문자생산방식(OEM) 없이는 경영을 생각하기 힘든 실정이다. 중국 시장을 겨냥한 연구개발 및 중국과의 '협력'은 한국 내 연구개발과 제조 경쟁력 유지와 제고의 가장 중요한 원동력 중 하나였다. 현재 이러한 추세가 바뀔 징후나 가능성은 보이지 않는다.

중국의 연구개발 및 제조 경쟁력과 관련, 미국의 강력한 대중 기술 견제는 오히려 중국의 경쟁력이 매우 높음을 반증한다. 전자제품(부품 및 완제품), 철강, 조선, 화학, 대부분 소비재에서 중국은 세계 최대의 수출 점유율을 보이고 있다. 중국의 모든 수출품이 중국의 독자적인 개발과 제조 능력에 따른 것은 아니지만 중국의 독자적인 능력이 빠른 속도로 증가해왔고 앞으로도 증가할 것임은 분명하다.[22] 드론, 전기차, 상당수 IT 제품의 개발과 확산에서 보는 것처럼 중국은 거의 모든 신생 제품이나 업종을 선도해왔다.[23] 물론 미국 등의 견제로 시간이 좀 더 걸릴 수 있겠지만 중국이 이미 높은 수준의 연구개발 실적을 거두고 있고, 정부의 육성정책이 강력하며, 무엇보다도 세계 최대의 내수시장을 가지고 있다는 점은 중국의 경쟁력 전망을 밝게 해준다.

한중 간 연구개발과 제조 분야에서 경쟁의 측면을 간과해선 안 된다는 우려가 많은 것이 사실이다. 이와 관련해서는 경쟁과 협력은 항상 동전의 양면이라는 점을 분명히 인식할 필요가 있다. 기업의 입장에서 강력한 경쟁 상대를 대하는 방법은 상대보다 더 잘 연구개발 및 제조를 해내거나 상대가 더 나은 성과를 낼 경우 자신의 연구개발과 제조에 활용하든가 상대가 놓친 분야를 개척하는 것이다. 여기서 중요한 것은 상대편과 경쟁 혹은 협력을 할 수 있는 자유롭고 투명하며 공정한 규범이 있어야 한다는 것이다. 한중 간 경쟁 격화가 우려될수록 한중 간 공정하고 투명한 규범과 협력 시스템이 더 중요해지는 이유이다.

(3) 양국의 발전 전략

양국의 발전 전략은 한중 경제 관계에 직접적인 영향을 미친다. 우선 중국의 발전 전략은 연구개발과 제조, 그리고 디지털 강대국이다. '중국제조 2025'를 비롯해 5년마다 갱신 발표되는 〈5개년 규획〉, 매년 초(3월) 발표되는 〈정부사업보고〉의 핵심 내용은 연구개발 지원과 투자 확대이며 단기간 내에 이런 정책 시스템이 바뀔 가능성은 없다. 오히려 미국의 중국 견제가 공개적으로 전환되면서 이러한 노력이 강화되고 있다.[24] 벌써 꽤 오래전부터 디지털 전환이 중국의 발전 전략의 중심을 차지하기 시작했다.[25]

중국의 대외경제전략은 개방적 강대국화 전략이다. 외부의 많은 의구심과 비난, 종종 발생하는 무역 보복에도 불구하고 중국이 WTO 가입(2001년) 이후 무역 투자 자유화를 축소했다는 증거는 없다. 실제로 중국은 WTO 유지와 개혁에 적극 참여한다는 입장을 표명해왔고, RCEP 타결을 주도했으며, CPTPP 가입 방침을 밝혔고, 앞에 소개한 대로 최초의 복수국 디지털 협정인 DEPA에도 가입을 신청했다.

2017년과 2022년 정권이 바뀌면서 한국의 발전 전략은 일부 조정에도 불구하고 근본적으로 바뀌지 않았다. 연구개발 지원과 첨단 제조업 육성, 그리고 디지털 전환은 한국 기술 및 산업 육성정책의 기본 과제이다.[26] '개방적 통상국가', 즉 경제 개방과 다자주의 옹호, FTA를 비롯한 지역무역협정의 적극적 참여와 추진은 정권 변화와 상관없이 한국의 통상정책 기본 방향이 되어왔다.[27]

양국의 발전 전략이 향후 한중 경제 관계에 주는 시사점은 긍정적이다. 한국과 중국 모두 연구개발과 첨단 제조업 육성, 그리고 디지털 전환에 노력을 집중하고 있어 경쟁이 치열해지고 있지만 경쟁 격화가 협력 필요성의 약화를 의미하는 것은 아니다. 양국의 산업 육성 전략 추진으로 핵심 기술 확보를 위한 경쟁이 치열해지겠지만 동시에 서로에게 더 큰 시장 기회를 제공하기도 한다. 특히 중국처럼 막대한 규모를 가진 국가의 산업 육성은 한국과 같은 중간 시장 규모의 국가에 더 큰 기회를 제공해줄 수 있다. 더구나 양국 모두의

〈표 4-5〉 한중 경제 통상 관계의 분야별 요인 점검

구분	한국	중국	협력 전망
산업경쟁력 (구조/시장)	연구개발·제조·문화 경쟁력	연구개발·제조 경쟁력, 최대 시장 규모	양호 (협력>경쟁)
양국의 발전 전략	• (산업) 연구개발·제조·서비스·디지털 경쟁력 제고 • (통상) 개방적 통상국가	• (산업) 연구개발·제조·서비스·디지털 경쟁력 제고 • (통상) 개방적 강대국	양호 (협력>경쟁)
글로벌 환경	• 다자주의 약화, 글로벌 불안정성 확대, 보호주의·고립주의 확대 • 지역주의 강화 : 역내 교역 확대, 지역무역협정(RTA) 확대 (양자 FTA, RCEP, CPTPP 등) • 새로운 무역 의제 대두: 환경, 에너지, 디지털		장기적 협력 가능성, 단기적 불안정 가능성

자료: 본문 내용을 요약.

개방 확대와 글로벌 및 지역 경제통합 노력은 양국 간 협력 필요성과 성과를 더 크게 해준다.

4. 새로운 한중 경제 통상 관계를 위한 과제

이상 논의에서 드러난 한중 경제 관계의 변화를 꼽는다면 역시 상호 개방 확대와 제도화, 경쟁 격화이다. 그리고 국제경제의 가장 중요한 환경 변화를 꼽는다면 미중 경쟁 격화와 다자주의의 쇠퇴, 그리고 지역주의와 양자 간 협력이 더욱 중요해지고 있다는 점이다.

이점을 고려할 때 미래 한중 경제 관계의 원칙은 역시 '공정하고 포용적(비배타적)이며, 규범에 기반한 호혜적 협력 관계'가 되어야 한다. 하나하나가 당연한 말 같지만 지난 30년간 한중 양국이 교류해 오면서 체득한 해결 과제이기도 하다. 공정은 한중 기업이 상호 내

〈표 4-6〉 한중 경제 통상 관계의 발전을 위한 제안

원칙	공정·포용·규범에 기반한 경쟁과 협력
협력 과제 (예시)	• (신무역) 디지털 무역 및 전자상거래, 서비스 무역 • (공동과제) 방역, 환경, (신)에너지, 공급망, 공동수역 문제 • (통상) 다자, 지역(복수국), 양자 • (협력) 무역외적 이슈의 영향 최소화, 소지역(sub-region) 협력, 금융, 물류, 통관, 표준 • (갈등 예방) 비경제적 요인의 경제 관계 영향 예방, 돌발적 갈등 요인 예방

자료: 본문 내용을 요약.

수시장 개척 과정에서 겪어왔던 차별적 대우가 없어져야 한다는 뜻이다. 포용(비배타적)이라 함은 한국과 중국 모두 다른 국가와 힘을 합쳐 상대국을 배제하면 안 된다는 의미다. 이는 지금까지 경험을 통해 터득한 과제이기도 하지만 미중 갈등이 지속될 미래에 대비한 원칙이기도 하다. 규범에 기초해야 한다는 것은 어느 한쪽이 임의로 상대방에게 어떤 조치를 취해서는 안 된다는 것을 의미한다. 마지막으로 경쟁과 협력이란 필요할 경우 협력을 위해 적극 노력하되 이러한 협력은 철저하게 시장 경쟁에 입각해야 한다는 것을 의미한다. 한중 경제 관계 발전의 원동력은 개방에 따른 윈-윈형 무역·투자 협력이었으며, 향후 양국 모두 자국 시장은 물론 지역 및 세계 수준의 커다란 내수시장으로 발전하면서 상호 시장 개방과 공평한 경쟁 환경의 중요성이 더욱 커질 것이기 때문이다.

이러한 원칙하에서 대략 5개 분야의 협력 과제를 꼽을 수 있다. 우선 '신무역', 즉 디지털 무역 및 전자상거래, 서비스 무역 등이 있다. 디지털 무역 및 전자상거래야말로 한중 경제 관계의 미래에서 빼놓을 수 없는 요인으로 부상하고 있다. 중국은 물론 한국도 디지털 전환을 가장 중요한 발전 과제로 설정한 데서 보듯이 디지털 경

제의 중요성은 아무리 강조해도 지나치지 않다.[28] 중국은 최근 데이터 안전 및 주권 보호 기조의 데이터 통상전략을 수립하고 강력하게 추진 중이다.[29] 실제로 한국과 중국은 최초의 디지털 복수국 협정인 DEPA 가입을 신청하고 후속 협상을 진행 중이다.[30] 이와 동시에 최근 수년간 중국은 거의 한중 회담에서 디지털 협력을 강력하게 요청해오고 있다.[31] 마지막으로 교육, 의료, 법률, 요식·숙박 등 상품거래 이외 인간과 인간 사이에 일어나는 모든 거래를 포괄하는 서비스 무역이다. 하지만 범위 설정에서부터 통계 집계까지 수많은 과제를 처리하기는커녕 제대로 시작조차 못 하고 있는 분야가 대부분인 곳이 서비스 무역이다. 그만큼 한중 양국이 미래 무역에서 잘 처리하지 않으면 안 될 과제이다.

다음으로 국가 간 거래에서 새로운 공동 해결 과제로 떠오르고 있는 문제도 많다. 코로나19 확산과 대응 과정에서 중요성이 드러난 공동 방역 문제, 환경, (신)에너지 협력, 공급망 문제, 더 나아가 한중 양국처럼 좁은 해수면을 공유하고 있는 국가 사이에 중요한 현안으로 되고 있는 공동수역 어족자원 처리와 관리 문제 등이 포함된다. 환경 문제는 탄소제로를 위한 무역 규범 관련 입장 조율뿐 아니라 대기 및 수질 공동관리 등에서 협조가 필요한 상황이다. 이미 오랫동안 한중 간 협의 대상이 되어왔으나 별다른 진전은 없는 실정이다. 앞으로 더욱 중요해질 과제이다. 에너지 역시 중요한 이슈이다. 양국 모두 석탄·석유 등 전통 에너지의 '소비 대국'으로 에너지 문제가 매우 중요하고 태양광·풍력·수소 에너지, 특히 전기자동차에 이르기까지 한중 간 경쟁뿐 아니라 협조와 협력이 매우 중요한 상황이다. 미중 갈등과 코로나19 확산 이후 주요 이슈로 떠오른 공급망 관련 협조 및 협력도 빼놓을 수 없는 과제이다. 한중 양국에, 특히 한국에게 중국은 공급망 리스크의 원인이자 해결사인 경우가 많기 때문이다.

세 번째, 통상 분야 과제도 산적해 있다. 다행이라면 양국 모두 개방주의와 통상 규범에 기반한 무역 질서를 선호 방침을 천명하고 있어 양국 간 관계 전망이 대체로 긍정적이라는 점이다. WTO로 대표되는 다자주의가 유명무실에 가까운 실정이지만 한중 모두 WTO의 강화와 개혁을 찬성하는 입장이다. 복수국 무역협정에서는 협력 여지가 더욱 크다. 양국이 모두 참여한 RCEP이 2022년 발효되었으며, 이미 출범한 뒤이긴 하지만 양국 모두 CPTPP에 참여한다는 방침을 확정했다. 또 앞에 소개한 최초의 복수국 디지털 협정인 DEPA에도 한중 모두 참가 신청을 한 뒤 협상을 진행 중이다.

2015년 15월 발효된 한중 FTA 후속 협상도 핵심 과제 중 하나이다. 협상 타결 당시 약속대로 2018년 3월 한중 FTA 서비스·투자 후속 협상이 시작되어 타결을 눈앞에 두고 있다(2022년 초 기준). 아직 공개되지는 않았지만 한중 FTA의 업그레이드 협상도 중요한 과제가 될 것이다.[32]

네 번째, 협력 사업도 중요한 과제이다. 중국은 2013년 이후 일대일로 이니셔티브 하에 전 유라시아 대륙, 더 나아가 아프리카까지 포함하는 국제협력 사업을 주도해왔고 앞으로도 지속 추진해 갈 것임을 강조하고 있다.[33] 한국이 일대일로 이니셔티브의 핵심 대상 지역이라고 보긴 어렵지만 중국은 대체로 적극적으로 한국과의 협력

사업을 제안해왔다. 이 점에서 중국의 일대일로와 한국 신정부의 인도태평양 전략을 조율하는 일이 중요한 과제로 될 것이다.

마지막으로 가장 중요한 과제는 역시 경제외적 갈등의 경제 분야 영향 예방 과제이다. 양국의 기업과 소비자 모두 가장 아프게 경험했기에 더욱 중요하고 지속적인 노력이 필요한 과제라 할 수 있겠다. 2000년의 마늘 및 휴대폰 분쟁, 2016년의 사드 보복으로 양국의 경제, 특히 한국의 대중국 수출과 중국 진출 우리 기업의 중국 현지 경영이 심각한 충격을 받았었다. 또 이 사건들은 그 이후 양국민의 상호 인식에 매우 부정적인 영향을 미쳤다. 꾸준한 상호 접촉과 대화, 신중한 정책과 태도를 통해 재발 방지는 물론 한중 간 경제 교류의 안정적 발전을 위한 여건 조성이 매우 중요한 과제임을 확인시켜준 계기였다. 한중 수교 30년, '제2의 사드 사태'를 예방하는 일이 한중 경제 관계의 지속적 발전에 중요한 과제가 되었다. 일견 실망스런 일이지만 땅이 굳기 위해서는 수많은 눈과 비, 그리고 사람들의 발길이 필요하다는 점을 상기하면 불행한 일만은 아니다.

수교 30년이 지난 시점에서 중국과 관련한 우리의 대외경제 비전을 가다듬는 일이 중요하다. 한국과 중국은 글로벌 개방 경제의 대표적 수혜국이었다. 한중 교역이 쌍방향으로 지속 증가하는 가운데 일방향 수출·투자는 쌍방향으로 바뀌었고 분야 역시 고기술 분야로 재편되고 있다. 한국이 이미 개방적 선진국 반열에 진입했고 중국의 아태 지역은 물론 글로벌 경제 역할이 확대되는 상황에서 인위적인 조절이나 규제는 바람직하지도 가능하지도 않다. 아태 지역, 더 나아가 글로벌 개방 경제의 선도국인 한국은 개방 경제와 글로벌 규범을 선도하면서 중국과의 협력을 적극 확대, 심화시킬 필요가 있다.

한중 수교 30년 중국은 이미 우리의 부자 이웃으로 떠올랐다. 부잣집 이웃 자체가 우리에게 해로울 이유는 없으며 오히려 우리에게 많은 기회를 가져다줄 것이다. 중요한 건 부자 이웃이 '나쁜 이웃'이 되지 않도록 노력하는 일이다. 새로운 30년에 접어든 현재 중국에 대해 포용적이고 규범을 선도하는 동시에, 생길지도 모를 오해나 갈등에 대비해 비슷한 처지에 있는 다른 이웃들과 유대관계를 잘 만드는 일이 중요한 과제가 될 것이다.

제5장

한중 상호 직접투자 30년

왕윤종(동덕여대)·최필수(세종대)

1992-2022

1. 서론

수교 30주년을 맞는 한국과 중국 사이에 얼마나 많은 직접투자가 어떤 방식으로 어느 분야에서 이뤄졌는가? 기업들의 해외 직접투자는 경제 협력 관계의 실체이자 동력이다. 한국과 중국 사이의 경제 관계도 직접투자를 통해 실물적 연계성이 강화되고 구체화된다. 따라서 직접투자라는 주제는 무역과 함께 빠질 수 없는 한중 경제 협력의 연구 테마가 된다.

직접투자를 연구한다는 것은 금액과 업종을 관찰하는 것을 기본으로 한다. 20주년과 25주년을 정리한 많은 선행연구, 그리고 30주년을 앞두고 시행된 여러 연구도 이러한 변수들에 대한 관찰을 기본적으로 하고 있다. 이 글 역시 이러한 전통을 이어 받되 몇 가지 차별성을 두었다. 첫째, 통계상의 방법론적으로 홍콩을 통한 우회투자의 가능성을 적극적으로 반영했다. 둘째, 최근 급증한 투자 회수 현상을 관찰하고 이에 대해 해석했다. 셋째, 한국과 중국의 서로 다른 집계 방식에 대해 밝히고 그 시사점을 활용했다. 넷째, 사례분석을 통해 통계적 현상을 설명했다. 다섯째, 양국의 상호 투자가 한국 경제에 미친 영향을 무역수지와 요소소득으로 나누어 관찰했다.

이 글은 다음과 같이 구성된다. 먼저 2절에서 양국 사이에 벌어진 기업의 직접투자 추이와 업종별 현황을 자세히 살펴보고, 3절에서는 한국 기업의 대중 투자를, 4절에서는 중국 기업의 대한 투자를 관찰한다. 각 절에는 선별된 주요 기업들에 대한 사례분석이 포함된다. 특히 양국의 직접투자가 한국 경제에 미친 영향을 몇 가지 기준으로 측정했다. 5절에는 향후 양국 경제 관계의 전개 방향에 대한 전망과 정책 제언을 담았다.

이 글에서 다루는 직접투자는 주식과 채권 등에 대한 포트폴리오 투자는 포함하지 않는다. 또한 이 글은 한국 대중 투자의 지역적 변화를 다루지 못한 한계도 지니고 있다.

2. 양국 간 직접투자 추이와 특징

(1) 한국의 대중 투자

1) 대중 투자 데이터의 올바른 이해와 전체 추이

한국의 대중 투자 전모를 파악하기 위해서는 세 가지 요소를 고려해야 한다. 홍콩을 경유한 우회 투자의 존재, 최근 증가한 회수액, 중국과 한국의 서로 다른 집계 방식이 그것이다. 한중 수교 20주년을 평가한 양평섭(2012), 지만수(2012), 최필수 외(2012)나 25주년을 평가한 양평섭(2017), 지만수(2017), 30주년을 평가한 양평섭(2022), 이승신(2022), 최필수(2022) 등 선행연구들은 이러한 요소들에 주목하지 않았다.

① 홍콩을 경유한 우회 투자의 비중과 특징

먼저 홍콩을 경유한 우회 투자를 이해해야 한다. 한국의 대중투자가 공식적으로 처음 이뤄진 해는 1988년이다. 그러나 그 전부터도 홍콩을 통한 간접투자는 이뤄지고 있었다. 가령 삼성그룹은 1985년부터 '성진유한공사(星進有限公司, Star Progress)'라는 이름의 홍콩사무소를 통해 중국 영업을 시작했다(삼성그룹, 1998: 308). 이러

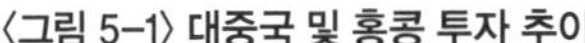
〈그림 5-1〉 대중국 및 홍콩 투자 추이

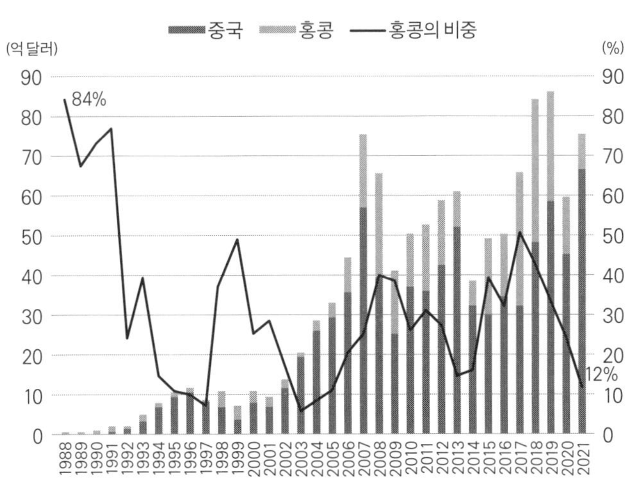

주: 건당 평균 투자액은 투자액을 신규 법인수로 나누어서 구함.
자료: 한국수출입은행 해외투자통계를 이용하여 필자 작성.

한 현실을 감안하면 대중 투자에 대홍콩 투자를 포함하는 것이 실체를 파악하는 데 올바른 통계적 접근법이라고 할 수 있다. 통계상 첫 대중 투자는 1988년 99만 달러이지만, 그해 대홍콩 투자 530만 달러까지 포함해서 대중 투자로 이해해야 한다는 뜻이다. 우리나라만 그런 것이 아니라 많은 나라가 홍콩을 중국으로 가는 경유지로 삼고 있다. 최근 10년(2011~2020년) 중국의 외국인직접투자(FDI) 중 67%가 홍콩에서 온 것이었다.

홍콩과 중국을 합쳐서 집계한 〈그림 5-1〉에 따르면 한국의 대중 투자 중 홍콩의 비중은 1988년 84%로 최고였고 2003년 6%로 최저였다. 전체 평균 비중은 31%이다.

〈그림 5-2〉 대중국 및 홍콩 건당 평균 투자액

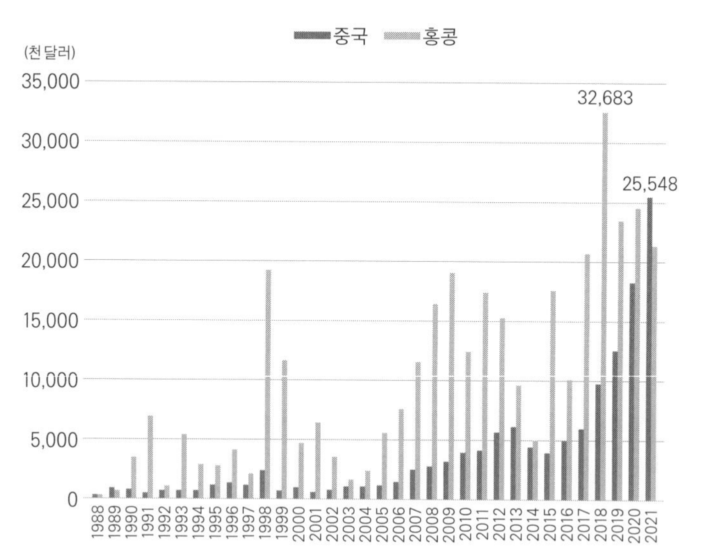

주: 건당 평균 투자액은 투자액을 신규 법인 수로 나누어서 구함.
자료: 한국수출입은행 해외 투자통계를 이용하여 필자 작성.

특히 수교 전에 홍콩의 역할이 중요했음을 알 수 있다. 그런데 2017년(51%) 이후 홍콩의 비중은 줄곧 하락하여 2021년 12%가 됐다. 이는 최근 홍콩에 대한 중국 정부의 통제와 그에 따른 미국의 제재로 홍콩의 금융 허브 기능이 약화된 탓으로 보인다.

한 가지 더 포착되는 점은 홍콩에 대한 건당 투자액이 중국의 그것보다 줄곧 컸다는 사실이다(〈그림 5-2〉). 30년 전체 평균을 따지면 그 차이는 두 배가 넘는다. 즉 대기업일수록 홍콩을 많이 경유했을 가능성이 크다. 그러나 홍콩의 비중이 떨어지는 현상에서 나타나듯 앞으로는 이러한 특징이 사라질 수도 있다. 2021년은 수교 이후 처음으로 건당 대중 투자액(2억 5,000만 달러)이 대홍콩 투자액(2억 1,000만 달러)보다 컸던 해이다.

② 투자 회수액

매년 수십억 달러의 투자가 중국으로 이뤄지지만 적지 않은 금액이 회수되고 있다. 회수금액은 현지법인 청산이나 지분 매각으로 발생한다. 혹은 대부 투자의 경우, 대부 기간 종료에 따른 대부 투자금 회수 시 발생한다. 어느 경우든 회수금액은 곧 현지 경영 행위의 중단 혹은 약화를 의미한다.

〈그림 5-3〉에 나타나듯 그동안 회수액은 투자액에 비해 별로 크지 않았기에 특별히 주목할 필요가 없었다. 그러나 2020년과 2021년에 투자액의 절반(각각 54%, 53%)이 넘는 회수가 이뤄졌다. 건수를 봐도, 회수 건수는 계속 증가하다가 2019년부터 투자 건수를 앞서기 시작했다(〈그림 5-4〉).

〈그림 5-3〉 대중 투자액과 회수액

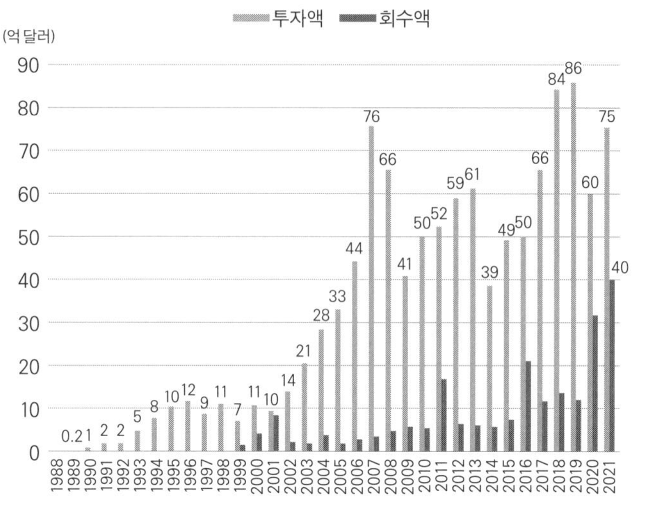

주: 중국과 홍콩을 합한 수치임.
자료: 한국수출입은행 해외투자 통계를 이용하여 필자 작성.

〈그림 5-4〉 대중 투자 건수와 회수 건수

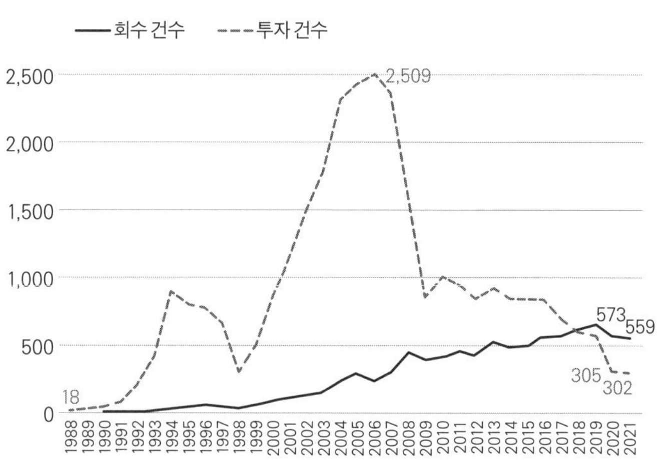

주: 중국과 홍콩을 합한 수치임.
자료: 한국수출입은행 해외투자 통계를 이용하여 필자 작성.

투자 회수를 차감한 순투자액은 흔히 공표되는 액면 투자액보다 훨씬 작다. 최근 3년의 이 추세가 앞으로도 계속될지 주목해야 한다. 시기별로 어떤 업종에서 투자와 회수가 이뤄지는지 이어지는 절에서 자세히 다룬다.

③ 중국과 한국의 서로 다른 집계 방식

한국의 대중 투자 수치는 두 가지 데이터 소스가 있다. 첫째는 중국 상무부이고 둘째는 한국수출입은행이다. 〈그림 5-1〉과 〈그림 5-5〉를 비교하면 알 수 있듯이 이 둘은 서로 비슷하지만 다르다. 〈그림 5-5〉에 나타난 상무부 데이터에 따르면 우리나라의 대중 투자는 2004년 62억 달러로 최대치를 기록하고 2019년에 그보다 낮은 정점(55억 달러)을 기록하고 있지만, 한국 데이터에 따르면 첫 번

〈그림 5-5〉 한국의 대중 투자 장기 추이

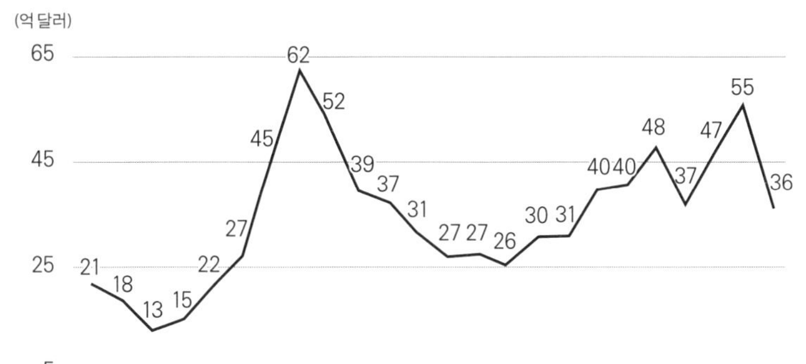

자료: 중국 국가투자통계국(상무부) 데이터를 이용하여 필자 작성.

째 피크는 2007년의 57억 달러였고, 2019년에 59억 달러로 그것을 넘어섰다. 홍콩까지 포함하면 그림은 더 달라진다.

상무부 데이터는 중국 현지에서 집계한 것이고 현지 기업의 현지 투자를 포함한다는 장점이 있다. 가령 삼성 중국법인이 중국에 재투자하는 금액이 상무부 데이터에 포착된다. 그러나 앞서 언급했듯이 중국의 외국인직접투자 데이터는 홍콩이라는 투자 우회처의 비중이 너무 크다는 단점이 있다. 버진아일랜드, 카이만 군도 등의 다른 투자 우회처들도 많이 포함하고 있다. 이들의 실제 국적이 어디인지는 알 수가 없다.

이러한 단점에도 불구하고 중국 내에서 한국 투자의 순위가 얼만큼인지 알기 위해서는 상무부 데이터를 관찰해야 한다. 〈그림 5-6〉

〈그림 5-6〉 주요국 대중 투자 추이

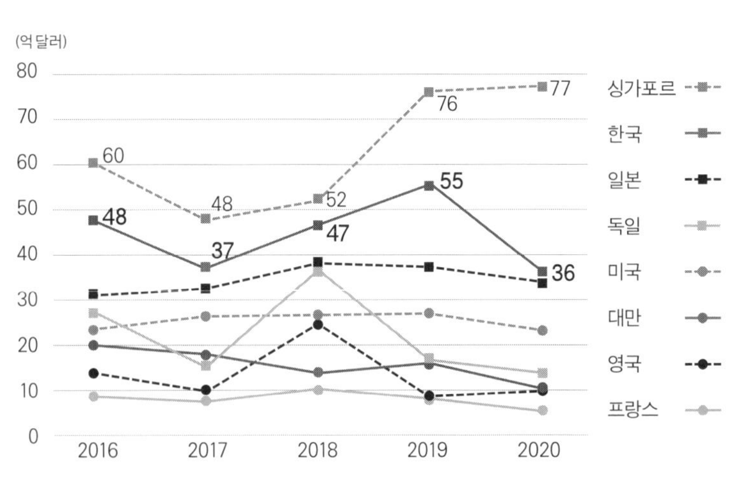

주: 홍콩, 버진아일랜드, 카이만 군도, 사모아, 버뮤다, 모리셔스 등 우회 투자처 제외.
자료: 중국 국가투자통계국(상무부) 데이터를 이용하여 필자 작성.

은 홍콩 등 우회 투자처를 제외한 나머지 주요국들의 순위를 보여준다. 우리나라가 싱가포르에 이어 2위를 기록하고 있다. 그런데 만약 싱가포르도 일종의 우회 투자처로 기능하고 있다면 사실상 한국이 중국의 최대 외국인 투자국이라고 할 수 있다.

한국수출입은행 데이터는 우리나라 자본이 해외에 나갈 때 신고한 금액을 기준으로 집계된다. 중국 현지의 투자는 포착할 수 없다는 단점이 있다. 그러나 세세한 업종을 파악할 수 있고 한국의 대홍콩 투자를 포함해서 측정할 수 있다는 장점이 있다.

2) 한국의 대중 직접투자 시기별 특징

한국과 중국의 경제 관계 시기 구분은 연구자에 따라 각기 다르게 정의된다. 가령 이승신(2022)은 '초기(1992~2000년)', '성장기(2001~2008년)', '확대기(2008~2015년)', '전환기(2015년 이후)'의 4단계로 구분한다. 반면 양평섭(2022)은 '경제 협력의 기반 구축 단계(1992~2001년)', '고속 성장 단계(2001~2014년)', '성숙 단계(2015년 이후)'로 구분했다.

이 글은 한국의 대중 직접투자를 증가-감소 주기에 따라 〈표 5-1〉과 같이 네 시기로 구분하고자 한다. 각 시기의 투자 증가-감소 양상은 〈그림 5-4〉 투자 건수 그래프에 시각적으로 잘 드러난다. 각 시기는 다음과 같다. 기초 탐색기로부터 초기 투자 붐 기간인 1988~1997년, 외환위기 이후 중국의 WTO 가입을 계기로 대중 투자가 폭발적으로 증가하던 1998~2007년, 글로벌 금융위기 이후 소강상태에서 대기업 위주의 투자가 이뤄지는 2008~2016년,

미중 갈등 이후 새로운 국면을 맞아 대규모 투자와 구조조정이 아울러 진행되는 2017년 이후가 그것이다. 각각의 시기를 사양산업 이전기(移轉期), 주력산업 이전기, 과도기, 구조조정기로 이름 붙인다.

① 사양산업 이전기(移轉期), 1988~1997년

첫 번째 시기인 1988~1997년 사이 총 45억 달러가량의 대중 투자가 이뤄졌다(홍콩 포함). 한국과 중국이 처음 조우하던 이 시기에는 중국의 낮은 임금을 활용한 주문자생산방식(OEM)의 투자가 이뤄졌다. 또한 한국에서 생존이 어려워졌거나, 한국에서 한 세대 뒤진 사양산업과 설비들이 이전된 시기다. 이 시기 최대 투자 업종은 섬유의류(7억 3,000만 달러)였고, 이 투자의 주역들은 중소기업이었다.

그러나 이 시기에 중소기업만이 투자했던 것은 아니다. 앞의 〈그림 5-2〉에 홍콩을 활용한 건당 투자액이 비교적 높은 것에서 나타나듯 많은 한국의 대기업들도 이때 저임금 생산을 목적으로 한 산업설비들을 중국에 건설했다. 가령 삼성전자의 경우 한국보다 한 세대 늦은 생산설비들을 톈진(天津) 등지에 옮겨 컬러TV, VCR, 오디오, 에어컨 등을 생산했다(조평규, 2005: 123). 이 시기에 두 번째로 많은 투자가 이뤄진 업종은 전기전자(6억 5,000만 달러)였는데 삼성전자와 LG전자의 투자가 포함된다. 가령 LG전자는 1994년에 후난성(湖南省) 창사(長沙) 등지에 당시 국내 가전업계 최대 규모인 총 2억 달러 상당의 합작투자를 진행했다(LG그룹, 2007: 221). 이렇듯 초기

〈표 5-1〉 대중·홍콩 투자 시기별·업종별 투자액(백만 달러) 및 회수율(%)

		사양산업 이전기 1988~1997		주력산업 이전기 1998~2007		과도기 2008~2016		구조조정기 2017~2021	
		투자	회수율	투자	회수율	투자	회수율	투자	회수율
1차	농림어업	24.6	0.0	70.6	9.9	43.0	20.7	77.9	1.4
2차	전기전자	645.5	5.9	5,839.6	16.6	11,287.7	14.6	14,938.2	18.3
	운송장비	246.2	0.4	2,918.8	5.3	6,143.6	16.2	3,090.6	12.6
	석유화학	301.9	0.9	2,303.1	15.8	4,592.4	12.0	3,377.3	23.0
	금속류	528.6	0.9	2,656.8	8.7	2,468.3	22.9	1,043.1	42.6
	기계	148.1	0.1	907.6	5.7	1,499.1	11.1	664.6	25.3
	식음료	189.7	1.7	672.1	16.7	1,377.0	14.7	797.4	33.4
	기타제조	298.0	2.4	682.5	10.6	553.0	18.6	244.1	20.0
	섬유의류	730.9	3.4	1,618.0	8.9	908.1	38.9	210.0	95.8
	의료정밀	72.9	0.4	407.8	25.3	391.1	6.6	293.9	58.9
3차	금융	457.9	0.0	1,897.0	0.0	6,927.1	28.3	6,893.7	25.2
	도소매	316.3	1.8	2,630.9	9.8	4,980.4	9.1	2,518.6	20.9
	부동산	125.6	0.7	734.3	10.0	1,796.3	30.0	833.3	147.9
	임대	1.5	0.0	207.7	16.0	46.6	71.7	35.7	23.0
	전문지식	9.9	1.0	161.1	5.0	475.1	12.3	622.5	14.8
	레져문화요식	185.0	0.0	378.9	36.7	580.2	24.8	378.5	12.2
	운수업	52.9	0.0	175.9	26.9	815.5	13.6	147.8	285.7
	건설관련	137.3	0.0	469.4	36.9	376.6	19.0	32.8	18.0
	정보통신	-	-	58.1	0.9	420.2	3.0	471.3	9.5
	인프라	3.6	0.0	419.6	0.1	577.7	6.7	50.9	3159.5
	환경	0.3	0.0	2.7	25.9	8.9	3.4	1.4	142.9
	우편통신	49.1	0.0	54.0	291.1	27.7	4.0	0.2	50.0
	출판인쇄	2.9	0.0	78.2	6.0	151.4	10.0	315.9	5.9
	보건	0.1	0.0	22.7	1.8	11.7	9.4	35.7	12.9
	기타서비스	6.7	3.0	51.3	3.3	29.5	10.2	51.8	3.5
	N/A	8.4	0.0	4.9	0.0	1.4	85.7	0.2	150.0
합계	평균	4,544.1	0.9	25,423.8	12.0	46,489.4	19.9	37,127.2	24.6

주 1: 원(原) 자료에서 업종은 '중분류'로 더 상세히 주어지나 필자의 판단에 따라 현재와 같이 정리함.
2: 회수율은 투자금액 대비 회수금액으로 계산.
3: 마지막 단 회수율 평균은 100% 이상의 극단적인 값들을 제외하고 단순평균을 구한 것이다.
자료: 한국수출입은행 해외투자통계를 이용하여 필자 작성.

에 뜨거웠던 대중 투자는 1997년의 외환위기와 함께 소강상태에 빠진다.

② 주력산업 이전기, 1998~2007년

두 번째 시기는 1998~2007년이다. 이때 한국은 외환위기를 극복하고 난 후 중국의 세계무역기구(WTO) 가입(2001년)을 계기로 대중 투자가 폭발적으로 증가했다. 중국 측 통계로는 2004년(62억 달러), 한국 측 통계로는 2007년(76억 달러)가 이 투자 붐의 정점이었다. 이 두 번째 10년 동안 총 254억 달러의 대중 투자가 이뤄졌다.

이 시기 가장 많은 투자가 이뤄진 업종은 역시 전기전자(58억 달러)였다. 삼성전자와 LG전자 등은 이제 첨단 제품을 도입하여 중국의 고소득 내수시장을 공략하는 전략을 추진하기 시작했다. 저임금 생산기지에서 시장공략으로의 비즈니스 전략 전환이 일어나기 시작한 것이다. 현대자동차를 포함한 자동차 업계의 투자(29억 달러)가 이뤄진 것도 이 시기였다. SK와 LG화학 등 석유화학(23억 달러) 업종과 포스코 등 제철·금속(27억 달러) 업종도 이 시기에 많은 투자를 했다. 이때는 사양산업이 아니라 기업의 주력 설비들이 중국에 투입됐다.

그러나 이 시기에 모든 업종에서 투자 회수 현상이 나타나기도 했다. 이전 10년 사이에 투자 회수가 거의 없었던(0.9%) 것에 비해 이 시기 평균 회수율은 12.0%이다. 한편 이 시기에 정식으로 투자를 회수하지 못하고 이른바 야반도주를 한 한국계 중소기업들이 중국에서 문제가 되기도 했다.

한편 이 시기는 중국이 WTO 가입 이후 5년간(2001~2006년) 시장 개방을 완성한 시기다. 이를 기회로 한국의 금융(19억 달러) 및 도소매(26억 달러) 업종도 대중 투자를 본격화했다.

③ 과도기, 2008~2016년

세 번째 시기는 2008~2016년으로, 글로벌 금융위기 이후 소강상태에서 3차 붐으로 이어지는 기간이다. 이 9년 동안 앞 시기와 같은 폭발적인 투자 붐이 나타나지는 않았지만 비교적 꾸준한 투자가 이뤄져서 총 465억 달러의 투자가 이뤄졌다. 반면 투자 건수는 크게 줄어들어 주로 대기업들의 투자가 이뤄졌음을 알 수 있다.

이 시기에 삼성전자와 SK하이닉스의 반도체 공장이 신설 혹은 증설되면서 전기전자 부문의 투자가 대규모(113억 달러)로 이뤄졌다. 또한 2006년부터 외국계 은행의 위안화 업무가 가능해지는 등 금융 부문의 개방성이 크게 높아지고 내수시장이 커지면서 대형 쇼핑몰이 활황을 보임에 따라 금융업에서 69억 달러, 도소매업에서 50억 달러의 투자가 이뤄졌다. 이 밖에 자동차(61억 달러)와 석유화학(46억 달러) 등의 분야에서도 대규모 투자가 이어졌다. 현대자동차와 SK에너지, LG화학 등이 기존 설비들을 증설했기 때문이다. 배터리 부문의 신규 투자도 이때 이뤄졌다.

단 이 시기 회수율은 19.9%로 전기보다 높아졌다. 섬유의류(38.9%) 및 금속류(22.9%)의 회수율이 비교적 높게 나타난다.

④ 구조조정기, 2017년~현재

네 번째 시기는 2017년 이후 최근 5년이다. 이 기간 동안 371억 달러의 투자가 이뤄져서 명목 투자금액상으로는 최고치를 경신했다. 그러나 앞서 지적했듯이 최근 5년간은 24.6%라는 높은 회수율을 보이고 있다. 섬유의류는 투자금액(2억 달러)에 맞먹는(95.8%) 투자 회수가 나타났고 금속(42.6%), 식음료(33.4%), 기계(25.3%) 등에서도 비교적 높은 회수율이 나타났다. 부동산(147.9%), 운수업(285.7%), 인프라(3159.5%),[1] 환경(142.9%) 등에서는 사실상 투자 잔액이 감소했다. 〈그림 5-4〉에 나타난 대로 최근 3년 동안은 회수 건수가 투자 건수보다 많았다. 대체로 최근 5년은 신규 투자와 투자 회수가 공존하는 구조조정의 시기라고 판단된다.

한편 이 시기에는 중국이 금융 부문과 신에너지 자동차 등 첨단 제조업에 대한 외국인 지분 제한을 없애는 등 중국의 개방 수준이 한 단계 높아지긴 했지만 미중 갈등과 코로나 팬데믹으로 인한 불확실성 때문에 정상적인 투자가 이뤄졌다고 보기 어렵다. 특히 미국의 첨단 반도체 장비의 대중국 수출 통제로 인해 SK하이닉스는 우시(無錫)의 반도체 설비 증설에 필요한 첨단 노광장비를 네덜란드에서 도입하는 데 애를 먹고 있다.

(2) 중국의 대한국 직접투자

1) 전체 추이

한국의 대중 투자에 비해 중국의 대한 투자는 규모도 작고 그만큼 중요성도 작았다. 〈그림 5-7〉과 같이 수교 초기에는 중국으로부터 이렇다 할 투자가 없었다. 홍콩으로부터의 투자가 관찰되기는 하지만 그것이 중국으로부터 온 것이라고 간주하기는 힘들다. 1990년대 초 중국은 아직 자기 자본으로 해외투자를 수행할 여력이 없었기 때문이다.

중국은 2000년부터 이른바 저우추취(走出去)라는 해외 진출 전략을 구사하기 시작했다. 아프리카와 같은 미답지를 개척하고, 에너지와 광물자원을 확보하며, 선진국의 설비와 기술을 인수하기 위함이었다. 중국이 한국에게 원한 것은 설비와 기술이었다. 마침 한국에서 외환위기에 따른 구조조정의 여파로 매물들이 나오고 있었다. 이에 따라 2000년대 초 한국 기업에 대한 몇 건의 인수합병이 있었다. 이 시기 이후 중국의 대한국 직접투자는 다시 소강상태에 접어들었다. 그러나 2015년 이후에는 매년 10억 달러 이상의 투자가 이뤄지고 있고 2018년에는 27억 달러라는 최고 기록을 세우기도 했다.

한편 홍콩 등을 경유하여 한국으로 들어오는 중국 자본을 고려해야 한다. 중국의 해외투자(ODI) 중 약 70%가량이 홍콩으로 나간다. 홍콩이 최종 목적지일 수도 있지만 대부분은 홍콩을 거쳐 제3국으로 나갈 것이다. 우리나라에 들어오는 홍콩 자본도 중국 자본

〈그림 5-7〉 중국·홍콩의 대한 투자

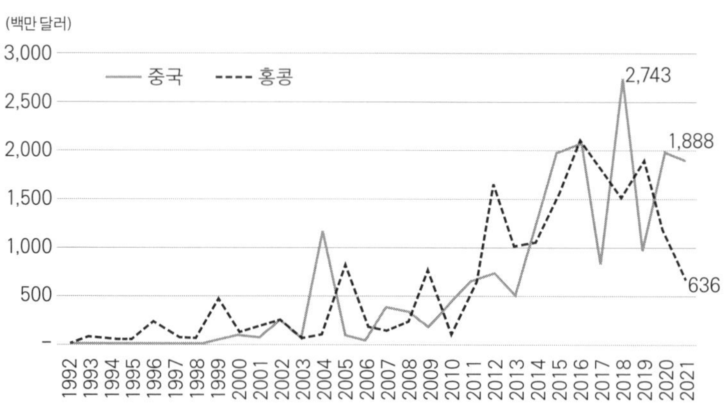

자료: 산업통상자원부, 외국인투자통계

일 가능성이 있다. 그러나 앞서 한국의 대중 투자와 마찬가지로 최근 3년간 홍콩 투자의 비중은 크게 줄어들고 있다. 2014년 중국 자본이 투입된 제주신화월드 건설에 싱가포르 회사가 개입된 것처럼 홍콩이 아닌 다른 우회 투자처가 동원될 수도 있다. 이를 모두 통계적으로 포착하기는 어려우므로 이 글은 홍콩의 대한 투자만을 염두에 두고 기술한다.

2) 중국의 대한 투자 시기별 특징

중국의 대한 투자를 〈그림 5-7〉에 나타난 패턴을 참조하여 〈표 5-2〉와 같이 네 시기로 구분하고자 한다. 1992~2001년의 탐색기, 2002~2011의 충돌기, 2012~2016년의 1차 성장기, 그리고 2017년부터 최근 5년의 2차 성장기다.

수교 이후 첫 10년 동안은 총 2억 달러 남짓의 투자가 이뤄졌다. 그나마 도소매업에서 1억 3,000만 달러의 투자가 이뤄졌으니 제조업을 비롯한 나머지 업종에서 의미 있는 투자가 이뤄졌다고 보기 힘들다.

2002~2011년에는 총 35억 달러가량의 투자가 이뤄졌다. 이 시기는 앞서 살펴본 대로 중국 기업이 한국 기업을 인수합병한 사례가 있었고,[2] 그 투자가 대체로 성공하지 못했기에 중국 자본에 대한 반감이 커진 충돌기였다. 〈표 5-2〉에 나타나듯 쌍용자동차가 포함된 운송용 기계 업종에서 7억 2,000만 달러의 투자가 나타난다. 그러나 2004년 인수당한 쌍용차는 결국 2009년 1월에 법정관리를 신청했다. 또한 하이디스가 포함된 전기전자 업종에서 4억 6,000만 달러의 투자가 나타난다. 그러나 2002년에 인수당한 하이디스 역시 2006년 9월에 법정관리를 신청했다. 애초에 한국이 기대했던 기업 회생은 이뤄지지 않았고, 두 사례 모두 이른바 '기술 먹튀' 논쟁을 낳았다. 이 밖에 화공(5억 7,000만 달러)에서 비교적 큰 투자가 관찰된다. 앞 시기에 이어 도소매(2억 5,000만 달러) 업종의 투자가 눈에 띄고 부동산(4억 달러) 투자도 앞으로 이어질 증가세의 조짐을 보여준다.

2012년 이후로는 중국의 대한 투자가 가파르게 상승한다. 첫 5년(~2016년)간 누적 투자액은 64억 달러로 중국의 연평균 10억 달러 대한 투자 시대가 열린다. 투자금액이 가장 큰 업종은 부동산(16억 달러)이다. '상하이 그린랜드(綠地)'의 제주헬스케어 투자(9억 달러), '안휘 랜딩(藍鼎)'의 제주신화월드 투자(11억) 등이 반영된 것이다. 또한 이 시기 15억 6,000만 달러의 투자가 금융보험에서 나타나는데,

〈표 5-2〉 중국의 업종별 대한 투자

(도착 기준, 백만 달러)

	1992~2001	2002~2011	2012~2016	2017	2018	2019	2020	2021	2017~2021
총계	217.8	3,512.5	6,423.8	809.2	2,742.6	974.8	1,991.3	1,888.2	8,406.2
농·축·수산·광업	0.5	62.6	11.3	12.2	2.5	0.9	39.6	0.4	55.6
농·축·임업	0.2	5.3	6.7	10.6	2.0	0.7	39.6	0.4	53.2
어업	0.4	50.8	0.6	0.1	-	0.1	-	-	0.2
광업	-	6.6	4.0	1.5	0.6	0.1	-	-	2.2
제조업	50.2	1,888.0	1,396.1	226.2	866.8	575.4	1,372.9	841.5	3,882.8
식품	5.1	24.3	47.2	1.9	162.5	201.7	228.6	40.8	635.4
섬유·직물·의류	2.2	2.8	28.9	0.1	0.4	1.8	97.5	0.4	100.2
제지·목재	1.8	1.9	2.4	-	-	-	-	0.4	0.4
화공	5.6	573.0	155.0	137.5	5.8	31.6	177.2	398.6	750.8
의약	2.9	0.8	2.3	0.1	6.9	0.2	110.0	1.1	118.4
비금속광물제품	0.7	1.9	31.1	0.4	0.6	-	-	6.1	7.1
금속·금속가공 제품	4.5	93.4	213.3	2.7	136.6	5.0	32.2	45.9	222.5
기계장비·의료정밀	2.8	4.8	353.3	7.0	171.0	107.9	104.7	31.0	421.5
전기·전자	20.1	461.7	153.4	35.3	302.9	82.7	539.4	312.2	1,272.5
운송용기계	2.2	720.6	368.1	3.4	79.9	143.8	82.4	5.0	314.5
기타제조	2.3	2.8	41.1	37.9	0.1	0.6	0.9	0.1	39.6
서비스업	163.6	1,554.6	4,815.8	557.2	1,825.1	394.9	577.9	883.4	4,238.5
도·소매(유통)	126.9	253.7	402.5	124.5	82.7	182.3	173.4	546.9	1,109.9
숙박·음식점	12.9	130.8	473.3	19.4	7.9	9.8	4.0	6.1	47.4
운수·창고	2.2	25.2	59.2	1.6	101.6	90.1	101.1	100.5	394.8
정보통신	3.9	30.4	266.5	167.0	71.5	5.8	7.2	11.8	263.3
금융·보험	0.6	0.9	1,561.3	3.7	587.0	-	1.5	150.1	742.3
부동산	0.6	404.4	1,618.1	42.1	934.0	54.1	128.6	1.9	1,160.6
사업지원·임대	1.8	6.9	33.4	1.9	1.9	3.6	126.6	0.8	134.8
연구개발·전문·과학기술	1.8	637.1	315.5	73.9	38.2	43.9	19.6	64.5	240.1
여가·스포츠·오락	10.5	61.0	75.9	121.1	0.1	0.5	5.2	0.3	127.2

공공·기타서비스	2.4	4.4	10.0	2.1	0.3	4.7	10.7	0.6	18.3
공공시설 및 건설	3.5	7.3	200.7	13.6	48.3	3.7	0.9	162.9	229.2
전기·가스	0.1	1.9	45.0	-	41.9	0.1	0.2	-	42.2
수도·하수·환경정화	0.7	0.7	35.9	3.2	1.1	2.7	0.2	0.6	7.8
종합건설	2.0	2.9	117.7	10.4	5.2	0.8	0.1	162.0	178.5
전문직별공사	0.7	1.9	2.0	-	0.1	-	0.4	0.3	0.7

자료: 산업통상자원부 데이터를 이용하여 필자 작성.

2015년 안방(安邦)보험의 동양증권 지분 63% 인수(10억 5,000만 달러)와 2016년 우리은행 지분 4% 인수(2억 6,000만 달러) 등이 포함된다. 이 밖에 화공(1억 5,000만 달러) 부문의 투자는 2013년 중국항공유(China National Aviation Fuel)가 여수 오일허브(Oilhub Korea Yeosu)의 지분 26%(1억 3,000만 달러)를 인수한 사례가 포함된다. 이상과 같은 투자 사례는 〈표 5-3〉에 정리돼 있다.

2017년 이후 현재까지 5년 동안은 84억 달러의 투자가 중국으로부터 한국으로 시행됐다. 특히 2018년은 27억 달러로 사상 최대 투자를 기록했다. 업종별로는 도소매(11 억 1,000만 달러)와 부동산(11억 6,000만 달러)이 변함없이 가장 큰 투자 부문이다. 금융 부문에서는 2018년에 5억 9,000만 달러의 투자가 집계되는데 여기에 2017년 이뤄진 알리바바의 카카오페이 구축 투자(2억 달러)가 포함됐을 가능성이 있다. 안방보험 이후 중국의 금융업 투자는 그리 많지 않다. 제조업에서는 전기전자(12억 7,000만 달러), 화공(7억 5,000만 달러), 식품(6억 4,000만 달러)에서 중국 투자가 크게 나타났다.

한편 〈표 5-3〉에 나타난 2018년 '칭다오 더블스타(雙星)'가 금

〈표 5-3〉 최근 중국의 한국 기업 지분투자 사례

연도	중국 기업	투자금액 (백만 달러)	취득 지분	투자 대상	업종	비고
2010	텐위 그룹	990	100%	Lippo Incheon Development	부동산	인천경제자유구역 미단시티 개발
2010	샨다 인터액티브	100	100%	Eyedentity Games	게임	
2012	상하이 그린랜드	900	100%	제주헬스케어 타운	부동산	
2013	중국국가항공유	130	26%	Oilhub Korea Yeosu	석유	한국석유공사 29%
2013	상하이 그린랜드	980	41%	제주드림타워	호텔	롯데관광개발 59%
2014	안후이 랜딩	1,100	50%	Genting Singapore	부동산	제주신화월드 개발
2014	텐센트	500	28%	CJ Games	게임	
2015	안방	1,030	63%	동양증권	증권	
2015	쥐메이	130		It's Skin	화장품	
2015	차이나 모바일 커뮤니케이션즈	280	40%	코리아텔넷 (KTNET)	이동통신사업자	
2016	안방	260	4%	우리은행	은행	
2016	안후이 랜딩	420			관광업	
2017	차이나 넷 센터	190	98%	CDNetworks	정보통신	CDN 서비스 제공
2017	알리바바	200	39%	카카오	금융	카카오페이 구축
2017	화룽	1,830			관광업	
2017	중국항천과기 집단공사	180	51%	Erae Auto	자동차 부품	SDAAC(Shanghai Delphi Automotive Air Conditioning)와 Erae가 합병하여 ESTRA 설립
2018	칭다오 더블스타	600	45%	Kumho Tire	타이어	
2020	샨샨 테크놀로지	760	70%	LG화학	디스플레이	LCD편광판 사업 인수

자료: China Global Investment Tracker(검색일: 2022. 3. 30)와 이승신 외(2018: 66)을 참조하고, 각종 언론 기사를 이용하여 보충.

호타이어의 지분 45%를 6억 달러에 인수한 것이나 2020년 'Shanshan Technology(上海衫衫)'가 LG화학의 LCD 편광판 사업 지분 70%를 7억 6,000만 달러에 인수한 사례 등은 〈표 5-2〉에서 통계로 확인하기 힘들다. 그것은 아마도 계약 시점(〈표 5-3〉)과 투자 도착 시점(〈표 5-2〉)의 차이이거나, 우회 투자처를 경유하여 중국 자본으로 포착되지 않았기 때문일 수 있다.

3. 한국의 대중국 직접투자 사례와 평가

(1) 한국 대기업의 중국 진출 사례

앞서 언급했듯이 한국 대기업의 초기 중국 진출은 중국의 저임 노동력을 활용한 생산기지 건설을 목적으로 했다. 투자 규모는 훨씬 컸지만, 중소기업의 투자 목적과 크게 다르지 않았다. 삼성전자와 LG전자의 투자가 대표적인 예라고 볼 수 있다.

1997~1998년 외환위기 이후 한국을 대표하는 초대형 기업은 제품의 개발 단계부터 생산 및 마케팅에 이르기까지 주도권을 갖고 중국에서 가치 사슬을 형성했다.[3] 대규모 자본투자가 소요된다는 점에서 단지 중국의 저임 노동력을 활용하는 데 그치는 것이 아니라, 중국의 잠재적 수요 기반과 산업 인프라, 연관 산업의 발전 정도를 종합적으로 고려하여 매우 신중하게 투자 결정이 이루어졌다. 기업마다 진출 시점은 차이를 보이지만 1990년대 중반부터 시작하여

아시아 금융위기 기간 잠시 주춤하다가 2001년 중국의 WTO 가입 이후 본격화되었다.

이 절에서는 삼성전자와 현대자동차의 사례를 간략히 살펴보고자 한다. 두 기업 모두 한국을 대표하는 기업이다. 두 사례 모두 한국 대기업이 중국 시장에서 성공하기 위한 핵심역량을 찾아보고자 하는 데 주안점을 두었다. 특히 삼성전자의 사례를 보면 중국 내 투자사업 포트폴리오의 변천이 있었다. 결론적으로 차별화된 기술 기반의 투자만이 중국 로컬 기업과의 초격차 유지를 통해 성과를 낼 수 있다는 시사점을 얻을 수 있다.

1) 삼성전자

삼성전자는 국교 수립 이후인 1994년 쑤저우(蘇州)공업원구에 진출 허가를 받았다.[4] 1995년 당시 삼성전자는 트랜지스터 등 저급 상품을 생산했다.[5] 중국의 저임 노동력을 활용한다는 관점에서 이루어진 삼성전자의 초기 투자 전략은 생산요소 비용의 우위를 활용하고자 하는 중소기업의 중국 진출 전략과 크게 다를 바 없었다. 그러나 아시아 금융위기를 경험하면서 추락한 이미지를 쇄신하기 위해 삼성은 중국 전략을 전면 개편했다. 1999년 품질 강화와 서비스 개선을 통해 중국 소비자로부터 신뢰를 회복하기 위한 브랜드 전략을 구사하기 시작했다(백권호, 2009). 이후 삼성전자의 브랜드 고급화 전략은 성과를 보였고, 2013년에는 갤럭시 스마트폰 시리즈를 통해 중국 내 20%를 점유하면서 1위 브랜드를 차지했다.

2000년대 들어 쑤저우 삼성전자 생산공장은 백색가전 중심에서 노트북, 반도체, LCD 등으로 확대되기 시작했다. 쑤저우 삼성반도체는 2001년 반도체 공장을 확장하면서 DRAM 패키지 전용 공장을 설립했고, 2007년 제2공장을 준공했다. 쑤저우 삼성반도체 공장은 후공정에 해당하는 패키지 및 테스트 공정을 담당했다.[6] 쑤저우에서 생산된 반도체는 2000년대 중반까지 대부분 해외로 수출되었으나, 2010년 이후에는 중국의 반도체 수요가 폭발적으로 증가하면서 수출 비중이 급격히 감소하고 주로 중국 내수를 충족시켰다.

삼성전자의 쑤저우 반도체 공장은 철저히 인력의 현지화가 이루어졌다. 2010년 3,000명이 넘는 직원 중 주재원은 20명에 불과했고, 주재원 대부분이 엔지니어였다. 즉 본사가 주도권을 가지고 공정을 통제하면서, 쑤저우 반도체기술연구소(2003년)를 설립하여 후공정 패키징 공정의 생산성을 높였다. 삼성전자는 웨이퍼를 가공하는 전공정은 한국과 미국의 텍사스 오스틴에만 두고 있으며, 중국에서는 철저히 후공정 중심으로 운영했다. 관련 중간재 부품의 조달은 본사에서 통제했다(조성재, 2010).

이어 삼성전자는 서부대개발 전략에 편승해 연해 지역에서 서부권으로 눈을 돌렸다. 2012년 4월 삼성전자는 시안(西安)에 23억 달러 규모의 낸드플래시 반도체 설비를 건설하기 위한 양해각서를 산시성(陕西省) 정부와 체결했다. 산시성은 서부 내륙에 있었지만, 반도체 공장에 필수적인 용수와 물류, 부지 등의 조건을 갖춘 것으로 평가되었다. 아울러 쑤저우 공장에 LCD 일괄 생산 체제를 구축해서 중국 내 디스플레이 시장을 선점하고자 하는 전략을 수립했다.

불과 20개월 만에 공장을 가동하기 시작한 삼성전자 시안공장의 주력 제품은 V낸드플래시로 휴대폰, MP3, 메모리 카드, 디지털카메라 등에 사용되는 데이터 저장용 반도체 소자였다(권영화, 2016). 2016년 초 경쟁업체들이 낸드플래시 공장을 증설하면서 공급과잉을 우려한 삼성전자는 반도체 2공장 설립을 위한 투자를 연기했다. 2017년 시안공장 증설 계획을 발표한 삼성전자는 코로나 사태에도 불구하고 2020년 증설을 마무리하고 가동을 시작했다. 삼성전자 시안공장은 삼성이 생산하는 낸드플래시의 40%를 차지하고 있다.

삼성전자의 중국 사업 중에서 가장 극명하게 명암이 갈리는 사업이 반도체와 스마트폰 사업이다. 반도체는 삼성의 초격차 전략이 계속 유효하게 작동하는 사업이다. 삼성전자는 시안에 낸드플래시 생산공장을 확장했고, DRAM은 철저히 후공정 중심으로 중국 시장을 공략했다. 기술격차를 유지하면서 명실상부하게 메모리 분야에서는 삼성의 경쟁우위가 유지되었다. 그러나 2013년 중국 내 시장 점유율 1위를 차지했던 스마트폰 사업은 중국 경쟁업체의 추격을 따돌리지 못했다. 미국의 애플이 2021년 4분기 중국 스마트폰 시장에서 23%로 시장점유율 1위를 차지하고 있는 반면 삼성의 스마트폰은 상위 7위 내에 들지 못해 점유율이 표시되지 않고 있다. 점유율이 0%대에 불과하다고 알려졌다.

2016년 사드 사태 이전부터 삼성의 스마트폰은 점유율이 급락하기 시작했다. 이는 삼성의 스마트폰이 중국 경쟁업체와 차별화되지 못했기 때문이다. 사드 사태 이후에는 한국에 대한 중국 소비자의 정서가 나빠지면서 소비자와 직접 접점에 있는 소비재들은 중국 시장에서 빙하기를 맞고 있다. 삼성은 세계 스마트폰 시장에서는 20%

대의 시장점유율을 유지하면서 세계 1위다. 그런데 유독 중국 시장에서만 0%대의 시장점유율을 기록하고 있다. 삼성은 거대 중국 시장을 포기할 수 없다고 판단하고 여러 차례 차별화된 프리미엄 전략을 마련한 바 있다. 2021년 말에는 DX(Device Experience) 본부를 신설하면서 본부장 직속으로 '중국사업혁신팀'을 신설했다.

스마트폰 사업은 단지 단말기 중심으로 마케팅 전략을 수립하면 실패하는 시대에 돌입했다. 애플이 중국 로컬 브랜드의 경쟁으로부터 살아남을 수 있었던 비법은 애플이 보유한 독특한 OS(운영체제)와 함께 애플 고유의 생태계를 갖고 있기 때문이다. 애플은 단말기를 파는 회사가 아니라 플랫폼을 만들어 소프트웨어와 서비스를 함께 팔면서 세계 시장을 공략하고 있다. 반면 삼성의 스마트폰은 여전히 단말기 중심의 사고에 머물고 있다. 그러다 보니 중국 내에서 오히려 로컬 업체보다 경쟁우위를 발휘하지 못하고 있다. 5G 기반의 새로운 서비스가 스마트폰으로 구현될 수 있도록 융합 역량을 강화하지 못한다면 삼성의 높은 브랜드 인지도는 중국에서 더 이상 통하지 않을 수 있다.

2) 현대자동차

현대자동차는 2002년 10월 중국의 국유기업인 베이징(北京)기차와 합작회사를 설립하면서 중국에 진출했다. 중국 정부가 완성차 제조업체에 대해 50% 이상의 지분을 허용하지 않기 때문에 지분율은 50:50이었다. 2003년 소나타를 5만 대 생산, 판매하였고 2006년 1공장의 생산은 29만 대를 기록했다. 2007년 중국 시장의 가격경쟁이 치열해지면서 생산량이 23만 대로 감소하자, 2008년 저가 승용차인 엘란트라를 출시했고, 제2공장을 준공했다. 2009년 1, 2공장을 합쳐 총 57만 대를 생산하면서 중국 내 입지가 상승했다(조성재, 2010).

현대자동차는 1999년 국내에서 기아자동차를 인수했고, 2002년 중국의 2대 승용차 업체인 둥펑자동차와 합자계약을 체결했다. 기아자동차는 50%의 지분을 보유했고, 둥펑기차 25%, 웨다기차 25%의 지분으로 회사명은 동풍열달기아유한회사(東風悅達起亞汽車有限公司)로 정했다. 2002년 12월부터 기아자동차가 생산, 판매하는 천리마-엑센트(베르나 변형 모델)는 급성장했다. 2004년 2월에는 월간 최고 판매량을 기록하며 중국 내 소형차 시장에서 1위로 올랐다. 2001년 중국이 WTO에 가입한 이후 중국 시장은 세계 최대의 자동차 황금 시장으로 주목을 받게 되었고, 한국의 현대자동차와 기아자동차는 젊은이들이 비교적 저렴한 가격으로 구매할 수 있는 해외 브랜드로 인정받기 시작했다(우개, 2020).

2010년 현대차그룹(현대자동차와 기아자동차)은 중국 공장에서 합산 100만 대 생산시대를 열었다. 그러나 2014년 이후 현대차그룹은 정점을 찍고 하락하기 시작했다. 독일·일본·미국의 승용차들의 점유율이 별로 큰 등락을 보이지 않고 있는 반면 현대차그룹은 오히려 중국의 로컬 기업에 시장을 내주는 양상을 보였다. 2016년 사드 사태로 현대차그룹은 최악의 상황을 맞으면서 2017년 시장점유율은 5% 미만으로 떨어졌다(조철 외, 2020). 2021년 말 현대차그룹의 중국 시장점유율은 4%에 불과하다.

현대차그룹의 부진은 사드 사태에 따른 불매운동만으로 설명되지 않는다. 오히려 현대차그룹이 중국 시장을 너무 낙관적으로 보고 공장을 무리하게 확장한 것이 화근이었다. 현대자동차는 5개 공장에 연간 생산능력이 약 165만 대에 달한다. 하지만 판매량은 생산능력의 25% 수준에 불과하다. 현대자동차의 베이징 1공장은 20년 만에 매각했다. 2021년 12월 연간 생산능력 30만 대의 충칭(重慶) 공장은 생산을 중단한 상태이다.

2021년 현대차그룹의 3사인 현대자동차, 기아자동차, 현대모비스의 매출은 230조 원에 달하고 있다. 중국을 제외한 글로벌 시장에서 현대자동차 그룹의 성과는 나쁘지 않다. 품질 경쟁력에서도 세계 최고 수준으로 인정받고 있다. 그렇다면 왜 유독 중국 시장에서만 부진한 것일까? 사드 사태로 인한 영향도 있지만, 중국 로컬 기업의 부상과 경쟁 심화 속에 한국 승용차의 브랜드 파워가 약화된 것으로 분석되고 있다. 센카쿠 분쟁을 조기에 극복하고 일본 승용차 업계가 중국 내에서 부활할 수 있었던 것은 브랜드 가치의 회복을 위한 절박한 노력이었다고 볼 수 있다(조철 외, 2020). 중국 부유층에 맞는 차량의 고급화 전략과 친환경 혁신적 제품의 출시 없이는 중국 시장에서 살아남기가 쉽지 않다. 대중국 전략은 중국만을 대상으로 하는 사고에서 벗어나, 자동차 산업의 빅뱅 시대에 내연차 중심에서 미래차를 위한 비유기적 성장을 위한 경쟁과 협력의 사고가 필요하다. 특히 아세안을 고려한 글로벌 가치 사슬의 구축을 통해 역내 공급망의 안정을 도모하려면 아날로그 방식의 공급망 관리에서 벗어나 공급망의 네트워크화를 위한 디지털화 솔루션의 개발과 적용이 필수적이다(김기찬, 2021).

(2) 한국 중소기업의 중국 진출 사례

중국이 한국에 문호를 개방하기 시작한 1992년은 바로 1980년대 중반 시작되었던 3저(저금리, 저유가, 저달러) 호황이 사라지고 우리 중소기업에 시련이 시작되던 시기였다. 임금이 상승하고 노사 갈등이 격화되면서 저임 노동력에 의존했던 중소기업은 생존 기반이 위태로웠다. 한편 중국은 1989년 천안문 사태 이후 미국을 비롯한 서방 국가의 제재를 받게 되었고, 이로 인해 해외로부터 자본 도입이 절실한 상황이었다. 한국 중소기업의 저임 노동력을 활용한 임가공 사업은 중국 정부의 아쉬운 부분을 채울 수 있었기에 중국 정부는 적극적인 투자 우대정책을 도입했다. 한국의 중소기업 역시 중국의 저임 노동력 활용은 경쟁력을 상실한 한국 중소기업의 생존 전략의 하나였으며, 글로벌 무대로 진출할 기회였다. 중국은 생산기지였고, 중국에서 생산된 제품은 중국의 내수시장이 협소했기 때문에 다시 제3국으로 수출되었다. 따라서 1992년부터 아시아 금융위기로 한국이 외환위기에 휩싸이기 직전까지 초기 한국 중소기업의 중국 진출은 한국의 대중 직접투자의 가장 중요한 특징이었다.

외환위기를 극복한 이후 한국 중소기업의 중국 진출은 이후 대기업과 동반 진출하는 양상을 보였다. 그러나 중국의 임금이 점차 상승하면서 저임 노동력을 활용한 중소기업의 중국 진출 전략은 차질이 생기기 시작했다. 중국 정부의 외국인직접투자 정책도 양적 성장에서 질적 성장으로 변모하면서 외국인 투자를 선별하기 시작했고 우대정책도 점차 축소되었다. 이러한 중국의 투자 환경 변화에 따라 우리나라 중소기업의 중국 진출은 주로 대기업의 협력업체로 전략적 동반자 관계를 형성하고 이루어졌다. 초기 대기업의 협력업체로 동반 진출하였던 중소기업은 대체로 중국과 차별화된 기술력을 보유했다. 그러나 중국 내에서 로컬 기업들이 기술력을 확보하면서 한국 대기업들도 점차 현지화 비중을 늘리게 되었고, 이에 따라 한국 중소기업들은 중국 로컬 기업과 차별화된 기술력을 보유하는 것이 경쟁력 확보의 과제가 됐다.

중국 진출 중소기업의 사례로 소개하는 진웅과 현대자동차의 협력사들은 중소기업이 중국 시장에서 성공을 거두기 위해 필요한 핵심역량이 무엇인지를 잘 설명해주고 있다. 단지 중국을 생산비용의 절감 차원에서 생산기지로 인식할 경우 중국 로컬 기업의 추격으로부터 자유로울 수 없다. 중요한 것은 중국에서 생산하더라도 글로벌을 지향하고 브랜드 가치를 창출하는 것이 필요하다는 점이다. 그래야 중소기업이 중견기업이 되고 성장할 수 있다. 또한 대기업의 협력업체로 중국에 동반 진출하는 경우에도 중소기업이 대기업에 종속된 위치에만 머물 경우 성과를 창출할 수 없다. 중소기업이라도 특정 기업에만 납품하는 을의 위치에서 벗어나 기술경쟁력에 기반해서 판로를 다변화하는 것이 필요하다는 시사점을 얻을 수 있다.

1) ㈜진웅

먼저 독자적으로 중국의 저임 노동력을 활용하고자 하는 목적으로 중국에 진출했던 한국의 중소기업 중에서 가장 성공적인 사례를 찾아보기로 하자. 이장규 외(2020)에 따르면 3저 호황이 끝날 무렵인 1989년 중국에 진출한 ㈜진웅의 사례가 이에 해당한다. 진웅은 아직 공식적인 수교도 맺기 전 40만 달러의 납입 자본금으로 첫해부터 220만 달러, 이듬해 720만 달러의 수출 실적을 올렸다. 1990년대 말에는 세계 시장점유율 35%를 차지할 정도로 세계 최대 텐트 생산 전문업체로 성장했다. 진웅이 진출한 지역은 푸젠성(福建省) 샤먼(廈門)시였다. 종업원의 장기근속을 유도하고, 철저한 인력관리로 현지 정부로부터 좋은 평가를 받았다. 그러나 저임 노동력에만 의존한 ㈜진웅은 중국 업체의 추격으로 어려움에 직면하게 되었다. 2000년 사명을 지누스(ZINUS)로 개명했지만 무리한 사업확장에 따른 유동성 위기와 중국 기업의 저가 공세에 버티지 못하고 2005년 상장폐지를 경험했다.

경영난을 겪었던 지누스는 이제 텐트가 아니라 아마존에서 가장 잘 팔리는 매트리스 제조업체로 탈바꿈했다. 연결기준으로 글로벌 매출이 1조 원을 넘었다. 미중 무역 전쟁과 코로나 팬데믹 상황에서도 온라인 매출로 불황의 파고를 넘고 있다. 중국 진출을 계기로 글로벌 기업으로 성장한 대표적 사례라고 볼 수 있다. 진웅은 더 이상 텐트를 생산하지 않고 매트리스와 침대로 품목을 바꾸었고, 디자인, 연구개발, 글로벌 마케팅 등 핵심 기능을 샤먼 공장에서 주도하면서 중국 기반의 글로벌 기업으로 성장했다. 2022년 현대백화점

그룹은 리빙 사업 강화를 위해 8,900억 원에 지누스를 인수하기로 했다.

2) 현대자동차의 협력사: ㈜성우하이텍, SL, ㈜현성테크노

2014년 4월 신동아는 '글로벌 기업으로 우뚝 선 현대차그룹 협력사들'이라는 제목으로 대기업과 함께 글로벌 기업으로 동반성장하는 기업들을 소개했다. 당시 현대차그룹은 글로벌 경쟁력 육성, 지속성장 기반 강화, 동반성장 시스템 구축을 동반성장의 3대 추진 전략으로 정하고 협력사들의 품질 및 기술 경쟁력 강화, 자금 및 인재 채용 지원, 동반성장 문화 조성을 위한 다양한 지원 프로그램을 실시했다(김지은, 2014).

현대차그룹의 협력사 중 최초로 해외 동반 진출에 나섰던 ㈜성우하이텍은 1977년 성우금속공업사라는 사명으로 설립된 자동차 부품회사이다. 동 사는 1996년 인도 첸나이를 시작으로 현재 중국, 체코, 러시아 등 세계 10개국에서 21개의 사업장을 운영하고 있다. 1998년 9월 현대자동차 인도 공장이 본격적으로 가동되자 불과 19개월 만에 생산 누계가 10만 대를 돌파하여 큰 성공을 거두었다. 이후 성우하이텍은 현대·기아차와 함께 잇따라 해외 공장을 설립하기 시작했다. 2002년 중국 베이징과 우시(無錫), 2006년 옌청(鹽城) 등에 생산공장을 운영하면서 현재 중국에 7개 사업장이 있다. 성우하이텍은 현대·기아차에만 부품(배터리 케이스, 모듈, 시스템 등)을 납품하는 하청업체가 아니다. 글로벌 자동차기업인 GM, 폭스바겐, 벤츠, 닛산, 포드, 다임러 등 다양한 글로벌 완성차업체에 부품을 공급한다. 여전히 현대·기아차에 납품하는 비중이 크지만, 현대차그룹은 성우하이텍이 다른 완성차업체에 부품을 납품하는 것을 허용하고 있다. 신차 개발에 함께 참여하면서 지속적으로 기술 개발을 소홀히 하지 않은 결과 성우하이텍은 현대·기아차로부터 협력사 대상을 받으면서도 동시에 GM으로부터도 '올해의 협력사상'을 계속 받아왔다.

1954년 삼립자동차공업주식회사로 시작하여 2004년 상호를 변경한 SL(에스엘) 역시 자동차용 램프와 샷시 제품(시프터, 파킹 브레이크, 페달) 등을 생산하는 현대차그룹의 협력사이다. 이 회사 역시 현대·기아차 이외에 GM, 포드, 르노와 중국 로컬 업체인 둥펑, 상하이, 지리, 창안, 장링 등에도 부품을 공급하고 있다.

1997년 설립된 ㈜현성테크노는 프레스 금형을 생산하는 업체로 2002년 생산직 직원을 포함해 직원 수가 불과 27명에 불과한 중소기업이었다.[7] 이 회사는 2002년 멕시코를 시작으로 간접수출 방식으로 해외 진출을 시작했다. 2004년 중국 로컬 업체인 청룡그룹과 50:50 합작으로 청룡현성유한회사를 설립하고 중국 내에서 자동차 금형 공장을 건설했다. 그러나 첫 중국 진출은 실패로 돌아갔다. 이후 2009년 산동성(山東省) 르자오(日照)시에 100% 지분으로 '산동현성'을 설립했다. 산동현성은 경영 현지화를 추진했다. 본사인 현성테크노는 부품 협력사 인수를 통해 다각화를 추진했다. 현성오토텍이 현성테크노가 소유한 자회사이다. 인수 당시 현성오토텍은 현대차그룹의 1차 협력사였던 반면에 현성테크노는 2차 협력사에 불과했다.

2016년 사드 사태 이후 중국 내 현대차그룹은 빙하기를 겪고 있다. 그러나 성우하이텍, SL, 현성테크노는 모두 어려움이 없는 것은 아니지만 지역적으로 다변화되어 있기에 중국 외 지역에서 충분히 수익을 창출하고 있다. 또한 성우하이텍과 SL의 경우 중국 내에서 현대차그룹의 협력사이면서도 다른 글로벌 완성차업체에도 부품을 공급하고 있다. 현성테크노의 경우 현대차그룹의 1차 협력업체를 인수하여 제품을 다각화했다. 그 결과 1999년 연 매출 10억 원에 불과했던 현성테크노는 2020년 연결기준으로 590억의 연 매출을 기록하는 기업으로 성장할 수 있었다.

(3) 한국 경제에 미친 영향 평가

대중 투자가 한국 경제에 미친 영향을 평가하기 위해 한국이 중국에서 벌어들이는 금전적 수입의 두 가지 원천을 관찰한다. 수교 이래 유지되어온 무역수지 흑자와 배당금·기술특허 사용료와 같은 해외 요소소득이 그것이다.

1) 무역수지

한국의 대중 투자는 대중 무역수지와 밀접한 관계를 가진다. 1988년부터 2021년까지의 34년의 시계열 데이터를 이용하여 두 변수 사이의 상관관계를 측정해보면 〈그림 5-8〉과 같은 결과를 얻는다. 중국만을 고려했을 때 투자액과 무역수지 사이의 계수는

〈그림 5-8〉 대중국 투자액과 무역수지 사이의 상관관계

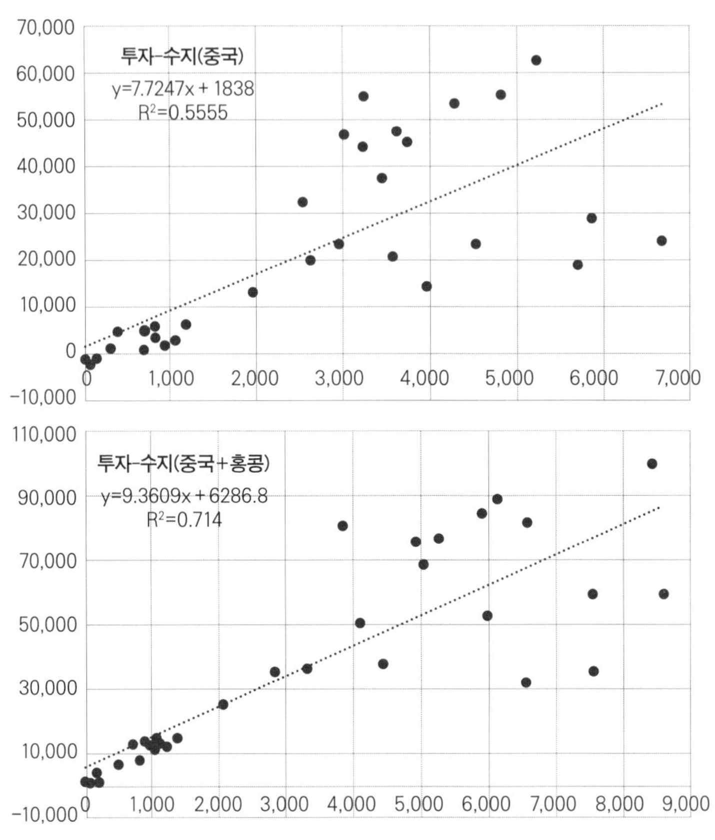

자료: 한국무역협회와 한국수출입은행 데이터를 이용하여 필자 계산.

7.72이고(R^2=0.56), 홍콩을 합쳤을 때 계수는 9.36이다(R^2=0.71).

이렇듯 투자와 무역수지의 관계는 상당히 밀접한데, 그것이 단순히 현지 투자기업이 모국으로부터 수입을 하기 때문이라고 해석해서는 곤란하다. 한국수출입은행이 매년 발행하는 「해외직접투자 경영분석 보고서」에는 국가별 투자 잔액에 대한 무역수지 개선 효과

가 계산되어 발표된다. 현지법인이 본국(한국)으로 얼마나 수출과 수입을 하느냐를 따져서 무역수지가 얼마나 늘고 주는지 계산하는 것이다. 이를 수집한 〈표 5-4〉에 따르면 재중 한국 기업의 무역수지 개선 효과는 줄곧 마이너스(-)이다. 현지 투자법인 한국에서 수입하는 것보다 한국에 역수출하는 금액이 더 크다는 뜻이다.

현지와 모국 사이의 이러한 무역 역조는 교역의 구조 때문인 것으로 짐작된다. 한국에서 부품·소재를 수입하여 한국으로 가공품(완제품 혹은 가공품)을 수출하기 때문에 필연적으로 수입 가격이 수출 가격보다 높게 마련인 것이다. 그러나 부가가치 무역을 계산하면 현지와 모국 사이에서 모국이 흑자를 볼 것으로 예상된다. 모국의 부품·소재가 더 부가가치가 크기 때문이다.

어쨌든 통관기준 명목상 한국은 중국에 대해 매년 수백억 달러

〈표 5-4〉 재중 한국 기업의 매출·매입 비중 및 무역수지 개선 효과(%)

	매출 비중			매입 비중			무역수지 개선 효과
	현지 매출	한국 수출	제3국 수출	현지 매입	한국 수입	제3국 수입	
2020	61.6	33.7	4.6	62.2	31.6	6.1	-29.5
2019	57.1	37.1	5.8	59.0	34.3	6.7	-42.0
2018	56.7	36.6	6.7	57.0	33.4	9.6	-38.8
2017	59.4	35.5	5.1	58.8	30.9	10.3	-50.9
2016	63.7	31.1	5.1	60.3	29.1	10.6	-41.0
2015	62.2	31.6	6.2	56.4	30.1	13.6	-55.6
2011	59.0	32.9	8.1	58.0	30.0	11.9	-74.4
2006	48.5	15.8	35.7	42.8	40.5	16.7	-154.6

자료: 한국수출입은행(2011, 2016, 2021)

의 무역수지 흑자를 보지만(2021년의 경우 중국 243억 달러, 홍콩을 합치면 595억 달러), 그 직접적인 원인이 재중 한국 기업은 아니다. 그보다는 중국 본토 기업과 외자 기업들을 포함한 종합적인 밸류체인이 작동한 결과라고 해야 할 것이다.

한 가지 주목해야 할 추세는 재중 한국 기업들이 매출과 매입을 현지화했다는 것이다. 〈표 5-4〉에 따르면 현지 매출 비중은 2006년 48.5%에서 2020년 61.6%로 높아졌다. 현지 매입 비중도 같은 기간 42.8%에서 62.2%로 크게 높아졌다. 즉 판매와 조달이 현지화되면서 모국과의 관계가 약해진다는 뜻이다. 〈표 5-4〉의 무역수지 개선 효과가 개선되는 현상도, 모국과의 관계가 약화되면서 그 절댓값이 작아지는 과정이라고 이해할 수 있다.

2) 해외 요소소득

해외 직접투자를 하는 것은 그로 인한 무역유발 효과를 노리기 때문이기도 하지만 현지에서 이윤을 창출하여 본국으로 과실송금을 하기 위함이기도 하다. 투자에 대한 배당금과 기술특허에 대한 로열티가 이러한 과실송금 내용 중 일부이다.

〈표 5-5〉에 나타난 대로 중국이 한국 투자자에게 지급한 배당금은 주요국 중 압도적인 1위다. 2020년의 경우 중국은 7억 9,000만 달러인 반면 2위인 미국은 4억 5,000만 달러이다. 즉 대중 투자의 수익이 다른 나라에 비해 좋다는 뜻이다. 중국이 한국에 지불한 로열티도 주요국 중 1위다. 2020년의 경우 중국은 7억 8,000만 달러인 반면 2위인 베트남은 6억 달러이다.

〈표 5-5〉 한국 해외투자 기업의 한국 투자자 배당금 및 로열티 지급액(백만 달러)

	2016		2017		2018		2019		2020	
	배당	로열티	배당	로열티	배당	로열티	배당	로열티	배당	로열티
미국	376	376	250	326	384	336	455	555	449	398
베트남	131	177	251	490	247	631	199	467	203	602
중국	1,835	1,286	1,646	1,039	1,417	1,112	1,080	922	788	781

자료: 한국수출입은행(2021)의 자료를 이용하여 필자 작성.

〈표 5-6〉 재중 한국 기업의 매출액(백만 달러) 및 영업이익률(%)

	2006	2011	2015	2016	2017	2018	2019	2020
매출액	41,023	165,380	213,639	187,032	175,845	142,015	147,538	125,234
영업이익률	2.0	3.9	4.8	4.7	3.9	3.2	2.1	2.2
당기순익률	1.9	3.4	2.7	4.0	2.9	2.3	0.8	1.4

자료: 한국수출입은행(2011, 2016, 2021)

이렇듯 현재 중국은 가장 중요한 해외 요소소득 발생 국가이다. 그러나 추세를 보면 비관적이다. 중국에서 발생하는 배당금과 로열티가 감소하고 있기 때문이다. 2016년 대비 2020년 배당금은 18억 4,000만 달러에서 7억 9,000만 달러로, 로열티는 12억 9,000만 달러에서 7억 8,000만 달러로 줄었다.

이러한 감소의 원인은 매출 자체도 줄고 영업이윤율도 낮아졌기 때문이다. 〈표 5-6〉에 의하면 재중 한국 기업의 매출액은 2015년 정점(2,136억 달러)을 지나 줄곧 하락하고 있다(2020년 1,252억 달러). 영업이익률도 같은 기간 4.8%에서 2.2%로 줄었다. 당기순익률도 비슷한 추세를 보인다.

4. 중국의 대한국 직접투자 사례와 평가

(1) 중국 기업의 한국 진출 사례

중국 기업의 한국 진출 사례로 상하이자동차와 텐센트를 선정했다. 이 두 사례는 중국 기업이 어떤 방식으로 한국에 진출하는지를 잘 보여준다. 중국 기업이 한국에 진출하는 방식은 그린필드 방식이 아닌 기존 기업의 인수합병(M&A) 또는 경영권의 취득보다는 지분 취득을 통한 포트폴리오 투자의 성격을 지니고 있다. M&A 방식의 대표적 투자 사례가 상하이자동차의 쌍용자동차 인수이고, 포트폴리오 투자의 사례가 텐센트의 카카오 지분투자이다. 전자는 한국의 앞선 기술과 설비를 중국이 취득한 사례이고, 후자는 중국의 앞선 비즈니스 노하우가 한국에 접목된 사례이기도 하다.

1) 상하이자동차

중국 기업 한국진출의 주된 유형은 한국의 선진기술과 경영기법을 습득하기 위한 M&A 방식의 직접투자이다(이대식, 2016). 중국의 국유기업인 상하이자동차는 2005년 5억 달러에 한국의 쌍용자동차를 인수했다. 2009년 1월 상하이자동차는 법정관리를 신청하면서 당사자인 노조와 시민단체는 "기술만 다 빼먹고 경영이 어려우니 쏙 빠져나가려 한다"라고 상하이자동차의 행태에 대해 먹튀 주장을 폈다.[8] 인수 후 상하이자동차는 고용 승계 대신에 정리해고를 시행했고, 경영 정상화 대신에 오로지 쌍용자동차가 보유한 SUV

생산기술 흡수에 몰두했다. 인수 당시 약속한 1조 2,000억 원의 투자 약속도 지키지 않았다. 그렇다면 상하이자동차가 쌍용자동차로부터 가져간 기술은 불법 유출이라고 볼 수 있을 것인가? 그리고 한국 정부는 중국의 기술 탈취를 목적으로 한 인수합병을 제한하는 조치를 취해야 하는가? 한국은 외국 기업의 한국 기업 인수합병에 대해 별도의 제한 조치를 취하고 있지 않다. 특히 국가적으로 보호해야 할 기술에 대해 주요 선진국들이 취하고 있는 투자제한 조치를 법적으로 마련하지 않고 있다.

2) 텐센트

텐센트는 중국 내에서 가장 종합적인 슈퍼 앱의 운영자이다. 텐센트는 위챗이라는 플랫폼을 활용하여 앱 기반의 서비스를 제공하고 있으며, 게임, 영상 스트리밍, 음악, 금융 등 많은 분야에서 막대한 부가가치를 창출하고 있는 기업이다. 텐센트는 중국 주식시장에서 시가총액 1위이고, 대만의 TSMC에 이어 아시아에서 2위의 시가총액을 기록하고 있다. 텐센트는 미래의 성장동력 창출을 위해 'AI in All'이라는 AI 프로젝트를 추진 중이다.

2021년 9월 현재 텐센트는 카카오, 카카오뱅크, 카카오게임즈, 크래프톤, 넷마블 등 한국의 우량 IT 기업들의 지분을 보유하고 있다. 보유 지분 평가액은 9조 2,000억 원이 넘는다. 비상장기업의 지분 가치를 제외한 수치다. 텐센트는 중국 기업이지만 최대 주주는 남아프리카공화국의 내스퍼스(Naspers)이다. 일본의 소프트뱅크와 함께 글로벌 투자의 양대 산맥으로 꼽히는 투자기업이다. 텐센트는

한국 증시에서 소리 소문 없이 영토를 확장하고 있다.[9]

텐센트는 미국의 벤처캐피털 회사인 IDG가 투자한 회사이다. 이후 증자를 통한 자본 확충 과정에서 남아공의 언론재벌인 내스퍼스의 투자를 받았다. 1999년 마윈이 창업한 알리바바 역시 2005년 소프트뱅크의 손정의가 투자하면서 도약했다. 관료주의에 물든 중국 공산당은 전광석화와 같은 속도로 모바일 경제가 팽창하는 환경의 변화와 새로운 사업 기회를 찾지 못했지만, 마윈, 마화텅, 레이쥔, 청웨이, 류칭 등과 같은 중국의 청년 창업가들은 외국 투자자들의 도움을 받았다(왕윤종, 2021). 그리고 한국보다도 빨리 글로벌 전략을 펼쳤다. 텐센트로부터 지분투자를 받은 카카오는 뒤늦게 글로벌 전략을 펼치고 있다. 카카오는 한국에서 성공한 벤처기업이지만 글로벌 시장에서는 텐센트에 비해 후발주자이다.

(2) 한국 경제에 대한 영향 평가

한국의 대중 투자가 주로 그린필드(Green Field, 법인과 설비를 신설)형이라면, 중국의 대한 투자는 대부분 브라운필드(Brown Field, 기존 법인의 지분과 설비를 인수)형이다. 중국이 한국 기업을 인수했을 때 어떤 일이 벌어졌고 그것을 어떻게 평가해야 하는가?

중국이 한국 기업을 인수한 최초의 두 사례는 기술만 빼앗기고 사회적 부가가치는 창출하지 못했다는 비판을 면하기 힘들다. 앞서 살펴본 쌍용차 사례와 함께 2002년 BOE가 하이디스를 인수한 것은 BOE의 부상과 한국 디스플레이 몰락의 씨앗이었다. 2021년 현재 BOE는 이 부문의 기술력과 생산량에 있어 한국을 압도하고 있으며, OLED라는 최첨단 부문에도 진출하기 시작했다(최필수, 2022: 323).

그러나 이는 자의적인 후일담일 수 있다. 당시 중국은 최적의 인수 후보였고, 그보다 더 좋은 조건을 제시한 곳은 없었다. 설사 중국이 기술 흡수만을 노렸고 한국이 그것을 짐작했다고 해도 더 나은 인수자가 나오지 않는 한 중국의 인수를 막을 수 있는 제도는 없었다. 그리고 중국의 기술 탈취에 대해서도, 디스플레이의 경우 하이디스 인수 후 10년 가까이 지난 다음에야 한국이 중국에게 추격당했다면 그것은 선방했다고 볼 수도 있다. 쌍용차의 경우 고용승계가 이뤄지지 않았다고 비난할 수도 있지만 다만 몇 년이라도 고용을 유지했다고 평가할 수도 있다.

앞서 살펴봤듯이 2000년대 초 이러한 인수합병 소동을 겪은 후 한동안 중국 기업의 한국투자는 뜸했다. 그 후 2010년대에 들어 중국의 투자는 재개됐는데 주로 부동산·금융·게임·서비스업을 그 대상으로 한다. 이러한 최근 10년간의 투자는 과거 기술탈취 논란과 다른 차원의 특징을 보인다.

첫째, 부동산 개발 등을 통해 부가가치 창출이 벌어진다. 부동산 개발 사업 자체는 대부분 지역사회가 필요로 하는 사업이지만 다양한 이해관계자의 득실이 복잡하게 얽혀 있어 갈등의 소지도 안고 있다. 부동산 개발에 중국계 자본의 도입이 환영받지 못했던 것은 부동산 개발에 따른 후유증과 개발이익이 중국에 돌아가는 것이 아니냐는 부정적 인식이 상당히 작용했던 것으로 판단된다.

둘째, 중국의 선진기술과 노하우가 한국에 전수되기도 한다. 2017년 알리바바가 카카오페이 구축에 2억 달러를 투자했을 때 단순히 자금만 투입한 것은 아니다. 알리바바가 중국에서 먼저 구현한 모바일 생태계를 한국에서 구현하고자 하는 카카오와 그것에 참여하고자 하는 알리바바의 전략적 만남이었던 것이다. 39%의 지분을 인수해 카카오페이의 2대 주주가 된 알리바바는 많은 부문에서 카카오페이를 성사시키기 위해 카카오와 협업했다. 또한 중국의 전기자동차 업체인 바이톤과 지리자동차는 최근 전라북도 군산의 산업단지에 투자하여 각각 전기승용차와 전기트럭을 생산하고 있다. 이는 지역 경제에 활력을 줄 뿐 아니라 전기차 생산과 운용의 노하우도 한국에 이식시킬 수 있다. 앞으로도 자율주행, 안면인식, 인공지능 등 중국이 앞서 있는 분야에서라면 중국의 대한국 투자가 한국의 기술 수준을 끌어올리는 촉매제가 될 수 있다.

셋째, 중국 기업에게 인수되는 것은 중국 시장에 진출하는 방법이기도 하다. 게임 업체가 중국에 인수되면 우리의 게임 아이템과 개발자가 중국 시장에 진출할 수 있다. 잇츠스킨이 쥐메이에 인수됨으로써 우리의 디자인과 기술이 중국에서 결실을 맺을 수 있다. 우리 스스로의 기술과 자본으로 중국에 그린필드 투자를 하여 같은 효과를 얻는다면 최선이겠으나, 그렇게 하기 어려울 경우 중국에게 브라운필드 투자를 받아서 같은 효과를 누리는 것이 차선이다.

넷째, 경제 안보적으로 도움이 될 수 있다. 2013년에 중국의 국영항공유 회사(China National Aviation Fuel)가 전남 여수의 석유 저장시설에 지분투자를 했다. 이러한 기회를 효과적으로 활용하면 중국이 우리의 비축유에 접근하는 동시에 우리도 중국의 비축유에 접근할 수 있는 길이 열릴 수 있다(계약 조건을 잘 설계하면 가능하다). 에너지를 해외에 의존하는 공통된 입장에서 한국과 중국은 상호 투자를 통해 이러한 안보 리스크를 상쇄할 수 있다.

5. 한중 경제 관계의 시사점 및 전망

이상으로 이 글은 한국의 대중 투자가 구조조정기를 겪고 있으며, 중국의 대한 투자가 새로운 부가가치를 창출하고 있음을 보였다. 이에 기초하여 아래 세 가지 시사점을 제시한다.

첫째, 기업의 경제 협력이 정치적 영향을 받는 사태를 최소화해야 한다. 한국 기업들은 중국에서 어려움을 겪을지언정 중국을 포기하지 않고 있다. 2021년 한국 기업의 중국 비즈니스 현황을 정리한 〈표 5-7〉에 따르면 한국 기업들은 중국 시장 개척과 생산 합리화를 위해 고군분투하고 있다. 앞서 구조조정(투자 회수)과 투자가 동시에 이뤄지는 현황을 데이터로 확인했지만, 그 비즈니스의 실체는 이와 같다. 이러한 노력이 성과를 거둔다면 한중 경제 관계는 다시 새로운 국면을 맞을 수 있다.

2017년 이후 사드 사태, 미중 전략적 경쟁의 격화, 코로나 팬데믹 등 대내외적 요인에 의해 우리 기업이 직면한 통상 환경이 그다지 좋지 못했다. 특히 최근 들어 효율을 중시하는 글로벌 가치 사슬

(GVC)이 공급망의 안정을 중요시하는 방향으로 전환되고 있다. 한중 양국 간 무역과 투자의 관계도 이러한 일련의 변화를 반영하여 재편될 것이다. 그러나 무역에 있어 대중 의존도를 줄이고, 대중국 투자를 줄이는 축소지향형 구조 개편이 아니라 효율과 안정성을 동시에 담보할 수 있는 전략적 포트폴리오의 구축이 필요하다. 이를 위해 기본적으로 시장이라는 현장에서 사업을 하는 기업이 주도적으로 변화된 통상환경에 능동적으로 대응해야 한다.

이러한 기업 차원의 노력의 최대 복병은 정치적·이념적 조급함이다. 정치적 담론에만 몰두하면 미중 간에 당장이라도 디커플링이 벌어지고, 한중 경제 관계도 그 흐름을 따라야 할 것 같은 조바심을

〈표 5-7〉 2021년 우리나라 주요 기업들의 재중국 활동

	확장	구조조정
반도체	• 삼성전자의 낸드 플래시 공장 확장 • SK하이닉스의 중국 사업 확대	
전자	• LG전자 난징 자동차부품 설비 확장 • 삼성전자 DX본부 중국사업혁신팀 출범	• LG전자의 구조조정
디스플레이		• BOE의 OLED 진출
배터리	• LG에너지솔루션의 지분인수를 통한 자원 확보 • 포스코케미칼의 설비 확장	
석유화학	• 중한석화 설비 지속 확장	
철강	• 포스코 자동차강판 합작사업 추진	• 현대제철 중국 사업 구조조정
자동차	• "Rising again, For China" • HTWO 광저우(廣州) • 포스코인터내셔널, 쑤저우 모터코아 설비 확대	• 현대차의 중국 공장 매각 및 구조조정
원전설비	• 두산중공업 지진자동정지설비 납품	

자료: 최필수(2022: 346)

느끼게 된다. 그러나 2020년과 2021년 미중 간 교역과 투자는 전혀 감소세를 보이지 않았다. 밸류체인은 생각보다 튼튼하고, 이윤을 추구하려는 기업의 동기는 정치적 반목을 우회하고 있다. 대표적으로 애플과 테슬라 모두 중국 시장 진출과 중국 생산 확대를 지향하고, 실천하고 있다. 미국 USTR의 캐서린 타이 대표도 이러한 추세를 인정하고 디커플링이 아니라 리커플링(Recoupling)을 언급한 바 있다. 한중 디커플링은—그런 것이 필요한지는 둘째치고— 미중 디커플링보다 앞서가선 안 된다.

둘째, 중국의 인수합병에 의한 한국의 핵심 기술과 인재 유출을 막을 장치가 필요하다. 앞서 살펴본 대로 중국의 대한 투자는 초기의 부작용에도 불구하고 최근 여러 가지 긍정적인 효과가 관찰된다. 그러나 여전히 우리 기업의 경제적 이익을 보호하는 조치가 제도적으로 확보되지 못하고 있다. 일례로 2021년 중국계 사모펀드가 SK하이닉스에서 분리된 비메모리 반도체 제조업체인 '매그나칩반도체'를 인수하려 했지만 미국의 견제로 무산됐다. 미국 증시에 상장된 이 업체가 중국에 넘어가면, 미국의 경제 안보에 위협이 된다는 미국 외국인투자위원회(CFIUS)의 판단에 따른 것이었다. 미국 측의 판단이 옳은지 그른지는 차치하고, 그 판단을 미국의 법률 시스템에 맡겼다는 것은 문제가 된다. 우리 자신의 기준과 제도가 이런 상황에 적용하기 어려웠기 때문이다.

미국은 트럼프 행정부 시절 중국과 관세 전쟁을 벌이면서 2019년 국방수권법에서 기존의 〈외국인투자 및 국가안보법(Foreign Investment and National Security Act, 2007)〉을 대폭 강화한 〈외국인투자 위험심사 현대화법(Foreign Investment Risk Review Modernization Act)〉을 제정했다. 동 법은 외국 기업의 미국 기업 인수에 대해 심사를 엄격하게 함으로써 기술 탈취를 방지하기 위한 목적으로 제정된 것이다. 이는 국가 안보의 개념을 경제 안보로 확장한 것으로, 중국을 겨냥한 것으로 알려지고 있다(왕윤종, 2019). 한국 정부도 중국 기업의 기술 추구형 인수합병에 대해 첨단 기술의 보호 차원에서 적극적인 대응 방안을 마련할 필요가 있다. 불법적 기술 탈취는 당연히 금지되어야 할 것이며, 첨단 핵심 기술의 유출 가능성이 있는 기업에 대한 인수합병에 대해서는 외국인투자를 심사하는 제도적 장치를 도입해야 할 것이다. 이를 위해 외국인투자촉진법(외국인투자법)의 개정 또는 일본이 추진 중인 경제안전보장추진법과 유사한 맥락에서 경제 안보 기본법의 제정을 검토해볼 수 있다.

현재 우리나라는 수출통제 및 핵심 기술 보호를 위해 3개의 산업 안보 법령을 갖추고 있다. 대외무역법에서는 다자체제의 전략물자에 대한 수출통제를, 산업기술보호법에서는 핵심 기술의 유출 방지를, 외국인투자촉진법에서는 외국인투자 심사를 규정하고 있다. 상기 법령의 정비를 통해 수출통제 대상의 확대, 핵심 기술 및 인력 유출에 대한 대응, 외국인투자 심사 절차 및 권한의 정비가 필요하다. 아울러 공급망의 안정화를 위한 차원에서 경제 안보 기본법의 제정도 고려할 수 있을 것이다.

셋째, 정부도 한중 관계를 상호 존중의 원칙에 기반하여 경제 협력의 안정성과 지속성을 제도적으로 강화하는 노력을 펼쳐야 한다. 경제와 안보를 함께 아우르는 전략적 대화 채널의 구축을 위해 정부 간 다양한 소통 채널이 상시로 가동될 수 있도록 신뢰를 확보하고, 불가피하게 발생하는 갈등과 분쟁에 대해서는 현안에 대한 합리적 해결 방안을 모색해야 한다.

이를 위해 한중 FTA의 서비스·투자 협정문에 대한 후속 협상이 조속히 완결되는 것도 중요하지만, 공급망의 안정과 우리 기업의 투자가 제도적으로 보장될 수 있는 추가적인 조치가 마련될 필요가 있다. 특히 한중 FTA 협정은 우리나라가 체결한 FTA 협정 중에서 유일하게 양국 경제 협력을 부속서가 아닌 협정문에 직접 포함하고 있다. 따라서 한중 FTA가 양국 경제 협력의 질적 고도화를 위해 구속력 있는 협정으로 작동하여 공급망의 안정을 확보하는 것이 필요하다. 이를 위해 중국의 일방적 수출통제로 인한 공급망의 분절이 발생하지 않도록 당국 간 긴밀한 협조가 요청된다.

제6장

한중 사회문화 교류 30년: 인적 교류와 문화 콘텐츠 교류를 중심으로

정종호(서울대)·윤태희(상명대)

1992-2022

1. 서론

1992년 수교 이래 지난 30년 동안 한중 관계는 괄목할 만한 성과를 거두었다. 수교 당시 '선린우호 협력 관계(睦邻友好合作关系)'에서 시작한 한중 관계는 1998년 '21세기를 향한 협력 동반자 관계(面向21世纪的合作伙伴关系)', 2003년 '전면적 협력 동반자 관계(全面合作伙伴关系)'를 거쳐 2008년 '전략적 협력 동반자 관계(战略合作伙伴关系)'로 공식적 관계가 꾸준히 격상하면서, 국제 관계사에서 유례를 찾아볼 수 없을 정도로 단기간에 놀라운 발전을 이루어왔다.[1] 특히 인적 교류, 문화 교류, 학술 교류 등 냉전 체제하에서 철저히 단절되었던 사회문화 분야 교류에서도 중요한 성과를 거두었다. 수교 이후 한중 양국의 인적 교류는 수교 초기 13만 명 수준에서 최대 1,200만 명을 돌파하였으며, 한중 양국에는 상대국의 수십만 국민이 거주하는 차이나타운과 코리아타운이 각각 형성되었고, 코로나19 이전 양국 모두 6만 명이 넘는 자국 학생들이 상대국에 유학하였다. 또한 양국의 문화 콘텐츠가 상대국에 널리 진출하면서 한류(韓流)와 중국열(中國熱)이 등장하였고, 정부 영역과 민간 영역의 다양한 기관에 의해 학술회의, 공동연구, 심포지엄, 공동 세미나 등 다양한 학술 교류가 이루어졌다. 그 결과 사회문화 분야에서의 교류 협력은 정치·외교·안보 차원의 협력 및 경제통상 분야의 협력과 함께 한중 전략적 협력 동반자 관계의 3대 축을 구성하였다.

한중 수교 초기부터 한중 양국의 사회문화적 교류가 활발하게 발전할 수 있었던 요인으로는 지리적인 인접성, 역사적으로 밀접한 관계, 한자와 유교문화라는 공통적인 분모를 지닌 사회문화적 유사성 등을 들 수 있다(김도희, 2008; 장수현, 2005). 이와 함께 한중 양국 정부의 적극적인 정책적 지원 역시 수교 이후 활발한 사회문화 교류를 가능케 한 요인으로 작용했다(김도희·왕샤오링, 2015; 노남중, 2016). 예를 들어, 수교 직후인 1994년 체결된 「대한민국 정부와 중화인민공화국 정부 간 문화협력에 관한 협정(中华人民共和国政府和大韩民国政府文化合作协定)」은 문화·예술·언론·영화·과학 분야 등의 교류 협력을 위한 제도적 기반을, 1995년의 「중국 교육부와 한국 교육부의 교육 교류와 협력협의(中华人民共和国教育部与大韩民国教育部教育交流与合作协议)」는 교육 및 학술 분야 상호 교류를 위한 제도적 기반을 마련하였다. 국가 차원뿐만 아니라 지방 차원에서의 사회문화 교류 또한 활발하게 모색되었는데, 서울시를 비롯한 한국 대부분의 지자체가 중국의 도시와 자매·우호 관계를 맺고 긴밀히 협력하였다(김창경, 2013; 하영애, 2011).

이처럼 수교 초기부터 활발히 전개된 한중 간 사회문화 교류는 양국 국민의 정서적 공감대를 확대하고 상호 이해를 증진함으로써 양국 관계의 발전에 크게 공헌하였다(김도희, 2008; 김도희·왕샤오링, 2015; 전성흥, 2010). 물론 한중 간의 사회문화 교류 과정에서 갈등이 없었던 것은 아니었다. 2000년대 초반 중국의 '동북공정(东北工程)'은 한국의 심각한 반발을 야기하면서 중국에 대한 한국의 불신을 초래하였다(김지훈, 2020; 이욱연, 2004). 또한 강릉단오제의 유네스코 무형문화유산 등재를 둘러싼 논란은 중국에서 중국 전통문화 침탈에 대한 논쟁으로 이어져 한국에 대한 불신을 야기하였으며, 한류에 대해서도 부정적인 여론이 대두되었다(김익기·장원호, 2013; 윤경우, 2009). 이러한 과정에서 역설적으로 양국의 사회문화적 교류의 주요 추동 요인이었던 지리적 인접성, 역사적 긴밀성, 사회문화적 유사성이, 이제는 양국 간의 갈등을 초래한 요인으로 지적되었다(박영환, 2011). 그럼에도 2015년 9월 박근혜 대통령의 중국 전승절 60주년 열병식 행사 참석으로 한중 협력관계가 최상의 수준에 이르면서 사회문화 분야에서의 교류 역시 최고 수준에 달하였다(이동률, 2016; 이희옥·먼홍화 편, 2016).

그러나 2016년 주한미군의 사드(THAAD: 고고도 미사일방어체계) 배치를 둘러싼 갈등이 시작되면서 한중 관계는 최악의 관계로 급변하였고(신종호 외, 2021; 이동률, 2017), 사회문화적인 교류에 있어서도 사실상의 '한한령(限韓令)'과 함께 일련의 보복 조치가 취해지면서 양국의 상호 신뢰 또한 급격하게 악화되었다. 한국에서는 한국 국민의 중국에 대한 경제적 위협 인식의 고조와 중국 호감도의 하락을 초래하였고(이남주, 2021), 중국에서도 사드를 둘러싼 갈등 이전보다 중국 국민의 한국에 대한 이미지가 부정적으로 변화하였으며 한류와 한국 문화에 대한 반감과 배척 현상이 더욱 심화되었다(박성준·이희정, 2018; 황낙근, 2018). 결과적으로 사드 배치 이후 한중 양국의 갈등은, 북한의 군사적 위협에 대처해야 하는 한국, 주한미군의 사드 운용에 위협을 느끼는 중국, 동아시아의 패권을 둘러싼 미중 경쟁 등이 복잡하게 맞물려 있는 국제질서의 구조적 문제가 한중 양국의 사회문화 교류에도 중요하게 작용할 수 있음을 보여주었다(이장원, 2017; 이희옥, 2017; 임대근, 2022; 한석희, 2018).

이상과 같이 한중 수교 30주년을 맞이하여 한중 관계는 수교 이래 최악의 상황을 마주하고 있으며, 사회문화적 갈등이 한중 양국 국민 사이에서 고조되면서 '협력'과 '상생'의 한중 관계보다 '갈등'과 '대립'의 한중 관계가 주도하는 양상이 나타나고 있다. 따라서 본 장에서는 인적 교류와 문화 콘텐츠 교류를 중심으로 지난 30년의 한중 사회문화 교류를 회고하고, 갈등이 발생하는 영역과 쟁점을 논의하고자 한다.[2]

2. 한중 인적 교류의 성과와 특징

수교 이후 한중 사회문화 교류에 있어서 가장 인상적인 발전이 이루어진 영역은 인적 교류이다.[3] 1992년 수교 이후 한중 양국 간에는 대규모의 인적 교류가 지속되어왔다. 한중 양국 간 인적 교류는 1992년 수교 당시 13만 명 수준에서 수교 10주년인 2002년

226.1만 명을 기록하여 약 17배, 수교 20주년인 2012년 690.6만 명을 기록하여 약 53배 증가하였고, 2014년 처음으로 1,000만 명을 달성한 후 2016년에는 한중 수교 이래 최고 수치인 1,282.9만 명을 기록하였으며, 코로나19로 인해 인적 교류가 사실상 중단되기 이전인 2019년 말에는 1,036.9만 명을 기록하였다. 인적 교류의 확대에 따라 한중 양국 간 항공편은 1994년 12월 12일 첫 운항 이후 주 48편에서 코로나19 직전 주 1,254편으로 26배 성장하였다. 한중 양국 간의 인적 교류를 한국에서 중국으로의 이동과 중국에서 한국으로의 이동으로 나누어 살펴보면 다음과 같다.

우선 한국에서 중국으로의 이동이다. 수교 이후 관광, 유학, 사업 등을 목적으로 중국을 방문한 한국인 수는 매년 증가 추세를 보여왔는데, 1992년 수교 당시 4만 2,896명에 불과하였으나 수교 8년 만인 2000년 100만 명을 돌파하였다. 2001년 중국을 방문한 한국인은 129.7만 명으로, 중국이 처음으로 일본을 제치고 가장 많은 수의 한국인이 방문한 국가(行先國)가 되었다.[4] 글로벌 금융위기 직전인 2007년에는 수교 이래 최고 수치인 477.6만 명이 중국을 방문하여 수교 당시 대비 약 111배 증가하였다. 미국발 금융위기에 따른 경제 여건 악화로 인해 방중 한국인의 수가 2008년 396만 명, 2009년 319.7만 명으로 감소하기도 하였으나, 한국과 중국의 경제가 상대적으로 빠르게 안정세를 보이면서 한국인의 중국 진출이 다시 증가하여 수교 20주년인 2012년에는 406.9만 명을 기록하였다.

2016년에는 방중 한국인의 수가 2007년의 수치를 거의 회복한 476.2만 명을 기록하였는데, 2016년 중국을 방문한 한국인은 해외를 방문한 전체 한국인의 21.3%로, 일본 방문자 다음으로 가장 많을 뿐만 아니라, 미국과 공개된 주요 유럽 국가(독일, 영국, 러시아) 방문자를 합친 수보다 200만 명이 더 많은 수치를 기록했다. 이러한 방중 한국인의 비약적인 증가에 따라 중국 내 한국 영사관 수는 다롄 출장소를 포함하여 수교 20년 만인 2012년 10개소로 증가하였는데,[5] 이는 1965년 수교한 일본 내 한국 영사관 수와 동일한 것이었다.

한국인의 활발한 중국 방문은 중국을 방문한 다른 외국인, 특히 일본인과의 비교에서도 잘 나타나고 있다. 방중 한국인의 수가

〈그림 6-1〉 한중 인적 교류

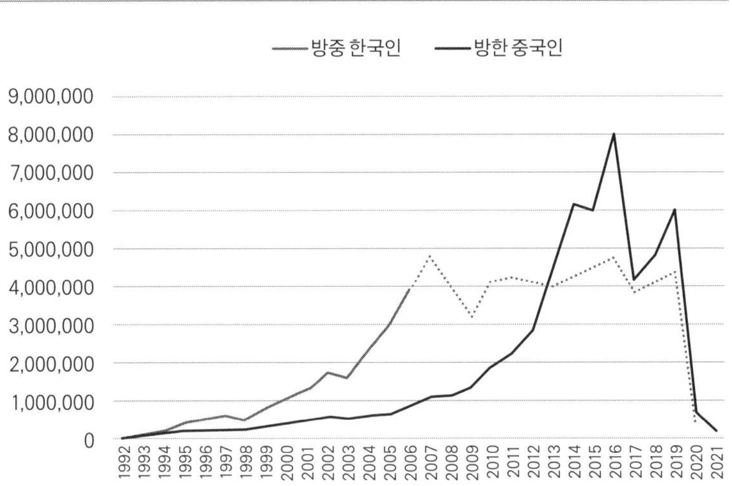

주: 1) 2006년 7월부터 국민 출국카드가 폐지되어 출국자의 목적지 파악이 어렵게 됨에 따라, 2006년 이후 방중 한국인의 통계자료는 중국 국가관광국 자료를 참조하여 중국에서 집계 및 발표하는 한국인 입국자 통계에 기반하여 제시된 자료이며 이를 점선으로 표시.

2) 방중 한국인 2020년 수치는 추정치임.

자료: 한국관광공사. 2020. 「1984-2018 출입국 국가별 월별 통계」. https://kto.visitkorea.or.kr/viewer/view.kto?id=68225&type=bd; 한국관광 데이터랩. 2022. 「2022년 5월 기준 국민 해외관광객 주요 목적지별 통계」. https://datalab.visitkorea.or.kr/site/portal/ex/bbs/View.do?cbIdx=1127&bcIdx=301174&pageIndex=1&tgtTypeCd=&searchKey=&searchKey2=&tabFlag=N&subFlag=N&cateCont=spt04

2005년 처음으로 방중 일본인의 수를 추월한 이후, 글로벌 금융위기의 영향이 컸던 2009년을 제외하고는 지금까지 일본인보다 더 많은 한국인이 매년 중국을 방문하고 있다. 코로나19 직전을 살펴보면, 중국을 방문한 한국인은 2016년 476.2만 명, 2017년 385.4만 명, 2018년 419.1만 명, 일본인은 2016년 258.9만 명, 2017년 268.3만 명, 2018년 269.1만 명이다. 그러나 코로나19 여파로 인해 2020년 이후에는 방중 한국인의 수가 급감하였다.

다음으로 중국에서 한국으로의 이동이다. 수교 이후 한국을 방문한 중국인 역시 급격히 증가하였다. 내국인 노동자의 3D 직종 기피에 따라 극심한 인력난을 겪고 있던 한국 노동시장과 농촌 총각의 결혼난이 문제시되던 당시 한국의 사회적 상황은 특히 중국동포를 중심으로, 중국인 이주노동자와 결혼이민자의 한국으로의 이동을 가속화하였다.[6] 따라서 한국을 방문한 중국인은 1992년 수교 당시 8만 6,865명(중국동포 3만 1,044명 포함)에서 가파른 성장을 거듭하여 수교 10년 만인 2002년 53만 9,466명(중국동포 4만 9,821명 포함)으로 증가하였고, 2007년에는 100만 명, 2011년에는 200만 명을 돌파하였다.

특히 중국의 전 지역에서 방한 관광이 공식적으로 허용되면서 방한 중국인 수가 꾸준히 증가하여 2013년 400만 명(중국동포 22만 8,828명 포함 총 432만 6,869명)을 돌파하면서 1993년 이후 처음으로 방한 중국인의 수가 방중 한국인의 수를 초과하였을 뿐만 아니라, 방한 중국인 관광객의 수가 방한 일본인 관광객의 수를 넘어서게 되었다. 이어 방한 중국인의 수는 2014년 600만 명(중국동포 27만

1,912명 포함 총 612만 6,865명)을 돌파하였고, 2016년에는 수교 이래 최고 수치인 806만 7,722명(중국동포 25만 9,544명 포함)의 중국인이 한국을 방문하였다. 한중 양국 간의 비약적인 인적 교류 증가에 따라 중국도 서울, 부산, 광주에 이어 제주에 영사관을 설치 및 운영하고 있다.

그러나 사드 배치 갈등 여파로 내려진 한한령과 한국 관광상품 판매금지 조치로 인해 2017년에는 방한 중국인 수가 대폭 감소하여 416.9만 명을 기록하였다. 이후 한중 관계 개선에 따라 사드 문제로 인하여 감소하였던 중국인 입국자 수가 2018년에는 전년 대비 소폭 증가한 478.9만 명, 2019년에는 전년 대비 100만 명 이상 증가한 602.3만 명을 기록하였으나, 코로나19 여파로 2020년 68만 6,430명, 2021년 17만 215명으로 급감하였다.

(1) 재중 한국인

활발한 인적 교류의 결과 중국에 장기 체류하는 한국인이 증가하면서 중국 국적의 동포(조선족)를 제외한 중국 거주 한국인은 한중 수교 20주년이 되던 해인 2012년 기준 중국에서 거주하는 전체 외국인 중 가장 큰 비중을 차지하며 최대 80만 명으로 추산되었다.[7] 외교부의 「재외동포 현황 2021」에 따르면, 2020년 말 기준 중국 거주 한인은 235만 422명인데, 이 중 중국 국적 동포(조선족)는 209만 3,547명, 재외국민은 25만 6,875명이다. 재외국민 중 일반 체류자는 21만 3,822명, 유학생은 3만 4,074명, 중국 영주권자는 8,979명이다. 외교부 통계자료는 중국의 공안부, 통계국, 교육부, 지역별 한국인회, 지역별 조선족단체, 재외국민등록부 등의 통계에 근거한 추정치라는 한계를 가지나, 재중 한국인들이 어느 지역에 밀집해서 거주하고 있는지를 보여주는 중요한 자료인데, 2020년 말 기준 중국 내 한국 국적자, 즉 재외국민의 지역별 분포를 보면, 베이징(北京) 4만 2,689명, 광둥(广东) 4만 2,070명, 상하이(上海) 2만 7,398명, 칭다오(青島) 2만 6,221명, 톈진(天津) 1만 8,806명, 웨이하이(威海) 1만 4,692명, 장쑤(江苏) 1만 3,810명 등의 순으로 전국에 골고루 분포하는 것이 아니라 특정 지역에 집중하여 거주하고 있다.[8]

중국의 부상과 함께 중국에 장기거주하는 외국인의 증가는 비단 한국인만의 현상은 아니다. 그러나 재중 한국인의 특수성은 다른 재중 외국인과는 달리 중국의 주요 도시에 한국인 집중 거주지역이라는 새로운 공간을 형성하고 있다는 사실에 있다. 즉 재중 한인들은 베이징의 왕징(望京), 상하이의 구베이(古北), 선양의 시타(西塔), 그리고 한국과 지리적으로 가깝고 역사적으로 인연이 깊은 중국의 산둥성 칭다오의 청양구(城阳区) 등 중국의 주요 도시에 코리아타운(한인타운 韩国城)을 형성하였다(강진석, 2007; 구지영, 2013; 김윤태·안종석, 2009; 임영상, 2014; 정종호, 2013; Seo, 2007). 물론 다른 재중 외국인들도 중국 내에 그들만이 집중적으로 거주하는 지역을 만들기도 한다. 예를 들어 베이징의 경우, 독일인들은 캠핀스키 호텔 주변에 그들만의 집중적인 거주지역을 형성하기도 하였다. 그러나 이들 지역은 거주자 간의 유기적인 관계가 결여된 단순 집중 거주공간인 데 반해 한인타운은 민족경제(ethnic economy)가 중심이 되는 초국가적 민족공동체(transnational ethnic community)로 발전되어 있다는 점에서 다른 재중 외국인들과 구별되는 재중 한국인 사회의 특징을 확인할 수 있다(Jeong, 2012: 80).[9]

그러나 중국 경제의 급속한 발전에 따라 중국 주요 도시에 자리하고 있었던 코리아타운은 새로운 도시공간으로 재구성되고 있다. 예를 들어, 왕징(望京)은 수교 이후 한국인들이 중국에 정착하여 형성한 한국인 집중 거주지역 중 가장 대표적인 코리아타운인데, 2010년대 중반부터 왕징지역을 "국제화"하려는 베이징 정부의 적극적인 노력으로 중국 내외의 첨단 기술 기업들이 이곳에 모여들면서 부동산 가격이 급속하게 상승하였고, 왕징에 거주하던 많은 한국인은 비교적 저렴한 거주지역을 찾아 순이(順義)·퉁저우(通州)·허베이(河北)성 싼허(三河) 시의 옌자오(燕郊镇) 등지로 이주하였다. 이에 더하여 코로나19로 인해 음식점, 학원 등 많은 한인 사업체들이 잇따라 파산하면서 한인경제가 중심이 되는 초국가적 민족 공동체로서의 예전 모습이 사라지고 있다(정종호·설동훈, 2020).

(2) 재한 중국인: 현황

한국을 방문한 중국인 역시 장기적인 거주자가 지속적으로 증가하였는데, 1992년 수교 당시 한국 체류 중국인 중 단기체류자를 제외한 장기체류 중국인은 935명(중국동포 419명 포함)에 불과하였으나, 2년 만인 1994년 1만 명을 돌파하였고 수교 10주년인 2002년에는 8만 4,590명(중국동포 4만 8,293명 포함)으로 전체 장기체류 외국인 27만 1,666명의 31.1%를 차지하였다.[10] 이후 산업연수 및 고용허가제 실시로 외국인 근로자의 입국이 증가하고 조선족 등 외국 국적을 가진 동포에 대한 일련의 우대 정책이 실시되면서 2010년에는 장기체류 중국인이 50만 명을 돌파하였으며, 수교 20주년인 2012년에는 장기체류 중국인이 59만 537명(등록 중국인 47만 4,806명, 중국 국적 동포 국내거소신고자 11만 5,731명)으로 전체 장기체류 외국인 112만 599명의 52.7%를 차지하였다. 흥미로운 사실은 장기체류 중국인은 사드 갈등에도 불구하고 지속적으로 증가하여 2019년에는 한중 수교 이후 최대 수치인 88만 4,492명(등록 중국인 54만 606명, 중국 국적 동포 국내거소신고자 34만 3,886명)을 기록하였으며, 코로나19의 영향으로 인해 단기체류 중국인이 2019년 21만 7,290명에서 2020년 7만 8,602명으로 대폭 감소한 것과는 달리 장기체류 중국인은 2020년 81만 6,304명으로 소폭 감소하였다는 점이다.

한편 중국인 결혼이민자는 2009년 6만 5,992명(중국동포 3만 2,566명 포함), 2015년 5만 8,788명(중국동포 2만 3,130명 포함), 2019년 6만 324명(중국동포 2만 2,680명 포함), 2020년 6만 72명(중국동포 2만 2,580명 포함)으로 2010년대에는 대체로 비슷한 규모를 유지하고 있는데, 전체 결혼이민자에서 중국인 결혼이민자가 차지하는 비중은 2007년 57.3%에서 지속적으로 하락하여 2021년에는 35.4%로 축소되었다.[11] 한국인과 언어 및 문화를 공유하는 중국동포 여성을

〈그림 6-2〉 재한 중국인 체류자격별 체류자 수

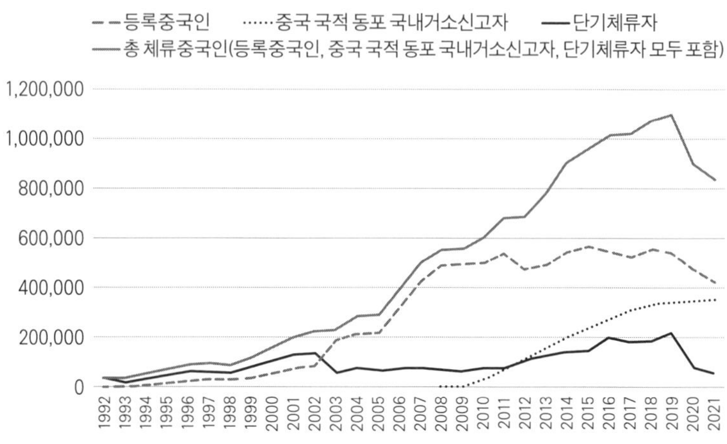

자료: 법무부 출입국·외국인정책본부. 연도별 「출입국 통계자료」. 통계 기준시점은 각 연도 12월 말.

〈그림 6-3〉 재한 중국동포 체류자격별 체류자 수

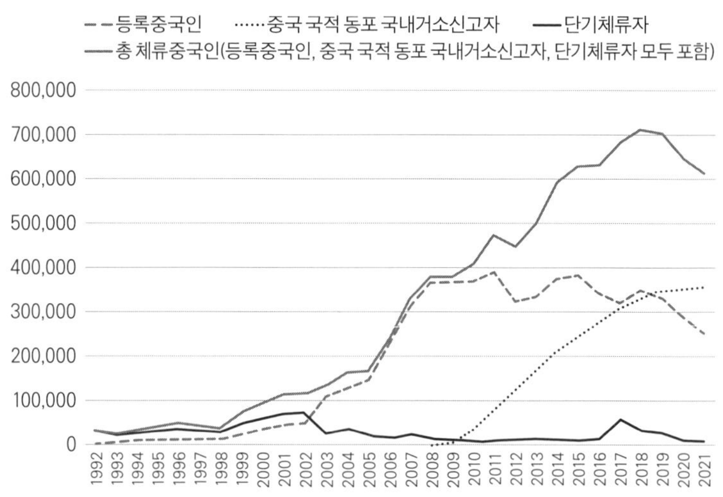

자료: 법무부 출입국·외국인정책본부. 연도별 「출입국 통계자료」. 통계 기준시점은 각 연도 12월 말.

포함하여 많은 수의 중국인 여성이 한국 농촌으로 결혼이민을 왔는데, 이러한 과정에서 위장결혼 문제, 가족해체 이후 여성 결혼이민자의 인권 침해 문제, 불안정한 자녀 양육 문제 등 다문화가족이 겪는 여러 사회문제가 대두되기도 하였다(강유진, 1999; 이효선·최정숙, 2021; 최금해, 2010). 그러나 결혼이민을 통해 중국인은 한국에 정착할 기회를 얻었으며, 동시에 그들의 이주로 가장 보수적인 한국의 농촌에서도 세계화가 시작되었다.

재한 중국인의 다수는 중국동포인 조선족인데, 이들은 한국에서 가장 큰 외국인 이주민 집단을 구성하고 있다. 수교 이후 중국동포의 한국에서의 정주화 경향은 꾸준히 증가하였다. 이러한 경향은 중국동포의 한국 내 법적 지위를 강화하는 이주정책의 변화와 함께 가속화되었는데, 우선 수교 이후 2002년까지는 '단기체류자'가 재한 조선족 체류자의 절반 이상을 차지하였다. 그러나 2002년 외국 국적을 가진 동포에게 일부 서비스 부문에 합법적으로 취업하는 것을 허용하는 취업관리제 도입, 2007년 외국국적동포 방문취업제 실시 등으로 중국동포의 국내 취업과 체류의 기회가 확대되고, 동시에 2005년과 2006년에 걸쳐 국내 불법체류 외국인의 체류 자격 합법화 조치가 시행됨에 따라 단기체류 자격을 가진 중국동포가 등록외국인으로 체류자격이 변경되면서, 한국에 장기체류하는 '등록외국인' 중국동포의 수가 급속히 증가하였다. 그 결과 등록외국인 중국동포는 1992년 수교 당시 419명에 불과하였으나, 2003년 10만 명을 넘어선 이후 2006년 20만 명, 2007년 30만 명을 차례로 돌파하였다.

이어 2008년부터 중국 국적 동포인 조선족 역시 본격적으로 '재외동포' 체류 자격을 발급받게 됨에 따라 중국동포 조선족의 국내거소신고자 비율이 매년 꾸준히 증가하여 2019년부터는 중국 국적 동포(조선족) 국내거소신고자(34만 3,886명)가 등록외국인 조선족(33만 2,525명)을 넘어서게 되었다. 정리하면, 재한 중국동포의 정주화는 '단기체류자'에서 '등록외국인'을 거쳐 '거소신고자'가 체류 자격의 중심을 차지하는 형태로 바뀌어왔다(설동훈·문형진, 2020: 53-54). 재한 중국 국적 동포 장기체류자(등록중국인 및 국내거소신고자)는 사드 갈등과 코로나19에도 불구하고 2015년 이후로는 최근까지 줄곧 60만 명대를 유지하고 있다.[12]

이와 같은 중국동포의 한국으로의 대규모 이주는 소수민족(조선족)이 수교 이후 한국에 장기거주하는 중국인의 대부분을 구성하고 있기에, 중국의 국제 이민사에 있어서도 특별한 함의를 지니고 있다. 한국에 거주하는 중국동포는 양적으로 꾸준히 증가해왔을 뿐만 아니라, '친·인척 방문자'에서 '보따리장수', '외국인 노동자'를 거쳐 '정착이민자'로 질적인 변화를 경험하였다(설동훈·문형진, 2020: 10). 그러나 이러한 질적 변화에도 불구하고, 한국 사회의 '위계화된 민족(hierarchical nationhood)'의 맥락에서 중국동포는 같은 민족 구성원으로 인정되면서도 법적·제도적·사회적으로 열등한 '서발턴 지위(subaltern position)'를 부여받으며, '사회적 배제(social exclusion)' 또는 '차별(discrimination)'을 받고 있다(Seol and Skrentny, 2009: 148). 특히 재한 중국동포들에 대한 사회적 배제와 차별은 주로 범죄자, 하위계층, 이방인 등의 부정적인 모습으로 조선족을 보도 및 묘사하고 있는 언론, 영화, 방송 등에 의해 강화되고 있다(전월매, 2016). 따라서 재한 중국동포를 바라보는 인식의 개선이 시급한 상황이다.

재한 중국동포들은 한국에서의 열악한 상황을 극복하고 그들의 권익을 보호하기 위해 이주 초기부터 다양한 민간조직을 결성해 왔다. 대부분 불법체류 신분이었던 수교 초기의 중국동포가 결성했던 단체들은 주로 교회의 주도로 설립되었다(김용선·임영상, 2018: 165). 이들은 한국의 NGO들과 연대하여 재한 중국동포 이주노동자 및 결혼이민자의 권익 향상에 주안점을 두고 활동하였다. 특히 2000년에는 가장 대표적인 재한 중국동포 단체인 '조선족연합회'가 결성되어 당시 재외동포법 개정 운동을 전개하였다. 또한 2003년에는 한국에 유학 중인 석·박사 과정 학생들로 조직된 '재한조선족(중국동포)유학생네트워크(KCN)'가 설립되었는데, 이는 당시 합법 체류 자격을 가진 동포들로 구성된 유일한 단체였다(이춘호, 2014: 157-158). 특히 2007년 방문취업제가 실시되고 2008년 중국 국적 동포에게도 본격적으로 '재외동포' 체류 자격이 부여됨에 따라 재한 중국동포의 법적 지위가 안정화되면서 중국동포 관련 단체는 양적으로 증가한 것은 물론 직능단체, 언론단체, 자선 및 봉사단체, 동향회, 스포츠 동호회 등 다양한 영역으로 확대되었다.

최근에는 한국 내에서의 권익 보호 및 법적지위 강화를 위해 적극적인 정치활동을 목적으로 설립되는 단체들도 증가하고 있다. 예를 들어, 중국동포 집거지역 조선족 사업가가 중심이 되어 10여 개의 재한 조선족 단체들의 연합을 통해 2012년 결성된 '재한조선족유권자연맹'은 유권자 운동을 포함하여 지속적이며 적극적인 정치참여 활동을 전개하고 있다(김용선·임영상, 2018: 166; 이춘호, 2014: 169-170). 이상과 같이 재한 중국동포 단체들은 한국 사회와 중국동포 사회의 가교역할을 담당하면서, 동시에 중국동포들의 권익 향상, 이미지 개선, 한국 사회 적응력 제고에 기여하고 있다.[13]

한편 수교 30주년을 맞이하면서 한국에 장기거주하는 중국동포 사회는 세대 변화와 계층 분화를 경험하고 있다. 특히 수교 초기 한국으로 이주한 세대와는 달리 2010년대 이후 한국에 정주하고 있는 젊은 중국동포 세대는 정치적 의식, 경제적 역량, 사회적 지위, 문화적 정체성, 직업, 학력 등에서 이전 세대와 큰 차이를 보이고 있는데, 일부 젊은 세대 중국동포들은 한국 정부에 의한 꾸준한 법적 지위의 개선과 함께 재한 중국동포 사회 내 '엘리트 커뮤니티'를 형성하며, 한국의 주류사회로 편입되고 있다(김용선·임영상, 2018; 설동훈·문형진, 2020). 예를 들어, 2012년 결성된 '조선족청년연합회'의 회원은 1980년대, 1990년대 출생의 당시 20~30대가 주축을 이루었는데, 국내 유수 대학의 유학생을 포함하여 교수 및 변호사 등 전문직 종사자, 국내 유수의 대기업 간부, 견실한 사업가 등으로 구성되어 있으며, 이들의 온라인 활동 공간에서는 한국 사회의 제반 문제에 대한 활발한 논의가 이루어지고 있다(김윤태, 2021: 45-46).

(3) 재한 중국인: 거주지

수교 이후 중국인들의 한국 내 이주와 정착이 가속화됨에 따라,

한국의 화교 사회는 기존의 중화민국(대만) 국적 소지자 중심에서 중화인민공화국 국적 소지자인 신화교(新華僑) 중심으로 변화하였다.[14] 신화교, 특히 재한 중국동포들은 주로 서울과 수도권 지역에 기존 차이나타운과는 구별되는 새로운 집중 거주지역을 형성하였다.[15] 서울의 경우, 구로구 가리봉동, 영등포구 대림동, 금천구 독산동과 가산동, 관악구 신림동, 광진구의 자양동과 화양동 등에, 그리고 경기도의 안산, 시흥, 수원, 성남 등에 재한 중국인의 집거지가 형성되어 있다.

재한 중국인이 초기에 집중적으로 거주한 대표적인 지역은 구로구 가리봉동이다. 이 지역은 구로구 수출공업단지 노동자의 거주지였으나, 제조업 공장들이 이전하면서 한국인 노동자들이 떠난 자리를 중국인, 주로 중국동포들이 채우면서 중국동포의 거주지가 되었다(김용선·임영상, 2018: 162; 박우, 2017: 77). 구로구 가리봉동은 주변에 공장이 많아 외국인 노동자들의 일자리가 풍부하였을 뿐만 아니라 주택 임대료가 저렴하여 자연스럽게 재한 중국인의 밀집 거주지역이 되었으며, 구로구 가리봉 시장 인근 골목은 이 지역 거주자 다수를 차지하는 중국동포의 중국내 출신지 이름을 따라 '옌볜 거리'로 불리기도 하였다(설동훈·문형진, 2020: 124-125).

그러나 가리봉동 지역에 대한 불법체류자 단속과 2003년 가리봉동의 재개발지역 지정으로 인해 가리봉동에 거주하던 중국동포들이 가리봉동에 비해 주거환경이 깨끗하고 치안이 상대적으로 안전하며 지하철 교통이 편리한 대림역 주변으로 이동하면서, 2000년대 초 영등포구 대림2동에도 재한 중국동포의 집거지역이 형성되기 시작하였다(양한순 외, 2013; 이석준·김경민, 2014). 그 결과 가리봉동·가산동·독산동·대림동을 포괄하는 서울 서남부 지역(구로구, 영등포구, 금천구, 관악구)에는 한국 최대의 중국인(주로 중국동포) 집거지역이 형성되었다. 이와 같이 서울 서남권에 중국인 밀집 거주지역이 형성된 요인으로는, 주변 일자리로의 용이한 접근성, 저렴한 주거비, 중국동포에게 편리한 부동산 서비스, 중국동포의 인적 네트워크, 그리고 중국동포에게 필요한 각종 생활 편의시설의 구비 등을 들 수 있다(김용선·임영상, 2018: 162–164).

한편 1990년대 서울의 부촌인 강남 지역의 식당에서 일하던 중국인들이 강남 지역의 비싼 집세를 감당하기 어려워 강남 지역과 가깝고 교통이 편리하면서도 값싼 월세방을 공급할 수 있는 광진구 자양동을 거주지로 선택하면서 자양4동에 다수의 중국인이 거주하기 시작하였다. 2001년 자양동에 첫 중국식 정통 양꼬치집이 등장한 이후 유학 비자를 소지한 중국인 유학생을 대상으로 한 중국 음식점들이 증가하면서 이 지역은 성수공단 업체에서 근무하는 중국인, 서울 강남과 동부 지역에 일터가 있는 중국인, 그리고 자영업에 종사하는 중국인들이 모여 사는 새로운 중국인 집거지역으로 발전하였다(이석준·김경민, 2014). 기존 한국인 주민이 떠나면서 '조선족만의 주거지'가 형성된 가리봉동 및 대림동 지역과는 달리, 자양동 일대는 조선족문화특구로 개발되면서 '양꼬치거리'로 특화되어 한국인, 중국인 유학생, 그리고 조선족이 함께 생활하는 공간으로 발전되었다(설동훈·문형진, 2020: 154).

한편 최근에는 재한 중국인 사회내 계층 격차의 확대에 따라 재한 중국인의 거주지 역시 분화 및 다양화되고 있는데, 부를 축적한 중국인들은 사당동, 방배동 등 부유한 강남 지역으로 거주지를 확장하는 반면(김용선·임영상, 2018: 165), 그렇지 못한 중국인들은 서울의 주거 비용 상승을 감당하기 어려워지면서 서울에서 경기·인천으로 거주지를 옮기고 있다(설동훈·문형진, 2020: 125). 특히 경기도 안산시 단원구 원곡동 '다문화거리'에는 많은 재한 중국동포가 거주하고 있다. 그 결과 경기도 안산시 등에 중국동포 밀집거주지역이 형성되어 있다.

(4) 유학생 교류

수교 이후 인적 교류에서 특히 주목할 점은 한중 양국 간 왕성하게 이루어진 학생 교류이다. 1995년 처음 체결된 이후 3년을 주기로 갱신되고 있는 「중국교육부와 한국교육부의 교육 교류와 협력협의(中华人民共和国教育部与大韩民国教育部教育交流与合作协议)」는 수교 이후 한중 양국 간 교육 및 학술 분야 상호 교류를 위한 제도적 기반을 마련하였으며, 2008년 체결된 「한중 양국 고등교육학력학위 상호 인정 각서(中华人民共和国教育部与大韩民国教育科学技术部关于高等教育领域学历学位互认谅解备忘录)」는 유학생 상호 교류에 강력한 정책적 보장을 제공했다(노남중, 2016: 97). 또한 양국 간의 유학생 교류가 급증하면서 유학 지원과 관련하여 한국국립교육원(韓國國立教育院), 한국국제교류재단(韓國國際交流財團), 중국국가유학기금관리

위원회(中國國家留學基金管理委員會) 등 다양한 기관의 역할도 활성화되었다.

양국 간의 유학생 교류가 급증함에 따라 한중 양국은 각각 상대국의 가장 중요한 유학대상 국가가 되었다. 유학생은 양국의 미래 학술 교류의 토대를 제공할 뿐만 아니라, 조셉 나이가 지적한 대로 상대국 대학에 유학한 학생 중 상당수는 학업을 마친 후 자신의 고국으로 돌아가 오피니언 리더가 되어 유학 대상국의 가치관과 이념을 소개하기 때문에(Nye, 2004: 44-46), 유학생 교류는 사회문화 교류에서 특히 중요하다. 수교 이후 한중 양국 간의 유학생 교류를 구

〈그림 6-4〉 한중 유학생 교류

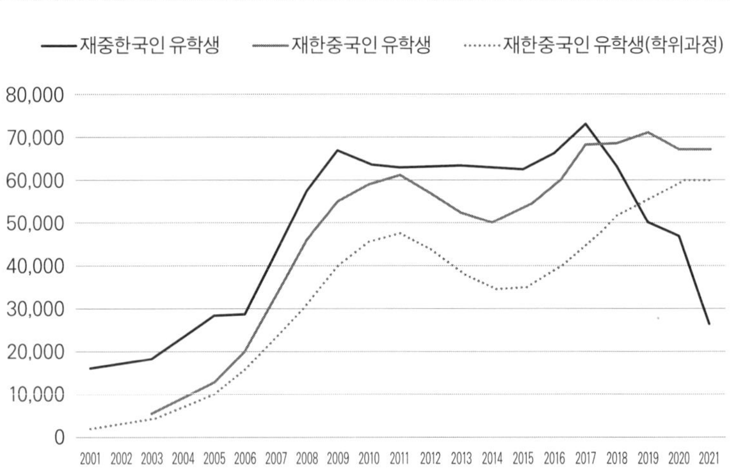

자료: 교육부. 연도별「국외 한국인 유학생 현황」(https://www.moe.go.kr/boardCnts/view.do?boardID=350&boardSeq=12338&lev=0&searchType=S&statusYN=W&page=2&s=moe&m=0309&opType=N); 교육부. 연도별「외국인 유학생 현황」(https://www.moe.go.kr/boardCnts/viewRenew.do?boardID=350&boardSeq=12341&lev=0&searchType=null&statusYN=C&page=1&s=moe&m=0309&opType=N); 교육통계서비스. 연도별「교육통계연보」. (https://kess.kedi.re.kr/publ/list?survSeq=2002&menuSeq=0&division=&itemCode=02).

체적으로 살펴보면 다음과 같다.

우선 재중 한국인 유학생 현황이다. 한중 수교 이후 재중 한국인 유학생 수는 꾸준히 증가하여 수교 10주년인 2002년부터 재중 일본인 유학생 수를 넘어서면서, 한국이 중국에 가장 많은 유학생을 파견한 국가가 되었다(전성흥, 2010: 182). 교육부 통계에 따르면, 한중 수교 이후 재중 한국인 유학생은 2001년 1만 6,372명에서 수교 20주년인 2012년에는 이보다 3.8배가량 증가한 6만 2,855명을 기록하였다.[16] 2016년에는 재중 한국인 유학생이 6만 6,672명으로 재미 한국인 유학생(6만 3,710명)을 추월하면서 중국이 처음으로 한국인의 유학 대상국 1위 국가가 되었다. 이어 2017년에는 재중 한국인 유학생이 수교 이래 최고 수치인 7만 3,240명을 기록하였으나, 사드 갈등의 여파로 인해 2019년에는 5만 600명으로 2017년 대비 2만 명 이상 감소하면서 중국은 다시 미국에 이어 2위의 유학 대상국이 되었다. 이후 코로나19 여파로 인해 재중 한국인 유학생은 2020년 4만 7,146명, 2021년 2만 6,949명으로 감소하였다.

한편 중국에서 박사학위를 받고 귀국한 한국인은 1991년에서 2001년의 기간 동안 266명으로 동 기간 전체 외국 대학 박사학위자의 2%에 불과하였으나, 2001년에서 2010년의 기간에는 787명으로 대폭 증가하였고, 수교 20주년을 전후한 2011년에서 2013년 3년의 기간에는 184명으로 미국 대학 박사학위자, 일본 대학 박사학위자에 이어 3위를 차지하였으며,[17] 2020년 43명, 2021년 25명으로 중국은 지금까지 꾸준히 전체 외국 박사학위 수여국 중 3~4위를 차지하고 있다.[18] 중국 대학 박사학위자들은 대부분 현재 한국에서 오피니언 리더로서 활약하고 있는데, 예를 들어 수교 20주년인 2012년 당시 전국의 4년제 대학 중국 관련학과 전임교원 중 대만 및 홍콩을 포함한 중국 대학 박사학위자는 243명으로 4년제 대학 중국 관련학과 전임교원 861명의 28%를 차지하였다.[19]

다음으로 재한 중국인 유학생 현황이다. 1992년 수교 당시 26명에 불과하였던 재한 중국인 유학생은 1999년 1,000명, 2005년 1만 명을 돌파하였다. 어학연수생 및 교환학생 등 비학위과정생을 제외한 학위과정 유학생만을 살펴보면, 재한 중국인 유학생 수는 2001년 1,935명(중국동포 유학생 291명 포함)에서 수교 20주년인 2012년에는 4만 3,951명(중국동포 1,623명 포함)으로 22.7배 증가하였다. 흥미로운 사실은 사드 갈등과 코로나19로 인해 재중 한국인 유학생의 수는 눈에 띄게 감소했지만, 재한 중국인(중국동포 포함) 학위과정 유학생의 수는 사드 갈등과 코로나19에도 불구하고 지속적으로 증가하여 2017년 4만 4,606명, 2018년 5만 1,790명, 2019년 5만 6,100명, 2020년 5만 9,171명, 그리고 2021년에는 수교 이래 최고 수치인 5만 9,774명을 기록하였다는 점이다.[20] 2021년 재한 중국인 학위과정 유학생은 한국 고등교육 기관 내 전체 외국인 학위과정 유학생의 49.8%로서, 여전히 중국이 한국으로 학위과정 유학생을 가장 많이 보내는 국가이다. 이와 같이 사드 갈등과 코로나19에도 불구하고 재한 중국인 학위과정 유학생의 수가 감소하지 않고 오히려 증가하는 이유는, 자국 명문대학 진학의 대안이든, 영미권 대학에 대한 차선책 또는 영미권 대학으로 가기 위한 디딤돌이든, 또는 한류를 통해 친숙한 한국어와 한국 문화를 배우기 위한 것이든, 한국으로의 유학이 많은 중국 유학생들에게 여전히 계층 상승을 이루기 위한 문화자본과 사회자본의 획득 및 축적의 기회로 여겨지고 있기 때문이다(왕치엔, 2020: 59-60; 황경아·홍지아, 2018: 328).

한편 한국에서 박사학위를 취득한 중국인은 수교 20주년을 전후한 2011년에서 2013년 3년의 기간 동안 244명으로 동 기간 국내 대학에서 박사학위를 취득한 전체 외국인 박사의 51.7%를 차지하였으며, 2015년에는 333명으로 국내 대학에서 박사학위를 취득한 전체 외국인 박사의 42.2%를 차지하였다. 2021년에는 국내 대학에서 박사학위를 취득한 전체 외국인 박사의 63.5%인 1,234명이 중국인이었는데, 이는 코로나19에도 불구하고 국내 박사과정에 재학 중인 중국 유학생의 비율은 오히려 증가하였음을 잘 보여주고 있다.[21] 국내 대학에서 박사학위를 취득한 중국인 유학생들 역시 중국에서 오피니언 리더로서 활약하고 있는데, 특히 서울대학교 행정대학원에서 박사학위를 받은 박영호 박사가 2012년 중국의 연변대학교 총장으로 임명되기도 하였다.

3. 한중 문화 콘텐츠 교류의 성과와 특징

수교 이후 한중 양국에서는 대규모의 문화 콘텐츠 교류가 이루어졌다.[22] 수교 직후인 1994년 체결된 「대한민국 정부와 중화인민공화국 정부 간 문화협력에 관한 협정(中华人民共和国政府和大韩民国政府文化合作协定)」은 문화·예술·언론·영화·과학 분야 등의 교류 협력을 위한 제도적 기반을 마련하였고, 이 협정에 의거하여 '한중문화공동위원회'를 구성함으로써 양국 간 문화 교류를 촉진하였다. 한중문화공동위원회는 2013년 차관급을 대표로 하는 '한중인문교류공동위원회'로 개편되어 '인문유대(人文纽带)' 개념으로 문화 교류를 추진하였다. 수교 이후 활성화된 한중 문화 콘텐츠 교류와 관련하여 가장 대표적인 현상은 중국 내 한류(韓流)와 한국 내 한풍(漢風 또는 中國風, 中國熱, 華流)이다.

(1) 한류(韩流)

수교 이후 한중 문화 교류의 흐름과 관련하여 임대근(2022)은 '동북공정'과 '한한령'을 두 개의 큰 변곡점으로 보고, 한중 문화 교류의 시기를 동북공정 이전까지의 상호 탐색기(1992~2002), 동북공정과 여러 문화 갈등이 간헐적으로 지속되는 상황에서도 문화교류가 지속적으로 확대되었던 교류 성숙기(2002~2016), 그리고 중국의 한한령 이후 문화 교류가 중지되고 문화 갈등이 빈번하게 발생하는 문화 냉각기(2016~현재)로 구분하고 있다. 오랫동안 단절되었던 한중 양국의 문화 교류가 수교와 더불어 재개된 상호 탐색기에서 가장 중요한 사건은 바로 중국에서의 '한류(韩流)'의 등장이다.[23]

수교 직후 중국에 진출한 한국 문화 콘텐츠의 중심은 TV 드라마였다. 따라서 한류 역시 드라마로부터 시작하였다. 1993년 한국 드라마로서는 처음으로 〈질투〉가 중국의 텔레비전 방송국에서 방영된 이후, 1997년 중앙텔레비전방송국(CCTV)에서 방영된 〈사랑이 뭐길래〉가 평균 시청률 4.3%를 기록하며 당시 외화 시청률 순위 2위에 올랐다. 이어 〈목욕탕집 남자들〉, 〈별은 내 가슴에〉, 〈순풍산부인과〉, 〈가을동화〉, 〈인어아가씨〉 등 한국 드라마들이 본격적으로 중국 텔레비전 방송에 방영되면서 중국에서 한국 드라마의 인기가 꾸준히 상승하였다(노남중, 2016: 94). 이와 같은 한국 드라마에 대한 열풍이 음악 분야까지 범위가 확대되면서 한국 가수들에게 중국 진출의 기회를 제공해주었는데, 특히 2000년 2월 H.O.T의 성공적인 베이징 공연은 중국 내 한류 형성에 큰 기여를 하였다.[24] 대중음악 분야에서의 한류는 중국에서 한국의 문화에 열광하는 사람들을 가리키는 '하한주(哈韩族)'의 본격적인 등장을 이끌었는데, 이는 K-POP 팬덤으로 발전하였다.

중국에서의 한류는 동북공정으로 인한 한중 양국 간 갈등에도 불구하고 지속적으로 확대되면서 2005년 〈대장금(大長今)〉의 방영으로 정점에 달하였다. 후난위성TV(湖南衛星電視臺)에서 방영된 〈대장금〉은 중국 31개 도시에서 시청률 1위를 기록하며 외국 드라마 최초로 평균 시청률 14%를 돌파하였으며, 당시 중국 국가주석인 후진타오가 기자와의 인터뷰에서 대장금의 열렬한 팬임을 밝히는 등 '대장금열(大長今熱)'이라는 신드롬을 만들어냈다(노남중, 2016: 95; 이지한, 2018: 371). 〈대장금〉을 계기로 한류는 중국에서 모든 세대, 모든 계층에서 인기를 끌면서 한류 열기는 한국의 전통 의상과 음식 등 한국 문화 전반에 대한 관심으로 발전하였다(장금·안외순, 2012: 303).

그러나 중국에서 한류의 인기를 최고조에 달하게 했던 〈대장금〉의 성공은 동시에 '항한류(抗韓流)'를 야기하는 계기가 되었다. 당시 배우 성룡을 비롯하여 중국의 방송연예 종사자들이 공개적으로 한류에 대한 경계심을 피력하였으며, 이에 많은 중국의 지식인들이 동조하였다. 동시에 중국 정부는 〈대장금〉의 대성공을 계기로 자국의 방송산업을 보호하기 위해 외국 방송 콘텐츠 수입 및 방송에 대한 규제를 통해 한류의 확산을 제도적으로 통제하기 시작하였다(이지한, 2018). 이러한 상황에서 한국의 문화 콘텐츠 교류는 콘텐츠 수출 장르의 다변화, 포맷 수출, 한중 공동 합작 등 다양한 전략을 전개하면서 중국 내 한류 붐을 유지하였다.

특히 중국의 과도한 방송 규제로 인해 한국의 드라마들은 인터넷 플랫폼을 통해 새로운 방식으로 중국에 진출하였는데, '러쓰(樂市, LeTV)', '아이치이(愛奇異, IQIYI)' 등 대형 동영상 사이트들이 한국 드라마들에 중국어 자막을 입혀 거의 실시간으로 방송하면서 중국에서 다시금 한류 열풍이 불었다. 예를 들어, 〈별에서 온 그대〉는 '아이치이'에서만 13억 뷰라는 경이로운 기록을 달성하면서 2014년 중국의 한국 드라마 수입액은 4억 위엔을 초과하였다(노남중, 2016: 94). 그러나 2016년 사드 배치로 인한 갈등 및 사드 배치에 대한 보복으로 한국 대중문화의 중국 유입을 제한하는 한한령이 내려지면서, 이후 한중 양국 간의 문화 교류는 급감한 반면, 그 대신 문화 갈등이 만연하고 있다.

(2) 한류 문화 콘텐츠의 교류 현황

중국 내 한류 열풍은 한국의 TV 드라마, K-POP, 영화는 물론 온라인 게임을 중심으로 불기 시작하였고, 이는 관련 산업의 성장으로 이어졌다. 중국으로 수출되는 한국 콘텐츠 현황을 보면, 2007년 3억 675만 달러에서 2008년 3억 6,279만 달러, 2009년 5억 7,968만 달러, 2010년 7억 4,766만 달러, 2011년 11억 1,890만 달러, 2012년 12억 2,932만 달러, 2013년 13억 579만 달러, 2014년 13억 4,122만 달러, 2015년 14억 5,070만 달러로 꾸준히 증

〈그림 6-5〉 한중 콘텐츠 수출입액 현황

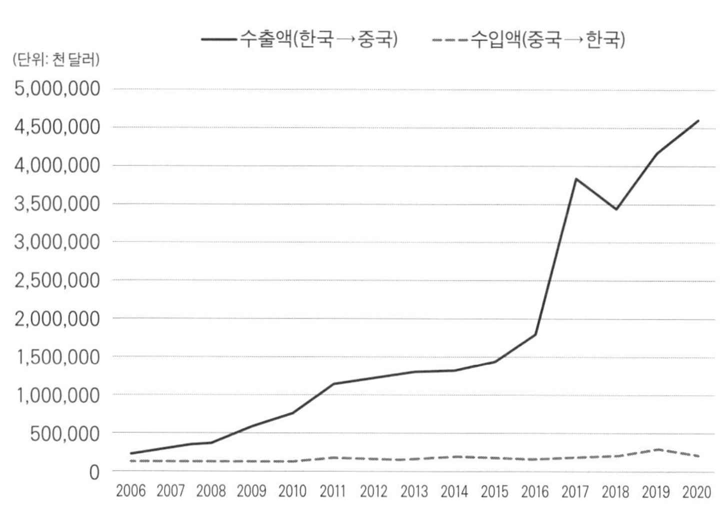

주: 2006년은 중국만 집계, 2007~2016년은 홍콩 포함, 2017년부터는 중국·홍콩·대만의 3개 국가를 '중화권'으로 통합하여 집계.
자료: 문화체육관광부와 한국콘텐츠진흥원이 발행하는 연도별 통계자료(2009년까지는 「문화산업통계」, 2009년 이후는 「콘텐츠산업통계」) 및 「해외콘텐츠시장 동향조사」; 문화셈터(문화체육관광부 공식 통계 웹사이트, https://stat.mcst.go.kr/portal/main)에 공개된 연도별 "콘텐츠산업통계조사"

가하다가, 2016년에는 18억 1,276만 달러로 증가하여 대중국 콘텐츠 수출액이 일본으로의 콘텐츠 수출액을 처음으로 추월하였다.[25] 2017년에는 38억 3,721만 달러로 전년 대비 20억 달러 규모로 증가했으며,[26] 2018년에는 34억 4,176만 달러로 다소 감소하였으나, 2019년 41억 5,246만 달러, 2020년 45억 7,332만 달러로 다시 증가하였다. 이를 분야별로 살펴보면 다음과 같다.[27]

방송 콘텐츠의 대중국 수출액은 2009년 633만 달러(홍콩 및 대만을 포함한 중화권으로는 1,082만 달러)에서 수교 20주년인 2012년 1,099만 달러(홍콩 및 대만을 포함한 중화권으로는 1,316만 달러)로 증가한 이후, 2013년 2,613만 달러(홍콩 및 대만을 포함한 중화권으로는 3,502만 달러), 2014년 5,693만 달러(홍콩 및 대만을 포함한 중화권으로는 1억 962만 달러), 2015년 5,258만 달러(홍콩 및 대만을 포함한 중화권으로는 6,370만 달러), 2016년 7,817만 달러(홍콩 및 대만을 포함한 중화권으로는 9,395만 달러)로 꾸준히 증가하였으나, 한한령의 여파로 급격히 감소하여 2017년 1,355만 달러(홍콩 및 대만을 포함한 중화권으로는 6,843만 달러), 2018년에는 747만 달러(홍콩 및 대만을 포함한 중화권으로는 6,054만 달러)까지 감소하였다.

음악 콘텐츠의 대중국 수출액(홍콩 및 대만을 포함한 중화권)은 2009년 236만 달러에서 수교 20주년인 2012년 880만 달러로 증가, 2014년에는 전년도 대비 418.57% 성장한 5,279만 달러로 크게 증가하였다. 이러한 2014년의 폭발적 성장은 중국이 동남아를 제치고 지역별 수출액 2위로 등극하는 발판이 되었다. 2015년 8,976만 달러, 2016년 9,836만 달러로 꾸준히 증가한 이후, 2017년에는 최초로 1억 달러를 돌파하고 2018년에는 소폭 증가하여 1억 1,196만 달러를 기록하였다.

영화 콘텐츠의 대중국 수출액은 수교 20주년인 2012년 83만 달러(홍콩 및 대만을 포함한 중화권으로는 200만 달러)에 불과하였으나, 2013년 175만 달러(홍콩 및 대만을 포함한 중화권으로는 396만 달러)로 증가한 이후 2014년에는 전년도 대비 4.7배 증가한 820만 달러(홍콩 및 대만을 포함한 중화권으로는 1,096만 달러)를 기록하면서, 2014년 당시 중국은 한국 영화 최대 수출국이 되었다. 그러나 사드 갈등 이후 급격히 감소하여 2017년 317만 달러(홍콩 및 대만을 포함한 중화권으로는 773만 달러), 2018년 393.5만 달러(홍콩 및 대만을 포함한 중화권으로는 1,716만 달러), 그리고 2020년에는 2019년 대비 70.3% 감소한 117만 달러(홍콩 및 대만을 포함한 중화권으로는 1,189만 달러)를 기록하였다.[28]

게임 콘텐츠의 대중국 수출액(홍콩 및 대만을 포함한 중화권)은 2009년 4억 3,305만 달러, 수교 20주년인 2012년 10억 1,867만 달러, 2016년 13억 7,994만 달러로 꾸준히 증가하다가, 2017년에는 전년도 대비 2.5배 증가한 34억 1,347만 달러로 급격히 증가하였다.[29] 2018년에는 29억 8,153만 달러로 약간 감소했으나, 2019년에는 36억 6,374만 달러로 다시 증가하였고 2020년에는 수교 이래 최대 수치인 40억 8,501만 달러를 기록하였다.

이상에서 알 수 있듯이, 한류는 중국에서 주로 드라마와 예능 프로그램 등 방송 콘텐츠 및 K-POP 음악 콘텐츠가 주도하는 것으로 알려져 있지만, 수출액 규모를 기준으로 보면 게임 콘텐츠의 비중이 매우 높다. 실제로 대중국 전체 콘텐츠 수출에서 게임이 차지하는 비중은 2016년 약 76%, 2018년 86.62%이다. 한편 사드 배치로 인한 갈등 이후 중국으로 수출되는 한국 콘텐츠는 분야별로 상이한 발전 양상을 보이고 있는데, 중국 정부의 규제와 통제가 집중되고 있는 방송 콘텐츠와 영화 콘텐츠는 사드 갈등 이후 2017년을 기점으로 대중국 수출이 급격히 감소하는 추세를 보이는 반면, 게임 콘텐츠는 사드 갈등 이후에도 급속한 성장을 보이고 있다.

(3) 한풍(漢風)

수교 이후 중국 시장이 개방되면서 한국에서도 중국어 학습 열풍, 중국 유학 붐과 함께 중국 여행, 중국 드라마 등 다양한 중국의 문화 콘텐츠에 대한 관심이 급증하였다. 한풍은 우선 중국어 학습 열풍과 중국 유학 열기로 나타났다. 예를 들어, 중국어 능력시험인 HSK(汉语水平考试)의 한국인 응시자는 HSK가 한국에서 최초로 시행된 1993년에는 487명에 불과하였으나, 2005년 2만 명, 2006년 4만 명, 2008년 5만 명을 차례로 넘어서며 급증하였고, 2010년 신HSK 한국인 응시자는 5만 3,445명으로 당시 전 세계 70개국, 292곳에서 시험을 치른 전체 응시자의 54.37%를 차지하였으며, 2011년 한국인 응시자는 6만 5,767명으로 HSK에 참가한 해외 응시자 13만 1,500명의 50%를 차지하였다(장금·안외순, 2012: 311; 전성흥, 2010: 184). 한국인 응시자는 2016년 15만 274명으로 증가하며, 전 세계 응시자의 약 3분의 2를 차지하였다.

한풍은 고등학교 외국어 교육에서도 나타났는데, 제2외국어로 중국어를 개설한 고등학교는 2000년에는 전체 제2외국어 개설 고등학교의 8.8%에 불과했지만, 수교 20주년인 2012년에는 36.8%로 급증하였다.[30] 이상과 같은 중국어 학습 열풍은 중국 유학 열기로 이어졌다. 이미 앞에서 살펴본 바와 같이 한국은 수교 10주년인 2002년부터 중국에 가장 많은 유학생을 파견한 국가가 되었으며, 2016년에는 재중 한국인 유학생이 재미 한국인 유학생을 추월하면서 중국은 한국인의 유학 대상국 1위 국가가 되었다.

한국에서의 한풍이 가져온 중요한 결과 중 하나는 국내 대학 내 중국 관련학과의 급속한 증가이다. 필자가 집계한 바에 따르면, 수교 전해인 1991년 4년제 대학 기준으로 중국 관련학과는 총 52개에 불과하였으나 수교 20주년인 2012년 125개로 증가하였으며, 이 중 중국어와 중문학 위주가 아니라 중국의 정치, 경제, 사회, 문화를 총체적으로 다루는 다양한 명칭의 중국학과는 1991년 4개에서 2012년 72개로 증가하였다.[31] 2021년 기준 국내 대학에는 총 203개(중국어학과 50개, 중국학과 59개, 중어중문학과 94개)의 중국 관련학과가 설치되어 있다.[32] 한편 한국에서의 한풍과 발맞추어 중국이 세계 각국 대학과의 교류 및 중국어와 중국 문화 교육을 목적으로 해외에 설립한 공자학원(孔子學院)이 세계 최초로 2004년 11월 서울에서 개관하였다. 공자학원은 중국어 교사 양성을 비롯하여 중국 유학준비반, 중국문화강좌, 중국어 경시대회 개최 등 다양한 프로그램을 운영하고 있는데, 2021년 6월 기준 한국에는 22개 대학, 총 23곳에 공자학원이 설치되어 있다.[33]

중국어 학습 열풍이나 중국 유학 열기 등을 주류로 하던 초기의 중국 열풍은 점차 중국 문화에 대한 전반적인 관심으로 발전하였는데, 이에 따라 중국의 드라마, 음악, 캐릭터, 게임 그리고 출판 콘텐츠의 수입이 활발히 이루어졌다. 중국(홍콩 포함) 콘텐츠 수입액은 2008년 1억 2,976만 달러에서 수교 20주년인 2012년 1억 7,032만 달러를 기록한 후 2017년까지 1억 6,000만~1억 9,000만대를 유지하면서, 북미 콘텐츠 다음으로 가장 많이 수입된 외국 콘텐츠가 되었다. 2018년에는 처음으로 2억 달러를 넘어섰으며, 2019년 2억 8,674만 달러, 2020년 2억 2,396만 달러에 달하였다.[34]

이상과 같이 수교 이후 중국에 대한 관심이 급증하면서 한풍은 한국에서 중요한 문화 현상에까지 이르게 되었다. 그러나 사드 갈등으로 인한 한한령 이후로는 중국어 시험 응시자, 중국어 학습자, 중국 유학자, 중국 관련 전공자, 중국 콘텐츠 소비자가 모두 감소하면서 최근 한풍이 소리 없이 사라지고 있다. 예를 들어, 2021년 중등교원(중·고교 교사) 선발에서 24년 만에 중국어 교사를 한 명도 뽑지 않을 예정이라는 사실이 알려지면서 '중국어 기피 현상'이 화제가 되었으며,[35] 2017년 7만 3,240명의 최고 수치를 기록하였던 재중 한국인 유학생 수는 2021년 2만 6,949명으로 급감하였다.

(4) 문화 갈등 영역과 쟁점

이상에서 살펴본 바와 같이 한류와 한풍으로 대표되는 한중 양국 간의 활발한 문화 교류는 공유된 문화적 이미지와 문화적 기초를 점차 확대함으로써 양국 국민의 상호 이해 증진에 큰 기여를 하였다. 중국인들은 중국에 유입된 한국의 문화 콘텐츠인 한류를 통해 한국식 문화를 수용하고 소비하고 향유하면서 한국과 한국인에 대한 이해를 증진시켜나갔고, 한국인들은 중국에 대한 관심에서 촉발된 한풍을 통해서 중국의 빠른 경제성장에 따른 여러 기회가 주어질 미래를 기대하며, 중국에 대한 이해를 확장해 나갔다(강진석, 2007). 그러나 체제 간, 국가 간, 민족 간, 그리고 문화 간의 경계를 넘어서는 초국가적인 사회문화적 상호작용은 한중 양국 간의 상이한 정치, 경제 체제 및 이질적인 사회문화적 정체성으로 인해 한중 사이에 적지 않은 갈등과 위기를 야기했다. 대표적인 사회문화적 갈등으로는 중국의 동북공정, 문화 귀속 논쟁, 문화 콘텐츠 확산에 따른 문화 침투 논쟁, 사드 배치에 대한 중국의 한한령 등을 들 수 있다.

먼저, 2002년 시작된 '동북공정(东北工程)'은 한중 양국의 갈등이 역사 측면에서도 전개될 수 있음을 보여주는 중요한 사건이다. 동북공정은 동북 변경 역사에 관한 심도 있는 연구를 통한 체계적이고 권위 있는 연구성과의 도출을 목적으로 중국사회과학원 산하의 변강사지연구센터(邊疆史地研究中心)가 2002년 2월 시작한 '동북 변강 역사와 현상 연구공정(东北边疆历史与现状系列研究工程)'이 시발점이다(李国强, 2004). 동북공정의 핵심사업 중 하나로 고구려를 중국 고대 소수민족 지방 정권으로 간주하여 고구려사를 중국사로 편입시키려 한다는 사실이 알려지면서 한국에서 반중 여론이 확산되었다(백영서, 2013; 오병수, 2017).

2003년 한국고대학회, 한국고고학회, 한국근현대학회 등 17개 학회는 고구려사의 중국 역사 편입이라는 역사 왜곡 행위의 중단을 요구했으며, 정치권과 민간단체들도 거센 반발을 제기하였다. 이후 2004년 8월 중국 외교부 부부장 우다웨이와 자칭린 중국 정협 주석의 방한과 구두 합의를 통해 양국이 고구려사 문제를 정치외교 문제로 다루지 않기로 합의하면서 고구려사 문제는 학술적 영역으로 남게 되었다(안병우, 2004). 동북공정은 수교 이후 우호적이던 한국인의 중국에 대한 시각을 부정적으로 변화하게 만든 결정적 계기이자 한국에서 중국 위협론에 힘을 실어줄 근거를 제공한 중요한 사건이었다. 요컨대 동북공정은 사회문화 갈등의 첫 번째 분기점이 되었다(임대근, 2022: 206).

두 번째로, 문화 귀속 논쟁을 들 수 있다. 한중 양국의 문화적 유사성은 수교 이후 급속한 사회문화 교류의 바탕이 되었으나 동시에 갈등과 충돌의 배경이 되었다. 단오제(端午祭), 인쇄술, 신화(神話), 혼천의(渾天儀), 한자, 한의학, 김치 등을 둘러싼 각종 전통문화 '원조(元朝) 논쟁'이 양국 인터넷 매체를 통해 확대되면서 젊은 세대 간의 갈등으로 비화되었다. 한 예로 단오절을 2000년 넘게 계승해 온 자신들의 문화유산이라고 주장하는 중국은 2005년 강릉단오제의 유네스코 문화유산 등재에 대해 크게 반발하였는데, 특히 온라인에서는 강릉단오제의 유네스코 문화유산 등재가 중국 문화유산에 대한 도둑질이라는 비난이 거세게 일어났다(陈连山, 2011). 강릉단오제를 둘러싼 논쟁은 문화적 유산이 한중 양국의 사회문화적 갈등을 심화시킬 수 있는 요인이 될 수 있음을 보여주고 있다. 이후에도 문화유산을 둘러싼 양국 간의 갈등은 이후 공자 한국인설, 한자(漢字)의 한국 기원설, 김치 종주국 논쟁, 한복 국적 논란, 〈아리랑〉 국가무형문화유산 등재 논란 등이 연이어 등장하면서 지속적으로 발생되었다(문화유산을 둘러싼 양국 간의 문화 갈등에 관해서는 이 책의 7장을 참고할 것).

세 번째로, 한국의 문화 콘텐츠 확산을 경계하고 자국의 문화산업을 보호하기 위한 중국의 과도한 규제 역시 한중 양국 간 문화 갈등을 야기하였다. 중국의 외국산 콘텐츠 관련 정책과 법규의 변화는 사실상 한류의 확산에 대응하기 위한 것이라고 해도 과언이 아니다. 중국은 2002년 「수입 드라마 입안 강화에 대한 국가신문출판광전총국(광전총국)의 통지(广播电影电视总局关于加强引进剧规划工作的通知)」와 2004년 「해외 TV 프로그램 수입 및 방송관리규정(境外电视节目引进、播出管理规定)」 등을 통해 외국 콘텐츠를 규제하고 관리하였다. 그러다가 2005년 〈대장금〉의 대성공을 계기로 중국 정부는 한국 드라마의 수입 편수를 통제하면서 한류의 확산을 제도적으로 통제하였다.

이후 2012년 광전총국이 발표한 「해외 영화 드라마 수입 및 방영 관리 강화에 관한 통지(广电总局关于进一步加强和改进境外影视剧引进和播出管理的通知)」의 해외 영상 콘텐츠에 대한 상영시간 규제 및 총량 규제로 인해 한국 문화 콘텐츠의 방송 진입이 매우 어려워진 상황에서, 한류가 인터넷 플랫폼을 통해 새로운 방식으로 중국에 진출하면서 다시금 한류 열풍이 불자, 중국 정부는 사실상 한류를 겨냥하여 인터넷 방송 사전심의를 주요 내용으로 하는 「외국 영화 및 TV 드라마의 인터넷 방송 관리 규정에 관한 통지(关于进一步落实网上境外影视剧管理有关规定的通知)」(2015년)를 시행하였다(강진석, 2020: 183; 이지한, 2018: 374). 이러한 상황에서 사전제작과 한중 동시방영으로 규제를 우회하며 〈태양의 후예〉가 인기를 끌자, 중국 정부는 2016년 「해외 방송 콘텐츠 유입 제한 및 독자 콘텐츠 제작 강화 방송 프로그램의 자주적 창작 업무 추진 강화에 관한 통지(关于大力推动广播电视节目自主创新工作的通知)」를 발표하여 외국의 포맷을 활용한 공동제작 방송물을 해외 프로그램으로 간주하면서 한류를 다시금 규제하였다(서재권, 2018: 152–153).

이상과 같이 중국이 사실상 한류를 겨냥한 각종 정책과 규제를 통해 한국의 문화 콘텐츠 확산을 경계하는 배경에는 문화 콘텐츠 산업 교류 영역에서의 한중 양국 간의 불균형이 있다. 앞서 살펴본 바와 같이 한국 문화 콘텐츠의 대중국 수출액은 2008년 3억 6,279만 달러에서 2020년 45억 7,332만 달러로 폭발적으로 증가했으나, 한국의 중국 콘텐츠 수입액은 2008년 1억 2,976만 달러에서 2020년 2억 2,396만 달러로 미미한 증가를 하였을 뿐이다. 이러한 한중 양국 간 문화 콘텐츠 교류의 불균형으로 인해 중국 정부는 각종 정책과 규제를 통해 한류를 경계하며 자국의 문화산업을 보호하고 있다.

중국이 한류를 경계하는 또 다른 중요한 이유는 한국 문화 콘텐츠의 중국 진출이 중국의 국가전략과 충돌하기 때문이다. 중국은 경제적 부상과 함께 소프트파워 제고를 통해 글로벌 문화대국이 되려는 목표를 세우고 국가전략 차원에서 중국 자체의 문화 콘텐츠 경쟁력 강화에 노력을 집중하고 있다. 예를 들어, 중국 정부는 2006년 「국가 11차 5개년 계획기간 문화발전계획요강(國家十一五時期文化發展規划綱要)」을 발표하여 국가에서 중점적으로 추진할 문화사업의 내용으로 문화산업 시스템의 건설과 관리, 문화의 대외진출 등을 명시하였고(노남중, 2016: 99-100), 2009년에는 문화산업에 관한 전문 지침인 「문화산업진흥계획(中国文化产业振兴规划)」을 발표하였으며, 2012년에는 「국가 12차 5개년 계획기간 문화개혁발전계획강령(国家十二五时期文化改革发展规划纲要)」을 발표하면서 문화 콘텐츠 산업 발전을 중국몽 실현을 위한 과제로 인식하며 문화강국으로의 발전을 모색하였다(김태식, 2021: 369; 서창배·오혜정, 2014: 21; 조정래, 2018: 342). 이러한 중국의 국가전략은 한류의 세계적 확산을 통한 한국의 소프트파워 강화 전략과 충돌하였는데, 이 상황에서 중국 정부는 중국의 문화 콘텐츠에 비해 경쟁력과 비교우위를 가진 한류를 위협적인 문화 침략이자 상업적인 자본주의의 산물로 인식하며, 중국 정부가 지향하는 정책 방향과 맞지 않다는 이유를 들어 다양한 규제 조치를 통해 한류의 확산을 막고 자국의 문화를 보호하고자 하였다.

네 번째로, 사드 배치를 둘러싼 논란 및 중국의 한한령은 한중 양국 간 심각한 사회문화적 갈등으로 이어졌다. 2016년 7월 한국과 미국 정부는 사드의 한국 배치를 공식적으로 선언하였는데, 이는 중국의 강력한 반발을 야기하였다. 중국은 자국의 안보를 침해한다는 이유로 한국 문화 콘텐츠의 중국 시장 진출을 제한하였고, 한국

연예인의 중국 방송 출연을 금지하였으며, 한국 여행 관광을 불허하였고, 한국산 배터리 탑재 차량에 대한 보조금 지급을 제외하는 등 다양한 보복 조치를 시행하였다(송지연, 2020; 유현정·주재우, 2017).

이러한 사드 갈등은 한중 사회문화 교류에 부정적인 영향을 야기하였다. 우선 인적 교류의 감소를 가져왔다. 2017년 2월 중국 정부가 「한국여행 금지령」을 공표한 이후 한한령과 한국 관광상품 판매금지 조치로 인해 2017년 3월부터 2017년 5월까지 약 332.9만 명의 중국인 관광객이 한국 관광을 포기하면서, 2016년 800만 명대를 기록하였던 방한 중국인 수는 2017년에는 400만 명대 초반으로 대폭 감소하였다. 그 결과 중국 관광객을 상대로 한 한국의 관광, 요식, 숙박업, 면세점 등이 큰 타격을 받았다(김덕중 외, 2017: 8-9; 박성준·이희정, 2018: 13). 그러나 앞에서 살펴본 바와 같이 사드 갈등에도 불구하고 장기체류 중국인은 지속적으로 증가하여 2019년에는 수교 이후 최대 수치를 기록하였다는 점과 재한 중국인 학위과정 유학생 역시 감소하지 않고 오히려 증가하였다는 점은 주목할 만한 사실이다.

사드 갈등이 문화 콘텐츠 교류에 끼친 부정적인 영향은 훨씬 더 심각하다. 사드 갈등으로 인한 중국 정부의 한한령은 특히 방송 콘텐츠에 심각한 타격을 주었는데, 위성TV, 인터넷방송 등에서 한국 방송 콘텐츠의 송출이 제한되면서, 드라마 〈푸른 바다의 전설〉의 중국 수출이 불발되고, 〈사임당, 빛의 일기〉의 후난위성TV 동시 방영이 취소되었다. 따라서 이미 앞에서 살펴본 바와 같이 한한령의 주요 타깃인 방송 콘텐츠의 대중국 수출액은 2016년 7,817만 달러에서 2017년 1,355만 달러, 2018년에는 747만 달러로 급격히 감소하였다. 그러나 사드 갈등에도 불구하고 대중국 콘텐츠 총수출액은 한한령 이전인 2015년 14억 5,070만 달러에서 2020년 45억 7,332만 달러로 꾸준히 증가하고 있다. 이는 방송 및 영화 등과 같이 한한령의 직접적인 타격을 받은 콘텐츠 분야의 대중국 수출 대폭 감소에도 불구하고 게임과 같은 콘텐츠의 대중국 수출이 오히려 급증한 결과인데, 한국 문화 콘텐츠에 대한 확고한 수요 기반이 중국 내부에 존재함을 잘 보여주고 있다.

이러한 한국 문화 콘텐츠에 대한 중국 내 확고한 수요 기반은 한한령으로 인해 정상적인 소비가 어려운 한국의 방송 및 영화 콘텐츠에 대한 중국인들의 불법적이고 비정상적이며 왜곡된 소비를 만연하게 하였다. 주로 대만 및 홍콩 등의 OTT 서비스로 유통된 한국의 영화, 드라마, 예능 콘텐츠가 VPN 등의 우회 기술을 통해 중국에서 불법적으로 소비 및 수용되면서, 비록 실질적인 수익 창출은 못하였지만 한국의 방송 콘텐츠는 여전히 중국에서 높은 인기를 누리고 있다(권기영, 2017).[36] 예를 들어, 〈오징어 게임〉은 중국에서 정식으로 서비스되지 않았음에도 60여 개가 넘는 중국 미디어 플랫폼에서 다운로드가 되어 중국에서 큰 사회문화적 이슈가 되었다(김정은, 2021: 306). 〈오징어 게임〉의 불법적인 소비 및 유통은 한국 문화 콘텐츠에 대한 지식재산권 침해 문제를 불거지게 했다

사드 배치를 둘러싼 논란 및 중국의 한한령은 사회문화의 외생변수가 심각한 사회문화적 갈등을 야기할 수 있음을 보여주는 중요한 사건이다. 무엇보다도 사드 사태 이후 양국 국민의 상대방에 대한

호감도가 급격하게 감소했다(김상규, 2018).

4. 한중 사회문화 교류의 전망과 과제

수교 이후 지난 30년간 급속히 발전한 한중 사회문화적 교류는 양국 국민의 사회문화적 친근감을 형성함으로써 상호 이해와 신뢰 증진에 큰 공헌을 하였다. 인적 교류 분야에서 중국은 우수한 노동 인력을 한국에 제공하였으며, 한국 역시 인구이동을 통해 중국 시장에 활력을 불어 넣었다. 무엇보다도 상대국으로의 유학생의 이동은 다양한 형식의 학술 교류를 촉진하면서 양국의 발전 경험을 배우고 논의하는 다양한 담론 교류를 활성화시켰다.

한편 한류와 한풍으로 대표되는 한중 양국 간의 활발한 문화 교류 역시 양국 간의 사회문화적 이해 증진에 지대한 공헌을 하였다. 중국은 한국의 문화 콘텐츠 산업이 성장할 수 있는 시장을 제공해 주었는데, 중국에서의 한류 열기는 경제적 파급효과는 물론 한국에 대한 긍정적인 이미지 및 호감도 증가를 결과하였다(유경진 외, 2012; 장신·박상희, 2017; 조운탁, 2013). 또한 한풍 역시 한국인의 중국 문화 전반에 대한 관심으로 이어지며 상호 이해의 지평을 넓혔다. 그러나 최근 들어 양국 간의 사회문화 교류는 점차 갈등과 경쟁의 장으로 변화하고 있다. 이러한 변화는 수교 이후 교류와 협력의 토대로 작용하였던 한중 양국의 사회문화적 유사성이 점차 갈등과 경쟁의 원인이 되고 있다는 사실에 더하여 다음의 세 가지 요인에 의해 더욱 심화되고 있다.

우선, 중국의 급속한 부상에 따른 한중 간 비대칭성의 확대이다. 중국은 빠른 경제성장을 토대로 거대한 경제력을 갖춘 강대국이 되었으며, 이로 인해 한국과 중국 사이의 힘의 비대칭성은 확대되었다(이남주, 2021; 정재호, 2021; 황재호, 2020). 특히 한국의 중국에 대한 경제적 의존 심화와 그에 따른 중국에 대한 취약성 증가가 심각한 문제로 등장하였다(주성환·강진권, 2013). 예를 들어, 2003년 중국은 이미 한국의 최대 무역상대국이 되었으며, 2019년 한국의 전체 수출에서 대중국 수출이 차지하는 비중은 25.1%에 달하였다. 이에 반해 2019년 현재 중국의 전체 수출 비중에서 한국이 차지하는 비중은 4.4%에 불과하였다(Lee, 2020: 12). 이러한 불균형적 관계는 중국의 전략적 선택에 대한 한국의 취약성을 증가시키고 있는데, 사드 배치 이후 중국의 보복에 따른 한국의 어려움은 양국의 불균형적 상호 의존성이 초래한 중국의 한국에 대한 레버리지 강화와 한국의 중국에 대한 취약성 심화의 문제를 단적으로 보여주었다(Byun, 2021).

앞으로도 경제 영역을 중심으로 한중 간 비대칭성의 확대가 예상되는데, 이러한 한중 간 비대칭성/불균형성은 미래 한중 사회문화 교류의 성격을 규정하게 될 중요한 요인이다. 예를 들어, 한류가 중국에서 유행한 이후 지금까지 중국과의 문화 콘텐츠 경쟁에서 한국은 압도적인 지위를 누리며 일방적인 수혜를 보았으나, 중국의 급속한 국력 신장은 앞으로 한중 문화 콘텐츠 교류의 양상을 변화시킬 수 있다. 이와 관련하여 경제력에 기반한 중국 거대자본의 한국 문화산업에 대한 대대적인 진출을 한국 문화 콘텐츠를 침식시킬 위험요인으로 바라보는 의견들이 제기되고 있다(김태식, 2021; 심두보, 2016).

최근 중국은 거대자본을 동원하여 한국의 문화 콘텐츠를 인수하는 데 관심을 집중하고 있다. 즉 완성된 콘텐츠 수입, 방송 포맷 수입, 한국 핵심 제작인력의 중국 영입, 중국 자본 참여를 통한 한중 공동제작 등의 방식을 거쳐, 이제는 공격적인 인수합병을 진행하면서 문화 콘텐츠 기술 및 역량의 흡수 전략을 다양하게 구사하고 있다. 제작사 씨그널엔터테인먼트그룹을 비롯하여 초록뱀미디어그룹, FNC엔터테인먼트 등 국내 드라마 및 예능 프로그램 제작사의 주요 주주가 중국 기업이 되었고, 2014년 뉴(New)는 중국 화책미디어그룹으로부터 535억 원, 키이스트는 소후닷컴으로부터 150억 원, 2016년 SM엔터테인먼트는 알리바바로부터 355억 원, YG엔터테인먼트는 텐센트로부터 357억 원의 투자를 받았다(김태식, 2021: 369). 한 조사에 의하면, 2011~2017년 기간에 중국이 판교 벤처밸리나 우리나라 게임회사에 투자한 자본이 3조 원에 이르는 것으로 추정되고 있다(김덕중 외, 2017: 63). 사드 사태 이후 잠시 소강상태를 보이기도 하였으나 최근에도 중국 3대 동영상 사이트 중 하나인 '아이치이'는 30여편이 넘는 한국 드라마의 해외 판권을 사들였으며, '텐센트'는 JTBC 스튜디오에 1,000억원을 투자하였다(김태식, 2021: 369-370; 이동배, 2021: 142).

이상과 같은 중국 거대자본의 문화산업 진출은 경제적 부상에 힘입어 자국 소프트파워의 제고 및 글로벌 문화대국으로의 발전을 목표로 삼은 중국의 국가전략과 상호작용하고 있다. 중국 정부의 국가전략이 의도한 대로 급속한 경제성장을 바탕으로 중국이 문화 산업 경쟁력을 확보하게 된다면, 한국이 압도적인 지위를 누리고 있는 문화 콘텐츠 교류 영역은 한중 간 심각한 갈등과 치열한 경쟁의 장으로 변화될 것이며, 사실상 그러한 변화가 이미 진행 중이다.

둘째, 미중 전략적 경쟁의 심화이다. 미중 간의 갈등이 본격화되면서 한중 관계는 미중 관계에 직접적인 영향을 받게 되었다. 특히 시진핑 시기 미국과의 전략적 경쟁이 본격화되면서 한중 관계는 미중 관계의 패권 경쟁 구도에 의해 규정되는 한계를 노출하였고, 한국이 추진한 안보는 미국에 의존하고, 경제는 중국에 의지하는 전략에 대한 중국의 불신이 증가하였다(姜龙范, 2020; 李军, 2021). 이러한 상황에서 과거에는 극복 가능할 것으로 인식되었던 한중 간의 갈등이 심각한 문제로 다가오게 되었다. 사드 배치를 둘러싼 갈등이 대표적인 사례이다. 사드 갈등 이전에는 한중 관계에서 발생한 여러 가지 문제점에도 불구하고 한중 양국은 차이점을 인지하고 공통점을 모색하여 보다 협력적이고 우호적인 미래를 기약할 수 있는 대상으로 인식되었으나(김태호, 2013), 사드 갈등 이후 양국 관계에 대한 평가는 정치적 신뢰 관계가 무너져 이전으로 돌아가기 힘든 관계로 언급되었다(김태호, 2017; 李成日, 2018; 赵立新, 2020).

미중 전략적 경쟁의 심화는 한중 사회문화 교류 역시 갈등의 장으로 변화시키고 있다. 사드 갈등은 미중 전략적 경쟁의 심화라는 외생변수가 한중 간 심각한 사회문화적 갈등을 야기할 수 있음을 극명하게 보여주었다. 앞에서 살펴본 것처럼 사드 배치를 둘러싼 논란 및 중국의 한한령은 인적 교류 및 문화 콘텐츠 교류에서 심각한 사회문화적 갈등을 유발하면서 양국 국민의 상대방에 대한 비호감도를 상승시켰다. 미중 전략적 경쟁의 심화는 한중 관계의 미중 관계 종속화를 가속화함으로써 더욱 빈번한 한중 간 사회문화 갈등을 야기할 것으로 예상된다.

셋째, 한중 양국의 젊은 세대를 중심으로 나타나는 반중·반한 정서의 확산이다. 미국 여론조사기관인 퓨리서치센터(Pew Research Center)가 2022년 6월 29일 발표한 중국에 대한 인식 조사 결과에 따르면, 한국인 응답자로서는 역대 최고 수치인 80%가 중국에 대한 비호감(unfavorable) 인식을 나타냈다. 한국인의 반중 정서는 중국의 문화적 침탈에 대한 논란, 사드 배치를 둘러싼 갈등과 이에 따른 중국의 한한령, 코로나19의 발발과 확산에 따른 중국에 대한 부정적 인식 확대 등 다양한 요인에 기인하고 있다. 중요한 사실은 19개 조사 대상국 중 유일하게 한국에서만 30세 이하 청년층의 중국에 대한 비호감도가 장년층의 비호감도를 넘어선 사실이다.[37] 2022년 2월 스탠퍼드대학교의 설문조사 결과에서도 자유, 민주적 가치 속에서 성장한 18~39세의 젊은 한국인들은 중국에 동정적인 반미정서 속에서 성장한 '586세대'보다 권위주의적인 중국 공산당 체제에 더 비판적인 태도를 보이고 있는 것으로 나타났다.[38] 한국의 젊은 세대가 가진 반중 정서는 중국의 문화적 침탈 의도에 대한 반감, 비민주적이고 권위주의적인 중국의 체제에 대한 거부감, 중화주의적 세계관과 중국 정부의 강경한 태도에 대한 반발 심리 등이 그 기저에 있는 것으로 보인다(조의행, 2022).

한편 중국의 젊은 세대 역시 사드 갈등 이후 주로 인터넷 공간을 중심으로 한국에 대한 혐오의 감정을 빈번하게 드러내고 있다. 중국의 젊은 세대는 민족주의적 성향이 강하며, 자신의 의견을 적극적으로 온라인상에서 표출하는 특징을 가지고 있다(丁小文, 2019; Yang and Zheng, 2012). 특히, 1995년 이후 출생한 '95허우' 세대는 높은 수준의 애국주의 성향을 보이고 있으며(董杜斌·王晓霞, 2018: 56), '중화민족 부흥 세대'라고 부를 만큼 배타적인 민족주의적 성향을 가지고 인터넷이나 SNS 등에서 한류 콘텐츠와 한국에 대한 반감을 강하게 표출하고 있다(이욱연, 2021: 40−41).

한중 관계의 미래를 이끌 양국 젊은 세대의 상호에 대한 반감은 한중 사회관계에 있어서 갈등이 확대 및 심화될 높은 가능성을 의미한다. 실제로 2019년 홍콩 민주화 운동을 둘러싼 한국 학생과 중국 유학생 간의 충돌 사태는 한국의 젊은 세대가 중시하는 인권, 자유 등의 민주주의 가치와 중국의 젊은 세대가 중시하는 애국주의 사이에서의 가치관 충돌이 사회문화적 갈등으로 발전할 수 있음을 보여주었다. 2019년 한국의 주요 대학교에서는 홍콩 민주화 운동을 지지하는 대자보들이 등장하기 시작하였다. 그러나 한국 학생들의 홍콩 민주화 운동 지지에 불만을 품은 중국 유학생들이 대자보를 훼손하고, 홍콩 지지를 호소하는 학생들을 우롱하는 사건이 발생, 한국 학생과 중국 유학생 사이에 심각한 갈등을 초래하였다.[39] 이처럼 한국의 젊은 세대가 중시하는 민주주의적 가치와 중국의 젊은 세대에서 나타나는 애국주의적 가치의 충돌은 향후 한중 관계에서 위기를 촉발할 수 있는 잠재적인 갈등 요소로 보인다.

중국의 급속한 부상에 따른 한중 간 비대칭성의 확대, 미중 전략적 경쟁의 심화, 한중 양국의 젊은 세대를 중심으로 나타나는 반중·반한 정서의 확산, 그리고 양국의 국제적 위상 변화는 미래 한중 사회문화 교류 지형을 규정할 중요한 요인이다. 한중 수교 30주년을 계기로 이러한 대내외적 환경 변화의 요인을 고려하면서 양국이 직면한 갈등과 문제를 돌아보며, 서로의 차이를 이해하고 존중할 수 있는 대책 마련이 시급하다. 특히 사회문화 영역에서 이러한 문제에 대한 인식의 차이를 좁히면서 향후 새로운 한중 관계로 나아갈 필요성이 대두되고 있다. 따라서 미래지향적인 한중 사회문화 교류를 위해, 우선 한중 양국이 합의하고 준수해야 할 사회문화 교류의 공동원칙을 수립(consensus building)하고, 이러한 공동원칙에 기반하여 사회문화 교류의 분야별 플랫폼을 구축(platform building)하며, 이러한 공통의 플랫폼을 기반으로 한중 양국의 다양한 주체들이 사회문화의 제 분야에 있어서 실질적인 교류 및 협력을 해 나갈 수 있도록 지원하는 제도와 정책을 입안(policy building)하는 것이 우선적으로 이루어져야 할 것이다.

제7장

한중 문화 갈등 30년

이욱연(서강대)

1992-2022

1. 서론

한중 수교 30년을 맞은 2022년 시점에서 한중 관계를 회고해보면, 한중 관계 전반이 전환점에 직면하고 있지만, 사회문화 분야의 경우 단순한 전환점이 아니라 위기적 전환점에 서 있다고 할 수 있다. 한중 문화 교류가 30년 동안 상호 탐색기(1992~2002년)와 교류 성숙기(2002~2016년)를 거쳐 2016년부터 현재까지 문화 냉각기에 접어들었다는 진단은 이러한 인식을 반영한 것이다(임대근, 2022). 문화 교류는 지난 30년 동안 이루어진 한중 교류에서 가장 주목할 만한 성과를 이룬 부문이다. 인적 교류는 물론이고, 문화 콘텐츠 교류, 학술 교류 등 문화 교류의 제반 분야에서 크게 성장하였다. 하지만 이 과정에서 여러 가지 도전 과제 역시 부상하였다. 한중 교류의 상징이었던 중국 내 한류 이미지 약화, 문화 주권 안보론 등장, 공격적 한류 마케팅에 대한 부작용, 대중문화 교류에서 일어난 불균형, 사드 배치 여파에서와 같은 정치적 사건의 영향, 문화 갈등 등이 그렇다(이희옥, 2017: 29, 123).

한중 수교 이후 문화 교류에는 과거 한중 문화 교류사에 없던 새로운 양상이 출현하였다. 전통 시대에는 주로 지식인 사이의 교류 위주였고, 중국에서 한국으로 흘러든 중국 문화가 많았는데, 한중 수교 이후에는 대중문화 교류가 많았고, 한국에서 중국으로 흘러간 한국 문화가 많았다(윤여탁, 2015).[1] 그런데 이러한 양국 문화의 상호 교류는 긍정적 영향만이 아니라 부정적 영향도 낳았다. 한국과 중국 두 나라 문화가 교류를 통해 상대국에 전파되면서 새로운 문화 향유와 문화 소비의 대상이 되었고, 이로 인해 감정의 교류, 취향의 교류가 일어났으며, 이것이 상대국 및 상대국 문화와 국민에 대한 인식 변화에 긍정적 영향을 미쳤다. 하지만 교류로 인한 부정적 영향이 나타나기도 하였다. 반한류와 같은 상대국 문화의 유입을 비판하는 경향이 생긴 것이다(김도희·왕샤오링, 2015).

그런데 한중 양국 문화가 상호 교류하는 과정에서 이러한 긍정적·부정적 현상이 나타난 것과 더불어 양국 문화의 정체성과 관련하여 갈등이 일어나기도 하였다. 중국에서 일어난 반한류 현상처럼 문화가 국경을 넘어가는 교류 과정에서 일어난 부작용 현상으로서 문화 갈등이 일어나기도 하였지만, 한중 사이에 일어난 문화 귀속권과 문화 기원을 둘러싼 논쟁의 경우처럼, 한중 두 나라 문화의 특징 및 정체성과 관련하여 문화 갈등이 일어나기도 한 것이다. 이는 한중 두 나라 문화가, 특히 전통문화가 많은 유사성을 지닌 데 따른 것이다. 유네스코 문화유산 등재를 둘러싼 갈등이 그렇고, 한복과 김치 원조 논쟁이 그렇다. 이렇게 보자면 3,000년 한중 관계사라는 차원에서 볼 때 한중 수교 이후 일어난 문화 갈등은 지난 30년 동안 활발하게 진행된 한중 교류라는 특정한 시기적·상황적 산물이기도 하지만, 한중 관계 자체가 지닌 역사적·구조적 산물이기도 하다. 수교 이후 한중 관계사만이 아니라 오랜 전통 시대부터 형성된 한중 관계사의 역사와 특징이 여기에 작용하고 있는 것이다.

수교 이후 30년 동안의 한중 관계를 회고하고 평가할 때, 한중 문화 갈등에 대한 심도 있는 회고와 평가, 그리고 전망, 대안 모색 관련 논의가 중요한 것은 한중 문화 갈등이 지닌 이러한 중층적 성격과 의미 때문이다. 한중 문화 갈등을 점검하고 평가하는 일은 비단 수교 30년이라는 최근 시간대에 이루어진 한중 문화 교류를 점검하고 평가하는 일만이 아니라 한중 관계가 지닌 역사적·구조적 문제를 다시 한번 점검하고 평가하는 일이기도 하다. 한중 수교 이후 벌어진 문화 갈등에는 한중 두 나라 사이에 이루어진 오랜 문화 교류 역사와 더불어 문화적 유사성 등 양국 문화의 정체성 문제가 작용한 것이다.

이 연구에서 한중 수교 문화 교류 중에서도 특히 문화 갈등에 주목하여 한중 수교 30년 동안에 진행된 문화 교류를 회고하고 평가하려는 것은 한중 문화 갈등이 지닌 이런 특징과 성격 때문이다. 한중 문화 갈등이 지닌 이러한 성격에 주목하면서 이 연구는 한중 문화 갈등을 통해 한중 문화 교류에서 일어난 갈등 사례를 종합적으로 정리한 뒤, 이를 특정 시기적·상황적 차원과 더불어 역사적·구조적 차원에서 그 배경과 원인을 분석하고, 이를 바탕으로 향후 발전적 해결을 위한 과제를 제시하려고 한다.

한중 수교 이후 일어난 한중 문화 갈등을 다룬 한국과 중국 연구를 그 특징에 따라 분류하자면 네 갈래다. 첫째는 한중 문화 갈등의 사례를 종합하여 그 발생 구조와 배경, 전개 과정의 특징 등을 분석하고 이를 바탕으로 대응 방안을 분석한 연구(신경진, 2011; 임대근, 2012, 2022; 정재서, 2011; 夏曉莉, 2014), 둘째는 문화 갈등의 원인과 배경에 초점을 두고서, 이러한 차원에서 중국 애국주의와 문화정책을 분석한 연구(황태연, 2022), 셋째는 〈아리랑〉과 강릉단오제 파동 등 문화 갈등 개별 사례를 대상으로 전개 과정과 특징, 해결 방안을 다룬 연구(이정원 외, 2012; 홍정륜, 2021; 金勇范 외, 2015; 曾曉慧 외, 2015) 등이다. 기존 연구와 비교할 때, 이 연구는 한중 문화 갈등을 한중 수교 30년 동안에 일어난 문화 갈등 사례 모두를 분석 대상으로 한다는 점에서는 기존 연구 중 첫째 경향인 정재서(2011), 신경진(2011), 임대근(2022)의 방법론과 유사하다.

하지만 이 연구는 다음과 같은 점에서 위의 기존 연구와 차별점을 지닌다. 우선 문화 갈등의 사례 범주 문제다. 사실 수교 30년 동안 한중 사이에 일어난 문화 갈등의 사례의 범주에 대해서 일치된 합의는 없다. 문화 갈등이 정치 문제와 연동하여 일어난 경우도 있어서 문화 갈등의 외연 설정에도 논란이 있을 수 있고, 한중 두 나라에서 일어나는 상호 갈등만을 대상으로 할 것인지, 아니면 한국이나 중국 일국 내에서 일어난 것까지 포함할 것인지 등에 따라 달라진다. 그래서 연구자마다 주관적으로 범주를 설정하고 각 사례를 다루고 있다. 한중 상호작용이 일어난 갈등 사례만이 아니라 한국이나 중국 한 국가 내부에서 주로 일어난 반한국, 반중국 사건까지 여기에 포함하기도 하고, 2008년 베이징 올림픽 성화 봉송을 두고 일어난 사건까지 문화 갈등에 포함하기도 한다(임대근, 2012, 2022).

이 연구에서는 한중 상호 간에 일정 기간 계속된 지속성과 상호성이라는 기준으로 갈등 사례 범주를 설정하였다. 한중 상호 간에 일어난 문화 갈등만을 대상으로 삼았고, 개별 국가에서 일어난 반중국, 반한국 사건은 제외하였으며, 두 나라에서 연동하여 갈등이 진행되면서 두 나라에서 상당 기간 지속되는 파급력을 지닌 것을 대상으로 삼았다. 갈등의 연동성과 파급력에 주목한 것인데, 이는 한중 문화 갈등이 한국이나 중국 어느 한쪽 요인만으로 전개되고, 확산하는 것이 아니라 상호 연동하는 가운데 상당 기간 증폭하고 전개된 점에 주목하고 이러한 특징을 반영하여 분석하기 위한 것이다.

이런 취지에서 이 연구에서는 정재서, 임대근, 신경진의 연구와 다르게 한자의 기원이 우리글이라는 주장(2001년), 세계 최초 금속활자본 논란(2001년), 한국 신화의 중국 신화에 미친 영향 주장(2007년), 공자 한국인설(2008년), SBS 베이징 올림픽 개막식 장면 사전 보도(2008년) 갈등은 한중 양국이 아니라 중국에서만 주로 일어난 반한 갈등이라는 점에서 제외하였다. 그리고 강원도 한류 타운 사업 논란(2012년), 영화 〈금강천〉 개봉 논란(2021년)은 한국에서만 일어난 반중 사건이라는 점, 그리고 일부 사례는 소수 네티즌이 전혀 근거 없는 허위 정보를 주장한 점 등의 이유로 제외하였다. 또한 임대근 연구에서 다룬 2007년 창춘 아시안게임 당시 '백두산은 한국 땅' 퍼포먼스로 인한 갈등도 이 연구에서는 제외하였는데, 이는 이 갈등이 동북공정의 연장이자, 영토 갈등의 성격을 지닌다고 본 때문이다.

하지만 엄밀히 분류하자면 역사 갈등의 성격이라고 해야 할 이른바 '동북공정(2003년)' 사례는 이 연구의 범주에 포함하였다. 이는 두 가지 이유 때문이다. 첫째는 동북공정을 둘러싼 한중 갈등은 기본적으로 고구려사 귀속 문제를 둘러싼 역사 갈등에 속하지만, 이 사안은 고구려 역사의 귀속 문제만이 아니라 조선족 문화의 귀속 문제와도 연결되는 문화적 사안이자 문화 갈등의 성격을 동시에 지닌다는 점, 둘째는 동북공정을 둘러싼 갈등은 이후 한중 사이에 등장하는 문화 갈등에서 문화 귀속권 갈등이 다수 등장하면서, 한국에서는 이러한 갈등 사례를 동북공정의 연장선에서 규정하여 대응하였고, 기존 관련 연구에서도 이 차원에서 동북공정을 문화 갈등 사례로 다루었다는 점 때문이다(임대근, 2012, 2022).

이 연구에서는 먼저 한중 수교 이후 일어난 갈등 사례 14건이 지닌 갈등의 성격을 구명할 것이다. 이를 통해 수교 이후 30년 동안에 일어난 한중 문화 갈등의 요인과 그 성격을 분석할 것이다. 그런 뒤 3절에서는 한중에서 문화 갈등이 전개되는 과정에서 나타난 주요 특징을 분석하는데, 특히 가장 최근에 일어난 사례 중 김치 갈등과 BTS 발언 갈등 사례를 대상으로 이 두 사례가 웨이보 중국 사회적 관계망을 통해 어떻게 확산하고, 전파되었는지를 분석할 것이다. 이 두 사례를 선정한 것은 BTS 발언 갈등은 미중 갈등의 영향을 받은 한중 갈등 사안이라고 보았고, 김치 갈등은 전형적인 한중 문화 갈등의 성격을 지닌다고 본 때문이다. 중국 웨이보 관계망을 통한 이러한 분석은 이 연구만의 차별점으로서, 이 분석을 통해 문화 갈등이 중국에서 확산하는 과정에서 중국 언론의 사회관계망 서비스가 어떤 역할을 하는지, 두 가지 이슈의 전개 과정에서 어떤 차이점이 있는지를 시각적으로 선명하게 확인할 수 있을 것이다. 아울러 이 연구에서는 한중 문화 갈등에 대한 대응책과 관련하여 한국 차원의 대응을 주로 분석한 기존 연구와 다르게 한중 문화의 정체성, 그리고 한중 문화 교류가 지닌 역사적·구조적 특징 차원에서 한국과 중국이 동시에 숙고해야 할 과제를 제시하고자 한다. 이는 한중 문화 갈등이 상황적·시기적 요인과 더불어 구조적 역사적 요인이 상호 결합하여 발생하였고, 이런 경향은 앞으로도 지속될 수 있다고 보는 인식을 바탕으로, 그럴 때 보다 장기적이고 근본적인 해결을 위해서는 한중 양국과 양국 국민이 양국 문화의 정체성과 양국 문화 교류에 대한 새로운 시각을 정립할 필요가 있다고 보기 때문이다.

2. 한중 문화 갈등의 요인 및 양상

한중 양국 사이 문화 교류는 경제 교류와 다르게 수교와 함께 바로 활성화되지 않았다. 여기에는 다음과 같은 요인이 작용하였다. 한중 두 나라가 전통 시대부터 근대까지 오랜 문화 교류의 역사를 지니지만, 수교 이전 반세기 동안 교류가 단절된 점, 두 나라의 문화와 생활이 많은 차이와 격차를 지닌 점 등이다. 이런 상황을 타개하고 문화 교류를 촉진하기 위해 수교 이후 한중 양국은 1994년에 '문화협력에 관한 협정'을 체결하였고, 이 협정에 따라 '한중문화공동위원회(1994~2011년)'를 구성하였다. 문화 교류를 위한 정지 작업을 진행한 것이다. 이후 양국 사이 문화 교류는 주로 정부 주도로 이루어졌다. 한국의 국립무용단과 국립오페라단, 중국의 민족악단, 동방가무단과 같은 양국을 대표하는 국립 예술단체가 상대국을 방문하여 공연하였다(유재기, 2009: 12-21).

이런 양상에 변화가 일어난 것은 나중에 한류라는 이름을 얻는[2] 한국 대중문화가 중국에 진출하면서다. 한중 문화 교류에 새로운 이정표가 새겨진 것인데, 중국에서 한류가 유행하는 데 불을 붙인 것은 드라마였다. 수교 이후 처음 중국에 소개된 한국 드라마는 〈질투〉로 1993년에 중국 중앙텔레비전(CCTV)을 통해서였다. 하지만 중국에서 한국 드라마 유행이 일어난 것은 1996년에 〈사랑이 뭐길래〉가 역시 중앙텔레비전에 방영되면서였다. 〈사랑이 뭐길래〉는 중국 시청자의 요청에 따라 재방송되기도 했고, 당시 중국 텔레비전 프로그램 최고의 시청률을 기록했다(노남중, 2016: 4). 주목할 것은 중국을 대표하는 방송인 중앙텔레비전이 한국 드라마를 계속 방영하는 등 중국 정부가 한류 유행에 기여한 점이다. 이 점은 중국에서 일본 대중문화가 유행할 때, 민간에서부터 시작한 것과는 다른 양상이었다(胡智鋒·張國濤, 2005). 이후 한국 대중문화 열풍은 드라마에서 가요로 빠르게 확산하였다. 중국에서 한류 유행은 2002년 〈가을동화〉 유행에 이어 2005년 〈대장금〉 유행으로 정점에 이른다.

중국에서 한류가 유행한 것은 한중 수교 이후 30년 동안 한중 문화 교류에서 가장 중요한 사건이다. 김도희는 한중 문화 교류를 회고하면서, 그 과제로 교류의 불균형 해결을 지적하는데, 이러한 불균형의 주요 원인이 한류였다(김도희, 2007). 대중문화를 포함한 한국 문화 콘텐츠는 한중 문화 교류에서 일방적인 수혜를 보았다. 한류가 중국에서 유행한 2000년대 이후 한국 콘텐츠는 계속 대중국 교역에서 일방적으로 흑자를 냈다. 많게는 10배까지 흑자를 냈고, 2020년만 하더라도 수입액은 2억 2,396만 8,000달러였지만 수출액은 45억 7,332만 4,000달러였다(한국콘텐츠진흥원, 2022). 하지만 중국에서 한류가 유행한 것은 반한 감정의 시발점이기도 했다. 중국에서 한류가 크게 유행하면서 한국 대중문화를 비판하면서 반감을 드러내는 반한류 흐름이 일어나고, 반한 감정도 대두하기 시작한 것이다. 한류 드라마가 유행의 정점에 이른 2005년을 기점으로 중국 정부는 한국 드라마 수입 편수를 통제하면서 한류를 견제하기 시작하였고, 중국 대중문화계에서 반한류 주장이 나타나기 시작하였다(尹鴻, 2008: 1). 2007년에 중국에서 실시된 한 여론조사에서는 '좋아하지 않는 이웃 나라'로 한국이 1위였고, 2008년 『중국 칭니엔바오(中國青年報)』가 실시한 가장 싫어하는 드라마 여론조사에서 외국 드라마로는 유일하게 〈대장금〉이 포함되었다(정광호, 2009: 24). 한국 대중문화가 국경을 넘어 중국에 유입하는 과정에서 한국 문화를 선호하는 경향만이 아니라 한국에 대한 부정적 감정 역시 동시에 일어난 것이다.

이렇게 한류 유행에 대한 반감으로 중국에서 반한류와 반한국 감정이 싹트기 시작하였지만, 이것이 중국에서 반한 감정이 전면적으로 등장하지는 않았고, 이것이 한중 양국에서 일어나는 상호 문화 갈등으로 전개되지도 않았다. 한중 문화 갈등이 본격적으로 대두하는 계기가 된 것은 한류가 아니라 유네스코 문화유산 등재 신청이었다. 한중 수교 이후 30년 동안에 일어난 한중 문화 갈등 사례를 양국 사이 상호 연동성, 지속성, 언론 및 대중적 파급력, 기존 관련 연구에서 선정한 사례 등을 기준으로 삼아 선정한 14건 사례를 통해 볼 때, 수교 이후 한중 두 나라 사이에서 문화 갈등이 전면적으로 등장한 계기는 양국에서 진행된 유네스코 세계문화유산 등재 신청이었다. 한국의 문화유산 신청에 중국이 반발하기도 했고, 그 반대의 경우도 있었다. 한국이 강릉단오제, 동의보감, 온돌 등을 유네스코 문화유산으로 신청하자 중국이 반발하였고, 한글 자판, 〈아리랑〉 등은 중국이 신청하자 한국이 반발하였다.

전체 갈등 사례 14건 가운데 양국 전통문화의 문화 귀속권을 둘러싼 갈등이 10건(동북공정 포함)으로 가장 많고, 더구나 이 10건 가운데 조선족 문화의 귀속권을 둘러싼 갈등이 4건이었다. 고구려사 귀속권 갈등(2003년), 한글 자판 표준화 갈등(2010년), 〈아리랑〉 유네스코 등재 갈등(2011년), 베이징 동계올림픽 개막식 조선족 동포의 한복 착용 갈등(2022년) 등이다. 이들 한중 문화 갈등 사례는 한중 관계의 역사적·구조적 특징이 작용하여 일어난 갈등이다. 한국과 중국은 오랜 문화 교류 역사를 지니고 있고, 유교 문화와 한자 문화를 공유하는 가운데 문화를 서로 주고받으면서 공동으로 동아시아 문화공동체를 이루었으며, 이로 인해 두 나라 문화가 많은 유사성을 지니고 있다. 전통 시대에 이루어진 이러한 활발한 문화 교류의 유산이 근대 이후 양국에 수립한 국가를 단위로 유네스코 문화유산을 등재하는 과정에서 문화 귀속권 갈등의 원인이 된 것이다. 또한 한중 두 나라 사이에는 민족적·문화적으로는 한국 정체성을 지니지만 국민적 정체성으로는 중국 국적을 지닌 조선족 문제라는 특수한 역사적 문제가 존재하는데, 이것이 양국 문화 갈등의 또 다른 원인이었다. 이러한 갈등은 모두 한중 관계의 역사적·구조적 특징이 문화 갈등으로 표출된 사례이다.

한중 수교 30년 동안에 일어난 문화 갈등의 가장 중요한 특징이 한중 양국 문화의 정체성과 오랜 문화 교류 역사에서 기인하는 역사적·구조적 성격을 지닌다고 파악할 때, 향후 한중 문화 갈등의 해결 방안을 모색하는 일이 쉽지 않다는 것을 알 수 있다. 문화 갈등 대부분이 한중 관계의 역사적·구조적 특징에 기인하는 이상, 이를 극복하는 일이 단시간에 한두 가지 특정 조치를 통해 해결될 수 없기 때문이다. 매우 장기적인 노력이 필요하고, 양국 관계의 특수성, 역사성에 대한 올바른 이해, 그리고 양국 문화의 유사성을 어떻게 볼 것인지, 나아가 문화와 문화 교류의 본질을 어떻게 볼 것인지와 관련한 보다 넓고 깊은 이해가 한중 양국과 두 나라 국민 사이에 필요하기 때문이다.

더구나 한중 사이 문화 귀속권을 둘러싼 갈등은 한중 문화 관계의 과거 역사가 서려 있는 오래된 과거 사안일 뿐만 아니라 글로벌 문화표준의 문제와도 연결된 미래 사안이기도 하다. 중국이 중화의 부흥이라는 중국몽을 실현하는 과정에서 문화의 부흥이 중요한 요소이고, 한국의 경우 한류 문화를 세계적으로 확산하는 것이 국가적 과제인 상황에서 글로벌 문화표준을 두고서 양국이 경쟁하는 양상이 문화 귀속권 갈등으로 나타나고 있다. 조영남(2011)은 한중

〈표 7-1〉 한중 수교 30년 한중 문화 갈등의 내용과 성격, 유발 주체

	연도	갈등 이슈	내용	갈등 성격	유발 주체
1	2003[3]	고구려사 중국사 편입	고구려사를 중국사에 편입하는 '동북공정'에 한국 반발	역사(문화) 귀속	관방
2	2005	강릉단오제 유네스코 등재 신청	강릉단오제유네스코문화유산 등재 신청에 대한 중국 반발	문화귀속	관방
3	2006	동의보감 유네스코 등재 신청	동의보감 등재 신청에 중국 반발	문화귀속	관방
4	2010	한글 자판 표준화	중국 한글 자판 표준화 등재 신청	문화귀속	관방
5	2011	〈아리랑〉 유네스코 등재	〈아리랑〉을 조선족문화로 등재 신청	문화귀속	관방
6	2014	온돌 유네스코 등재	온돌 등재신청에 중국 반발	문화귀속	관방
7	2015	가수 쯔위 타이완 국적	쯔위 중화민국 국기 든 것에 중국 반발	정치(문화)	민간
8	2016	한한령	사드 이후 한국관광및콘텐츠 차단	정치(문화)	관방/민간
9	2020	이효리 '마오' 발언	오락프로에서 마오 거론한 것에 지도자 존엄 훼손이라고 중국 반발	문화	민간
10	2020	BTS 수상 소감 발언	"(한미) 두 나라가 함께 한 고통의 역사를 기억한다"는 밴플리트상 수상 소감에 중국 반발	정치(문화)	민간
11	2020	한복 기원	샤이닝니키 오락 인물에 한복 입힌 것 두고 한복은 중국 복장이라고 주장	문화귀속	민간
12	2020	김치 종주국	파오차이 인증을 두고 중국이 김치 종주국이라고 주장	문화귀속	민간
13	2021	드라마 〈조선구마사〉	극중 소품 등이 중국풍이라는 한국 시청자 비판으로 드라마 중단	문화귀속	민간
14	2022	베이징 동계올림픽 개막식 한복	조선족 대표의 한복 착용을 두고 중국의 한복 공정이라고 비판	문화귀속	민간

문화 갈등이 문화표준 설정을 위한 경쟁의 성격을 지닌다고 지적하면서, 이는 "아시아에서 어느 국가가 지역문화의 주도권을 잡을 것인지를 둘러싼 경쟁"이라고 보았는데, 이러한 한중 문화표준 경쟁에는 아시아 차원만이 아니라 글로벌 문화 시장 차원도 동시에 작용하고 있다고 보아야 한다.

수교 30년 동안 문화 갈등 사례를 갈등 요인 차원에서 검토해보면, 한중 관계가 지닌 역사적 구조적 성격에 기인한 문화 갈등이 다수였지만, 수교 20주년(2012)이 지나고, 특히 2020년 이후에는 새로운 양상이 나타나고 있는 점도 주목할 필요가 있다. 수교 20주년까지 한중 문화 갈등이 대부분 문화 귀속권 문제로 일어났다면, 그 이후 10년 동안에는, 특히 최근에 이를수록 새로운 양상이 나타나고 있는데, 그 새로운 양상이란 다음과 같다. 첫째, 2000년대 이후 미중 대립의 심화 등으로 인한 한중 양국 외적·문화 외적 외생 변수가 작용하는 상황적 요인이 점차 늘어나고 있다. 가수 쯔위 타이완 국기 소지로 인한 파문(2015년), 사드 배치로 인한 한한령(2016년), BTS 밴플리트상 소감 발언 파문(2020년) 등이다. 이들 갈등 사례는 문화 갈등이자 정치 갈등의 성격을 동시에 지니며, 기본적으로는 한중 갈등 사례이지만 미중 갈등의 영향을 받은 한중 갈등 사례이다. 앞으로 미중 관계가 악화하고 타이완 문제가 현안으로 대두할수록 이러한 갈등이 한중 문화 갈등에도 더욱 빈번하게 등장할 수 있다.

둘째, 한중 문화 갈등의 중국 측 유발 요인으로서, 중국 내 한류 팬의 정체성이 변화하고, 중국 청소년과 청년 사이에서 애국주의 정서가 높아진 점이 한중 문화 갈등의 요인으로 작용하는 사례가 늘어가고 있다(황태연, 2021). 중국 한류 팬의 정체성에 변화가 일어나기 시작한 것은, 중국에서 나온 관련 연구에 따르면(吕婉琴, 2021; 梁亮, 2018), 2016년 트와이스 멤버 쯔위의 중화민국 국기 사건과 사드 사태가 일어난 무렵이다. '샤오펀훙(小粉紅)'을 비롯한 이른바 중국의 애국주의 네티즌이 2016년 1월 20일에 타이완과 홍콩의 분리독립 주장을 비판하면서 타이완 총통 차이잉원(蔡英文)과 홍콩 『애플 데일리(Apple Daily)』 등의 페이스북을 집단으로 공격한 이른바 '디바 출정(帝吧出征)' 사건을 일으켰다. 중국 네티즌 애국주의를 상징하는 대표적인 사건이다. 이 '디바 출정'이 일어난 배경 중 하나가 쯔위 사건이었다.

중요한 것은 일련의 이들 사건을 계기로 중국 한류 팬 정체성에 변화가 일어난 점이다. 그러한 변화를 상징하는 것이 '국가가 아이돌(우상)보다 높다(國家高於偶像)', '국가 앞에 아이돌/우상은 없다(國家面前無愛豆/偶像)'라든지, '조국이 최고다(祖國才是大本命)' 등과 같은 애국주의 구호가 한류 팬 사이트에 등장한 점이다. 또한 2016~2017년에는 중국 한류 팬들이 한류 스타 팬클럽에서 탈퇴하는 현상이 나타났고, 한류 팬클럽 탈퇴 인증을 올리는 것이 한류 팬 사이에서 유행하였다. 2017년에는 지드래곤 팬클럽 탈퇴 인증, 이른바 '탈분(脫粉)' 인증이 유행이었고, 팬클럽 탈퇴를 알리는 글에 11만 개 지지 댓글과 7만 개 '좋아요'가 달리기도 했다(吕婉琴, 2021).

이런 흐름은 중국 내 한류 유행에도 반영되어, 2018년에 문화콘텐츠진흥원에서 발간한 『한류 백서』에 따르면, 중국은 한류에 대한 부정적 정서가 가장 강한 국가가 되었고, 부정적 정서가 49.4%였다. 이런 흐름 속에서 중국의 대표적인 한류 커뮤니티 가운데 하나인 '떠우반 한류 커뮤니티(豆瓣韓娛)'에서는, 이효리의 '마오' 발언 사건 이후 한국을 남조선으로 부르기 시작하였으며, 이후 남조선이라는 호칭이 중국 K-pop 팬들 사이에 유행하였다. 중국에서는 한류가 유행하면서 한류 팬과 네티즌 민족주의 사이에 갈등이 있었고, 민족주의(애국주의) 네티즌의 여론은 한류 팬을 '골 빈 것들(腦殘)'이라고 비하하기도 했다. 그런데 쯔위 사건과 사드 사태 이후 기존 대립 관계였던 한류 팬과 민족주의(애국주의) 네티즌이 애국주의를 매개로 결합하는 양상이 나타났고, 중국 네티즌의 '팬덤 애국주의(飯圈愛國主義)'가 활발해지면서, 이제 '한류 오빠' 대신 '중국 오빠'(阿中哥)를 추종하게 되고, 이런 흐름이 일련의 한중 문화 갈등에서 혐한국, 반한국 여론으로 나타난 것이다(梁亮, 2018). 2021년 최근 들어 중국에서 한류 팬은 계속 감소하고 있다. 2021년에 나온『한류백서 2020』에 따르면, 2020년에는 전 세계 한류 동호회원 수가 1억 명에 달했지만, 중국에서는 전년 대비 1,000만 명이 감소하였고, 한류 동호회 가운데 16개가 폐쇄되었다(한국국제문화교류진흥원, 2020). 이렇게 중국에서 반한류 정서가 높아지는 상황은 이후에도 중국에서 한류 팬이 주도하는 한중 문화 갈등 사례가, 특히 연예와 오락 프로그램을 매개로 한 한중 문화 갈등 사례가 빈발할 수 있다는 것을 암시한다.

셋째, 한국에서 혐중국, 반중국 정서가 높아지면서 이로 인해 문화 갈등이 일어나고, 자국 문화 현상 속 상대국 문화를 비판하는

〈표 7-2〉 반발 유형으로 본 한중 문화 갈등 사례

한국 사안에 중국이 반발한 경우	중국 사안에 한국이 반발한 경우	한중이 자국 사안에 반발한 경우
강릉단오제, 동의보감 유네스코 등재, 가수 쯔위 타이완 국적, 한한령, 이효리 '마오' 발언, BTS 수상 소감	고구려사 중국사 편입, 한글 자판 표준화, 〈아리랑〉 유네스코 등재, 한한령, 김치 종주국, 베이징 올림픽 개막식 한복 복장	중국 게임 샤이닝니키 한복 착용, 한국 드라마 〈조선구마사〉 내용

양상이 새롭게 나타났다. 이는 수교 20주년 이후, 특히 2020년 이후부터 등장한 새로운 양상이다. 한중 수교 이후 전반기 20년 동안은 주로 한중 문화 갈등으로 한중 상호 감정 악화하는 패턴이 일반적이었지만, 최근에는 한중 양국에서 상대국에 대한 반감이 고조되고 한중 상호 감정이 악화하면서 이로 인해 한중 문화 갈등이 일어나고, 자국 오락이나 텔레비전 프로에 등장하는 상대국 문화를 비판하는 새로운 양상이 나타나는 것이다. 한국에서 SBS 드라마 〈조선구마사〉가 내용과 소품이 중국풍이라면서 시청자와 네티즌이 이를 비판하여 방송이 중단된 것, 중국에서 게임 샤이닝니키의 한복 복장을 비판한 것, 그리고 2008년 베이징 하계올림픽 당시에 중국 조선족 대표가 한복을 입고 등장했어도 갈등 이슈가 되지 않았는데, 2022년 베이징 동계올림픽에서는 같은 경우가 한국에서 격렬한 반중국 여론을 불러일으키고 한중 문화 갈등 사례가 된 것 등이 그러한 새로운 양상의 사례다.

이렇게 보자면 한중 수교 이후 30년 동안에 일어난 문화 갈등은 수교 20주년 이후부터, 특히 2020년 이후부터 그 양상이 바뀌고 있다. 최근 들어 ① 미중 갈등과 타이완 문제 등 외생 변수의 영향 증가, ② 중국 내 한류 팬의 정체성 변화에 따른 갈등 등장, ③ 한국 내 반중, 혐중 정서 및 중국 내 반한, 반중 정서에 따른 영향 등의 새로운 양상 나타났다. 큰 흐름으로 보자면 한중 수교 초기에는 문화 귀속권 갈등이 주로 작용하였고, 수교 20년, 30년으로 올수록 미중 관계 등 이른바 '외생 변수'가 작용하기 시작하였으며, 2020년을 전후부터는 두 나라 국민 사이에서 높아진 상호 혐오, 상호 반감이 문화 갈등을 촉발하는 양상을 보였다.

그런데 미중 전략적 경쟁 심화와 반한 및 반중 정서 고양 등 상황적 요인에 따른 한중 문화 갈등의 새로운 양상이 일어나고 확대되는 중요한 토대는 여전히 한중 문화 관계가 지닌 역사적·구조적 성격이다. 한중 문화의 정체성 문제라는 역사적·구조적 문제가 상황적 요인과 결합하여 문화 갈등이 확대되는 것이다. 한중 문화 갈등에 대응하는 데 있어서 상황적 요인의 관리와 더불어 역사적·구조적 차원의 접근이 동시에 필요한 것은 이 때문이다. 또한 문화 귀속권을 둘러싼 한중 문화 갈등이 과거 문화유산을 둘러싼 갈등이자 미래 글로벌 문화표준을 둘러싼 갈등의 성격, 즉 글로벌 문화 시장, 특히 문화 콘텐츠 시장에서 동아시아 문화표준 선점을 둘러싼 갈등의 성격을 지닌다는 점을 감안하면, 이에 대한 대응이 한중 문화의 정체성 문제와 더불어 문화산업적 측면까지 아울러야 한다는 점을 암시한다.

3. 한중 문화 갈등 전개 과정의 특징

한중 수교 이후 30년 동안에 일어난 문화 갈등을 돌아보면, 그간의 많은 연구가 공통으로 지적하듯이, 주로 한중 양국 언론이 갈등 사안을 전파하고, 갈등을 확대하는 데 중요한 역할을 하였으며, 그러한 언론의 왜곡 혹은 과장 보도에 네티즌과 여론이 동조하면서 갈등이 증폭하였다(김도희, 2007; 임대근, 2012, 2022; 정재서, 2011; 曾曉慧 외, 2015). 그 전파와 증폭의 일반적인 경로는 '언론의 최초 보도 → 다른 언론의 인용 보도 → 네티즌과 사회관계망 서비스의 강한 비판 여론 형성 → 관련 여론의 언론 보도'였다. 양국 언론이 갈등을 제기하고, 확대하는 데 큰 역할을 한 것이다.

그런데 2020년대를 전후로 하여 문화 갈등의 전개 과정 및 확대 과정을 보면, 한복과 김치 갈등 사례에서 보듯이, 양국 청년과 청소년 등 미래 세대 네티즌이 갈등 이슈를 먼저 제기하고, 이런 네티즌의 반응을 언론이 보도하고, 이로 인해 다시 네티즌 반발이 확대되는 경로가 새롭게 나타났다. 한중 문화 갈등 사례 가운데, 특히 대중 오락 프로그램이나 게임 등을 중심으로 일어난 사안의 경우 한중 두 나라 청소년과 청년 네티즌이 촉발하고, 이것을 양국 언론이 보도하여 전개되었다. 양국 문화 갈등이 갈수록 관방보다는 민간이, 특히 청소년과 청년 네티즌이 갈등 유발에서 주도적 역할을 하는 경우가 늘어난 것이다. 앞의 〈표 7-1〉에서 보듯이 전체 갈등 이슈에서 관방이 주도한 경우가 6건, 민간이 주도한 경우가 8건이었다. 그런데 수교 후반으로 갈수록 민간이 촉발하는 갈등이 많아지며, 양국 청년과 네티즌이 갈등 이슈를 제기하는 경우가 많아진 것이다.

이런 현상이 나타난 데에는 이들 세대(특히 중국의 청년 청소년 세대)가 상대국 오락 문화를 접촉하는 빈도가 높다는 점과 더불어 이들 세대가 상대국에 부정적인 인식을 지닌 점이 작용하고 있다고 본다. 한국 해외문화홍보원이 조사한 「2020 국가이미지 조사」에 따르면 전체적으로 볼 때 중국인은 한국에 여전히 긍정적 시각을 지니고 있었지만(긍정적인 비율 69.4%), 10대는 42.1%, 20대는 60.2%로 다른 연령층보다 한국에 대한 긍정적 인식도가 낮았다. 한국 경우도 시사인이 2021년에 조사한 '한국인 반중 여론조사'에 따르면 MZ 세대가 중국에 가장 부정적인 인식을 지닌 것으로 나타났다(이오성, 2021). 양국 청소년과 청년이 지닌 상대국에 대한 높은 혐오의 감정으로 인해 이들이 문화 갈등 촉발의 주체로 등장한 것이다.

아울러 문화 갈등이 양국에서 전개되는 과정에서 한중 양국 정부가 개입하여 갈등을 관리하는 역할을 한 점도 새로운 양상이다. 한중 수교 초기에 일어난 유네스코 문화유산 등재를 둘러싼 갈등에서는 양국 정부가 주도적인 역할을 하였다. 그런데 최근에는 양국 정부가 갈등을 확산시키기보다는 갈등을 관리하고 증폭을 진화하는 역할에 나서고 있다. 김치 파동 때 한국 농식품부는 신속하게 김치의 국제표준인증과 관련한 정확한 정보를 제공하여(『이투데이』, 2020. 11. 29) 부정확한 정보에 따른 확산을 일정 정도 막았고, 중국 외교부 역시 "미식의 차원에서 유익한 교류를 지지한다"(2020년 1월 21일 화춘잉 외교부 대변인 발언)고 언급하여 이후 중국에서 사태가 소강 국면에 접어들었다. 한중 문화 갈등에 양국 정부가 나서서 관리자 역할을 하는 사례가 나온다는 것은, 역으로 보자면 그만큼 한중 양국 민간에서 일어나는 문화 갈등이 양국 정부가 관리에 나설 정도로 갈수록 심각해지고 있다는 것을 말해준다.

이상이 한중 문화 갈등이 촉발되고, 확산하는 과정에서 한중 두 나라에서 공통으로 발견되는 새로운 양상인데, 이와 더불어 한국과 중국에서 각각 발견되는 특징도 있다. 먼저 한국의 경우다. 첫째, 중국이 고구려사를 중국사에 편입하려고 한 이른바 '동북공정(2003년)'의 영향이 매우 커서, 이후 이 영향이 한중 문화 갈등 사안을 대하는 시각을 지배한 점이다. 한중 문화 갈등을 기본적으로 중국의 한국 문화 침탈이라고 보는 가운데, 문화 갈등 사안에 '공정(工程)'이라는 꼬리를 붙여서 동북공정에 빗대어 규정하고 비판하였다. '한글 공정', '김치 공정', '한복 공정' 등의 명명이 그렇다. 한국에서는 동북공정 파문 이후 문화유산 귀속권을 둘러싼 문화 갈등을 중국이 조직적으로 한국 문화를 공격하고 한국 역사와 한국 문화를 탈취하는 일련의 프로젝트로 규정하였고(『머니투데이』, 2021. 4. 10; 『조선일보』, 2022. 2. 7), 문화 귀속권을 둘러싼 갈등만이 아니라 다른 한중 문화 갈등 역시 그 성격을 문화침탈로 규정하고 대응하는 시발점이었다.

둘째, 동북공정의 영향으로 문화 갈등 사안을 언론이 보도하는 과정에서 중국 정부 주도로 촉발된 것과 민간 주도로 촉발된 것을 구분하지 않고서, 사안을 모두 중국 정부와 연결하여 보도하는 경우가 많았다. 김치 기원 파동 등 중국 네티즌이 촉발한 문화 갈등에 대해서도 '공정' 등의 이름을 붙여 중국 정부가 의도적이고 조직적으로 갈등을 촉발한다고 보도하였다(『아시아경제』, 2021. 1. 3; 『세계일보』, 2022. 2. 9). 중국 공산당 산하 조직인 정법위 웨이보가 김치 관련 뉴스를 올리고, 심지어 허위 정보를 올리면서 갈등을 조장하기도 하였지만, 그렇다고 이것이 중국 공산당과 중국 정부가 조직적으로 관여하는 것으로 해석하기는 어려운데도 불구하고,[4] 이를 바탕으로 문화 갈등 사안을 중국 정부나 중국 공산당과 연결하여 해석하였다.

셋째, 한중 문화 갈등 전파와 확산에 한국에서도 언론이 중요한 역할을 하였는데, 이 과정에서 중국에서 가장 자극적인 애국주의 논조와 왜곡 편파보도로 유명한 『환구시보』를 인용 보도한 경우가 많았다. 『환구시보』는 한중 문화 갈등의 거의 모든 사안을 보도하면서 개입하였고, 갈등을 수습하는 것이 아니라 왜곡, 과장 보도 등을 통해 갈등을 촉발하고 중국인의 반한, 혐한 감정을 자극하였다(최태훈, 2021).[5] 『환구시보』는 중국에서 국제뉴스와 관련하여 극단적인 애국주의와 민족주의 논조, 그리고 상업 목적의 자극적인 주장으로 유명한 언론인데(유상철, 2011), 우리 언론이 이런 『환구시보』의 문화 갈등 관련 보도를 다시 인용 보도하면서, 민족주의(애국주의)와 상호 부정적 인식을 매개로 한 양국 언론 사이의 주고받기식 보도가 빈발하였고, 이로 인해 갈등이 더욱 증폭하였다(이광수, 2016).[6]

다음으로 중국에서 한중 문화 갈등이 전개되는 과정에서 나타난 특징은 다음과 같다. 첫째, 중국 언론이 한중 문화 갈등 촉발에서 주도적 역할을 하고, 특히 언론의 부정확한 보도, 왜곡 보도 사례가 많았다. 강릉단오제와 공자 한국인설은 『인민일보』가 2004년 6월 5일에 처음 보도하여 갈등이 촉발되었고, 온돌 유네스코 등재의 경우 『환구시보』가 2014년 3월 17일에 처음 보도하였다. 김치 파문의 경우도 『환구시보』가 2020년 11월 26일에 처음 보도하여 갈등이 시작되었다. 심각한 것은 이러한 보도 과정에서 부정확한 보도, 왜곡 보도로 사태를 확산시킨 점이다. 강릉단오제 파동의 경우, 『인민일보』가 2004년 5월 6일에 「단오절이 외국 문화유산이 되는가?(端午節將成爲外國文化遺産)」라는 제목으로 첫 보도를 하였는데, 기사에서는 강릉단오제가 중국인이 이해하는 단오절과 다르다는 점을 무시한 채, 중국 단오절 풍속을 한국이 등재하여 중국 문화를 침탈하는 것으로 보도하였다. 온돌 유네스크 문화유산 등재 신청 파동의 경우도 마찬가지였다. 중국 『환구시보』는 2014년 3월 17일에 「한국이 온돌을 새치기로 문화유산 신청(韓國要搶先爲煖炕申遺)」이라는 제목으로 온돌 유네스코 등재 신청 소식을 보도하면서 한국과 중국의 온돌 차이를 무시한 채, 한국 온돌과 중국 동북 지방의 온돌을 같은 것으로 다루었다(曾曉慧 외, 2015).

둘째, 『환구시보』와 관련 계열 언론 매체가 한중 문화 갈등 전파와 확산에 가장 큰 역할을 하였다. 물론 그 과정에서 왜곡 보도를 남발하여 사태를 증폭시켰다. 예를 들어, 김치 원조 파동에서 『환구시보』의 왜곡 보도는 심각한 수준이었다. 『환구시보』는 2020년 11월 28일에 「한국 언론, 파오차이(김치) 종주국 굴욕이라고 보도」라고 하여 마치 파오차이가 국제인증을 받은 뒤 한국 언론이 이를 두고 김치 종주국의 치욕이라고 한 것처럼 보도하였다. 하지만 「김치 종주국의 굴욕」이라는 보도는 연합뉴스가 2018년에 김치를 중국에서 주로 수입하는 것을 다룬 것이었다. 『환구시보』가 상관없는 두 뉴스를 짜깁기하여 자극적으로 왜곡 보도한 것이다. 『환구시보』는 한중 문화 갈등의 거의 모든 사안의 전파와 확산에 관여하였고, 한중 문화 갈등을 확산시킨 것은 물론이고 한중 관계 전반에 걸쳐 악영향을 미친 것이다.

셋째, 미중 갈등과 연계된 문화 갈등 사안의 경우, 중국 외교부와 더불어 중국 대표 언론인 CCTV, 『인민일보』 등이 적극적으로 개입하였다. BTS 수상 소감 파문의 경우, 중국 외교부가 공식 언급을 하였고,[7] CCTV와 『인민일보』가 앞장서 이를 보도하였다. 이는 BTS 수상 소감이 한국전쟁과 미중 관계 등과 연관된 중대 사안이라고 판단하였기 때문으로 볼 수 있다. 『인민일보』와 CCTV가 같은 해(2020년)에 일어난 김치 파문에서는 소극적으로 다른 언론의 보도를 자사 웨이보 계정에 리트윗한 것과 비교하면, 한중 문화 갈등의 성격에 따라 두 언론이 개입하는 강도에 차이가 있다는 것을 알 수 있다.

넷째, 2020년 이후 중국 공산당 정법위 웨이보(微博) 계정이 파문 확산에 적극적 역할을 하는 새로운 현상이 나타나고 있다. 중국 공산당 정법위(계정명: 長安劍)는 한중 수교 초기, 중기 문화 갈등에서는 전혀 개입하지 않았지만, BTS와 김치 파문 때는 자신의 웨이보 계정을 이용하여 관련 뉴스를 재전파('轉發')하면서 적극적으로 개입하였다. 특히 김치 파문 때는 한국 네티즌이 중국 요리 루어쓰펀까지 세계 문화유산에 등재하려고 한다는 등 가짜 뉴스까지 게재하기도 했다(정법위 웨이보 계정, 2019. 3. 21).

2020년 이후 중국에서 한중 문화 갈등이 전개, 확산하는 과정에서 나타난 특징을 입체적으로 살펴보기 위해 2020년 이후 한중 문화 갈등의 대표적 사례인 BTS 밴플리트상 수상 소감 발언 파문과 김치 파문을 대상으로 사례 분석을 해보면, 몇 가지 주목할 점이 보인다. 무엇보다 웨이보에 문화 갈등 관련 뉴스가 게재되는 경우 파문이 크게 확산하는 양상을 보였는데, 특히 『인민일보』와 CCTV 등 중국 대표 언론이 자신의 웨이보 계정에 관련 뉴스를 게재하는 경우, 사안이 폭발적으로 증폭하였다. 예를 들어, BTS 발언 갈등 사례의 경우, 『인민일보』와 CCTV는 관련 뉴스를 보도한 뒤 웨이보에 이를 게재하였는데, 여기에 많은 댓글이 달리면서 파문이 확대되었다.

〈그림 7-1〉은 BTS 파문이 웨이보에서 중국 계정을 통해 전파되는 과정을 분석한 것이다. CCTV뉴스, 『인민일보』, 『환구시보』 등의 웨이보 계정은 노드로 묘사되고, 계정 간의 전파는 무향 그래프(undirected graph)로 연결된 상태를 표시하였다. BTS 파문의 웨이보 전파 과정을 자체 조사한 결과, BTS 인터뷰 보도한 내용의 전파 수량은 CCTV뉴스 2만 5,400개, 『인민일보』 9,633개, 『환구시보』 4,294개를 보였다. 노드의 크기를 통해 볼 때 CCTV의 전파력을 100으로 가정했을 때 『인민일보』는 38, 『환구시보』는 17이었다. BTS 파동 확산 과정에서 웨이보가 주요 확산의 플랫폼이었으며, 웨이보 플랫폼에서 CCTV > 『인민일보』 > 『환구시보』 순으로 주도적으로

BTS 비판 여론, 반한 여론 확산에 역할을 하였다.[8] 이는 중국 언론의 한중 문화 갈등 보도가 네티즌 민족주의와 결합하면서 갈등이 크게 증폭되는 양상을 보여준다고 해석할 수 있다.

BTS 파문과 비교할 때 김치 파문의 경우 『환구시보』(『환구망』 포함)가 절대적인 영향력을 발휘하였지만, CCTV뉴스와 『인민일보』의 영향력은 미미한 수준이었다. 이에 비해 『환구시보』와 중국 정법위의

〈그림 7-1〉 BTS 논쟁과 관련된 중국 관영 언론의 전파 과정 시각화

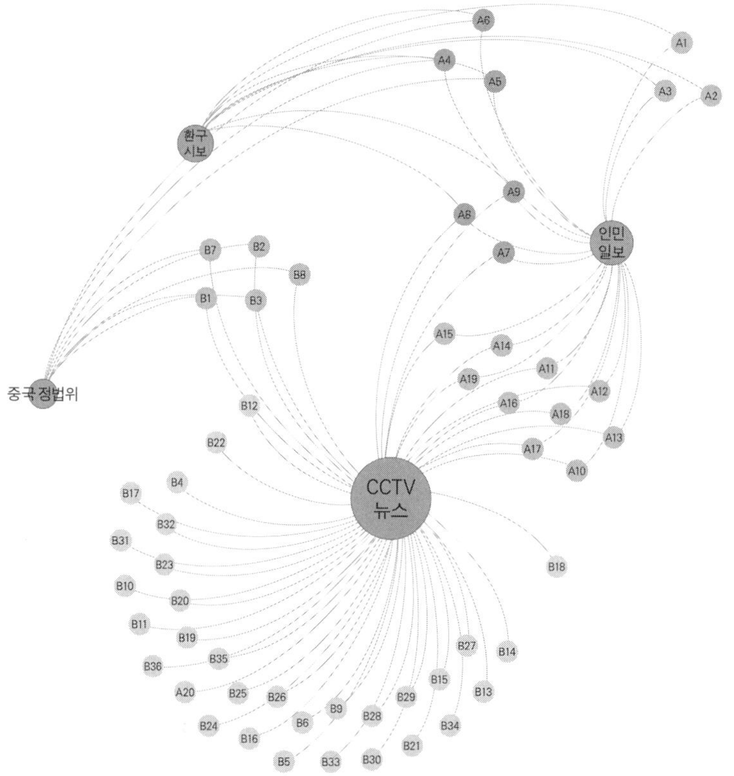

〈그림 7-2〉 웨이보에서 김치 갈등 관련 내용의 전파 양상(언론 중심)

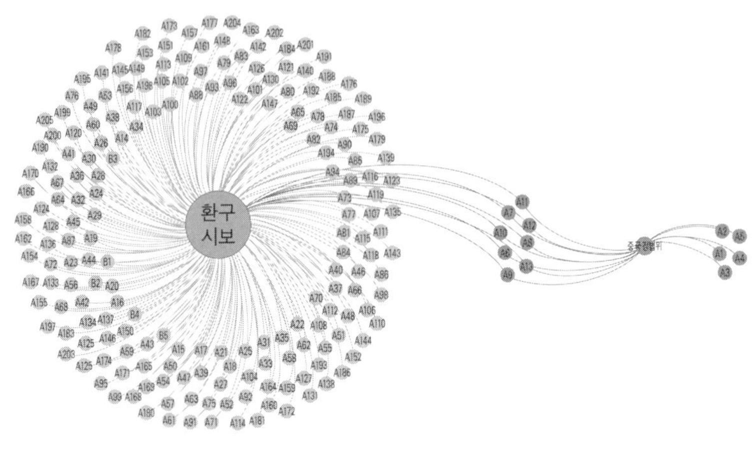

게시물의 영향력은 매우 커서, 웨이보 조사 결과에 따르면 김치 논쟁을 이슈로 전파한 수량은 『환구시보』 821개, 중국 정법위 52개였다. 시각화 과정에서 전파 계정을 비율로 환산할 때 『환구시보』의 전파력을 '100'으로 가정하면 중국 정법위는 '6'으로 추정된다. 〈그림 7-2〉에서 보이듯이 김치 논쟁에서는 환구시보 공식 계정이 비공식 계정(개인 계정)에 큰 영향력을 가진다고 할 수 있다. 『환구시보』와 같은 극단적인 논조를 지닌 중국 언론이 한중 문화 갈등의 전개 과정에서 여전히 큰 역할을 한다는 점을 확인할 수 있다. 결국 BTS 논쟁의 경우 CCTV와 『인민일보』가 갈등 확산에 큰 영향을 미쳤지만 김치 파동의 경우 CCTV와 『인민일보』는 그 개입의 정도가 적고 『환구시보』와 정법위의 개입이 파동 확동에 큰 영향을 미친 것이다. 이를 통해 사안에 따라 중국 대표적 관방 언론인 인민일보와

CCTV가 어떻게 개입하는지를 확인할 수 있다.

4. 한중 문화 갈등 극복을 위한 과제

한중 문화 갈등 극복을 위한 대응책을 모색하는 일은 다른 어떤 한중 관계 사안보다 어려운 점이 많다. 한중 문화 갈등에는 양국 관계가 지닌 역사적·구조적 요인이 크게 작용하고 있다는 점, 그리고 최근 들어 미중 갈등 등 이른바 외생 변수로 인한 상황적 요소가 여기에 개입하고 있다는 점, 갈등 유발 주체 차원에서 정부가 아닌 민간 차원이 늘어난 점, 문화 갈등의 전파와 확대에 양국 언론이 큰 역할을 한 점 등을 고려할 때 그렇다. 문화 갈등 성격이 중층적으로 변하고 있고, 갈등 요인이 복합적으로 변하고 있다. 따라서 정부 등 특정 주체의 개입이나 특정 영역 차원의 대증적이고 단기적인 대응책만으로는 한계가 있다. 한중 문화 갈등은 양국 국민의 마음과 정서에 직접적으로, 그리고 장기적으로 영향을 미치는 사안이라는 점에서 한중 관계의 안정적 관리를 위해서는 매우 중요하게 다루어야 할 사안이다. 하지만 앞에서 살펴본 것처럼, 한중 문화 갈등이 지닌 성격과 전개 과정의 특징으로 볼 때, 특정 주체나 특정 부분의 단기적 대응책만으로는 해결이 여의치 않으며, 중층적이고 장기적인 접근이 필요하다. 상황적 요인에 대한 대처 및 단기적 문제 해결 대책과 아울러 역사적 구조적 극복책이 동시에 필요한 것이다.

기존의 연구에서 제시된 한중 문화 갈등에 대한 대응책은 크게 세 가지로 분류할 수 있다. 원인을 보는 관점에 따라 대응책도 다르게 제시되었는데, 임대근(2022)의 경우 한중 문화 갈등이 일어난 원인을 중국 내부의 원인, 한국 내부의 원인, 국제정세로 나누어 살핀 것을 바탕으로 한중 문화 갈등 관리를 위한 제도적 장치 마련, 다자적 국제 관계 속에서 한중 문화 갈등 이해, 중국을 포함한 중화권에 관한 연구와 교육 확대, 세계시민 교육 강화, 언론과 지식인의 적극적 역할 확대, 한중 수교 30주년을 활용한 개선 모색 등을 제안하였다. 주로 한중 문화 갈등이 촉발된 상황적 배경에 주목하면서 극복을 위한 대응책을 제안한 것이다. 한중 문화 콘텐츠 교류 상황을 지적하면서 한중 문화 갈등을 위한 긍정적 신호에 주목한 것도 한중 문화 갈등의 이러한 상황적 배경에 주목했기 때문이다. 한중 문화 갈등의 가장 중요한 이슈인 문화 귀속권 문제에 주목한 연구의 경우, 문화 귀속권 다툼을 어떻게 해결할 것인지에 대한 대안을 갈등 극복의 방법으로 제안하기도 한다. 강릉단오제 유네스코 문화유산 등재를 둘러싼 한중 문화 갈등을 분석하면서 단오제를 한중 공동의 문화유산으로 등재하는 방법과 한·중·일 동아시아 세 나라가 단오 축제를 공동으로 개최하는 방법을 제안한 홍정륜(2021)의 연구, 그리고 〈아리랑〉 등재 파동을 다루면서 유네스코가 제안하는 공동 무형문화유산으로 이를 해결하자는 이정원 등의 주장이 대표적으로 그렇다(이정원 외, 2012; 石源華, 2009).

이에 비해 한중 문화 갈등이 촉발된 배경에는 양국의 배타적 민족주의 의식이나 언론의 왜곡 보도 등 여러 요인이 작용하였지만, 근본적으로는 한중 양국의 민족주의적 사고가 큰 영향을 미치고 있다고 비판하면서 이를 동아시아 문화공동체 건설로 극복하자는 정재서의 제안은 이 문제를 역사적·구조적 차원에서 접근하면서 극복책을 제안한 것이다(정재서, 2011). 이러한 그간의 논의를 종합해보면, 한중 수교 30년 동안에 일어난 문화 갈등을 극복하기 위한 단기적 대책은 비교적 분명하게 제시되었다. 공통적으로 보자면, 문화 갈등을 유발하는 부정확한 정보의 확산 방지를 위한 양국 정부와 전문가의 노력, 한중 양국 언론의 왜곡 보도 방지, 양국 간 콘텐츠 교류 확대, 청소년과 청년 교류의 확대를 통한 상호 이해 증진 등이 그것이다.

그런데 앞에서 살펴본 대로 한중 문화 갈등의 가장 많은 사례가 한중 관계, 특히 한중 문화 관계가 지닌 역사적·구조적 성격 때문에 일어났다는 점을 감안하면, 상황적 요인에 대응하는 단기적 전략과 더불어 장기적 극복 전략, 즉 구조적 해결책 마련이 동시에 필요하다. 더구나 한중 문화 갈등 사안 대부분은 상호성을 지녀서 어느 한 나라의 노력만으로는 갈등을 극복하기가 어렵다. 상호 노력이 필요한데, 이를 위해서는 한중 양국 모두가 장기적으로 아래 세 가지 방향에서 한중 갈등이 지닌 역사적·구조적 성격에 대한 인식을 새롭게 할 필요가 있다고 본다.

첫째는 동아시아 문화 교류의 역사에 대한 정확한 인식을 바탕으로 한 문화 귀속권에 대한 새로운 인식이 필요하다. 한중 문화 갈등의 쟁점인 전통문화의 귀속권 갈등은 한중이 동아시아 문화권에 같이 속해 있다는 점, 그리고 양국이 많은 문화유산을 공유하며, 오랜 문화 교류 속에서 문화에 유사점이 많다는 데서 기인한다.

이로 인한 갈등을 극복하기 위해서는 한중 두 나라 모두 한중 문화 교류의 역사에 대한 새로운 인식이 필요하다. 동아시아 문화 교류, 특히 한중 문화 교류의 역사를 보는 기본 관점에서 새로운 인식이 필요한 것이다(김한규, 1999).[9] 중국은 동아시아 문화권의 형성과 발전을 중국인의 창조적 역량의 산물이 중국 밖으로 확산한 결과라고 믿는, 즉 동아시아 문화권의 다른 지역 사람들은 오직 중국인이 베푼 문화적 혜택에 의해 중국 문화를 나누어 갖게 되었다고 보는 인식을 극복해야 한다. 한국 문화를 중국 문화의 유입으로 인한 동화, 즉 한화(漢化)로만 보는 관점을 극복해야 한다. 이에 비해 한국의 경우는 전통 시대에 중국에서 양적으로나 질적으로 많은 중국 문화가 유입되었다는 점을 부인하는 인식, 역사적 사실에 부합하지 않는 편협한 민족주의적 인식을 극복해야 한다. 한국 문화 속 중국 문화의 유입과 기원을 인정하는 동시에 한국이 중국 문화와 토착 문화를 융합하여 창조적인 독자 문화를 건설한 역사 경험과 문화적 역량을 소중히 생각하는 인식이 필요하다. 이는 한중 문화 갈등이 지닌 역사적·구조적 성격을 극복하기 위해 한중 두 나라 모두에 필요한 인식 전환 작업이자, 정재서가 제안한 동아시아 문화공동체 구축을 위한 인식 전환 작업이다(정재서, 2011).

둘째는 조선족 문화의 귀속권에 대한 새로운 인식이다. 중국이 추진한 동북공정이 한중 문화 갈등의 시발점이자 원형의 의미를 지니는 것은 이 사안이 영토와 역사 귀속권 차원을 넘어 요동 지역 역사와 문화의 귀속권 문제, 나아가 현재 조선족의 정체성과 조선족 문화의 귀속권 문제가 여기에 개입되어 있기 때문이다. 여기에는 중국이 현재 국경선 안 다민족 역사를 모두 자국의 역사로 보는 관점과 한국이 민족과 혈통을 기준으로 한국사를 규정하는 관점이 충돌하고 있다. 한중 사이에 자국사를 보는 관점이 충돌하는 것이자 국민국가 역사 범주의 충돌이다. 이 때문에 윤휘탁은 동북공정 갈등의 밑바탕에 한중 양국의 역사 인식 체계의 차이가 바탕에 놓여 있다고 보면서, 이를 바탕으로 "동북공정의 장기적이고 근본적인 해법"을 주장하였다. 즉 "중국이 한국의 역사 체계를 인정하고 한국의 역사적·민족적 정체성에 손상을 가하지 않는 대신에, 한국은 중국이 직면하고 있는 현실적 고민과 우려를 해소시켜주는 상생의 원리에서 해법을 찾아야 한다"는 것이다(윤휘탁, 2007). 중국의 일방적인 다민족적 역사 인식과 한국의 순혈주의 역사 인식을 모두 반성적으로 성찰하면서, 상대국 역사 서술 체계를 존중해주자는 제안이다(윤휘탁, 2007: 354).

동북공정 갈등을 두고 윤휘탁이 제안한 해법을 조선족 문화 귀속권을 둘러싼 한중 문화 갈등에 적용하자면, 중국은 조선족이 중국 국적의 소수민족이고 중국은 다민족 국가라는 이유로 조선족 문화를 중국 문화의 기표로만 전유하는 것에 신중해야 하고, 한국은 조선족의 민족적 혈통에만 주목하지 말고 조선족이 지닌 이중의 정체성, 즉 민족 문화적 정체성과 국민적 정체성 사이의 불일치 상황을 이해해야 한다. 중국은 한국에게 조선족 문화란 한국의 역사적·민족적 정체성과 연결되는 사안이라는 점을 이해하는 노력이 필요하고, 한국은 중국에게 조선족 문화란 다민족 국가인 중국의 국가적 정체성과 연결된다는 점을 이해하는 노력이 필요하다. 백영서(2013)가 동북공정 논란을 평하면서, "한중 양측 모두 국민국가의 역사(national history)를 구성하는 이론적 기반에 대한 성찰이 필요하다"고 지적하였듯이, 조선족 문화를 둘러싼 한중 문화 갈등 역시 국민국가적 범주로 문화를 획정하는 문화적 인식에 대한 성찰이 필요한 것이다. 그럴 때 기존 몇몇 연구에서 지적하였듯이(이정원 외, 2012; 金容范 외, 2015; 石源華, 2009), 〈아리랑〉 등 조선족 문화를 한중 양국이 공동의 문화유산으로 등재하는 것도 고려할 수 있는 대안이다.

셋째는 한류 등 문화 교류에 대한 새로운 인식과 세계를 무대로 한 한중 사이 문화 경쟁, 문화 콘텐츠 경쟁에 대한 새로운 인식이다. 한류를 두고 한중 사이에는 서로 다른 시각이 존재한다. 이지한(2018)의 지적처럼, 한국은 한류를 한중 문화 교류와 문화산업으로 보지만, 중국에서는 이를 한국 문화의 중국 침투로 보면서 문화 안보 차원에서 대응한다. 이러한 인식의 차이는 기본적으로 문화 교류를 융합의 과정으로 보는 것이 아니라 우등한 문화, 경쟁력이 강한 문화가 다른 문화를 지배, 해체하게 된다는 인식 때문에 일어난 것이다. 이러한 인식 때문에 한국의 한류 민족주의와 중국의 반한류 애국주의가 충돌한다. 하지만 한중 양국 모두 문화 교류란 기본적으로 융합과 창조의 과정이라는 관점을 고려할 필요가 있다고 본다. 전통 시대에 한국이 중국 문화를 수용하고 이를 토착 문화와 결합하여 한국의 독자적 문화를 탄생시켰듯이, 중국이 한류를 수용하면서 한류의 장점과 중국 문화의 특징을 결합하여 중국의 새로운 문화를 탄생시킬 수 있는 것이다. 지금은 한중 문화 교류에서 한류가 압도적인 영향을 미치고 있지만, 장기적으로 중국 대중문화가 한국에 영향을 미칠 가능성도 있다는 점을 생각하면 한중 문화 교류에 대한 이러한 개방적 인식이 필요하다.

아울러 한류를, 나아가 한중 양국의 문화 교류를 양국 관계에서만 사고하는 것이 아니라 글로벌 차원의 문화산업과 문화 콘텐츠 유통이라는 차원에서 생각할 필요가 있다. 한국과 중국이 글로벌 문화표준 경쟁에서 배타적으로 대립하기보다는 양국이 지닌 자본과 기술이라는 상보성을 바탕으로 상호 공조를 통해 동아시아 문화라는 공동의 정체성 만들고, 이를 통해 글로벌 문화 플랫폼과 글로벌 문화시장에 진출하는 전략이 필요하다. 양국 문화산업 발전의 목표를 한중 양자 관계 속에서만 사고하는 것이 아니라 글로벌 시장에 두고 협력하는 것이다.

5. 결론

한중 수교 이후 지난 30년을 돌아볼 때 한중 문화 갈등의 많은 사례는 한중 관계가 지닌 역사적·구조적 특수성을 배경으로 빈발하고 있다. 한중 두 나라가 역사적으로 오랫동안 교류하였고, 문화가 유사하다는 점 등 역사적·구조적 요인이 크게 작용하고 있고, 여기에 최근 들어 미중 갈등 등의 상황적 요인이 개입하여 갈등이 지속되고 있다. 한중 문화 갈등이 지닌 역사적·구조적 요인, 그리고 미중 갈등이라는 외생 변수의 영향 등을 고려하면 한중 문화 갈등의 관리, 나아가 해소는 매우 어려운 과제이다. 하지만 문화 갈등을 방치할 경우, 한중 상호 감정과 마음의 거리를 멀게 하고, 이것이 결국은 한중 관계의 기본 토대를 위협할 뿐만 아니라 한국의 국익에도 영향을 미칠 수밖에 없다. 한중 문화 갈등을 치유하기 위해서는 한중 양국 모두가 이 사안의 엄중함을 인식한 가운데 해결을 위한 새로운 인식과 실천적 노력이 필요하다. 이를 위해 가장 중요한 것은 한중 양국이 동아시아 문화라는 관점에서 한중 문화의 정체성과 문화 교류의 역사를 정확히 인식하는 것이다. 한중 양국이 동아시아라는 역사 무대에서 문화를 교류하는 과정에서 자국의 문화를 형성한 역사적 과정을 이해한다면 배타적 문화 기원론이나 일방적 문화 영향론, 배타적인 독자 문화론 등의 착오적 인식과 문화 민족주의에서 벗어날 수 있을 것이고, 한중 사이에서 문화 갈등을 유발하는 근본 원인을 치유할 수 있을 것이다. 이런 새로운 인식에 양국이 동의할 수 있고, 양국이 이를 위한 장기적이고 지속적인 노력을 진행한다면 비록 상황적 요인에 따른 문화 갈등이 일어난다고 하더라도 그 갈등의 양상과 정도는 과거와 달라질 것이다. 한중 관계의 안정과 양국의 평화, 그리고 이를 토대로 한 동아시아 평화를 위해서도 이러한 인식과 노력이 필요하고, 양국의 국익 차원에서도 필요하다. 문화는 그 기원이 중요한 것이 아니며, 문화란 끊임없이 유동하면서 뒤섞이고, 이 과정에서 새롭게 창조된다. 한중 두 나라가 한중 수교 30주년을 맞아서 지난 30년 동안에 일어난 문화 갈등의 경험을 성찰하여 문화적 동아시아 감각을 사유하는 계기로 전환하는 노력을 기울여야 한다. 한중 문화 갈등이 최근에는 주로 민간 차원에서 일어난 점을 고려하면, 이 노력은 양국 정부에게만 필요한 것이 아니라 양국 국민 모두에게 필요하다.

제8장

한중 관계 30년의 분석과 평가

조영남(서울대)

1992-2022

1. 서론

한국과 중국 간의 관계(한중 관계)는 1992년 수교 이후 현재까지 30년 동안 우여곡절을 겪으면서도 꾸준히 발전해왔다고 평가할 수 있다. 1992년 무렵 중국과 수교한 30여 개 국가와 한국의 상황을 비교해보면,[1] 한중 관계의 발전 모습은 더욱 분명하게 드러난다(박한진, 2022; 서진영, 2022; 이희옥, 2022). 그런데 정치·경제·사회·문화·외교·군사 등 영역별로 한중 관계가 어떻게 전개되어왔는가에 대해서는 이미 앞의 논문들이 자세히 살펴보았다. 따라서 여기서 그런 내용을 다시 논의할 필요는 없을 것이다. 대신 이 논문에서는 한중 관계 30년을 종합적으로 분석하고 평가할 것이다.[2]

구체적으로 두 가지 내용을 자세히 살펴볼 것이다. 첫째, 한중 관

* 논문 초고를 읽고 유익한 논평을 해주신 안치영 교수와 이남주 교수, 통계자료를 정리하고 그래프를 작성하는 데 큰 도움을 준 전미진·왕흠우 조교에게 감사드린다.

계 30년을 시기 구분하고, 각 시기에 나타난 주요 특징을 체계적으로 분석할 것이다. 필자는 한중 관계 30년을 10년 단위로 크게 세 개의 시기로 나눌 수 있다고 생각한다. '우호 협력기(1992~2002년)', '발전 중의 갈등 표출기(2003~2012년)', '새로운 관계 모색기(2013~2022년)'가 바로 그것이다. 각 시기에는 이전 시기와는 다른 특징이 나타났다. 이와 같은 시기 구분과 시기별 특징 분석을 통해 한중 관계 30년이 어떤 궤적을 밟아왔는가를 한눈에 볼 수 있고, 동시에 시기별 성과와 문제점이 무엇인가도 함께 평가할 수 있다.

둘째, 한중 관계 30년 전체를 관통하는 특징을 분석할 것이다. 필자가 볼 때, 한중 관계는 지난 30년 동안 몇 가지 특징을 보여주었다. 교류 영역 및 주체의 급속한 확대와 이에 따른 양국 관계의 복잡화, 정치·경제·사회·군사 등 주요 영역 간 불균등 발전의 심화, 한중 정부의 공식 규정과 실제 관계 간의 괴리, 한중 간 국력 격차와 비대칭성(asymmetry)의 확대, 중국의 일관된 한반도 정책과 한국의 분열된 중국 정책 간의 대비, 한중 간 핵심 쟁점의 부각과 한국 내 중국 정책에 대한 의견 수렴 현상의 등장이 바로 그것이다. 결론에서는 지금까지 분석한 내용을 종합하고, 한중 관계의 향후 발전을 전망할 것이다.

한편 필자가 한중 관계 30년을 분석하고 평가할 때는 다음과 같은 두 가지 관점을 견지하려고 노력할 것이다. 첫째는 종합적인 관점이다. 한중 관계를 단순히 양국 간의 관계에서만 살펴보아서는 제대로 분석 및 평가할 수 없다. 왜냐하면 한중 관계는 양국 간의 요소뿐만 아니라 지구적(global) 및 지역적(regional) 요소의 영향을 크게 받기 때문이다. 따라서 한중 관계 30년을 분석하고 평가할 때는 지구적·지역적·국가적 요소를 종합적으로 살펴보려는 노력이 필요하다. 동시에 이런 세 가지 요소가 시기별로 한중 관계에 어떤 영향을 미쳤는가도 자세히 살펴보아야 한다.

여기서 지구적 요소로는 중국의 급속한 부상과 미국과 중국(미중) 간의 경쟁 심화를 들 수 있다. 그것을 미국 정부가 공식 규정한 전략 경쟁(strategic competition)으로 부르건, 아니면 일부 학자가 주장하는 패권 경쟁(hegemonic rivalry)으로 부르건 미중 경쟁은 21세기에 들어 한중 관계뿐만 아니라 국제 관계 전반에 영향을 미치는 매우 중요한 요소다. 반면 지역적 요소는 북핵 문제의 고착화, 대만해협의 긴장 심화, 남중국해와 동중국해의 갈등 악화 등 동아시아 지역의 주요 현안을 가리킨다. 지역적 요소는 미중 경쟁의 영향을 받아 지구적 요소로 확대되기도 한다. 이와 같은 지구적 및 지역적 요소 중에서 미중 경쟁의 심화와 북핵 문제의 고착화는 한중 관계에 직접적인 영향을 미치는 요소다. 반면 대만해협의 긴장 심화, 남중국해와 동중국해의 갈등 악화는 지금까지는 간접적인 영향을 미쳤지만, 앞으로는 상황 전개에 따라 직접적인 영향을 미칠 수도 있다.

둘째는 비교 분석적 관점이다. 한중 관계 30년을 분석 및 평가할 때는 단지 양국 관계 그 자체만 살펴보지 말고, 중국과 동아시아 다른 국가 간의 관계도 함께 살펴보아야 한다는 것이다. 앞에서 말했듯이, 1990년대에만 중국은 한국을 포함하여 30여 개 국가와 외교 관계를 수립했다. 그 결과 동아시아에는 중국을 중심으로 하는 다양한 양자 관계가 등장했고, 한중 관계는 그중 하나일 뿐이다. 예를 들어, 중일 관계(박철희, 2022; 아마코, 2014; Koga, 2016; Mochizuki, 2005; Self, 2002/03; Sutter, 2002), 중·싱가포르 관계(Lam, 2021), 중·베트남 관계(Hai, 2021; Lai, 2020), 중·인도네시아 관계(Fitriani, 2021) 등이 있다. 중국의 부상은 한국뿐만 아니라 동아시아 다른 국가에도 영향을 미치는 매우 중요한 현상이다. 그래서 동아시아 각국은 부상하는 중국에 대응하기 위해 다양한 중국 정책을 추진해왔고, 중국도 마찬가지였다. 따라서 한중 관계를 분석 및 평가할 때는 중국을 중심으로 하는 다양한 동아시아 양자 관계를 참고해야 한다. 그래야만 한중 관계의 '특수성'과 '보편성'을 더 잘 파악할 수 있다.

2. 한중 관계 30년의 시기 구분

한중 관계 30년을 어떻게 시기 구분할 것인지는 연구자의 관점이 투영되는 매우 중요한 문제다. 가장 단순한 방법은, 양국 정부가 합의한 공식 규정을 기준으로 시기를 나누는 것이다. 이에 따르면, 한중 관계 30년은 선린우호 관계(1992년 합의) 시기, 협력 동반자 관계(1998년 합의) 시기, 전면적 협력 동반자 관계(2003년 합의) 시기, 전략적 협력 동반자 관계(2008년 합의) 시기, 전략적 협력 동반자 관계의 '내실화'(2014년 합의) 시기, '실질적' 전략적 동반자 관계(2017년 합의) 시기로 나눌 수 있다. 이런 시기 구분 이후, 각 시기에 나타난 특징을 분석할 수 있다(신종호, 2022: 9-18; 이동률, 2017b; 이희옥, 2017: 13; 이희옥, 2022: 46).

그러나 공식 관계 규정에 따라 시기를 구분하고 특징을 분석할 경우는 문제가 생긴다. 한중 관계에서는, 중국과 다른 국가 간의 관계에서도 마찬가지이지만, 공식 규정과 실제 관계가 괴리되는 특징이 나타나기 때문이다. 예를 들어, 이명박 정부와 후진타오 정부는 양국 관계를 '전략적 협력 동반자 관계'로 발전시키기로 합의했는데, 실제로는 양국 간에 심각한 '전략적 불신'이 나타났다. 2010년 천안함 폭침 사건과 북한의 연평도 포격 사건을 둘러싼 한중 간의 갈등이 이를 잘 보여준다. 2016~2017년 '사드(THAAD) 사태'를 둘러싸고 발생한 한중 간의 심각한 대립은 전략적 협력 동반자 관계의 '내실화'라는 양국 정부의 '합의'를 무색하게 만들었다. 따라서 공식 관계 규정에 입각한 시기 구분과 특징 분석은 한중 관계의 실제를 반영하지 못한다.

한중 관계 30년을 주요 영역별로 나누어 시기를 구분하고 특징을 분석하는 방법도 있다. 예를 들어, 한중 경제 관계(양평섭, 2017a; 지만수, 2017), 문화 관계(임대근, 2017), 군사 관계(이상국, 2017), 북중 관계(신봉섭, 2022; 신종호, 2017) 등 다양한 영역에서 시기 구분과 시기별 특징 분석이 이루어졌다. 그런데 이런 시기 구분에는 문제가 있다. 이것이 경제·문화·군사·북한 등 특정 영역에만 한정되기 때문에 한중 관계 전체를 포괄할 수 없다는 점이다. 또한 이런 시기 구분에서는 공통적으로 시기를 구분하는 명확한 기준 제시가 부족하다.

그래서 필자는 세 가지 기준, 즉 한 시기를 뚜렷하게 특징짓는 중요한 사건의 발생 여부, 영역별 실제 교류 상황, 양국 국민 간의 상호 인식 변화를 기준으로 한중 관계 30년을 세 개의 시기로 나누려고 한다. 제1기는 1992년 한중 수교부터 2003년 김대중 정부 말기까지의 10년으로, 이를 '우호 협력기'로 부를 수 있다. 제2기는 2003년 노무현 정부 출범부터 2013년 이명박 정부 말기까지 10년으로, '발전 중의 갈등 표출기'로 부를 수 있다. 제3기는 2013년 박근혜 정부 출범부터 2022년 문재인 정부 말기까지 10년으로, '새로운 관계 모색기'로 부를 수 있다.

단, 여기서 주의할 점이 있다. 여기서 구분한 세 개의 시기가 단절의 성격도 있지만 동시에 연속의 성격도 갖고 있다는 사실이다. 한중 관계는 칼로 무를 자르는 것처럼 그렇게 명확하게 구분되는 것이 아니기 때문이다. 다만 분석과 이해의 편의를 위해, 동시에 각 시기에는 다른 시기와 구분되는 중요한 특징이 나타나기 때문에 세 개의 시기로 나눈 것일 뿐이다.

(1) 한중 관계 30년의 제1기(1992~2003년): '우호 협력기'

한중 관계 30년의 제1기(초기 10년)는 '우호 협력기'라고 부를 수 있다. 일부 학자는 이 시기를 '밀월기(蜜月期)'나 '특별한 관계 시기'라고 부르기도 한다(신경진, 2011; 정재호, 2011a: 233, 262; 정재호, 2011b: 245; 한석희, 2022: 61–65). 당시 각국 정부를 보면, 한국은 김영삼 정부(1993~1998년)와 김대중 정부(1998~2003년) 시기였고, 북한은 김일성 체제 말기(1994년 김일성 사망)와 김정일 체제(1994~2011년) 전기였다.

반면 중국은 장쩌민(江澤民) 정부(1992~2002년) 시기, 미국은 클린턴(Bill Clinton) 정부(1993~2001년) 시기였다.

제1기의 한중 관계는 무엇보다 경제 교류를 중심으로 급속히 발전했다. 〈표 8-1〉은 한국을 기준으로, 지난 30년 동안의 한중 무역 관계를 정리한 것이다. 이에 따르면, 1992년 한중 무역(수출입)은 64억 달러(수출 27억 달러/수입 37억 달러)였는데, 2002년에는 412억 달러(수출 238억 달러/수입 174억)로, 10년 동안 6.4배(수출 8.8배/수입 4.7배)가 증가했다. 비슷한 기간(1992~2013년)에 한국의 세계 무역은 연평균 9.3% 증가한 데 비해 중국과의 무역은 연평균 19.6% 증가하여 양자 간에는 2배 이상의 격차가 났다. 그 결과 2003년에 중국은 한국의 최대 수출국, 2004년에는 한국의 최대 무역국이 되었다.

참고로 제1기에 급속한 증가세를 보여준 한중 무역은 제2기(2003~2013년)와 제3기(2013~2022년)에 들어서는 급속히 둔화하기 시작했다. 이는 절대적인 무역량이 증가한 결과로 나타난 당연한 현상으로 해석할 수 있다. 즉 무역량이 작았을 때는 쉽게 서너 배 증가할 수 있지만, 무역량이 커지면 그렇게 할 수 없다는 것이다. 그러

〈표 8-1〉 한중 무역의 발전 상황(한국 기준)(1992~2021년)

(단위: 억 달러)

시기(연)	무역(배)	수출(배)	수입(배)	세계	중국
1기(1992~1902)	6.4(64→412)	8.8(27→238)	4.7(37→174)	9.3%	19.6%
2기(2003~2012)	3.8(570→2151)	3.8(351→1343)	3.7(219→808)	11.5%	18.0%
3기(2013~2021)	1.3(2289→3015)	1.1(1459→1629)	1.6(831→1368)	-	-

주: '세계'는 한국의 연평균 세계 무역 증가율, '중국'은 한국의 연평균 중국 무역 증가율을 가리킨다.
자료: 양평섭(2015: 234; 2017b: 264); 3기의 일부 통계는 필자가 추가.

나 이런 사실은 동시에 한중 관계에서 무역이 차지하는 중요성이 점차로 줄어든 것으로도 해석할 수 있다. 특히 한중 관계의 제3기에는 무역 중에서 수출은 거의 그대로인 데 비해 수입은 증가하면서 한국의 무역수지도 축소되는 현상이 나타났다.

구체적으로 〈표 8-1〉에 따르면, 한중 무역은 2003년 570억 달러(수출 351억 달러/수입 219억 달러)에서 2012년 2,151억 달러(수출 1,343억 달러/수입 808억 달러)로, 3.8배(수출 3.8배/ 수입 3.7배)가 증가하는 데 그쳤다. 비슷한 기간(2002~2013년) 한국의 세계 무역은 연평균 11.5%가 증가하고, 중국과의 무역은 연평균 18.0%가 증가해서 양자 간의 격차도 역시 1.6배로 줄어들었다. 제3기의 무역 축소는 더욱 분명했다. 한중 무역은 2013년 2,289억 달러(수출 1,459억 달러/수입 831억 달러)에서 2021년 3,015억 달러(수출 1,629억 달러/수입 1,368억 달러)로, 단지 1.3배가 증가했을 뿐이다. 이는 제1기의 한중 '밀월기'가 급속히 증가한 경제 교류와 협력을 토대로 등장할 수 있었다는 사실을 보여준다.

한중 국민 간의 상호 인식도 제1기에는 매우 좋았다. 한국의 대중문화가 중국에 전파되기 시작하면서 중국에서는 '한류(韓流)'라는 말—이 말은 1999년에 『베이징청년보(北京青年報)』가 최초로 사용했다고 한다—이 유행하기 시작했다(임대근, 2017). 한중 간에는 2000년에 '마늘 분쟁'이 발생했지만(정재호, 2011a: 261-293; 주장환, 2011), 이것이 양국 국민의 상호 인식에 나쁜 영향을 미치지는 않았다. 이를 보여주는 것이, 한국 내에 형성된 중국에 대한 우호적인 이미지다. 단적으로 역사 분쟁이 일어나기 전까지 한국인의 중국 호감도는 미국 호감도를 능가했다(정재호, 2011a: 295~322). 이 무렵에는 중국인의 한국 호감도도 다른 국가 국민의 한국 호감도보다 높았다(김상규, 2017: 17).

한중 수교 이후 최초의 10년 동안 양국 관계가 우호적인 분위기 속에서 발전할 수 있었던 데에는 여러 가지 요인이 작용했다. 먼저, '밀월기'는 수교 초기에 대부분 국가에서 나타나는 보편적인 현상으로, 한중 관계만의 특별한 일이 아니다. 다시 말해, 이 무렵 중국과 수교한 대부분의 아시아 국가들도 중국과 우호적인 협력 관계를 유지했다. 1972년 중국과 수교한 일본도 마찬가지였다. 중일 관계에서 갈등이 초래된 것은 그때로부터 20여 년이 지난 1990년대 중후반, 특히 1995~1996년 대만해협 위기가 발생한 이후부터였다(Dreyer, 2012; Iriye, 1996; Wan, 2006: 83~108). 이로부터 다시 10여 년이 흐른 2010~2012년에 발생한 센카쿠열도(尖角列島)/댜오위다오(釣魚島) 분쟁은 양국 관계를 최악의 상황으로 몰고 갔다.

한국의 중국 정책도 밀월 관계 형성에 도움을 주었다. 김영삼 정부는 1993년 3월에 1차 북핵 위기—이때 북한은 핵확산금지조약(NPT)의 탈퇴를 선언했다—에 직면하자, 중국과의 전략적 협력을 통해 이 문제를 해결하려고 시도했다. 또한 한일 간에 역사 문제가 재발하자, 중국과 반일(反日) 연합전선을 형성하여 대응하려고도 했다. 김대중 정부도 북한 포용 정책(engagement policy), 일명 '햇볕정책'을 추진하면서 한중 협력이 강화되었다. 반면 한미 관계는 전보다 소원해졌고, 한일 관계도 마찬가지였다. 한중 간의 공식 관계가 1992년 수교 당시 '선린우호 관계'에서 1998년에 '21세기 협력 동반자 관계'로 승격된 것은 양국의 실질적인 협력 확대를 바탕으로 한 것이었다(정재호, 2011a: 244–259; 한석희, 2022: 61–65).

제1기에는 미중 관계가 한중 관계의 발전에 부정적인 영향을 끼치지도 않았다. 미중 관계가 비교적 원만한 협력 관계를 유지했기 때문이다. 물론 미중 간에도 도전 요소는 있었다. 1995~1996년의 대만해협 위기와 1999년의 유고슬라비아 베오그라드 중국 대사관 오폭 사건이 대표적이다. 이런 위기에도 미중 관계가 안정적으로 유지된 것은, 일차적으로 중국이 덩샤오핑의 실용적 외교 노선을 고수했기 때문이다(Goldstein, 2001, 2005: 102–135). 동시에 중국의 부상이 아직 본격화되지 않아 미국의 중국 견제가 그렇게 강력하지 않았기 때문이기도 하다(Lampton, 2001: 15–63; Suettinger, 2003; Sutter, 2010: 95–122).

제1기에는 북중 관계도 역시 한중 관계의 발전에 걸림돌로 작용하지 않았다. 제1기의 북중 관계는 '냉각기'라고 부를 정도로 최악의 상황이었다. 북한은 1992년의 한중 수교를 '배신'으로 규정하고, 고위급 상호 방문 등 중국과의 공식 관계를 사실상 단절했다. 예를 들어, 북한은 1994년에 정전협정을 폐기하면서 중국 대표단의 철수를 요구했다. 1996년에는 미국이 제안한 4자회담(남북한·미국·중국)에서 중국을 배제하려고 시도했다. 중국도 1993년 1차 북핵 위기 시기에는 방관자처럼 행동하면서 북한을 애써 외면했다. 이런 북중 간의 냉각 관계는 1999년에 김영남 최고인민회의 상임위원장이 중국을 방문할 때까지 계속되었다.

(2) 한중 관계 30년의 제2기(2003~2013년): '발전 중의 갈등 표출기'

한중 관계 30년의 제2기(중간 10년)를 '발전 중의 갈등 표출기'로 부르는 이유는, 이 기간에도 양국 관계는 계속 발전했지만, 여러 가지의 갈등과 대립이 표출되면서 어려움에 직면했기 때문이다. 제2기의 각국 정부를 보면, 한국은 노무현 정부(2003~2008년)와 이명박 정부(2008~2013년) 시기였고, 북한은 김정일 체제(1994~2011년) 후기였다. 또한 중국은 후진타오(胡錦濤) 정부(2002~2012년) 시기, 미국은 부시(George W. Bush) 정부(2001~2009년)와 오바마(Barack Obama) 정부 1기(2009~2013년) 시기였다.

제2기에도 한중 간의 경제 교류와 사회·인적 교류는 계속 확대되었다(앞의 〈표 8-1〉과 이 책의 경제와 사회 관련 논문을 참고할 수 있다). 이런 측면에서 제2기를 단순히 한중 관계의 '갈등기'나 '후퇴기'로 규정할 수는 없다. 그러나 제2기에는 제1기와는 다른 분명한 특징이 나타났다. 2000년의 마늘 분쟁과 2005년의 김치 분쟁과 같은 경제(통상) 분쟁뿐만 아니라, 역사와 문화, 외교와 안보 등 다양한 영역에서 여러 가지 갈등이 계속해서 표출된 것이다. 이런 점에서 우리는 제2기를 '발전 중의 갈등 표출기'라고 부를 수 있다.

1) 역사 분쟁과 중국 인식 악화

갈등의 시작은 2003년에 발생하여 2006년에 일단락된 역사 분쟁이다. 중국사회과학원 산하의 변경사지연구센터(邊疆史地研究中心)

는 2002년 2월부터 2007년 2월까지 5년 동안 '동북공정(東北工程)'—정식 명칭은 '동북 변강의 역사와 현상 연구 공정(東北邊疆歷史與現狀系列研究工程)'—이라는 연구 과제를 수행했다. 과제의 주요 내용은 고구려사 등 중국 동북 지역의 역사를 중국 역사의 일부(지방사)로 재해석해서 편입하는 것이다. 이런 사실이 알려지면서 한국 학계는 '충격'에 빠졌고(백영서, 2013), 일반 국민도 마찬가지였다(오병수, 2017; 이장원·홍우택, 2008; 이희옥, 2008; 차재복, 2012). 이를 반영하여 한국 정부는 중국 정부에 공식 항의했고, 역사 분쟁은 곧바로 양국 간의 외교 분쟁으로 비화했다. 그러나 분쟁의 확대를 원치 않았던 양국 정부는 2004년에 '구두 합의' 형태로 사태를 '봉합'했다.[3] 이를 계기로 한국인의 중국 인식은 부정적인 방향으로 급선회했다. 이를 한중 관계의 '제1 전환점'으로 부르는 이유는 이 때문이다.

그러나 한중 간의 갈등은 역사 분쟁에 멈추지 않고, 주로 젊은 세대를 중심으로 각종 문화 논쟁으로 이어졌다. 2005년에는 강릉단오제의 유네스코 문화유산 등재를 둘러싼 논쟁이 벌어졌다. 단오(端午)는 원래 중국의 전통 명절인데, 한국이 이를 가로채서 유네스코에 한국의 문화유산으로 등재했다는 중국 측의 비난과, 이에 대한 한국 측의 해명, 즉 단오 명절 그 자체가 아니라 강릉의 단오제 행사를 등재한 것이라는 주장이 논쟁의 핵심이었다. 이를 이어 2006년에는 한의학(韓醫)과 중의학(中醫) 간의 원조 논쟁, 2007년에는 한자(漢字)의 한국 기원설, 2008년에는 쑨원(孫文)의 한국인 기원설, 2010년에는 이백(李白)의 한국인 기원설 등이 연이어 등장하면서 양국 네티즌 간에 뜨거운 신경전이 벌어졌다(신경진, 2011). 문화 논쟁의 실제 내용은 중국의 일부 언론과 네티즌이 조작한 허위 사실을 유포해서 한국을 비난한 것으로, 논쟁이라고 부를 수조차 없는 것이 대부분이었다. 그러나 진실 여부와 상관없이, 역사 분쟁과 문화 논쟁을 거치면서 양국 국민의 상호 호감도(favorable opinion)는 급격히 떨어졌다.

〈그림 8-1〉은 미국의 퓨(Pew) 리서치 센터가 조사한 한국인의 중국 호감도 변화를 정리한 것이다. 이에 따르면, 한국인의 중국 호감도는 네 개의 사건을 계기로 심각한 변화를 겪는다. 첫 번째는 2006년에 일단락된 역사 분쟁으로, 이것의 영향으로 2007년 한국인의 중국 호감도는 52%로, 2002년 조사보다 14%포인트가 감소했다. 두 번째는 2010년에 발생한 천안함 폭침 사건으로, 이때 한국인의 중국 호감도는 다시 38%로, 3년 전보다 14%포인트가 감소했다. 세 번째는 2016~2017년의 사드(THAAD) 사태로, 이 영향으로

〈그림 8-1〉 한국인의 중국 호감도 변화(2002~2021년)

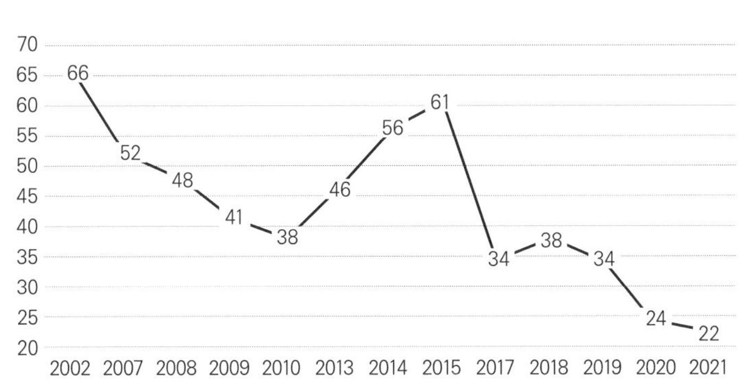

자료: Pew Research Center, Global Attitudes Project(2002-2021).

2017년 한국인의 중국 호감도는 34%로, 2015년의 61%보다 27%포인트나 대폭 감소했다. 네 번째는 2019~2020년 중국에서 발생한 코로나19(Covid-19) 감염병과 홍콩 민주화 운동 진압의 영향으로, 2021년 한국인의 중국 호감도는 22%로, 2018년의 38%보다 다시 16%포인트가 감소했다. 참고로 2022년 조사에서는 19%로 더 떨어졌다.

역사 분쟁을 계기로 한국인의 중국 호감도가 크게 나빠졌다는 사실은 국내의 다른 연구소와 언론사가 조사한 결과에서도 확인된다. 예를 들어, 앞으로 한국 외교가 중점을 두어야 할 국가를 선택하라는 『동아일보』의 여론조사 항목에 대해, 역사 분쟁 이전에는 중국과 미국을 선택한 응답자의 비율이 61% 대 26%로, 중국 선택 비율이 미국 선택 비율보다 35%포인트가 많았다. 그런데 역사 분쟁 이후에는 중국 선택 비율이 29%로 이전보다 32%포인트가 줄어든 반면, 미국 선택 비율은 55%로 이전보다 25%포인트가 증가했다. 다른 기관의 조사 결과도 마찬가지였다(정재호, 2011a: 301). 이는 역사 분쟁 이후 한국인의 중국 호감도가 크게 줄어든 반면, 미국 호감도는 크게 늘었음을 보여준다. 이런 추세는 지금까지 이어지고 있다.

2) 외교 안보 영역에서의 갈등 표출

또한 제2기에는 전에 없던 외교 안보 문제가 한중 간에 갈등과 대립의 요소로 등장했다. 예를 들어, 2010년 3월의 천안함 폭침 사건과 같은 해 11월의 북한의 연평도 포격 사건이 발생했을 때, 중국은 철저하게 북한 편에 서서 북한을 두둔하는 모습을 보여주었다. 즉 중국은 한국을 포함한 국제조사단의 천안함 폭침 사건의 조사 결과(즉 북한의 소행)를 믿지 않았을 뿐만 아니라, 유엔(UN)안보리에서 북한 제재 안건을 논의할 때도 일방적으로 북한을 옹호했다. 게다가 북한의 도발을 억제하기 위해 서해 지역에서 진행되었던 한미합동군사훈련에 대해 중국은 단호한 어조로 항의했다. 더 나아가 거의 같은 시기에 인근 지역에서 대규모 군사훈련을 전개함으로써 한미에 맞섰다(조영남, 2013: 221-222). 그 결과 한국인의 중국 호감도는 다시 한번 요동쳤다(〈그림 8-1〉 참조). 그래서 필자는 이를 한중 관계의 '제2 전환점'이라고 부른다.

제2기에 들어 한중 관계에서 갈등과 대립, 특히 외교 안보 영역에서 이런 문제가 불거진 것은 크게 세 가지 이유 때문이다. 첫째는 중국 부상의 가속화와 동아시아 지역에서의 미중 세력 균형(balance of power)의 변화, 이에 따른 중국 외교정책의 조정(즉 '강경한 중국'의 등장)과 한국 내 '중국 위협론'의 확산이다. 둘째는 미국의 외교정책, 특히 오바마 정부의 아시아 및 중국 정책의 변화다. 셋째는 이명박 정부의 등장과 외교·북한 정책의 변화다. 이런 세 가지의 지구적·지역적·국가적 요소들이 복합적으로 작용하여 외교 안보 영역에서도 한중 간에 갈등과 대립이 발생했다(조영남, 2013: 330-334).

첫째, 중국의 부상은 한중 관계에서 외교 안보 문제가 주요 현안으로 등장하게 된 근본적인 배경이다. 무엇보다 이 기간에 동아시아 지역에서 미중 간의 세력 균형이 중국에 유리하게 전개되었다. 즉 미중 간의 국력 격차가 축소되면서 탈냉전 시기에 미국이 누려왔던 패권적 지위가 도전받기 시작한 것이다. 이렇게 되면서 그동안 한미 동맹을 통해 안보 위협에 대응해왔던 한국에서는 안보 불안감이 증가하기 시작했다. 중국의 부상에 좀 더 적극적으로 대응해야 한다는 목소리, 일명 '중국 위협론'이 강화된 것이다. 이명박 정부 시기에 들어 한미 동맹 강화와 한·미·일 안보 협력의 확대가 국정 과제로 제시되고, 실제로 그런 방향으로 정책이 추진된 배경에는 이런 사실이 놓여 있다.

또한 중국의 급속한 부상은 중국의 외교정책에 영향을 미쳤고, 이것이 다시 한국을 포함한 동아시아 국가의 안보 불안감을 증폭시켰다. 2008년 하반기의 세계 금융위기 이후 중국은 전보다 더욱 '강경한(assertive)' 혹은 '공세적(aggressive)' 외교 행태를 보였다. 2009년 4월 G-20 런던 회의 무렵부터 중국이 독자적으로 의제를 제안하고 이를 관철하기 위해 러시아·브라질·인도 등과 협력하는 모습, 2009년 12월 코펜하겐 유엔 기후협약 회의부터 중국이 보여준 세계 기후변화 문제에 대한 적극적인 대응, 2010년 남중국해와 동중국해의 해양 분쟁에 대한 중국의 공세적인 대응, 2010년 북한의 군사도발에 대한 중국의 단호한 비호 등은 이를 보여주는 대표적인 사례다. 이런 중국의 '강경한' 외교 행태가 한국을 포함한 주변 국가를 긴장하게 만든 것이다.

둘째, 중국의 부상이 가속화되고 '강경한' 외교가 나타나면서 미국의 아시아 정책, 특히 중국 정책은 전과 다르게 대결의 양상으로 변해갔다. 오바마 정부의 '아시아 회귀(Return to Asia)' 정책은 이를 잘 보여준다. 이는 2009년 하반기에 등장하여 2010년을 거치면서 더욱 뚜렷해졌고, 2011년에는 '아시아 선회(Pivot to Asia)' 정책, 이후에는 '재균형(Rebalance)' 전략으로 명칭이 변경되면서 확정되었다(김열수, 2012; 김재철, 2011; 김준형, 2012; 정재호, 2021: 17–165; Clinton, 2011; U.S. Department of Defense, 2012). 이렇게 되면서 미중 관계는 오바마 정부 초기에 나타났던 협력 관계에서 벗어나 갈등과 대립이 주도하는 관계로 서서히 변해갔다(주재우, 2017: 572–602). 다만 오바마 정부는 협상을 통해 중국을 관리할 수 있다는 희망을 완전히 버리지는 않았다. 즉 중국에 대해 전면적인 견제 정책을 추진한 것은 아니었다(Nathan, 2022: 34).

반면 중국은 미국의 '아시아 선회' 정책을 반(反)중국 포위 정책으로 간주하여 비난하기 시작했다. 미국이 한국 및 일본과의 군사동맹을 강화하여 아시아에서도 중국을 포위하는 '소규모 북대서양조약기구(Mini-NATO)'를 만들고 있다는 것이다. 특히 이런 미국의 시도는 2010년 천안함 폭침 사건과 북한의 연평도 포격 사건 이후 더욱 강화되었다는 것이다. 이처럼 미국의 강화된 아시아 정책과 중국의 반발로 제2기에는 미중 간에 군사적 긴장 상태가 한층 높아졌다. 이런 미중 경쟁이 한반도를 중심으로 전개되면서 한중 관계가 외교 안보 영역에서도 갈등과 대립의 상태에 빠지게 되었다.

셋째, 2008년에 등장한 이명박 정부는 김대중·노무현 정부와는 다른 외교·북한 정책을 추진했다. 한미 동맹의 강화(즉 '포괄적 전략동맹'으로의 격상)가 외교정책의 핵심이 되었고, 봉쇄정책이 북한 정책의 핵심이 된 것이다(신상진, 2011; 정재호, 2011b: 한석희, 2022: 67–69; Moon, 2011). 문제는, 이런 정책이 중국의 외교 안보 정책과 충돌한다는 점이다. 중국의 관점에서 보면, 한국은 한미 동맹의 강화를 통해 미국 주도의 '반(反)중국 안보 연합'에 본격적으로 참여하기 시작했다. 또한 한국의 북한 봉쇄정책은 북한 정권의 붕괴를 포함한 한반도의 불안정을 촉발할 가능성이 크다. 결국 이명박 정부의 외교·북한 정책은, 평화롭고 안정적인 주변 환경 조성을 원하는 중국의 외교 안보 정책과 정면으로 배치된다. 이런 이유로 김대중·노무현 정부 시기에는 적었던 외교 안보 영역에서의 갈등과 대립이 이명박 정부 시기에는 눈에 띄게 증가한다.

(3) 한중 관계 30년의 제3기(2013~2022년): '새로운 관계 모색기'

필자가 한중 관계 30년의 마지막 10년을 '새로운 관계 모색기'로 부르는 것은, 그럴 만한 이유가 있기 때문이다. 제3기에 들어 한중 관계는 놀이공원의 롤러코스터처럼 급상승과 급하강을 경험한다. 그러면서 지난 시기의 한중 관계에 대한 반성과 함께, 미래에 양국 관계를 '바람직한 방향'으로 발전시키기 위해서는 관계를 재정립해야 한다는 주장이 한국 내에서 강력하게 제기되었다. 제3기의 각국 상황을 보면, 한국에서는 박근혜 정부(2013~2017년)와 문재인 정부(2017~2022년)가 등장했고, 북한에서는 김정은 체제(2012년~현재)가 시작되었다. 중국은 시진핑(習近平) 정부(2012년~현재), 미국은 오바마 2기 정부(2013~2017년), 트럼프(Donald Trump) 정부(2017~2021년),

바이든(Joe Biden) 정부(2021년~현재) 시기였다.

1) 미중 경쟁의 전면화와 북한의 갑작스러운 권력승계

제3기의 한중 관계는 지구적 및 지역적 요소의 영향을 강하게 받으면서 심하게 요동쳤다. 먼저, 지구적 요소로는 미중 경쟁의 전면화를 들 수 있다. 2012년 말에 등장한 시진핑 정부는 이전의 '강경한' 외교정책을 이어갔을 뿐만 아니라, 그것을 힘으로 뒷받침하기 위해 다양한 정책을 추진했다. 2014년에 국내외 외교 안보 업무를 총괄하는 국가안전위원회(國家安全委員會/NSC)를 설립한 것은 시작이었다. 2015년 말부터는 중국의 군사 체제를 대대적으로 개편하는 국방개혁을 단행했다(박창희, 2017; Saunders, 2019). 또한 '해양강국(海洋强國) 건설' 방침을 실현하기 위해 항공모함 건조와 운영 등 해군력 강화에도 박차를 가했다. 중국을 중심으로 아시아·유럽·아프리카를 연결하는 거대한 중화 경제권을 구축하기 위한 일대일로(一帶一路/BRI) 정책도 2013년부터 추진되었다. 이는 미국의 아시아·태평양 전략(이후에는 인도·태평양 전략으로 변경)에 대응하는 안보 전략의 성격도 띠고 있다(이동규, 2021; 정재호, 2021: 52-58; 조영남, 2013: 289-318; Goldstein, 2020; Hu, 2019; Lin, 2019; Nathan and Zhang, 2022; Wang, 2019).

미국 정부도 중국과의 정면 대결을 마다하지 않았다. 오바마 정부의 '아시아 선회' 정책('재균형' 전략)에 이어서, 트럼프 정부는 본격적으로 중국 견제 정책을 추진했다. 구체적으로 2017년 12월에 발간된 「국가 안보 전략(NSS)」에서 중국과 러시아를 '수정주의 국가

(revisionist powers)'로 규정했고, 2018년 8월에 발간된 「국가 안보 잠정 지침」에서는 중국을 '전략 경쟁자(strategic competitor)'로 규정했다. 또한 중국의 '약탈 경제(predatory economy)'에 맞서기 위해 중국 제품에 고율의 관세를 부과하는 '무역 전쟁'을 시작으로, 첨단 기술과 주요 부품·장비의 중국 수출을 금지하고, 화웨이(Huawei)와 중싱(ZTE) 등 중국 통신 장비의 미국 수입을 금지하는 '기술 전쟁'도 전개했다. 더 나아가서 중국 유학생의 미국 대학 진학을 제한하고, 산업 스파이를 색출하는 등 전 영역에 걸친 고강도 중국 견제(일부는 봉쇄) 정책을 추진했다(김한권, 2022; 박홍서, 2020: 246-261; 정재호, 2021: 167-204; Office of the Secretary of State, 2020; White House, 2020).

바이든 정부는 트럼프 정부의 중국 정책을 계승 발전시켰다. 먼저, 트럼프 정부처럼 중국을 '수정주의 세력' 및 '전략 경쟁자'로 규정했다(White House, 2021; White House, 2022). 중국에 대해서는 협력보다는 경쟁과 대립으로 계속 맞서겠다는 방침을 분명히 한 것이다. 또한 트럼프 정부가 미국 단독으로 중국에 맞섰던 것과는 다르게 미국의 국제적 지도력(leadership)을 회복하고, 이를 바탕으로 미국 주도의 동맹 네트워크와 다자주의 체제를 강화하여 중국을 견제하는 정책을 추진했다. 인도·태평양 전략을 위한 쿼드(Quad: 미국·일본·인도·호주) 플러스(+)와 오커스(AUKUS: 미국·영국·호주) 군사 협력 체제의 구축, 인도·태평양 경제 프레임워크(IPEF)의 출범, 기존에 있었던 5개국 정보 감시 체제(Eye Fives: 영국·미국·캐나다·호주·뉴질랜드)의 활성화, 민주주의 10개국 협의체(D-10)의 출범 등은 이를 보여주는 대표적인 사례다(신종호 외, 2021: 325−359; 이상현, 2022; 전재성, 2022; Blinken, 2022; Nathan, 2022; White House, 2021, 2022).

한편 북한에서는 예상하지 못했던 권력 교체가 일어났고, 이로 인해 한반도의 불안정성은 어느 때보다 높아졌다. 2011년 12월에 김정일 국방위원장이 갑자기 사망하면서 김정은 국무위원장이 권력을 승계한 것이다. 이후 김정은 위원장은 권력 공고화를 위해 '선군정치(先軍政治)'를 강화했다. 김정일 시기에 진행된 두 차례의 핵실험(2006년 10월 1차/2009년 5월 2차)에 이어, 김정은 집권 초기 5년 동안에만 무려 네 차례의 핵실험(2013년 2월 3차/2016년 1월 4차/ 2016년 9월 5차/2017년 9월 6차)을 감행한 것이다. 여기에 더해 미국 본토까지 타격할 수 있는 대륙간탄도미사일(ICBM) 발사 시험도 계속 진행했다. 남북 관계는 극도의 긴장 상태에 빠질 수밖에 없었다.

이 시기에 북중 관계도 악화 일로를 걷게 된다. 2012년 말에 집권한 시진핑 정부는 김정은 체제의 계속되는 도발 행위에 강한 반감을 품게 되었다. 이런 반감은 유엔안보리가 북한 제재 결의안을 채택할 때 중국이 적극적으로 협조하는 모습으로 나타났다. 실제로 중국은 북한의 3차 핵실험(2013년)에 대한 유엔안보리의 제재 결의를 충실히 집행한 것으로 평가된다. 이를 계기로 제3기에 들어 북중 관계는 '제2의 냉각기(2012~2018년)'를 맞게 된다(신종호, 2017; 신봉섭, 2022). 동시에 이로 인해 한국에서는 '중국의 북한 정책이 근본적으로 변화되었다'라는 잘못된 판단이 유행하게 된다(조영남, 2013: 320−323).

2) 박근혜 정부 시기의 '급변상황': '최상의 관계'에서 '최악의 관계'로 변화

지구적 및 지역적 갈등 요소의 돌출은 제3기에 접어든 한중 관계에 악영향을 미쳤다. 한국 정부는 북한의 계속되는 핵실험과 미사일 발사 도발에 적극적으로 대응해야만 하는 절박한 상황에 직면했다. 이를 위해서는 미국과 중국 등 강대국의 협력과 지지를 얻어야 할 뿐만 아니라, 국제사회의 전폭적인 지원도 끌어내야만 했다. 그러나 한국의 간절한 바람과는 반대로, 미중 경쟁이 더욱 격화되면서 한국의 활동 공간은 전보다 더욱 축소되는 역설적인 상황, 동시에 한국이 선택할 수 있는 정책 선택지가 크게 제약되는 곤경에 빠지게 되었다.

이런 상황에서 출범한 박근혜 정부는 '보수정부'로서 기본적으로는 이명박 정부의 한미 동맹 최우선 정책을 계승했다. 또한 북한 정책도 국제사회의 압박과 제재를 통해 북한의 핵 개발 의지를 꺾고, 북한의 무모한 도발 시도는 강력한 군사력으로 억제한다는 봉쇄정책을 계승했다. 다만 중국 정책은 이명박 정부와는 달랐다. 즉 '한반도 신뢰 프로세스', 일명 '통일 대박론'을 성공적으로 추진하기 위해 중국의 지지와 협조를 얻기 위한 '구애(求愛)' 정책을 추진했다. 김정은 체제가 등장 직후부터 핵실험과 미사일 발사 도발을 계속하면서, 시진핑 정부의 북한 정책에는 '질적인 변화'가 일어났다고 판단한 점이, 박근혜 정부가 중국 '구애' 정책을 추진하게 되는 배경이 되었다(이동률, 2017a: 227). 물론 앞에서 말했듯이, 이런 판단은 완전히 잘못된 것이다.

구체적으로 박근혜 대통령은 시진핑 주석과의 개인적인 친분과 유대감(즉 국가 지도자의 자녀)을 과시하면서, 당선 직후에는 미국에 앞서 중국에 특사를 파견하는 호의를 보였다. 2013년 6월에 중국을 방문했을 때는 중국어로 연설하고, 중국 고전을 통해 삶의 시련을 이겨냈다고 고백하는 등 중국과의 특별한 친근감을 강조했다. 그 결과 박 대통령의 자서전, 『절망은 나를 단련시키고 희망은 나를 움직인다』는 중국 자서전 판매 순위에서 1·2위를 다투면서 2015년 3월까지 60만 부가 판매되는 성과를 거두었다(우완영, 2019). 시진핑 주석도 박 대통령의 노력에 호응하여 2014년 7월에 북한에 앞서 남한을 먼저 방문하는 성의를 보였다(신봉섭, 2022; 한석희, 2022: 69–71).

한중 간의 '제2의 밀월기'는 2015년에 '역대 최상의 우호 관계'라는 수사가 등장할 정도로 절정에 달했다(이동률, 2014: 135; 이동률, 2015: 187). 그해 3월에 박근혜 정부는 미국의 반대에도 불구하고 중국 주도의 아시아인프라투자은행(AIIB) 가입을 선언했고, 9월에는 박 대통령이 직접 중국 전승절 60주년 기념행사에 참석했다. 그해 연말에는 양국 정부가 한중 자유무역협정(FTA)을 비준하면서 '제2의 밀월기'의 대미를 장식했다(이동률, 2016: 213–215). 이를 반영하여 한국인의 중국 호감도는 2010년 천안함 폭침 사건 이후 34%로 최저점을 찍은 후에, 2013년에는 46%, 2014년에는 56%, 2015년에는 61%를 기록하면서 2002년의 기록에 근접해갔다(〈그림 8–1〉 참조). 중국인의 한국 이미지도 박근혜 정부 등장 이후 크게 개선되었다(우완영, 2019).

그러나 2016년에 들어 한중 관계는 '최상의 관계'에서 '최악의 관계'로 급전직하한다(신종호 외, 2021: 360-384; 이동률, 2017a; 한석희, 2022: 69-71). 발단은 북핵 문제의 대응을 둘러싼 한중 간의 갈등이었다. 같은 해 1월에 북한은 4차 핵실험(수소폭탄 실험)을 감행했고, 6월에는 '화성 10호'라는 대륙간탄도미사일(ICBM)을 발사했다. 박근혜 정부는 이 문제를 협의하기 위해 시진핑 정부와 접촉을 시도했지만, 시진핑 정부는 끝내 외면한다. 중국에 '실망감'을 넘어 '배신감'을 느낀 박근혜 정부는 그해 7월에 주한미군의 사드(THAAD) 배치를 전격 결정하고, 2017년 상반기에는 실전 배치를 완료한다(김동엽, 2017; 김재철, 2017; 신종호 외, 2021: 360-384).

반면 중국은 2010년대 초부터 동아시아 지역에서 미사일 방어체제(MD)를 구축하려는 미국의 시도에 강력히 반발해왔고, 그것에 참여하지 않겠다는 한국 정부의 약속을 굳게 믿었다. 결국 박근혜 정부의 갑작스러운 사드 배치 결정은 시진핑 주석의 '뒤통수를 친' 꼴이 되었다. 이런 판단하에 중국은 한국과의 공식적인 외교 통로를 사실상 차단한 상태에서 다양한 형태의 보복 조치를 감행하게 된다. 한국을 찾는 중국 단체 관광객의 제한—반대로 중국 단체 관광객의 일본 여행 허용—,[4] 한국 상품에 대한 불매 운동 전개, 한국 문화 콘텐츠에 대한 규제 강화—반대로 일본 문화 콘텐츠에 대한 규제 완화—가 대표적인 보복 조치다(송지연, 2020; 유현정·주재우, 2017; Yang, 2019).

3) 문재인 정부 시기의 '소강상태': 한반도 긴장 완화를 위한 협력

2017년에 등장한 문재인 정부는 사드 사태 이후 곤경에 빠진 한중 관계를 개선하기 위해 다양한 노력을 기울이게 된다. 이런 측면에서 문재인 정부 시기는 사드 사태의 짙은 그늘 속에서 '최악의 수준'으로 떨어진 양국 관계를 '정상 상태'로 되돌리기 위해 노력한 시기라고 평가할 수 있다(강준영, 2022; 이동률, 2018, 2019, 2020, 2021). 문재인 정부는 이명박·박근혜 정부와는 달리 김대중·노무현 정부의 북한 포용 정책을 계승했다. 따라서 한반도의 평화와 안정 유지, 즉 '현상 유지' 정책을 최우선적인 한반도 정책으로 추진하는 중국과 협력할 수 있는 기본 토대는 갖추게 되었다.

실제로 한중 양국은 북한의 계속되는 핵실험과 대륙간탄도미사일 발사로 극도의 긴장 상태에 빠진 한반도 위기 상황을 안정적으로 관리하기 위해 협력했다.[5] 2017년 1년 내내, 미국 정부는 트럼프 대통령 본인을 포함하여 외교 및 군사 분야의 고위급 인사들이 북한의 무모한 도발을 응징하기 위해 일부 핵시설에 대해 '국부타격' 혹은 '선제공격'을 감행할 수 있다는 경고를 보냈다. 또한 그것을 위한 실제 준비도 진행했다. 한국 거주 미국 민간인의 소개 작전 실행, 주한미군의 한국 순환 배치 시 가족 동반 제한령 하달, 핵 항공모함과 B-1 전략 폭격기 및 최신예 전투기를 동원한 북한 침공 예행연습 진행 등이 대표적인 사례다.[6]

이처럼 '한반도 위기설'이 마치 정설처럼 퍼져가는 급박한 상황에 직면한 한중 정부는 북핵 문제를 해결하기 위해 '물밑에서 비공식 협력'을 강화했다. 2017년 10월에 양국 정부가 사드 사태의 '봉합'을 결정한 일은 이런 협력의 1차 결과물이었다. 심각한 북핵 위기 앞에서 한중 양국은 덜 시급한 현안인 사드 사태를 잠시 접어두기로 합의한 것이다. 이에 따르면, 한국 정부는 첫째, 미국의 미사일 방어 체제(MD)에 편입하지 않을 것이고, 둘째, 한·미·일 안보 협력을 3국 군사동맹으로 발전시키지 않을 것이며, 셋째, 사드를 추가 배치하지 않을 것이다. 중국 정부는 이런 한국 정부의 입장 표명을 수용한다. 이것이 바로 한중 정부 간에 합의한 '삼불(三不) 협의' 내용이다.

또한 2017년 12월에 있었던 문재인 대통령의 중국 방문과 양국 정상 간의 북핵 협의는 또 다른 한중 협력의 결과물이었다. 의전 문제 등 여러 가지 상황이 좋지 않음에도 불구하고 문 대통령이 중국 방문을 서둘렀던 것은 한반도 위기 상황을 해소하기 위해서는 중국과의 협력이 절실히 필요하다는 판단에서였다. 2018년 2월에 개최된 평창 동계올림픽 개막식에 김여정을 중심으로 하는 북한 최고급 인사들이 참석하면서 한반도 긴장은 크게 완화되었는데, 한중 양국의 협력은 이런 분위기를 조성하는 데에도 크게 일조했다. 이런 노력의 결과, 미국 트럼프 정부의 북한 선제공격론은 사라졌고, '한반도 위기설'도 잠잠해졌다.[7]

그러나 한중 협력은 여기까지였다. 즉 양국은 2017년 한반도 긴장 완화를 위해서는 협력했지만, 그 이후의 북핵 문제 대응 과정에서는 그렇지 못했다. 이런 모습은, 북핵 문제의 해결을 위해 한중이 협력할 수 있는 범위와 내용에는 분명한 한계가 있다는 사실을 다시 한번 확인시켜주었다. 실제 상황을 보면, 북핵 협상은 김정은-트럼프 간의 북미 정상회담(1차 2018년 6월 싱가포르, 2차 2019년 2월 하노이)이 주도하고, 문재인-김정은 간의 남북 정상회담(1차 2018년 4월, 2차 2018년 5월, 3차 2018년 9월)이 그것을 보조하는 형태로 진행되었다. 이 과정에서 북중은 한미에 대응하기 위해 긴밀히 협력하는 모습을 보여주었다. 4차에 걸친 김정은 국무위원장의 방중(1차 2018년 3월, 2차 2018년 5월, 3차 2018년 6월, 4차 2019년 1월)과 시진핑 주석의 북한 답방(2019년 6월)은 이를 상징적으로 보여준다.

4) '사드 사태'와 중국 인식 악화

"한중 관계는 사드 사태 이전과 이후로 구분된다"라는 말이 나올 정도로, 사드 사태는 한중 관계 30년의 세 번째 분수령, 그중에서도 가장 강력한 분수령이 되었다. 필자가 이를 한중 관계의 '제3 전환점'이라고 부르는 것은 이 때문이다. 사드 사태는 미중 경쟁의 전면화와 한반도 위기의 최고조화라는 지구적 및 지역적 요소가 맞물린 상황에서 발생한 일로, 그 파장은 전에 없이 강력했다. 특히 '제3 전환점'이 한중 관계의 '제1 전환점' 및 '제2 전환점'과 다른 점은, 중국인의 한국 호감도가 사드 사태 이후에 극도로 나빠졌고, 그것이 현재까지 개선되지 않고 그대로 이어지고 있다는 점이다(이동률, 2017b: 239-241).

구체적으로 중국인의 한국 호감도는 2000년대에 들어와서 하향 곡선을 그리는 추세였지만, 2003~2006년의 역사 분쟁과 2010년의 천안함 폭침 사건의 영향은 상대적으로 미약했다. 예를 들어, 역사 분쟁 직후인 2007년에 진행된 한·중·일 공동의 여론조사 결과에 따르면, 중국인의 74.1%가 '한국 인식은 좋다', 73.1%가 '한국을 신뢰한다'라고 응답했다(김상규, 20-21). 그런데 일본의 언론(言論) NPO가 사드 사태 직후인 2016년에 진행한 여론조사 결과에 따르면, '한국을 믿을 수 있다'라고 응답한 중국인은 34.9%로, 2015년 같은 조사보다 20%포인트가 떨어졌다. 반면 '한국을 믿을 수 없다'라고 응답한 중국인은 61.1%로, 2015년 같은 조사보다 20%포인트가 증가했다(우완영, 2019). 이후 중국인의 한국 호감도는 좀처럼 회복되지 않았다.

한국인의 중국 호감도가 극도로 나빠졌다는 사실은 말할 필요도 없다(김상규, 2017; 이동률, 2022; 임대근, 2017). 앞에서 살펴본 〈그림 8-1〉에 따르면, 사드 사태의 영향으로 2017년 한국인의 중국 호감도는 34%로, 2015년의 61%보다 27%포인트나 감소했다. 즉 2년 사이에 중국 호감도가 거의 반으로 줄어든 것이다. 한국 학자들이나 언론이 사드 사태 직후의 한중 관계를 '역사상 최악'이라고 부르는 것은 이 때문이다.

〈표 8-2〉는 다양한 질문 내용으로 진행된 국내외 여론조사 결과

〈표 8-2〉 사드 사태 이후 한국인의 중국 이미지 변화

질문 내용	응답 비율	조사기관
시진핑은 선한 세계적 지도자다	67%(2015) →28%(2017)	Pew*
중국은 세계의 주도적 경제 대국이다	38%(2015) →27%(2017)	Pew
중국은 한반도 통일을 원치 않는다	77.6%(2015) →85.9%(2017)	IPUS**
중국은 한반도 평화의 최대 위협이다	16.8%(2016) →22.7%(2017)	IPUS
중국은 전쟁 시 북한을 지원할 것이다	46%(2016) →53%(2017)	IPUS
한·중 관계는 경계(vigilant)해야 한다	24.1%(2015) →38.4%(2017)	IPUS
중국의 군사력 증강은 한국에 부정적이다	91%(2013) →93%(2017)	Pew

주: *는 Pew Research Center; **는 서울대학교 통일평화연구원(IPUS).
자료: Lee and Hao(2018: 886).

를 정리한 것이다. 이를 통해 한국인의 중국 이미지는 사드 사태 이후 모든 질문 사항에서 부정적으로 변했다는 사실을 확인할 수 있다. 특히 시진핑 주석의 지도력에 대한 긍정 평가가 2015년 67%에서 2017년 28%로, 2년 만에 39%포인트나 급락한 것은 매우 인상적이다. 이후에도 시진핑 주석에 대한 이미지는 계속 나빠져, 미국 트럼프 대통령과 꼴찌를 다투는 형세가 되었다. 이는 한국만이 아니라 대부분 선진국에서 나타난 보편적인 현상이었다.

그런데 우리는 〈그림 8-2〉를 통해 재미있는 사실 두 가지를 확인할 수 있다. 첫째, 한국인의 중국 호감도는 미국 호감도와 반비례로 연동해서 움직인다. 〈그림 8-2〉에 따르면, 2002년에는 한국인의 중국 호감도가 66%, 미국 호감도가 52%를 기록했다. 그런데 2003~2006년의 역사 분쟁 이후에는 한국인의 중국 호감도와 미국 호감도가 역전된다. 즉 2007년 조사에 따르면, 한국인의 중국 호감도는 52%로, 5년 전과 비교해서 14%포인트가 하락했는데, 미국 호감도는 58%로, 2003년의 46%와 비교해서 12%포인트가 증가한다. 이처럼 한국인의 중국 호감도가 줄어든 만큼 미국 호감도는 늘어났다.

참고로 한 연구 결과에 따르면, 한국인의 중국 호감도와 미국 호감도 간의 연동성(correlation)은 시간이 가면서 축소되는 현상이 나타났다. 구체적으로 2007년에는 양자 간의 연동성이 0.37포인트로 비교적 큰 편이었는데, 10년 뒤인 2017년에는 0.02포인트로 대폭 축소되었다. 이는 한국인의 중국 호감도와 미국 호감도가 점점 더 따로 움직인다는 사실을 의미한다. 예를 들어, 동시에 중국과 미

〈그림 8-2〉 한국인의 주요국 호감도 변화(2002~2021년)

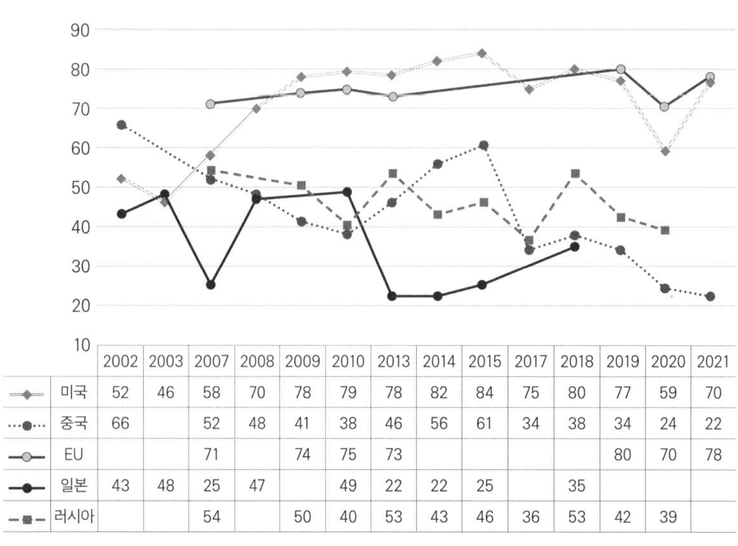

	2002	2003	2007	2008	2009	2010	2013	2014	2015	2017	2018	2019	2020	2021
미국	52	46	58	70	78	79	78	82	84	75	80	77	59	70
중국	66		52	48	41	38	46	56	61	34	38	34	24	22
EU			71		74	75	73					80	70	78
일본	43	48	25	47		49	22	22	25		35			
러시아			54		50	40	53	43	46	36	53	42	39	

자료: Pew Research Center, Global Attitudes Project (2002-2021); Lee and Hao, 2018: 873).

국에 호감을 느낄 수도 있고, 반대로 동시에 비호감을 느낄 수도 있다. 이런 미중 호감도의 연동성은 아시아 국가 중에서는 한국과 베트남 두 나라에서만 나타나는 현상이다. 이는 한·베트남 양국이 비슷한 지정학적 조건에 처해 있기 때문에 미중에 대해 비슷한 인식 유형을 보이는 것으로 해석할 수 있다(Sonoda, 2021: 266).

둘째, 한국 정부의 중국 정책과 한국 국민의 중국 호감도가 항상 같은 방향으로 움직이는 것은 아니다. 이는 한국인의 중국 호감도가 한국 정부의 중국 정책에 의해 결정되지 않는다는 사실을 보여준다. 구체적으로 노무현 정부(2003~2007년)의 외교정책은 '반미(反美)-친중(親中)'으로 알려져 있다. 물론 실제로는 그렇지 않았다. 즉 노무현 정부는, 한국군의 이라크 파병 결정(2003년), 주한미군의 전략적 유연성 합의(2006년), 한미 자유무역협정(FTA)의 타결(2007년) 등 미국이 요구하는 정책을 대부분 다 수용함으로써 실제로는 '친미(親美) 정권'의 모습을 보여주기도 했다. 어쨌든 노무현 정부의 우호적이고 협력적인 중국 정책과는 상관없이, 한국인의 중국 호감도는 집권 5년 동안 66%(2002년)에서 52%(2007년)로 14%포인트가 감소했다. 이는 이 시기에 발생한 역사 분쟁이 강한 영향을 미친 결과라고 해석할 수 있다.

반면 박근혜 정부(2013~2017년)가 중국에 대해 '구애' 정책을 추진했을 때는 한국 국민의 중국 호감도도 그에 맞추어 증가했다. 즉 2013년 45%에서 2015년 61%로, 2년 동안 16%포인트가 증가한 것이다. 그러나 박근혜 정부가 사드 배치를 결정하고, 이에 대해 중국이 보복 조치를 감행한 이후에는 중국 호감도가 급감했다. 즉 2015년 61%에서 2017년 34%로, 2년 동안 27%포인트가 감소했다. 이처럼 박근혜 정부 시기에는 정부의 중국 정책과 국민의 중국 호감도가 정비례로 연동해서 움직였다. 이때에는 민간 차원에서 양국 관계에 영향을 미칠만한 중대한 사건이나 이슈가 없었기 때문으로 해석할 수 있다.

그런데 문재인 정부(2017~2022년)에 들어와서는 정부의 중국 정책과 국민의 중국 호감도가 다시 따로 움직이는 현상이 나타났다. 앞에서 말했듯이, 문재인 정부는 한반도 위기 상황을 해소하고, 북핵 문제를 주도적으로 처리하기 위해 북한에 대해서는 포용 정책, 중국에 대해서는 협력 정책을 추진했다. 실제로 한중 양국은 이런 협력을 통해 한반도 위기 상황을 해소하는 데 일정한 성과를 거둘 수 있었다. 다만 그런 협력 과정과 성과가 '물밑에서 비공식적으로' 추진되면서 잘 알려지지 않았고, 동시에 그런 성과가 다른 이슈에 가려서 일반 국민은 말할 것도 없고 전문가조차도 크게 주목하지 않았다는 한계가 있다.

어쨌든 문재인 정부의 중국 협력 정책과는 상관없이, 한국인의 중국 호감도는 이전처럼 회복되지 않았다. 즉 2018년에 38%를 기록하여 전년 대비 4%포인트가 증가했지만, 곧바로 다시 감소하여 2021년에는 22%, 2022년에는 19%로 계속해서 역대 최하위를 갱신했다. 2019년의 코로나19 발생과 중국 정부의 축소 및 은폐 의혹, 2019~2020년의 홍콩 민주화 운동 탄압, 신장(新疆) 지역의 소수민족 탄압, 대만에 대한 군사 위협 강화, 남중국해 지역에서의 무력 시위 확대 등 시진핑 정부가 보여준 국내적으로는 '권위주의적' 통치 행태와 국제적으로는 '강경한' 외교 행태가 한국인에게 나쁜 영향을 미친 결과로 해석할 수 있다.

그런데 우리가 제3기의 한중 관계를 평가할 때는 두 가지 사실에 주의할 필요가 있다. 첫째, 한중 관계의 '급변상황'(박근혜 정부 시기)과 '소강상태'(문재인 정부 시기), 그리고 이를 반영한 한국인의 중국 호감도 악화는 한중 관계만의 특징이 아니다. 단적으로 이 기간에 중국과 선진국 간의 관계는 대부분 갈등과 대립 상태에 놓였고, 그 결과 선진국 국민의 중국 호감도는 전반적으로 매우 좋지 않다. 예를 들어, 2021년 6월에 퓨(Pew) 리서치 센터가 발표한 중국 호감도 조사 결과를 보면, 한국을 포함한 선진 14개 국가 국민의 중국 비호감도(unfavorable)는 평균 73%다. 이 조사에 따르면, 한국인의 중국 비호감도는 75%이고, 일본인의 중국 비호감도는 86%로 세계에서 가장 부정적이다(Silver, Devlin and Huang, 2021). 세계 주요 국가를 상대로 진행한 다른 중국 호감도 조사 결과도 비슷한 양상을 보인다(Yu and Jin, 2022).

둘째, 아시아 주요 국가 중에서 한국인의 중국 호감도는 좋은 편은 아니지만 그렇다고 나쁜 편도 아니다. 구체적으로 〈그림 8-3〉에 따르면, 한국의 중국 호감도는 인도네시아보다는 낮지만, 일본과 베트남보다는 높다. 아시아인의 중국 호감도를 조사한 다른 연구도 한국의 중국 호감도가 아시아 국가 중에서 중간 정도에 있음을 보여준다(Chu, Kang and Huang, 2015). 참고로 일본·대만·베트남·몽골의 중국 호감도가 한국보다 나쁜 이유는 주로 영토(해양) 분쟁으로 야기된 안보 위협 때문이다. 반면 한중 간에는 공식적으로는 영토

〈그림 8-3〉 일본·한국·베트남·인도네시아의 중국 호감도 변화 상황(%)

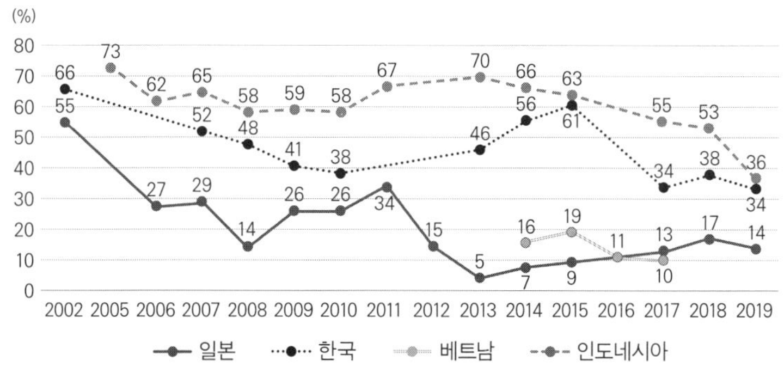

자료: Sonoda(2021: 264).

(해양) 분쟁이 없고(김애경, 2011), 안보 위협도 주로 한미 동맹과 북중 동맹을 매개로 해서 일어나는 특징이 있다(조영남, 2013: 334-347). 이런 이유로 이런 국가보다는 한국의 중국 호감도가 좋은 편이다.

또한 〈그림 8-3〉에 따르면, 일본의 중국 호감도는 2010~2012년 '센카쿠열도/댜오위다오 사건' 이후 10%대를 유지하고 있다. 이런 점에서 일본의 2010~2012년 '센카쿠열도/댜오위다오 사건'은 한국의 2016~2017년 '사드 사태'와 비슷하다고 평가할 수 있다. 반면 베트남의 중국 호감도는 처음(2014년)부터 좋지 않았다가, 이후에는 더욱 좋지 않게 변화했다. 이는 남중국해에서의 해양 영토 분쟁이 강하게 영향을 미친 결과라고 할 수 있다(Lai, 2020; Hai, 2021). 중·인도네시아 관계도 비슷하다. 즉 중·인도네시아 관계는 1998년 인도네시아의 민주화 이후 개선되다가(Fitriani, 2021), 2014년 이후에는 남중국해 갈등이 심각해지면서 다시 악화되었다. 그 결과 2018년에는 한국과 비슷한 수준의 중국 호감도—한국 34%, 인도네시아 36%—를 보여주었다.

3. 한중 관계 30년의 몇 가지 특징

한국 학계는 그동안 한중 관계의 전개 과정과 결과에 대해 다양한 분석과 평가를 진행했다. 한중 수교 15주년과 20주년을 전후로 한 시기의 연구(김경일·전재우, 2012; 김태호, 2009; 박병광, 2007; 박창희, 2012; 서진영, 2012; 이동률, 2006; 이희옥·차재복, 2012; 정재호, 2011a; 조영남, 2011a, 2012; 하도형, 2008), 한중 수교 25주년과 30주년을 전후로 한 시기의 연구(강준영, 2017; 박병광, 2019; 성균중국연구소, 2017; 21세기평화연구소, 2022; Hwang, 2021)가 대표적이다. 이 책의 앞장에 실려 있는 논문들도 이런 연구의 한 축을 담당한다고 말할 수 있다. 이런 연구들에는 양국 간의 정치와 외교뿐만 아니라, 경제와 사회, 문화와 학술, 군사와 안보 등 다양한 영역에 대한 분석과 평가가 포함되어 있다.

필자도 한중 관계 20주년을 즈음하여 양국 관계를 종합적으로 분석하고 평가한 적이 있다(조영남, 2011a). 이때 필자는 한중 관계의 네 가지 특징을 지적했다. 첫째는 교류 영역 및 주체의 급속한 확대와 이에 따른 양국 관계의 복잡화다. 둘째는 정치·경제·사회·군사 등 주요 영역 간의 불균등 발전의 심화다. 셋째는 정부의 공식 규정과 실제 관계 간의 괴리 심화다. 넷째는 한중 간 국력 격차와 비대칭성의 확대다. 다른 학자들도 표현은 조금씩 달라도, 또한 전체가 아니라 일부 영역에 한정해서 분석했지만, 비슷한 특징을 지적했다.

필자는 한중 수교 30주년을 맞는 2022년에도 이와 같은 네 가지 특징이 여전히 이어지고 있다고 생각한다. 예를 들어, 한중 관계의 주요 영역 간 불균등 발전 현상은 지금도 계속되고 있다. 한중 간에 경제 및 사회 협력은 우여곡절을 겪으면서도 꾸준히 발전해왔다. '한중 경제 협력 321시대'라는 표현은 이를 상징적으로 보여준다. 여기서 '3'은 무역 3,000억 달러, '2'는 상호 누적 투자 2,000억 달러, '1'은 인적 교류 1,000만 명을 가리킨다. 반면 군사 관계는 결코 발전했다고 평가할 수 없다. 국가 간의 군사 관계는 '교류–협력–

동맹'의 3단계로 구분되는데, 한중 군사 관계는 30년 전이나 현재나 모두 1단계인 '교류', 높게 보아도 2단계인 '협력의 초입'에 있다고 평가할 수 있다(김태호, 2009; 박창희, 2012; 이상국, 2017; 하두형, 2008; 황재호, 2012). 정치 외교 관계는 경제·사회 관계와 군사·안보 관계의 중간 정도에 있다.

그런데 한중 수교 30주년을 맞아 다시 살펴보면, 양국 관계에서는 이런 네 가지의 특징 이외에도 두 가지의 새로운 특징이 두드러진다는 점을 발견할 수 있다. 첫째는 중국의 일관된 한반도 정책과 한국의 분열된 중국 정책 간의 대비(對比)다. 둘째는 한중 간 핵심 쟁점의 부각과 한국 내 중국 정책에 대한 의견 수렴 현상이다. 또한 기존의 네 가지 특징 중에서 내용이 변화한 것도 있다. 한중 간 국력 격차와 비대칭성의 확대가 바로 그것이다. 이와 같은 세 가지 사항은 현재와 미래의 한중 관계에 커다란 영향을 미치는 특징으로, 조금 더 자세히 살펴볼 필요가 있다. 동시에 이 세 가지 사항에 대한 검토를 통해 한국이 바람직한 중국 정책을 수립하는 데 필요한 시사점을 얻을 수 있다.

(1) 중국의 일관된 한반도 정책과 한국의 분열된 중국 정책 간의 대비

중국의 한반도 정책은 지난 30년 동안 비교적 일관되게 유지되어 왔다.[8] 개혁·개방 시기에 중국은 주권·안보·영토의 수호 같은 일반적인 외교 목표 이외에 두 가지 목표를 특별히 강조했다. 첫째는 국내 경제 발전에 전념할 수 있는 평화롭고 안정적인 국제환경 조성이다. 이는 개혁·개방에 도움을 주는 외교 목표로, 1980년대 초부터 지금까지 이어지고 있다. 둘째는 미국을 중심으로 한 서방 선진국의 봉쇄 저지와 중국의 국제적 영향력 확대다. 이는 1989년 톈안먼 사건과 1991년 소련 붕괴 이후 추가된 외교 목표다. 이 두 가지 목표 중에서 우선권은 첫째에 있지만, 주권·안전·발전이라는 '핵심 이익(核心利益)'이 걸린 경우는 예외다.

중국의 한반도 정책 목표는 이와 같은 상위의 외교 목표에 의해 결정된다. 첫째, 한반도 평화와 안정 유지(즉 현상 유지)가 중국의 최우선 목표다. 둘째, 한반도에 중국의 영향력을 확대하기 위한 북중 관계와 한중 관계의 동시 강화가 부수적 목표다. 또한 이런 두 가지 목표를 달성하기 위해 중국은 남북한 모두에 영향력을 유지하는 균형 외교정책, 북핵 문제 등 현안이 발생하면 적극적으로 개입하는 관여 정책을 추진한다(조영남, 2006: 257-258). 만약 '북한 정책'에만 초점을 맞추어 살펴보면, 중국은 ① 북한 체제의 안정 유지, ② 북핵 문제의 해결과 한반도 비핵화, ③ 북한에 대한 영향력 유지, ④ 북한의 개혁·개방 유도 순으로 우선순위를 두고 정책을 추진한다(박병광, 2021: 45-52). 이런 중국의 한반도 정책은 쉽게 변하지 않는다. 특정 국가의 국가이익과 그것을 달성하기 위한 외교정책은 기본적으로 지정학(geopolitics)과 지경학(geo-economics)에 의해 결정되는 것이지, 특정 지도자의 의지나 일시적 상황 변화에 따라 결정되는 것이 아니기 때문이다.

중국의 '북핵 정책'도 마찬가지로 일관성을 유지하고 있다. 2002년 10월에 발생한 2차 북핵 위기—당시 북한은 방북 중인 제임스 켈리(J. Kelly) 국무부 동아태 차관보에게 농축우라늄(HEU) 프로그램을 운영하고 있다고 말했다— 이후, 중국은 일관되게 북핵 3대 방침(혹은 한반도 3대 원칙)을 주장해왔다. 첫째는 한반도의 평화와 안정 유지, 둘째는 한반도 비핵화(북한 비핵화가 아니다), 셋째는 대화와 협상을 통한 문제 해결이다. 2016년 북한의 5차 핵실험 이후에는 한반도 긴장 완화를 위한 임시 조치로, '두 개의 잠정 중단(雙暫停)'(북한의 핵·미사일 개발과 한미연합훈련의 동시 중단)과 '쌍궤병행(雙軌并行)'(한반도 비핵화 협상과 북미 평화협상의 병행)을 주장했다(김흥규, 2022; 신봉섭, 2022; 신종호 외, 2021: 283-324; 정재호, 2011a: 244-259; 정재호 외, 2011: 319-358).

그러나 한국 정부의 중국 정책은 정권에 따라, 즉 '보수정부'인가 혹은 '진보정부'인가에 따라 달라진다(신종호 외, 2021: 283-324; 황지환, 2017).[9] 이를 간략히 정리하면 이렇다. '보수정부'는 한미 동맹 최우선 정책과 북한 봉쇄정책을 추진한다. 필요할 경우는 중국에 지지와 협조를 요청할 수 있지만, 기본적으로 중국이 북한 문제를 해결하는 데 큰 도움을 줄 것으로 기대하지는 않는다. 따라서 '보수정부'는 중국 정책으로, 외교 안보 영역에서는 한미 동맹 및 한·미·일 안보 협력의 강화를 통한 견제 정책, 경제 영역에서는 국익 극대화를 위한 교류와 협력 정책을 추진한다. '안미경중(安美經中)', 즉 "안보는 미국과 경제는 중국과 협력한다"라는 말은 한국 정부 전체가 아니라 '보수정부'의 정책을 가리키는 용어다.

반면 '진보정부'는 한미 동맹/한중 전략 관계의 동시 중시 정책과 북한 포용 정책을 추진한다. 물론 한미 관계와 한중 관계 중에서 한국에게 더 중요한 관계(우선순위)가 무엇이냐고 질문한다면, 당연히 전자라고 답한다. 또한 북한 포용 정책은 단기적으로는 남북한 통일이 아니라 한반도 평화와 안정 유지를 목적으로 추진된다. '북핵 문제'는 이를 위해 해결해야 하는 중요한 과제이지, '북한 문제' 전체는 아니다. 마지막으로, 한반도 평화와 안정을 유지하기 위해서는 북한도 중국이나 베트남처럼 개혁·개방 정책을 추진해야 한다고 본다. 중국도 북한의 개혁·개방을 원하기 때문에 '진보정부'는 중국과 협력할 여지가 충분히 있다고 보고, 실제로 협력을 적극적으로 추진한다.

'보수정부'와 '진보정부'의 공통점은 한중 간의 경제 협력을 중시한다는 점이다. 중국은 세계 GDP의 18%, 세계 무역의 15%, 세계 경제성장의 30%를 차지하는 경제 대국으로, 한국의 최대 무역국(한국 수출에서 중국은 25% 전후, 만약 홍콩을 포함할 경우는 30% 전후)이자 최대 투자국의 하나다. 어떤 정부건 이런 냉정한 경제 현실을 외면할 수는 없다. 따라서 한국 정부는 중국이 매우 민감하게 생각하는 문제—예를 들어, 홍콩 민주화 문제, 대만해협 문제, 남중국해 문제, 소수민족 인권 문제—에 대해서는 최대한 중국과 충돌하지 않으려고 노력한다. '전략적 모호성(strategic ambiguity)'이라는 말은 이런 한국 정부의 태도에서 나왔다.

그러나 엄격히 말하면, '전략적 모호성'이라는 표현으로 한국 정부의 중국 정책을 묘사하는 것은 적절하지 않다. 정권의 성격에 따라 분명한 '전략적 선택'을 하는 경우가 많기 때문이다. 구체적으로 '진보정부'는 중국과의 우호 협력 관계를 유지하는 '전략적 선택'을 한다. 한반도 평화와 안정을 유지하기 위해서는, 특히 북한의 핵 개발 억제와 개혁·개방을 유도하기 위해서는, 중국의 지지와 협조가 필수 불가결하다는 판단에서 그렇게 했다(즉 북한 문제 해결을 위해 중국과의 우호 협력 관계 유지를 중시했다). 또한 이런 '전략적 선택'을 실행하기 위해 중국 견제를 주요 목적으로 추진하는 한미 동맹 확대나 동아시아 안보 협력 체제 구축에는 일정한 선을 긋는다. 반면 '보수정부' 중에서 이명박 정부는 한미 동맹 최우선과 한·미·일 안보 협력 강화라는 '전략적 선택'을 추진했다(물론 의도했던 결과를 달성하지는 못했다). 박근혜 정부는 그렇게 하려는 의도는 있었으나, 실제로는 그렇게 추진하지 못했다. 그래서 결과적으로 박근혜 정부는 '전략적 모호성'을 견지한 것처럼 보였다.

따라서 한국에게는 정권의 성격과 상관없이 초당파적인 중국 정책을 수립하여 일관되게 추진해야 하는 과제가 놓여 있다. 한중 관계 20주년과 30주년을 평가한 대부분 논문이 이를 강조한 것은 이 때문이다. 현재 한국에서는 어떤 정권이 들어서도 '한미 동맹의 굳건한 유지' 방침은 굳건히 유지한다. 한반도 평화와 안정을 유지하기 위해서는 강력한 대북 억제력이 필요하고, 이를 위해서는 한미 동맹이 필수 불가결하다고 판단하기 때문이다. 이런 점에서 한국의 미국 정책은 일관성과 장기성을 확보했다고 평가할 수 있다. 이제 중국 정책도 그렇게 해야 할 차례다.

(2) 한중 간의 국력 격차와 비대칭성 확대: 내용의 변화

백영서(2021: 375-376)는 과거부터 현재까지 한중 관계는 세 가지의 '변하지 않는 요인'을 가지고 있다고 주장한다. 첫째는 양자 관계의 비대칭성이다. "대국(大國)인 중국과 소국인 한국(또는 한반도) 사이에는 영토 크기나 인구수 같은 물질적 규모의 차이뿐만 아니라, 역사적·문화적 규모에서도 차이가 엄연히 존재한다." 둘째는 근접성으로, 여기에는 지리적 근접성에서 파생된 역사적·문화적 근접성도 포함된다. 셋째는 "한국(한반도)의 지정학적 위치와 역할의 중요성이다." 이 중요성으로 인해 주변 강대국은 한반도가 특정 국가에 종속되는 것을 원치 않고, 그럴 가능성이 보이면 개입한다. 임진왜란과 한국전쟁에 중국이 개입한 것은 이 때문이다. 이처럼 한중 간

〈표 8-3〉 미국·중국·일본·한국의 국내총생산(GDP) 비교(1992~2020년)

(단위: 십억 달러)

		1992	1995	2000	2005	2010	2015	2020
미국	GDP 규모	6,342	7,639	10,252	13,036	14,992	18,238	20,953
	세계 비중(%)	25.6	24.6	30.3	27.2	22.5	24.2	24.7
중국	GDP 규모	488	734	1,211	2,285	6,087	11,061	14,722
	세계 비중(%)	1.7	2.3	3.5	4.7	9.1	14.7	17.3
일본	GDP 규모	3,909	5,449	4,968	4,755	5,700	4,444	5,057
	세계 비중(%)	15.3	17.5	14.6	9.9	8.5	5.9	5.9
한국	GDP 규모	338	556	576	934	1,144	1,465	1,637
	세계 비중(%)	1.4	1.8	1.7	1.9	1.7	1.9	1.9

자료: IMF, World Bank 통계자료.

〈표 8-4〉 미국·중국·일본·한국의 국방비 비교(1998~2021년)

(단위: 십억 달러)

		1998	2000	2005	2010	2015	2020	2021
미국	국방비	256.1	280.6	518.1	698	596	778.2	740
	세계 비중(%)	36.2	37.8	44.6	42.3	36	39.2	38.5
중국	국방비	16.9	23	41	119	141	252.3	209
	세계 비중(%)	2.3	3	3.5	7.2	8.5	12.7	10.8
일본	국방비	51.3	37.8	44.7	54.5	40.9	49.1	51
	세계 비중(%)	7.2	5	3.8	3.3	2.4	2.4	2.6
한국	국방비	15.2	10	21	24.3	36.4	45.7	48
	세계 비중(%)	2.1	1.3	1.8	1.4	2.2	2.3	2.5

자료: *SIPIRI Yearbook* 각 년도.

의 국력 격차와 비대칭성은 수천 년 전부터 존재해온 한중 관계의 '상수(常數)'다.

한중 간 국력 격차와 비대칭성 확대는 경제력과 군사력에 대한 통계자료를 보면 쉽게 확인할 수 있다. 〈표 8-3〉과 〈표 8-4〉는 이를 정리한 것이다. 경제력의 경우, 한중 수교 당시(1992년) 중국의 GDP는 4,880억 달러이고, 한국의 GDP는 3,380억 달러로, 양국 간 격차는 1.4배에 불과했다. 그런데 그로부터 28년이 지난 2020년에는 중국의 GDP가 14조 7,222억 달러이고, 한국의 GDP는 1조 6,370억 달러로, 양국 간 격차는 9배로 크게 확대되었다. 군사력도 마찬가지다. 즉 1998년에 중국과 한국 간의 국방비 격차는 1.1배(169억 달러 대 152억 달러)였는데, 2021년에는 4.5배(2,090억 달러 대 480억 달러)로, 4배나 늘어났다. 핵무기를 포함하지 않아도 양국 간의 군사력 격차가 확대되고 있다는 사실은 쉽게 확인할 수 있다.

한중 간의 경제적 비대칭성, 그중에서도 한국의 구조적 취약성도 마찬가지다. 예를 들어, 한중 간의 무역구조를 보면, 한국 기준으로 2018년에 수출 대 수입의 비율은 6 대 4였다(정재호, 2021: 335). 이는 양국 간 무역 관계에서 중국이 '갑(甲)'이고, 한국은 '을(乙)'이라는 사실을 보여준다. 또한 한국의 중국 수출품 구성을 보면, 중간재(부품과 산업용 원자재로, 주로 반도체와 디스플레이)가 83%, 자본재가 12%, 소비재가 5%로, 중간재 비중이 지나치게 높다. 그 결과 한국의 수출품은 중국 시장에서 취약하다(신종호 외, 2021: 167~193; 양평섭, 2022). 그 밖에도 주요 생산 요소(예를 들어, 희토류와 희귀 금속)의 상당수를 중국에 의존하고 있는 한국은, "중국이 팔지 않으면 공급망에 충격이 오고, 중국이 사지 않으면 시장이 소멸"하는 구조적 취약성에 직면해 있다(박한진, 2022).

또한 한중 경제 관계는 '협력자 관계'에서 '경쟁자 관계'(양평섭, 2022) 혹은 '협력 위주'에서 '경합(경쟁과 상호 협력) 위주'(박한진, 2022)로 변화했다. 산업 경쟁 구조와 분업 구조도 마찬가지다. 즉 보완적 분업 관계에서 경쟁 심화 관계로, 기술과 장비 등에 대한 한국의 일방적인 공여 관계에서 한중 간 상호 의존 관계로, 수직적 분업 관계에서 수평적 협업 관계로, 생산기지로서의 중국에서 내수시장으로서의 중국으로 변화했다(조철 외, 2020: 74). 이는 중국 시장뿐만 아니라 전 세계 시장에서도 한중이 주도권을 놓고 격렬한 경쟁을 벌이는 상황이 도래했음을 의미한다.

이런 한중 경제 관계의 변화는 통계 수치로도 확인할 수 있다. 무역 구조에서 한중 간 중복 비율(ratio of overlaps)을 분석한 한 연구에 따르면, 수출 점유(export shares)의 중복 비율은 2000년 27%에서 2018년 32%로, 18년 동안 5%포인트가 증가했다. 즉 이제 한중이 수출하는 품목의 1/3 정도는 중복된다. 반면 수출 가치(export value)의 중복 비율은 2000년 37%에서 2018년 69%로, 같은 기간에 32%포인트나 급증했다. 즉 한중이 수출하는 제품의 가치(가격)에서는 2/3가 중복된다. 이는 고가의 첨단 기술 제품의 수출에서 한중이 상당히 겹치고 있다는 사실을 보여준다. 일본, 대만, 필리핀, 베트남, 싱가포르 등 다른 동아시아 국가와 중국 간의 수출 중복 비율도 마찬가지로 증가했다(Marukawa, 2021: 258). 문제는 동아시아 국가 중에서도 한중 간 수출 중복 비율이 가장 빠르게 증가했다는 점이다. 이는 중국 시장뿐만 아니라 세계 시장에서도 한중이 점점 더 치열한 경쟁을 벌이고 있다는 사실을 보여준다. 한중 간 주요 생산품의 세계 시장점유율 변화 분석(조철 외, 2020)이나 세계 수출시장 1위 품목의 변화 분석(김아린·정혜선, 2022)을 통해서도 한중 간에 수출 경쟁이 점점 격화되고 있다는 사실을 확인할 수 있다.

여기서 관건은 범용 기술뿐만 아니라 첨단 기술에서도 한국이 중국과 비교해서 얼마나 경쟁력을 가지고 있는가 하는 점이다. 유감스럽게도 최근에 나온 연구보고서는, 한국의 경쟁력이 일부 분야를 제외하고는 중국에 밀리고 있고, 첨단 기술로 갈수록 그런 열세 경향이 더욱 심각하다는 점을 보여준다(김아린·정혜선, 2022; 양평섭, 2020; 이재수·한종훈, 2021; 조철 외, 2020). 첨단 기술을 중심으로 하는 신산업 분야, 예를 들어 시스템 반도체, 로봇공학, 인공지능(AI), 빅

데이터, 5세대 통신(5G) 등에서 한중 경쟁력은 분야 간에 편차는 있지만 이미 몇 년 전부터 중국이 한국보다 우위에 있다는 것이 엄연한 현실이다(서동혁·조은교, 2018).

한중 간의 과학기술 경쟁력도 상대적인 지표에서는 한국이 중국보다 우위에 있지만, 절대적인 지표에서는 중국이 한국보다 상당한 우위에 있다는 연구보고서가 이미 10년 전에 발표되었다(현대경제연구원, 2013). 최근에는 피인용 최상위 1%의 과학논문에서도 중국이 미국을 양적으로만이 아니라 질적으로도 이미 추월했다는 연구보고서가 발표되었다(손영주, 2022). 이 분야에서 중국이 한국을 훨씬 앞선다는 사실은 말할 필요도 없다. 이런 연구보고서는 한중 경제 관계에서 현재뿐만 아니라 미래에도 한국의 상황이 더욱 좋지 않게 변할 수 있다는 사실을 의미한다.

사실 트럼프 정부 이후, 미중 간에 벌어지는 '경제 전쟁'은 단순한 '무역(통상) 전쟁'이 아니라, 4차 산업혁명을 대표하는 5G와 6G, 인공지능, 빅데이터, 로봇공학, 첨단 반도체, 항공우주, 양자컴퓨팅 등 민군겸용(民軍兼用, dual-use) 기술의 세계적 주도권을 놓고 벌이는 '기술 패권 전쟁'이라고 말할 수 있다.[10] 이 전쟁에서 승리하기 위해 미국은 중국에 대해 첨단 기술 부품(예를 들어, 반도체)과 장비의 수출 통제, 중국 첨단 제품(예를 들어, 화웨이의 통신 장비)의 미국 수입 및 이용 통제, 중국 자본의 첨단 분야 투자 통제 등 다양한 통제 정책을 추진하고 있다. 중국도 이에 맞서 기술 자립 강화 등 다양한 자구책을 마련하여 추진하고 있다(배영자, 2019; 신종호 외, 2021: 73-103; 연원호 외, 2020a; 연원호 외, 2020b: 3-5, 20; 오종혁, 2021).

이처럼 메모리 반도체 등 일부 분야를 제외하고, 범용 기술과 첨단 기술 모두에서 한국이 중국과의 경쟁에서 뒤처지고 있는 상황은 한국에게 심각한 고민거리를 제공한다. 이는 한중 간의 비대칭성 확대와 관련된 새로운 내용일 뿐만 아니라, 경제력과 군사력의 격차 확대보다 더욱 우려할 만한 사항이기 때문이다. 그동안 학계와 재계에서는 한국의 중국 경제 의존을 완화하기 위해 다양한 대책을 제시했다. 수출 다각화, 투자 다각화, 공급망 다각화 등 각종 '다각화 전략'이 대표적이다. 문재인 정부의 신남방 정책—인도네시아와 베트남 등 동남아 지역 진출 전략—이나, 이전 정부 때부터 제기된 '중국 플러스(+) 전략'—중국에 더해 다른 지역을 시장과 투자지로 확보하는 전략—은 이를 실현하기 위한 구체적인 노력이다.

문제는 이런 '다각화 전략'이 범용 기술과 첨단 기술 모두에서 한국의 경쟁력이 중국에 뒤처지면 무용지물이라는 사실이다. 다시 말해, 이런 상황에서는 한국 기업이 중국 기업에 밀려 중국 시장을 잃을 뿐만 아니라 해외시장도 잃게 된다. 실제로 이런 현상은, 분야에 따라 조금씩 차이는 나지만, 이미 10년 전부터 벌어지고 있다. 이처럼 한국의 기술경쟁력과 산업경쟁력이 떨어지는 현재 상황이 개선되지 않으면, 한국은 다각화할 시장도 새롭게 투자할 지역도 모두 잃게 된다. 대신 중국이 이런 시장과 투자 지역을 차지할 것이다.

따라서 필자는 한중 관계 30년을 평가하면서, 현재 한국이 당면한 최대 위기는 범용 기술과 첨단 기술 모두에서 한국의 기술 경쟁력과 산업 경쟁력이 중국에 뒤지고 있는 현실이라고 생각한다.[11] 이것은 한미 동맹 강화나 한·미·일 안보 협력 강화 등의 단순한 외교

안보적 관점에서는 결코 제기할 수도 없고, 해결할 수도 없는 문제다. 일본은 1950년대에 '요시다(吉田) 독트린' 이후 시종일관 미·일 동맹 강화와 이를 통한 중국 견제 정책을 추진해왔다. 그런데 '요시다 독트린'이 미중 경쟁이 격화되는 시기에 들어 좁게는 중일 관계, 넓게는 국제사회에서 일본이 차지하는 지위를 높이는 데 얼마나 큰 역할을 발휘했을까? 현재 중일 관계에서 일본이 그래도 중국으로부터 '대접'을 받는 것은, 마치 독일이 중국으로부터 '대접'을 받는 것처럼, 굳건한 미일 동맹 때문만이 아니라 중국이 필요로 하는 기술 경쟁력을 보유하고 있기 때문은 아닐까?(신종호 외, 2021: 434–470; 연원호 외, 2020a; 연원호 외, 2020b: 195–197). 이는 한중 관계에도 그대로 적용된다.

결국 현재와 미래의 한중 관계에서 한국이 중국으로부터 '존중'을 받으려면, 기술 경쟁력과 산업 경쟁력의 우위를 반드시 확보해야만 한다. 이를 토대로 해서만이 한미 동맹 강화나 한·미·일 안보 협력 증진이 한국의 지위 제고에 도움을 줄 수 있다. 만약 그렇지 않을 경우, 다시 말해 기술 경쟁력과 산업 경쟁력의 우위를 확보하지 않은 상황에서 단순히 외교 안보적으로만 중국 견제 정책을 강력히 추진할 경우는, 사드 사태에서 이미 경험했듯이, 한국은 중국의 무차별적인 보복 앞에서 속수무책인 무기력한 존재로 전락한다(중국이 한국에 대해 보복 조치를 감행할 때 한미 동맹, 구체적으로 미국은 한국에 어떤 도움을 주었는가?). 이런 상황에서 한중 양국의 '상호 존중' 운운은 외교적 수사일 뿐, 양국 관계의 '실질적인 개선'에는 아무런 도움이 되지 않는 말장난에 불과하다. 따라서 한국이 어떻게 기술 경쟁력과 산업 경쟁력의 우위를 확보하는가가 현재 '바람직한' 한중 관계의 발전을 위해 한국이 해결해야만 하는 가장 중요하고 시급한 과제다.

(3) 한중 간 핵심 쟁점의 부각과 한국 내의 의견 수렴 현상

한중 간에는 다양한 현안이 있다(김태호, 2009: 42–48; 서진영, 2006: 392–396; 이동률, 2006: 246–254; 이희옥, 2012, 2017, 2022: 54–56; 조영남, 2006: 259–261). 지난 한중 관계 30년을 뒤돌아볼 때, 이 중에서 양국 관계에 영향을 미치는 가장 중요한 현안은 크게 세 가지로 정리할 수 있다(조영남, 2011a: 103–110). 첫째는 북중 동맹과 북핵 문제의 고착화다(신상진, 2011; 신종호, 2017; 신종호 외, 2021: 283–324). 둘째는 한미 동맹과 중국의 부상에 대한 한·미·일 협력 강화 문제다(신종호 외, 2021: 167–193, 325–359; 이상현, 2022; 정재호, 2011b). 셋째는 한중 간 정치·사회·문화 영역에서의 규범 및 가치관의 충돌이다(신경진, 2011; 신종호 외, 2021: 104–134; 조영남, 2011b).

한중 관계에서 이런 현안이 크게 떠오르면서, 동시에 이런 현안을 둘러싸고 한중 간에 갈등과 대립이 반복되면서, 한국 내에서는 중국 정책과 관련하여 몇 가지 주목할 만한 의견 수렴 현상이 나타나고 있다. 현 단계에서 이런 현상을 사회적 합의(consensus)라고까지는 말할 수 없지만, 이전 상황과 비교해서는 '보수 진영'과 '진보 진영' 간에 중국 정책을 둘러싸고 나타났던 의견 분화와 대립이 점차로 줄어들고 있다고는 말할 수 있다.

우선, 중국에 대한 부정적인 인식과 평가가 크게 확대되었다(김한권, 2022; 이희옥, 2022; 주재우, 2022b; 한석희, 2022). 한국의 경제 발전을 위해서는 중국과의 경제 협력이 필요하다는 점에 대해서는 이제 한국 내에서는 이견(異見)이 없다. 문제는 경제 영역을 제외한 나머지 영역, 특히 외교와 안보 영역에서 한국이 중국과 과연 어떤 협력 관계를 어떻게 유지할 수 있는가에 대해 회의하는 사람들이 증가하고 있다는 점이다. 이는 일반 국민과 엘리트 계층 모두에서 확인되는 변화다.

2003~2006년의 역사 분쟁과 이후에 전개된 다양한 문화 논쟁을 통해 한국인은 중국의 부상과 함께 다시 등장한 '중화주의(中華主義)'를 경계하기 시작했다. 2010년의 천안함 폭침 사건과 북한의 연평도 포격 사건 이후에는 중국에 대한 '전략적 불신'이 더욱 증폭되었다. 2016~2017년의 사드 사태는 한국에서 '중국 위협론'이 확산하는 결정적인 계기가 되었다. 이런 일을 반복적으로 겪으면서 중국에 대한 새로운 인식과 함께 체계적이고 장기적인 중국 전략이 필요하다는 공감대가 한국 사회에서 형성되기 시작한 것이다.[12]

백영서(2013; 2021)는 대한제국 시기에 세 가지 종류의 중국 인식이 형성되어 현재까지 영향을 미치고 있다고 주장한다. 첫째는 '개혁 모델로서의 중국'이고, 둘째는 '세력 균형 축으로서의 중국'이며, 셋째는 '천(賤)한 중국'이다. 반면 김상규(2017)는 한중 수교 이후, 한국에는 세 가지의 중국상(中國像)이 등장했다고 주장한다. 첫째는 미중 경쟁(power game) 속에서의 중국이다. 이를 '강대국으로서의 중국'으로 부를 수 있다. 둘째는 북핵 문제의 해결을 위한 조력자로서의 중국이다. 이를 '북핵 조력자로서의 중국'이라고 부를 수 있다. 셋째는 한국의 경제 이익 실현 대상으로서의 중국이다. 이를 '경제 파트너로서의 중국'이라고 부를 수 있다.

한중 관계 30년을 되돌아보면, '천한 중국'과 '경제 파트너로서의 중국'은 제1기(1992~2002년)를 주도했던 한국인의 중국 인식(중국상)이라고 말할 수 있다. 반면 제2기(2003~2012년)와 제3기(2013~2022년)에는 '개혁 모델로서의 중국'과 '북핵 조력자로서의 중국', '세력 균형 축으로서의 중국'과 '강대국으로서의 중국'이 한꺼번에 등장했다. 중국이 너무 빨리 강대국으로 부상하면서 여러 가지 중국 인식(중국상)이 중첩되어 나타난 결과다. 여기서 '진보 세력'은 '개혁 모델로서의 중국'과 '북핵 조력자로서의 중국'에 주목하는 경향이 있고, '보수 세력'은 '세력 균형 축으로서의 중국'과 '강대국으로서의 중국'에 경계하는 경향이 있다. '진보 진영'과 '보수 진영'이 서로 주목하고 경계하는 중국 인식(중국상)이 다르므로, 각자가 대안으로 제시하는 중국 정책도 다를 수밖에 없었다.

그런데 한중 관계 30주년이 되는 현재 상황에서 보면, 이런 여러 가지의 복합적인 중국 인식(중국상) 중에서 '세력 균형 축으로서의 중국'과 '강대국으로서의 중국'이 주도권을 잡은 것으로 보인다. 이는 미중 경쟁이 전보다 더욱 치열하게 전개되고, 그것이 한반도 전체와 한중 관계에 커다란 영향을 미친 결과라고 할 수 있다. 그러면서 중국이 경제력과 군사력 면에서는 이미 지역 강대국(regional power)이 되었고, 앞으로 20년에서 30년이 흐른 뒤에는 세계 강대국(global power) 혹은 초강대국(superpower)으로 성장할 것으로 예측되지만, 연성권력(soft power)은 현재도 그렇고 앞으로도 제대로 갖출 것 같지 않은 상황에서, 한국이 부상하는 중국에 제대로 대응하기 위해서는 새로운 인식과 전략이 필요하다는 공감대가 형성된 것이다.

또한 '북핵 문제'를 포함하여 '북한 문제'를 해결하는 과정에서 중국이 실제로 무슨 역할을 얼마나 발휘할 수 있는가에 대해서도 회의하는 사람들이 대폭 증가했다. 사실 '진보정부'와 '보수정부'는 모두 북한 문제를 해결하기 위해 중국이 일정한 역할을 맡아줄 것을 기대했다. 주요 강대국 중에서 중국이 북한에 대해 가장 강력한 지렛대를 가지고 있다고 생각했기 때문이다. 그러나 중국은 이런 한국의 기대에 부응하지 않았다. 그럴 능력은 있지만, 그럴 의지와 의도가 없기 때문이다(정재호, 2011a: 323-347).[13] 그 결과 북한 문제를 해결하기 위해서는 중국의 협조를 구하는 방식과는 다른 새로운 대응 전략이 필요하다는 의견이 제기되어 공감을 얻고 있다.

문제는 북한이 핵무기를 포기할 생각이 거의 없어 보인다는 점이다. 2013년 3월에 개최된 조선노동당 중앙위원회 전원회의에서 '핵-경제 병진 노선'이 채택된 이후, 북한은 핵무기를 '협상용'이 아니라 '보유용'으로 개발하고 있는 것으로 보인다. 대륙간탄도미사일도 마찬가지다. 이런 상황에서는 한국이나 미국이 아무리 노력해도, 다시 말해 전쟁 불사의 태도로 북한에 대해 '선제공격'을 감행하지 않는 한, 북한의 핵 보유 의지를 꺾고, 동시에 북한이 보유한 핵무기와 핵시설을 폐기하게 만드는 목표를 달성하기는 어렵다. 중국이 적극적으로 협조하기 전에는 말이다. 물론 현재 상황에서 보면,

중국이 북한 체제의 붕괴까지 감수하면서 북핵 문제 해결에 협조할 가능성은 매우 적어 보인다.

이런 이유로 일부 '보수 진영'은, 북한이 핵무기를 고집하는 한, 한국은 절대로 북한의 개혁·개방을 지원해서는 안 된다고 주장한다. 핵무기라는 막강한 군사력을 가진 북한이 성공적인 개혁·개방을 통해 경제력까지 갖게 된다면, 이는 한국에게는 최악의 상황이 된다는 것이다. 대신 북한을 경제적으로 궁핍한 '핵보유국', 주변 국가의 도움 없이는 생존이 거의 불가능한 '가난뱅이 핵보유국'으로 고립시켜야 한다. 동시에 북핵 문제를 해결하기 위해 중국에 '구걸'하는 일도 더 이상 없어야 한다. 반대로 굳건한 한미 동맹과 한·미·일 안보 협력을 통해, 더 나아가서는 가치를 공유하는 '같은 마음의(like-minded)' 국가들과의 공조를 통해 중국의 부상을 견제하는 데 한국이 더욱 적극적으로 참여해야 한다. 이런 일부 '보수 진영'의 주장이 앞으로 얼마나 퍼질지는 두고 보아야 할 것이다.

마지막으로, 미국의 중국 견제 역할과 한미 동맹의 중요성에 대한 인식이 전과 비교했을 때 확대되고 있다(김한권, 2022; 서울대 아시아연구소 미중관계연구센터, 2017: 104-105; 서진영, 2022; 신종호 외, 2021: 325-359; 한석희, 2022). 미국에 대한 부정적인 인식은 2003~2006년의 역사 분쟁을 계기로 어느 정도 해소되었다. 즉 그때 이후 지금까지 한국인의 미국 호감도는 중국 호감도보다 높게 유지되고 있다. 역사 분쟁 이후에도 한중 간에 여러 가지 갈등과 대립을 겪으면서 동아시아 지역에서 부상하는 중국을 견제하는 '역외 균형자(offshore balancer)'로서 미국이 중요한 역할을 담당해야 한다고 생각하는 사람들이 늘어갔다.

이에 따라 당연히 한미 관계의 중요성에 대한 인식도 제고되었고, 필요하다면 미국의 중국 견제 정책에 한국이 능동적으로 참여해야 한다는 주장이 힘을 얻어가고 있다. 미중 경쟁에서 한국이 이제는 '전략적 모호성'을 버리고 '전략적 명확성'을 분명히 해야 한다는 것이다(김한권, 2022; 신종호 외, 2021: 73–103, 167–193, 434–470; 양평섭, 2022; 전재성, 2022; 주재우, 2022b; 한석희, 2022). 이런 주장이 실제로 얼마나 힘 있게 추진될지는 모르겠지만, 앞으로 한국의 중국 견제 정책이 증가할 것은 분명해 보인다. 그 과정에서 한중 간의 갈등과 대립도 당연히 증가할 것이다. 우려되는 점은, 이런 중국과의 갈등과 대립에 대해 한국 정부와 사회가 얼마나 잘 준비되어 있는가 하는 점이다.

4. 결론: 한중 관계의 평가와 전망

한중 관계는 1992년 수교 이후 지금까지 30년 동안 우여곡절을 겪으면서도 꾸준히 발전해왔다. 양국 간의 정치·경제·사회·문화 등 여러 영역 중에서 한국은 특히 경제 영역에서 한중 수교를 통해 가장 큰 이익을 보았다. 예를 들어, 1997~1998년의 아시아 경제위기와 2007~2008년의 세계 금융위기의 극복 과정에서 한국은 중국과의 경제 교류(주로 무역과 투자)와 협력을 통해 적지 않은 도움을 받았다. 따라서 한국의 관점에서 볼 때, 한중 경제 관계는 지난

30년 동안 양국 관계 전체의 발전을 추동하고 지탱해준 기둥 역할을 담당했다고 평가할 수 있다.

문제는 시간이 가면서 경제 영역에서도 양국 간에 국력 격차와 비대칭성이 확대되고, 그 결과 한국이 중국과의 교류와 협력을 통해 얻을 수 있는 이익이 점점 줄어들고 있다는 점이다. 단적으로 범용 기술과 첨단 기술 모두에서 한국이 중국과의 경쟁력에서 뒤처지면서, 중국 시장은 물론 해외시장에서도 설 자리를 잃고 있다. 통상 다각화, 투자 다각화, 공급망 다각화 등 각종 '다각화 전략'이 한중 경제 관계의 해결책이 아닌 이유는 여기에 있다. 따라서 현재와 같은 추세가 지속되어 한국이 기술 경쟁력과 산업 경쟁력을 회복하지 못한다면, 한중 관계의 비대칭성은 앞으로 더욱 확대될 것이다. 이런 상황에서는 한국이 중국으로부터 진정한 '대접'과 '존중'을 받기 어렵다는 점은 말할 필요도 없다.

또한 한중 간에는 정치·사회·문화·역사 등 여러 영역에서 규범과 가치관이 충돌하는 현상이 점점 증가해왔다. 그 결과 양국 국민의 상호 인식은 시간이 갈수록 나빠지고, 현재는 역대 최저점으로 떨어졌다. 만약 한중 양국이 진심으로 양국 관계를 발전시키기를 원한다면, 이 문제는 반드시 극복해야만 한다. 어떤 면에서 보면, 이것이 한중 관계 발전의 최대 장애물이라고까지 말할 수 있다. 양국 국민의 상호 인식은 하루아침에 바뀌지 않고, 양국 국민의 상호 인식이 최저점인 상황에서는 양국 정부가 추진할 수 있는 우호 협력 정책도 한계가 있을 수밖에 없기 때문이다. 특히 민주주의 국가인 한국에서는 정부가 국민이 싫어하는 정책을 추진하기는 매우 부담스럽다.

게다가 현재처럼 인터넷과 소셜미디어(SNS)가 발달한 시대에는 양국 국민의 상호 인식이 반드시 정부 정책이나 활동에 따라 결정된다고 말할 수 없다. 한국에서는 이런 현상, 즉 정부의 중국 정책과 국민의 중국 인식이 괴리되는 현상이 분명하게 나타나고 있다. 특히 한국과 중국 모두에서 젊은 세대일수록 상대국에 대한 호감도가 떨어지고 있는 상황은, 한중이 직면한 뼈아픈 현실이자 해결해야만 하는 심각한 과제다. 그런데 한국과 비교해서 중국에서는 국민 인식이 정부 정책에 의해 비교적 쉽게 변할 수 있기에, 한국에 대한 우호적인 분위기를 조성하는 데 중국이 상대적으로 유리한 위치에 있다고 말할 수 있다. 문제는 중국 정부가 과연 그럴 의지가 있는가 하는 점이다. 이런 면에서 한중 국민 상호 간의 인식 악화 문제를 해결하는 공은 일차적으로 중국 측에 있다고 말할 수 있다.

한중 양국을 둘러싼 지구적 및 지역적 요소를 살펴보아도, 한중 관계의 발전을 위해서는 양국 정부와 사회 모두가 전보다 훨씬 많이 노력해야만 할 것 같다. 무엇보다 '전면전(total war)' 양상으로 전개되고 있는 미중 경쟁이 한중 관계의 발전을 가로막고 있다. 북한 문제가 해결되기 전까지 한국은 한미 동맹, 필요할 경우는 한·미·일 안보 협력을 강화할 수밖에 없다. 이런 상황에서 미중 경쟁이 심해진다면, 한국이 미중 사이에서 자유롭게 활동할 수 있는 외교적 공간은 더욱 축소될 것이다. 지금까지 일부 쟁점에 대해 한국이 미중 간에 '전략적 모호성'을 유지할 수 있었는데, 그것이 불가능해지는 시점이 이미 코앞에 다가와 있다. 또한 현재의 한국 상황을 보면, 한국은 중국보다는 미국 편에 서서 함께 행동할 가능성이 훨씬 크다. 그 결과 한중 간에는 갈등 요소가 전보다 더욱 증가할 것이다.

북핵 문제의 고착화는 한중 관계를 어렵게 만드는 또 다른 중요한 요소다. 중국은 오래전부터 북한의 핵무장을 반대해왔고, 현재 핵무기를 가진 북한을 '핵보유국'으로 공식적으로 인정하지는 않고 있다. 그러나 동시에 중국은 북핵 문제의 완전한 해결을 위해 적극적으로 나서지도 않는다. 오히려 중국은 핵무기를 가진 북한은 인정할 수 있지만, 비핵화를 명분으로 북한 정권을 붕괴시키려는 한미는 결코 좌시할 수 없다는 태도를 보인다. 미중 경쟁이 치열하게 전개되는 상황에서는 중국의 이런 '양면적인 태도'가 쉽게 바뀌지 않을 것이다. 여기에다 북한은 '협상용'이 아니라 '보유용'으로 핵무기와 전략 미사일 개발을 더욱 서두르고 있다. '핵무장 국가 북한'과 맞서야 하는 한국으로서는 북한 비핵화를 진정으로 원하고 실제로도 도움을 줄 수 있는 미국 등과 협력할 수밖에 없다. 문제는 중국이 한국의 이런 노력을 미국 주도의 '반중국 연합'에 한국이 참여하는 행위로 여긴다는 점이다. 여기서도 한중 관계가 장애물을 만난다.

이처럼 한중 관계의 앞날에는 협력 요소보다 갈등 요소가 더 많은 것이 분명한 사실이다. 한중 간 경제 경쟁의 격화, 양국 국민의 상호 인식 악화, 미중 경쟁의 심화와 한국의 활동 공간 축소, 북핵 문제의 고착화와 중국의 전면적 협력 거부 등이 대표적인 갈등 요소다. 여기에 더해 2020년부터 3년 동안 코로나19 감염병 때문에 한중 간의 사회·인적 교류가 사실상 단절되었다. 또한 이로 인해

2017년 12월 문재인 대통령의 중국 방문에 대한 시진핑 주석의 한국 답방이 없는 등 외교 교류와 협력도 많이 축소되었다. 따라서 향후 한중 관계는, 양국 정부뿐만 아니라 사회와 국민 모두의 힘겨운 노력이 없으면 당분간 현재의 '소강상태'를 벗어나지 못하는 것은 물론 더욱 나쁘게 변할 가능성이 개선될 가능성보다 매우 크다. 이는 물론 한국만이 아니라 중국과 상대하는 전 세계 대부분 선진국이 직면한 문제이기도 하다. 결국 한중 관계의 발전을 위해서는 중국이 먼저 태도를 바꾸어 적극적으로 나서야만 할 것이다. 이런 면에서도 공은 중국 측에 있다.

부록. 한중 교류 30년 주요 통계자료

〈표 1〉 한국의 대중 수출액·수입액 및 무역총액(한국 측 자료)

(단위: USD)

연도	수출액	수입액	무역총액*	무역수지
1992	2,653,638,611	3,724,941,119	6,378,579,730	-1,071,302,508
1993	5,150,992,074	3,928,740,871	9,079,732,945	1,222,251,203
1994	6,202,985,664	5,462,849,186	11,665,834,850	740,136,478
1995	9,143,587,605	7,401,196,380	16,544,783,985	1,742,391,225
1996	11,377,068,035	8,538,568,223	19,915,636,258	2,838,499,812
1997	13,572,463,052	10,116,860,682	23,689,323,734	3,455,602,370
1998	11,943,990,428	6,483,957,641	18,427,948,069	5,460,032,787
1999	13,684,599,051	8,866,666,765	22,551,265,816	4,817,932,286
2000	18,454,539,579	12,798,727,524	31,253,267,103	5,655,812,055
2001	18,190,189,650	13,302,675,219	31,492,864,869	4,887,514,431
2002	23,753,585,754	17,399,778,956	41,153,364,710	6,353,806,798
2003	35,109,715,081	21,909,126,952	57,018,842,033	13,200,588,129
2004	49,763,175,463	29,584,874,228	79,348,049,691	20,178,301,235
2005	61,914,983,215	38,648,243,034	100,563,226,249	23,266,740,181
2006	69,459,178,307	48,556,674,714	118,015,853,021	20,902,503,593
2007	81,985,182,722	63,027,801,864	145,012,984,586	18,957,380,858
2008	91,388,900,017	76,930,271,672	168,319,171,689	14,458,628,345
2009	86,703,245,378	54,246,055,965	140,949,301,343	32,457,189,413
2010	116,837,833,403	71,573,602,715	188,411,436,118	45,264,230,688

* 부록 통계 수집 및 작성: 김수정(서울대 국제대학원 박사수료), 김현정(서울대 국제대학원 박사과정)

2011	134,185,008,602	86,432,237,597	220,617,246,199	47,752,771,005
2012	134,322,564,069	80,784,595,101	215,107,159,170	53,537,968,968
2013	145,869,498,273	83,052,876,998	228,922,375,271	62,816,621,275
2014	145,287,701,213	90,082,225,612	235,369,926,825	55,205,475,601
2015	137,123,933,893	90,250,274,911	227,374,208,804	46,873,658,982
2016	124,432,941,239	86,980,135,218	211,413,076,457	37,452,806,021
2017	142,119,999,703	97,860,113,991	239,980,113,694	44,259,885,712
2018	162,125,055,391	106,488,591,796	268,613,647,187	55,636,463,595
2019	136,202,533,208	107,228,736,443	243,431,269,651	28,973,796,765
2020	132,565,444,734	108,884,644,649	241,450,089,383	23,680,800,085
2021	162,912,974,204	138,628,126,820	301,541,101,024	24,284,847,384

주: 무역총액은 해당 연도별 수출액과 수입액을 합산한 값.
자료: 한국무역협회(kita.net)

〈표 2〉 중국의 대한 수출액·수입액 및 무역총액(중국 측 자료)

(단위: 10,000 USD)

연도	수출액	수입액	무역총액*	무역수지
1997	912,687	1,492,968	2,405,655	−580,281
1998	626,898	1,499,535	2,126,433	−872,637
1999	780,762	1,722,618	2,503,380	−941,856
2000	1,129,236	2,320,741	3,449,977	−1,191,505
2001	1,252,069	2,338,921	3,590,990	−1,086,852
2002	1,553,456	2,856,801	4,410,257	−1,303,345
2003	2,009,477	4,312,805	6,322,282	−2,303,328
2004	2,781,156	6,223,410	9,004,566	−3,442,254
2005	3,510,778	7,682,040	11,192,818	−4,171,262
2006	4,452,221	8,972,414	13,424,635	−4,520,193

2007	5,609,886	10,375,195	15,985,081	-4,765,309
2008	7,393,199	11,213,792	18,606,991	-3,820,593
2009	5,366,972	10,254,507	15,621,479	-4,887,535
2010	6,876,626	13,834,885	20,711,511	-6,958,259
2011	8,292,006	16,270,629	24,562,635	-7,978,623
2012	8,767,768	16,873,762	25,641,530	-8,105,994
2013	9,116,495	18,307,276	27,423,771	-9,190,781
2014	10,033,345	19,010,877	29,044,222	-8,977,532
2015	10,128,638	17,450,608	27,579,246	-7,321,970
2016	9,372,895	15,897,453	25,270,348	-6,524,558
2017	10,270,378	17,755,315	28,025,693	-7,484,937
2018	10,875,614	20,464,340	31,339,954	-9,588,726
2019	11,097,441	17,355,903	28,453,344	-6,258,462
2020	11,247,683	17,310,391	28,558,074	-6,062,708

주: 1) 무역총액은 해당 연도별 수출액과 수입액을 합산한 것임.
2) 중국 측 1992~1996년 통계는 자료의 정확도가 낮다고 판단하여 사용하지 않았음.
자료: 중국 국가통계국(http://www.stats.gov.cn/tjsj/ndsj/)

〈표 3〉 한국의 대중 수출 및 수입 의존도 변화

(단위: 1,000,000 USD)

연도	총수출액	대중 수출액	수출 의존도*	총수입액	대중 수입액	수입 의존도**
1992	76,632	2,654	3.5	81,775	3,725	4.6
1993	82,236	5,151	6.3	83,800	3,929	4.7
1994	96,013	6,203	6.5	102,348	5,463	5.3
1995	125,058	9,144	7.3	135,119	7,401	5.5
1996	129,715	11,377	8.8	150,339	8,539	5.7
1997	136,164	13,572	10.0	144,616	10,117	7.0

1998	132,313	11,944	9.0	93,282	6,484	7.0
1999	143,685	13,685	9.5	119,752	8,867	7.4
2000	172,268	18,455	10.7	160,481	12,799	8.0
2001	150,439	18,190	12.1	141,098	13,303	9.4
2002	162,471	23,754	14.6	152,126	17,400	11.4
2003	193,817	35,110	18.1	178,827	21,909	12.3
2004	253,845	49,763	19.6	224,463	29,585	13.2
2005	284,419	61,915	21.8	261,238	38,648	14.8
2006	325,465	69,459	21.3	309,383	48,557	15.7
2007	371,489	81,985	22.1	356,846	63,028	17.7
2008	422,007	91,389	21.7	435,275	76,930	17.7
2009	363,534	86,703	23.9	323,085	54,246	16.8
2010	466,384	116,838	25.1	425,212	71,574	16.8
2011	555,214	134,185	24.2	524,413	86,432	16.5
2012	547,870	134,323	24.5	519,584	80,785	15.5
2013	559,632	145,869	26.1	515,586	83,053	16.1
2014	572,665	145,288	25.4	525,515	90,082	17.1
2015	526,757	137,124	26.0	436,499	90,250	20.7
2016	495,426	124,433	25.1	406,193	86,980	21.4
2017	573,694	142,120	24.8	478,478	97,860	20.5
2018	604,860	162,125	26.8	535,202	106,489	19.9
2019	542,233	136,203	25.1	503,343	107,229	21.3
2020	512,498	132,565	25.9	467,633	108,885	23.3
2021	644,400	162,913	25.3	615,093	138,628	22.5

주: 1) 수출의존도는 총수출액에서 대중수출액이 차지하는 비율을 뜻함.
2) 수입의존도는 총수입액에서 대중수입액이 차지하는 비율을 뜻함.
자료: 한국무역협회(kita.net)

〈표 4〉 중국의 대한 수출 및 수입 의존도 변화

(단위: 10,000 USD)

연도	총수출액	대한수출액	수출 의존도*	총수입액	대한수입액	수입 의존도**
1997	18,279,166	912,687	4.99	14,237,036	1,492,968	10.49
1998	18,380,907	626,898	3.41	14,023,681	1,499,535	10.69
1999	19,493,087	780,762	4.01	16,569,911	1,722,618	10.40
2000	24,920,255	1,129,236	4.53	22,509,373	2,320,741	10.31
2001	26,609,821	1,252,069	4.71	24,355,273	2,338,921	9.60
2002	32,559,597	1,553,456	4.77	29,517,010	2,856,801	9.68
2003	43,822,777	2,009,477	4.59	41,275,980	4,312,805	10.45
2004	59,332,558	2,781,156	4.69	56,122,875	6,223,410	11.09
2005	76,195,341	3,510,778	4.61	65,995,276	7,682,040	11.64
2006	96,893,560	4,452,221	4.59	79,146,087	8,972,414	11.34
2007	121,777,576	5,609,886	4.61	95,595,026	10,375,195	10.85
2008	143,069,307	7,393,199	5.17	113,256,216	11,213,792	9.90
2009	120,161,181	5,366,972	4.47	100,592,307	10,254,507	10.19
2010	157,775,432	6,876,626	4.36	139,624,401	13,834,885	9.91
2011	189,838,089	8,292,006	4.37	174,348,356	16,270,629	9.33
2012	204,871,442	8,767,768	4.28	181,840,500	16,873,762	9.28
2013	220,900,400	9,116,495	4.13	194,998,947	18,307,276	9.39
2014	234,229,270	10,033,345	4.28	195,923,465	19,010,877	9.70
2015	227,346,822	10,128,638	4.46	167,956,450	17,450,608	10.39
2016	209,763,119	9,372,895	4.47	158,792,622	15,897,453	10.01
2017	226,337,133	10,270,378	4.54	184,379,294	17,755,315	9.63
2018	248,668,151	10,875,614	4.37	213,573,388	20,464,340	9.58
2019	249,948,209	11,097,441	4.44	207,840,898	17,355,903	8.35
2020	258,995,161	11,247,683	4.34	206,596,155	17,310,391	8.38

주: 1) 수출의존도는 총수출액에서 대한수출액이 차지하는 비율을 뜻함.
2) 수입의존도는 총수입액에서 대한수입액이 차지하는 비율을 뜻함.
자료: 중국 국가통계국(http://www.stats.gov.cn/tjsj/ndsj/)

〈표 5〉 한국의 대중 직접투자 신고 건수와 투자액(홍콩 자료 포함)

(단위: 1,000 USD)

연도	중국		홍콩		총 신고 건수	총투자 금액	홍콩의 비중(%)
	신고 건수	투자액	신고 건수	투자액			
1992	328	137,685	64	43,881	392	181,566	24.17
1993	768	291,348	69	191,553	837	482,901	39.67
1994	1,328	675,413	64	115,070	1,392	790,483	14.56
1995	1,303	925,818	87	110,622	1,390	1,036,440	10.67
1996	1,555	1,045,329	69	116,968	1,624	1,162,297	10.06
1997	1,163	819,305	84	61,953	1,247	881,258	7.03
1998	630	691,997	60	405,292	690	1,097,289	36.94
1999	899	357,277	94	350,882	993	708,159	49.55
2000	1,488	798,264	132	272,685	1,620	1,070,949	25.46
2001	1,900	685,767	99	269,070	1,999	954,837	28.18
2002	2,704	1,160,341	142	231,846	2,846	1,392,187	16.65
2003	3,333	1,945,095	155	115,798	3,488	2,060,893	5.62
2004	4,235	2,611,922	217	234,673	4,452	2,846,595	8.24
2005	4,947	2,916,909	182	382,448	5,129	3,299,357	11.59
2006	4,933	3,546,386	308	891,960	5,241	4,438,347	20.10
2007	4,869	5,702,999	453	1,869,532	5,322	7,572,531	24.69
2008	3,527	3,948,370	542	2,622,469	4,069	6,570,839	39.91
2009	2,261	2,521,698	324	1,584,049	2,585	4,105,747	38.58
2010	2,443	3,722,711	332	1,305,522	2,775	5,028,233	25.96
2011	2,342	3,607,389	317	1,641,156	2,659	5,248,545	31.27
2012	1,975	4,263,045	366	1,631,239	2,341	5,894,284	27.67
2013	1,979	5,222,351	342	901,242	2,321	6,123,592	14.72

2014	1,728	3,226,952	412	630,029	2,140	3,856,981	16.33
2015	1,763	2,992,178	383	1,929,711	2,146	4,921,889	39.21
2016	1,723	3,441,902	587	1,589,458	2,310	5,031,360	31.59
2017	1,520	3,220,634	458	3,359,914	1,978	6,580,548	51.06
2018	1,429	4,804,777	390	3,627,356	1,819	8,432,133	43.02
2019	1,345	5,853,939	395	2,757,560	1,740	8,611,499	32.02
2020	913	4,510,890	249	1,448,050	1,162	5,958,940	24.30
2021	882	6,678,602	217	878,598	1,099	7,557,200	11.63

자료: 한국수출입은행 해외직접투자통계 (최종 검색일: 2022.08.30.)
(https://stats.koreaexim.go.kr/sub/countryStatistics.do?code=%EC%A4%91%EA%B5%AD)

〈표 6〉 중국의 대한 직접투자 신고 건수와 투자액(홍콩 자료 포함)

(단위: 1,000 USD)

연도	중국		홍콩		총 신고 건수	총 투자 금액	홍콩의 비중(%)
	신고 건수	투자액	신고 건수	투자액			
1992	6	1,056	9	9,538	15	10,594	90.03
1993	29	6,864	15	74,966	44	81,830	91.61
1994	33	6,145	27	43,058	60	49,203	87.51
1995	51	10,892	35	57,998	86	68,890	84.19
1996	63	5,578	25	223,651	88	229,229	97.57
1997	76	6,518	32	84,585	108	91,103	92.85
1998	96	8,344	25	38,416	121	46,760	82.16
1999	323	26,585	58	460,518	381	487,103	94.54
2000	1,164	76,242	68	123,459	1,232	199,701	61.82
2001	809	69,591	71	167,962	880	237,553	70.71

2002	440	247,697	87	234,400	527	482,097	48.62
2003	520	49,463	62	54,884	582	104,347	52.60
2004	596	1,164,760	69	89,486	665	1,254,246	7.13
2005	672	68,414	66	819,815	738	888,229	92.30
2006	332	37,887	82	165,161	414	203,048	81.34
2007	363	384,131	95	132,284	458	516,415	25.62
2008	388	335,591	96	223,369	484	558,960	39.96
2009	537	159,607	93	773,486	630	933,093	82.89
2010	616	414,125	77	92,527	693	506,652	18.26
2011	405	650,853	112	572,405	517	1,223,258	46.79
2012	512	726,952	97	1,669,800	609	2,396,752	69.67
2013	402	481,186	112	976,484	514	1,457,670	66.99
2014	524	1,189,362	202	1,061,042	726	2,250,404	47.15
2015	677	1,977,273	266	1,515,993	943	3,493,266	43.40
2016	769	2,049,058	280	2,118,380	1,049	4,167,438	50.83
2017	562	809,192	242	1,792,111	804	2,601,303	68.89
2018	508	2,742,638	238	1,503,440	746	4,246,078	35.41
2019	548	974,842	229	1,912,079	777	2,886,921	66.23
2020	397	1,991,304	177	1,117,259	574	3,108,563	35.94
2021	686	1,888,239	191	635,990	877	2,524,229	25.20

자료: 산업통상자원부 외국인직접투자통계
(https://www.kotra.or.kr/bigdata/visualization/fdi#search/0240/2021)

〈표 7〉 한중 인적 교류

연도	방중 한국인	방한 중국인 (한국계 중국인)	한중 인적 교류
1992	42,896	86,865 (31,044)	129,761
1993	110,585	99,957 (11,608)	210,542
1994	233,675	140,985 (22,708)	374,660
1995	404,421	178,359 (18,991)	582,780
1996	532,332	199,604 (18,255)	731,936
1997	584,487	214,244 (16,226)	798,731
1998	484,009	210,662 (12,794)	694,671
1999	820,120	316,639 (25,715)	1,136,759
2000	1,033,250 [1,344,721]	442,794 (53,302)	1,476,044 [1,787,515]
2001	1,297,746 [1,678,836]	482,227 (56,903)	1,779,973 [2,161,063]
2002	1,722,128 [2,124,310]	539,466 (49,821)	2,261,594 [2,663,776]
2003	1,569,245 [1,945,500]	512,768 (41,850)	2,082,013 [2,458,268]
2004	2,334,781 [2,844,893]	627,264 (37,561)	2,962,045 [3,472,157]
2005	2,963,162 [3,542,785]	710,243 (16,787)	3,673,405 [4,253,028]
2006	[3,922,017]	896,969 (16,761)	[4,818,986]
2007	[4,776,752]	1,068,925 (144,965)	[5,845,677]
2008	[3,960,392]	1,167,891 (251,123)	[5,128,283]
2009	[3,197,500]	1,342,317 (269,437)	[4,539,817]
2010	[4,076,400]	1,875,157 (300,415)	[5,951,557]
2011	[4,185,400]	2,220,196 (283,775)	[6,405,596]
2012	[4,069,800]	2,836,892 (242,117)	[6,906,692]
2013	[3,969,000]	4,326,869 (228,828)	[8,295,869]
2014	[4,181,800]	6,126,865 (271,912)	[10,308,665]
2015	[4,444,400]	5,984,170 (247,684)	[10,428,570]

2016	[4,762,163]	8,067,722 (259,544)	[12,829,885]
2017	[3,854,869]	4,169,353 (604,389)	[8,024,222]
2018	[4,191,790]	4,789,512 (959,887)	[8,981,302]
2019	[4,346,567]	6,023,021	[10,369,588]
2020	45만(추정치)	686.430	
2021		170,215	

주: 1) 2006년 7월부터 국민 출국카드가 폐지되어 출국자의 목적지 파악이 어렵게 됨에 따라, 2006년 이후 방중 한국인의 통계자료는 한국관광공사가 중국 국가관광국이 집계한 자료를 참조하여 매년 발표하는 한국인 입국자 통계에 기반해 제시된 자료이며 [ ]으로 표시.

2) 방중 한국인 2020년 수치는 추정치임.

자료: 한국관광공사. 2020.「1984-2018 출입국 국가별 월별 통계」. https://kto.visitkorea.or.kr/viewer/view.kto?id=68225&type=bd; 한국관광 데이터랩. 2022.「2022년 5월 기준 국민 해외관광객 주요 목적지별 통계」. https://datalab.visitkorea.or.kr/site/portal/ex/bbs/View.do?cbIdx=1127&bcIdx=301174&pageIndex=1&tgtTypeCd=&searchKey=&searchKey2=&tabFlag=N&subFlag=N&cateCont=spt04; 한국관광 데이터랩. 국가별 방한여행 "중국". https://datalab.visitkorea.or.kr/datalab/portal/nat/getForTourDashForm.do#

〈표 8〉 재한 중국인 체류자격별 체류자 수

연도	장기체류		단기체류	체류중국인
	등록중국인	중국 국적 동포 국내거소신고자		
1992	935	-	33,443	34,378
1993	4,804	-	23,704	28,508
1994	11,264	-	32,849	44,113
1995	19,192	-	48,579	67,771
1996	26,732	-	61,459	88,191
1997	35,371	-	61,595	96,966
1998	30,938	-	56,531	87,469
1999	39,718	-	77,281	116,999
2000	58,984	-	-	-
2001	73,567	-	127,617	201,184

2002	84,590	-	138,820	223,410
2003	185,485	-	52,012	237,497
2004	208,323	-	73,611	281,934
2005	216,992	-	65,038	282,030
2006	311,823	-	70,414	382,237
2007	421,493	-	81,934	503,427
2008	484,674	2,429	69,414	556,517
2009	488,651	4,804	61,627	555,082
2010	505,415	31,502	71,964	608,881
2011	536,699	72,870	68,385	677,954
2012	474,806	115,731	107,907	698,444
2013	490,933	157,443	129,737	778,113
2014	546,746	206,047	145,861	898,654
2015	568,025	238,582	149,264	955,871
2016	549,122	272,663	194,822	1,016,607
2017	527,111	307,292	183,671	1,018,074
2018	553,095	330,394	187,077	1,070,566
2019	540,606	343,886	217,290	1,101,782
2020	465,843	350,461	78,602	894,906
2021	424,385	353,654	62,154	840,193

注: '체류외국인'은 관광 등의 목적으로 90일 이내 체류하는 '단기체류 외국인'과 91일 이상 장기 거주하기 위해 지방출입국 · 외국인관서의 장에게 외국인등록을 한 등록외국인 및 국내거소신고를 한 외국국적동포 국내거소신고자로 이루어진 '장기체류 외국인'으로 구분된다.
자료: 법무부 출입국 · 외국인정책본부. 연도별 「출입국 통계자료」. 통계 기준시점은 각 연도 12월 말.

〈표 9〉 중국인 결혼이민자

연도	전체 결혼이민자	중국인(중국동포 포함) 결혼이민자	전체 결혼이민자 중 중국인(중국동포 포함) 결혼이민자의 비중(%)
2007	110,362	63,203	57.3
2008	122,552	67,787	55.3
2009	125,087	65,992	52.8
2010	141,654	66,687	47.1
2011	144,681	64,173	44.4
2012	148,498	63,035	42.4
2013	150,865	62,400	41.4
2014	150,994	60,663	40.2
2015	151,608	58,788	38.8
2016	152,374	56,930	37.4
2017	155,457	57,644	37.1
2018	159,206	58,706	36.9
2019	166,025	60,324	36.3
2020	168,594	60,072	35.6
2021	168,611	59,770	35.4

자료: 법무부 출입국·외국인정책본부 웹사이트「출입국·외국인정책 통계연보」에서 국적별 결혼이민자 현황 부분을 바탕으로 정리. 결혼이민자는 체류 외국인 중 국민의 배우자 체류 자격을 가진 자임. 단, 2009년 이전: F-2-1 및 F-1-3(국민의 배우자); 2010년 이후: F-2-1 및 F-5-2(국민의 배우자), F-6(결혼이민, 2011.12.15. 신설).

〈표 10〉 재한 중국동포 체류 자격별 체류자 수

연도	장기체류		단기체류	체류중국동포
	등록중국동포	국내거소신고자		
1992	419	-	31,203	31,622
1993	2,143	-	21,854	23,997
1994	4,667	-	27,780	32,447
1995	7,367	-	33,443	40,810
1996	9,345	-	38,959	48,304
1997	11,800	-	31,163	42,963
1998	11,769	-	25,464	37,233
1999	20,305	-	46,731	67,036
2000	32,443	-	59,012	91,455
2001	42,827	-	69,507	112,334
2002	48,293	-	70,007	118,300
2003	108,283	-	24,022	132,305
2004	128,287	-	33,040	161,327
2005	146,338	-	21,251	167,589
2006	221,525	-	15,329	236,854
2007	310,485	-	18,136	328,621
2008	362,920	2,429	11,214	376,563
2009	363,087	4,804	9,669	377,560
2010	366,154	31,502	11,423	409,079
2011	389,398	72,870	8,302	470,570
2012	322,861	115,731	9,285	447,877
2013	329,835	157,443	10,711	497,989
2014	375,572	206,047	9,237	590,856

2015	380,091	238,582	7,982	626,655
2016	341,863	272,663	12,478	627,004
2017	318,768	307,292	53,669	679,729
2018	345,318	330,394	32,370	708,082
2019	332,525	343,886	24,687	701,098
2020	286,933	350,461	10,182	647,576
2021	253,533	353,654	7,478	614,665

주: '체류외국인'은 관광 등의 목적으로 90일 이내 체류하는 '단기체류 외국인'과 91일 이상 장기 거주하기 위해 지방출입국·외국인관서의 장에게 외국인등록을 한 등록외국인 및 국내거소신고를 한 외국국적동포 국내거소신고자로 이루어진 '장기체류 외국인'으로 구분된다.
자료: 법무부 출입국·외국인정책본부. 연도별「출입국 통계자료」. 통계 기준시점은 각 연도 12월 말.

〈표 11〉 한중 유학생 교류

연도	재중 한국인 유학생	재한 중국인 유학생	전체 국내 외국인 유학생 중 중국인 유학생의 비중	재한중국인 학위과정 유학생 (한국계 중국인)	전체 국내 외국인 학위과정 유학생 중 중국인 학위과정 유학생의 비중
2001	16,372	-	-	1,935 (291)	41.3%
2003	18,267	5,607	45.5%	4,068 (245)	51.1%
2004	23,722	8,960	53.2%	6,691 (272)	60.2%
2005	28,408	13,091	58.1%	10,107 (729)	64.9%
2006	29,102	20,080	61.7%	15,308 (819)	67.7%
2007	42,269	33,650	68.3%	23,106 (1,643)	72.1%
2008	57,504	46,240	72.3%	30,579 (1,369)	75.3%
2009	66,806	55,025	72.5%	39,454 (1,451)	78.0%
2010	64,232	59,490	71.0%	45,944 (1,570)	76.6%
2011	62,957	60,935	68.1%	47,725 (1,347)	75.0%
2012	62,855	57,399	66.1%	43,951 (1,623)	72.5%
2013	63,488	52,313	60.9%	38,394 (1,711)	67.7%

2014	63,465	50,336	59.3%	34,482 (1,893)	64.3%
2015	62,923	54,214	59.4%	34,887 (1,723)	62.6%
2016	66,672	60,136	57.7%	38,958 (1,932)	61.7%
2017	73,240	68,184	55.1%	44,606 (1,589)	61.9%
2018	63,827	68,537	48.2%	51,790 (1,538)	60.2%
2019	50,600	71,067	44.4%	56,100 (1,674)	56.0%
2020	47,146	67,030	43.6%	59,171 (1,652)	52.4%
2021	26,949	67,348	44.2%	59,774 (1,553)	49.8%

주: 1) 재중 한국인 유학생은 2015년까지는 4월 1일 기준, 2016년 이후로는 전년도 12월 기준, 중국의 교육, 연구, 연수기관에서 6개월 이상의 기간에 걸쳐 수학 중인 우리나라 국적의 유학생을 모두 포함.
2) 재한 중국인 유학생(중국동포 포함)은 매년 4월 1일 기준.
자료: 교육부. 연도별 "국외 한국인 유학생 현황
https://www.moe.go.kr/boardCnts/view.do?boardID=350&boardSeq=12338&lev=0&searchType=S&statusYN=W&page=2&s=moe&m=0309&opType=N);
교육부. 연도별 "외국인 유학생 현황"
https://www.moe.go.kr/boardCnts/viewRenew.do?boardID=350&boardSeq=12341&lev=0&searchType=null&statusYN=C&page=1&s=moe&m=0309&opType=N);
교육통계서비스. 연도별 「교육통계연보」.
(https://kess.kedi.re.kr/publ/list?survSeq=2002&menuSeq=0&division=&itemCode=02).

〈표 12〉 한중 콘텐츠 수출입액 현황

(단위: 천 달러)

연도	수출액	수입액
2006	233,239	132,248
2007	306,754	134,280
2008	362,795	129,767
2009	579,685	132,211
2010	747,667	136,000
2011	1,118,909	178,172
2012	1,229,322	170,322
2013	1,305,799	168,697

2014	1,341,225	189,993
2015	1,450,707	177,463
2016	1,812,768	181,118
2017	3,837,216	199,323
2018	3,441,766	209,592
2019	4,152,463	286,741
2020	4,573,324	223,968

주: 2006년은 중국만 집계, 2007~2016년은 홍콩 포함, 2017년부터는 중국, 홍콩, 대만의 3개 국가를 '중화권'으로 통합하여 집계.
자료: 문화체육관광부와 한국콘텐츠진흥원이 발행하는 연도별 통계자료(2009년까지는 「문화산업통계」, 2009년 이후는 「콘텐츠산업통계」) 및 「해외콘텐츠시장 동향조사」; 문화셈터(문화체육관광부 공식 통계 웹사이트, https://stat.mcst.go.kr/portal/main)에 공개된 연도별 "콘텐츠산업통계조사"

〈표 13〉 주요 국가의 중국에 대한 호감도 비교

	'02	'05	'06	'07	'08	'09	'10	'11	'12	'13	'14	'15	'16	'17	'18	'19	'20	'21
한국	66	-	-	52	48	41	38	-	-	46	56	61	-	34	38	34	24	22
가나	-	-	-	75	-	-	-	-	-	67	61	80	-	49	-	-	-	-
그리스	-	-	-	-	-	-	-	-	56	59	49	-	57	50	43	51	-	52
네덜란드	-	56	-	-	-	-	-	-	-	-	-	-	47	49	47	36	25	24
뉴질랜드	-	-	-	-	-	-	-	-	-	-	-	-	-	-	-	-	-	30
대만	-	-	-	-	-	-	-	-	-	-	-	-	-	-	-	35	-	27
독일	-	46	56	34	26	29	30	34	29	28	28	34	28	34	39	34	25	21
러시아	71	60	63	60	60	58	60	63	62	62	64	79	-	70	65	71	-	-
레바논	-	66	-	46	50	53	56	59	59	56	53	52	-	63	-	68	-	-
말레이시아	-	-	-	83	-	-	-	-	-	81	74	78	-	-	-	-	-	-
멕시코	-	-	-	43	38	39	39	39	40	45	43	47	-	43	45	50	-	-
미국	-	43	52	42	39	50	49	51	40	37	35	38	37	44	38	26	22	20
베트남	-	-	-	-	-	-	-	-	-	-	16	19	-	10	-	-	-	-

브라질	-	-	-	-	-	-	52	49	50	65	44	55	-	52	49	51	-	-
스웨덴	-	-	-	43	-	-	-	-	-	-	-	-	37	41	42	25	14	18
스페인	-	57	45	39	31	40	47	55	49	48	39	41	28	43	42	39	36	39
슬로바키아	-	-	-	45	-	-	-	-	-	-	-	-	-	-	-	40	-	-
싱가포르	-	-	-	-	-	-	-	-	-	-	-	-	-	-	-	-	-	64
아르헨티나	-	-	-	32	34	42	45	-	-	54	40	53	-	41	41	47	-	-
영국	-	65	65	49	47	52	46	59	49	48	47	45	37	45	49	38	22	27
이스라엘	-	-	-	45	-	56	-	49	-	38	49	55	-	53	55	66	-	-
이집트	-	-	63	65	59	52	52	57	52	45	46	-	-	-	-	-	-	-
이탈리아	-	-	-	27	-	-	-	-	30	28	26	40	32	31	29	37	38	38
인도	-	-	-	-	-	-	-	-	-	35	31	41	31	26	12	23	-	-
인도네시아	-	73	62	65	58	59	58	67	-	70	66	63	-	55	53	36	-	-
일본	55	-	27	29	14	26	26	34	15	5	7	9	11	13	17	14	9	10
칠레	-	-	-	62	-	-	-	-	-	62	60	66	-	51	-	-	-	-
캐나다	-	58	-	52	-	53	-	-	-	43	-	39	45	48	44	27	23	23
터키	-	40	33	25	24	16	20	18	22	27	21	18	-	33	-	37	-	-
파키스탄	-	79	69	79	76	84	85	82	85	81	78	82	-	-	-	-	-	-
폴란드	-	37	-	39	33	43	46	51	50	43	32	40	37	42	36	47	-	-
프랑스	-	58	60	47	28	41	41	51	40	42	47	50	33	44	41	33	26	29
필리핀	63	-	-	-	-	-	-	-	-	48	38	54	-	55	53	42	-	-
헝가리	-	-	-	-	-	-	-	-	-	-	-	-	45	38	43	40	-	-
호주	-	-	-	-	52	-	-	-	-	58	-	57	52	64	48	36	15	21

주: 호감도는 중국에 대한 의견(opinion of China)이 "매우 호감 (very favorable)"과 "약간 호감(somewhat favorable)"이라고 응답한 사람의 비율(%).
자료: Pew Research Center(https://www.pewresearch.org/global/database/indicator/24)

〈표 14〉 주요 국가의 중국에 대한 비호감도 비교

	'02	'05	'06	'07	'08	'09	'10	'11	'12	'13	'14	'15	'16	'17	'18	'19	'20	'21
한국	31	–	–	42	49	54	56	–	–	50	42	37	–	61	60	63	75	77
가나	–	–	–	14	–	–	–	–	–	22	23	13	–	24	–	–	–	–
그리스	–	–	–	–	–	–	–	–	38	37	46	–	37	40	48	32	–	42
네덜란드	–	34	–	–	–	–	–	–	–	–	–	–	43	42	45	58	73	72
뉴질랜드	–	–	–	–	–	–	–	–	–	–	–	–	–	–	–	–	–	67
대만	–	–	–	–	–	–	–	–	–	–	–	–	–	–	–	61	–	69
독일	–	37	33	54	68	63	61	59	67	64	64	60	60	53	54	56	71	71
러시아	18	29	27	26	30	29	29	25	25	29	28	14	–	24	21	18	–	–
레바논	–	28	–	48	42	43	42	37	40	42	44	46	–	33	–	22	–	–
말레이시아	–	–	–	11	–	–	–	–	–	8	17	17	–	–	–	–	–	–
멕시코	–	–	–	41	38	43	31	46	36	33	38	34	–	23	27	22	–	–
미국	–	35	29	39	42	38	36	36	40	52	55	54	55	47	47	60	73	76
베트남	–	–	–	–	–	–	–	–	–	–	78	74	–	88	–	–	–	–
브라질	–	–	–	–	–	–	34	37	39	28	44	36	–	25	33	27	–	–
스웨덴	–	–	–	40	–	–	–	–	–	–	–	–	59	49	52	70	85	80
스페인	–	21	38	43	56	41	38	39	46	47	55	50	56	43	48	53	63	57
슬로바키아	–	–	–	43	–	–	–	–	–	–	–	–	–	–	–	48	–	–
싱가포르	–	–	–	–	–	–	–	–	–	–	–	–	–	–	–	–	–	34
아르헨티나	–	–	–	31	31	24	28	–	–	22	30	26	–	26	27	24	–	–
영국	–	16	14	27	36	29	35	26	35	31	38	37	44	37	35	55	74	63
이스라엘	–	–	–	45	–	37	–	46	–	60	50	42	–	43	42	25	–	–
이집트	–	–	32	31	29	48	43	39	42	52	53	–	–	–	–	–	–	–
이탈리아	–	–	–	61	–	–	–	–	64	62	70	57	61	59	60	57	62	60
인도	–	–	–	–	–	–	–	–	–	41	39	32	36	41	37	46	–	–
인도네시아	–	25	31	30	34	34	37	28	–	24	25	22	–	36	32	36	–	–

일본	42	–	71	67	84	69	69	61	84	93	91	89	86	83	78	85	86	88
칠레	–	–	–	22	–	–	–	–	–	27	27	25	–	28	–	–	–	–
캐나다	–	27	–	37	–	36	–	–	–	45	–	48	40	40	45	67	73	73
터키	–	39	44	53	50	57	61	66	59	55	68	59	–	54	–	44	–	–
파키스탄	–	4	7	6	8	3	3	3	5	2	3	4	–	–	–	–	–	–
폴란드	–	34	–	42	54	41	41	32	41	43	52	44	42	29	37	34	–	–
프랑스	–	42	41	51	72	60	59	49	60	58	53	49	61	52	54	62	70	66
필리핀	30	–	–	–	–	–	–	–	–	48	58	43	–	40	43	54	–	–
헝가리	–	–	–	–	–	–	–	–	–	–	–	–	44	45	47	37	–	–
호주	–	–	–	–	40	–	–	–	–	35	–	33	39	32	47	57	81	78

주: 비호감도는 중국에 대한 의견(opinion of China)이 "매우 비호감(very unfavorable)"과 "다소 비호감(some what unfavorable)"이라고 응답한 사람의 비율(%).
자료: Pew Research Center(https://www.pewresearch.org/global/database/indicator/24)

미주

서문

1 수교 이후 한중 양국의 교역 규모는 부록의 〈표 1〉, 한국의 대중국 직접투자 신고 건수와 투자액은 부록의 〈표 5〉, 중국의 대한국 직접투자 신고 건수와 투자액은 부록의 〈표 6〉을 참조.

2 수교 이후 한중 인적 교류는 부록의 〈표 7〉, 한중 유학생 교류는 부록의 〈표 11〉을 참조.

3 시기 구분의 중요성에 대해서는 조영남(8장)을 참조.

4 한중 간의 경제력 및 군사력 격차에 대해서는 8장을 참조.

5 Pew Research Center. "Negative Views of China Tied to Critical Views of Its Policies on Human Rights". JUNE 29, 2022. https://www.pewresearch.org/global/2022/06/29/negative-views-of-china-tied-to-critical-views-of-its-policies-on-human-rights/(검색일: 2022.7.23).

6 세계 주요 14개국에 대한 중국인의 인식 조사는 중국인 1,018명을 대상으로 2021년 1월 25일부터 2월 2일 사이에 진행되었다.

제1장 한중 외교 관계 30년

1 주중국 대한민국 대사관. 「한중 관계」. 「한중 관계와 중국」. https://overseas.mofa.go.kr/cn-ko/wpge/m_1222/contents.do (검색일: 2022. 3. 20).

2 국민의 힘. 「공정과 상식으로 만들어가는 새로운 대한민국」. http://www.peoplepowerparty.kr/renewal/policy/data_pledge.do (검색일: 2022. 3. 11), p. 197.

3 Ibid. p. 198.

4 The Democratic Party. 2020 Democratic Party Platform. https://democrats.org/where-we-stand/party-platform/ (accessed 12 March 2022), p. 80.

5 Ibid. p. 81.

6 The White House. Interim National Security Strategic Guidance. https://www.whitehouse.gov/wp-content/uploads/2021/03/NSC-1v2.pdf (accessed 11 March 2022), p. 21.

7 김경희. 2022. 「한미협의단 "외교국방 '2+2'회의 개최 제안…연례 개최 바람직"(종합)」. 『연합뉴스』. 4월 8일.

8 International Organization for Standardization(ISO). ISO 24220:2020 Pao cai (salted fermented vegetables) — Specification and test methods. https://www.iso.org/standard/78112.html (검색일: 2022. 3. 23).

9 中华人民共和国驻大韩民国大使馆. 中国驻韩国大使馆发言人就北京冬奥会开幕式涉中国朝鲜族服饰问题阐明立场. http://kr.china-embassy.org/chn/sghd/202202/t20220210_10640763.htm (accessed 10 February 2022).

10 "阎学通：00后大学生常以"居高临下"的心态看待其他国家". 新浪网. 2022年 1月 13日.

11 김승욱. 2017a. 「文대통령, 시진핑 주석에게 축전…"한반도 평화 협력 기대"」. 『연합뉴스』. 10월 25일.

12 청와대. 대통령, 시진핑 중국 공산당 총서기에게 축전 전달 관련 브리핑. https://news.naver.com/main/read.naver?mode=LSD&mid=sec&sid1=123&oid=154&aid=0000003437 (검색일: 2022. 3. 12).

13 대표적인 사례로는 경기도 기념물 28호로 지정되어있는 경기도 가평군 조종면 대보리에 위치한 조종암(朝宗岩)을 들 수 있다. '조종(朝宗)'은 중국에서 제후가 천자를 알현한다는 뜻으로 봄에 알현하는 것을 조(朝)라 하고, 여름에 알현하는 것을 종(宗)이라 했다. 조선시대 임진왜란 이후 이 바위에 비석을 세우고 단을 만들어 명나라 황제에게 제사를 지냈다. 이 바위에는 조선시대 선조(宣祖)의 친필로 적힌 "만절필동 재조번방(萬折必東 再造蕃邦)"이 새겨져 있다. 황하가 만 번을 꺾어도 결국 동쪽으로 흐르듯이, 임진왜란 당시 왜적을 물리치고 조선을 다시 찾아준 명나라 황제에게 충성을 맹세하겠다는 의미를 담고 있다. 또 다른 사례로는 충북 괴산군에 위치한 화양서원의 '만동묘(萬東廟)'를 들 수 있다. '만동묘'의 만동은 '만절필동'의 줄인 말이며, 만동묘는 임진왜란 때 조선을 돕기 위해 원군을 파병한 명나라 신종을 기리기 위해 숙종 30년(1704년)에 만들어진 사당이다.

14 청와대. 『문재인 대통령 연설문집』. 제1권 하 2017. 11. 1~2018. 5. 9. https://www1.president.go.kr/c/president-speeches (검색일: 2022. 3. 14). p. 124.

15 Ibid. p. 124, 127.

16 손제민·박은경. 2017. 「문 대통령 베이징대 연설에서 '운명공동체' 강조」. 『경향신문』. 10월 25일; 성연철. 2017. 「문 대통령 "한-중, 힘 합치면 동북아 평화 이뤄낼 수 있어"」. 『한겨레』. 10월 25일; 박경준. 2017. 「中 바짝 껴안는 文대통령…"높은 산봉우리" "중국몽, 모두의 꿈"」. 『연합뉴스』. 12월 15일; 전영기. 2017. 「한국은 작은 나라? 누가 연설문 썼나」. 『중앙일보』. 12월 18일.

17 청와대. 『문재인 대통령 연설문집』. 제1권 하 2017. 11. 1~2018. 5. 9. https://www1.president.go.kr/c/president-speeches (검색일: 2022. 3. 14). p. 123.

18 Ibid. p. 124.

19 전진환. 2017. 「[전문] 文 대통령 베이징 대학 강연 "한·중 새로운 25년,

여러분이 주인공"」. 『뉴시스』. 10월 25일; 온라인 뉴스부. 2017. 「[전문] 문대통령 베이징대 연설 "한중, 역지사지하며 발전하길"」. 『서울신문』. 10월 25일; 김승욱. 2017b. 「[전문] 문재인 대통령 베이징대 연설 전문」. 『연합뉴스』. 10월 25일; 황진영. 2017. 「[전문] 文 대통령 베이징대 연설」. 『아시아경제』. 10월 25일. 박지환. 2017. 「[전문] 문재인 대통령 베이징대 연설 전문」. 『CBS노컷뉴스』. 10월 25일.

20 U.S. Department of State. U.S.-China Joint Glasgow Declaration on Enhancing Climate Action in the 2020s. https://www.state.gov/u-s-china-joint-glasgow-declaration-on-enhancing-climate-action-in-the-2020s/ (accessed 10 November 2021).

21 실제로 미중 전략적 경쟁은 트럼프 행정부 시기 미중 사이에 본격적인 갈등과 대립이 발생한 이후 양 강대국 사이의 경쟁은 타이완, 홍콩, 신장 위구르 자치구 관련 현안들이 부상하며 인권과 민주주의의 '가치', '체제', 나아가 '이념'의 논쟁으로까지 확대되었다. 또한 트럼프 행정부 시기 '가치'의 문제를 '이념'의 논쟁으로 확대시킨 대표적인 사례로는 2020년 5월 20일에 발표된 「미국 대중국 전략 접근(United States Strategic Approach to The People's Republic of China)」 보고서를 들 수 있다. 이 보고서의 발표 이후 트럼프 행정부는 '중국'과 '중국 공산당'을 분리하여 호칭하기 시작했다. 또한 중국의 부정적인 측면이 중국 공산당의 통제에 의해 표출되고 있음을 지적했다. 이와 더불어 2020년 7월 23일 마이크 폼페이오(Mike Pompeo) 국무장관의 '공산주의 중국과 자유세계의 미래(Communist China and the Free World's Future)' 연설을 들 수 있다. The White House. United States Strategic Approach to The People's Republic of China. https://trumpwhitehouse.archives.gov/wp-content/uploads/2020/05/U.S.-Strategic-Approach-to-The-Peoples-Republic-of-China-Report-5.24v1.pdf (accessed 19 March 2022);

U.S. Department of State. Communist China and the Free World's Future. https://2017-2021.state.gov/communist-china-and-the-free-worlds-future-2/index.html (accessed 19 March 2022).

제2장 한중 군사 관계 30년

1 군사 교류란 국가 간 상호 이해 및 신뢰 제고를 위한 제반 군사 활동으로 인적 교환 방문, 상호 훈련 참관, 항공기 및 함정 방문, 군사 교육 교류, 체육 교류, 학술 및 연구 교류 등을 들 수 있다. 군사 협력이란 이보다 긴밀한 군사 관계를 추구하는 것으로 안보 정책 공조, 정보 및 첩보 교환, 군수 및 방산 협력, 연합훈련, 군사기지 제공 등을 말한다. 군사동맹은 가장 높은 단계의 군사 관계로 공동의 적을 상정하고 이에 공동으로 대비하는 것을 말한다.

제3장 한중 관계와 북한

1 예를 들어, 1986~1990년 사이에 구소련은 북한의 제1교역국이자 경제 파트너였으며, 북한 교역의 60%를 차지하고 있었다(Zhebin, 1995: 730).

2 중국의 결정에는 몇 가지 요인이 작용하였다. 당시 과열된 경기를 진정시키고 연착륙을 이루기 위해 경제구조를 개혁하고 있었다. 또한 북한이 국가부채를 경시하는 것에 대해 실망하며, 이에 대응해 북한과의 교역을 줄여나가야 한다는 인식이 고조된 결과였다(이영훈, 2006).

3 2000-2004년의 성장률이 2.1%에 불과했던 점을 감안할 때 이 수치는 상당한 의미를 지닌다(이영훈, 2005: 31).

4 국제사회의 대북 지원은 1995년을 시작으로 1998년에 대폭 증가하였는데, 대부분이 식량 지원이었다. 그중 미국은 주요 지원국으로서 2000년대 말까지 지속적으로 북한에 식량을 지원했는데, 규모를 보면 1999년이 약 70만 톤으로 가장 많았고, 2001년이 35만 톤, 다음으로 1998년과

2002년이 각각 20만 톤이었다. 덧붙여 1998년부터 2000년까지 미국의 식량 지원 규모는 중국의 것을 압도하였다.

5 미국 측 보고서에 따르면, 미국은 북한에 중유를 공급하기 위해 1996년 이래 3억 7,700만 달러를 KEDO에 제공하였다. 오스트레일리아, 캐나다, 뉴질랜드, 인도네시아, 멕시코, 페루 등도 기부에 동참하였다(Manyin and Jun, 2003: 19–20).

6 공동지도위원회는 2010년 11월, 2011년 6월과 2012년 8월 등 세 차례 개최되었다.

7 UN 결의안 2094호의 철저한 이행과 관련, 중국 교통운수부의 공지문 "關於執行聯合國安理會第2094號決議的通知". 2013年 4月 25日. http://www.moc.gov.cn/sj/guojihzs/duobianhz_gjs/201408/t20140819_1673688.html (검색일: 2013. 4. 28).

8 "商務部 工業和信息化部 海關總署 國家原子能機構公告2013年第59號 關於禁止向朝鮮出口的兩用物項和技術清單公告". 2013年 9月 23日.
http://www.mofcom.gov.cn/article/b/c/201309/20130900317772.shtml, (검색일: 2013. 9. 24).

9 사드 3불은 사드의 추가 배치, 미국의 미사일방어(MD)시스템 가입과 한·미·일의 군사 관계 강화를 하지 않는다는 것이다.

10 트럼프 정부는 대북 제재를 강화하는 동시에 군사적 위협을 서슴지 않았다. 가령 2017년 4월에 "초대형급 군사적 선제공격(super mighty pre-emptive strike)" 계획을 검토하였다(Reuters, April 20, 2017). 8월에는 북한 정권 교체가 실패할 경우를 대비해 선제타격을 해야 한다는 주장도 제기되었다. 이에 트럼프 대통령은 미군의 선제타격 준비 태세의 종료를 선언하면서 "화염과 분노"에 쌓여진 공격으로 최고의 후회를 할 것이라고 경고하였다(CNBC, August 9, 2017). 10월 위기설과 관련해서는 [Newsweek, September 6, 2018] 참조.

11 미국의 제재와 위협에 북한도 물러서지 않으면서 2017년은 미국과 북

한 두 나라 사이의 상호 위협을 마다하지 않은 설전과 공방을 펼친 한 해가 되었다. 미국은 북한에 더 강한 제재로 압박을 가하는 동시 심지어 대북 선제타격과 정밀타격 등의 엄포를 놓았다. 북한 역시 미국과 더불어 한반도의 긴장 국면을 상승시키는 공범자의 역할을 마다하지 않았다. 2017년 4월 16일부터 11월 29일 화성 15형 미사일 발사 시험까지 북한은 14차례의 미사일 발사 시험과 9월 3일 6차 핵실험까지 총 15차례의 군사도발을 감행하였다.

12 베트남이 비록 사회주의 공산국가이지만 북방정책의 수교 대상국이 아니었음을 밝힌다. 그럼에도 공교롭게 북방정책이 종결되었던 1992년 12월에 베트남과 수교를 하게 된다.

제4장 한중 경제 통상 관계 30년

1 무역액은 1992년 64억 달러에서 2021년 3,015억 달러로 증가했고(한국 관세청 기준), 한국의 대중 투자액은 1992년의 1.4억 달러에서 2021년 66.7억 달러로 증가했다. 한국수출입은행.

2 한국수출입은행; 한국통계포털(KOSIS).

3 2021년 기준 중국의 2위 수입 상대국(수입점유율 8.0%)이자 사실상 2위의 투자유치 상대국(2.4%)이다(중국향 우회 투자지로 이용되는 홍콩과 버진아일랜드를 제외할 경우 1위가 싱가포르, 2위가 한국이다). 자료: 중국 상무부(CEIC data)

4 한홍열. 2006.「선진무역체제 구축: 보호에서 경쟁시대로(1989-1997)」, 한국무역협회 편,『한국무역사』, 한국무역협회, p. 220.

5 裵長洪 主編. 2009.『共和國對外貿易60年』, 人民出版社, pp. 314-315.

6 해외에서 수입해 온 원부자재를 중국에서 가공한뒤 다시 수출하는 제품에 대해 관세 면제 및 중국 내에서 발생한 부가가치에 관세 환급을 해주는 가공무역에 대한 우대제도로 1970년대 말 자본과 기술은 없고 노동력이 풍부한 중국의 현실을 반영해 만든 제도이다. 일견 당연한 정책으

로 보이지만 당시 중국 상황에서는 혁명적인 발상의 전환이었다고 지적된다(裵長洪·主編, 2009: 231–234).

7 수출입 제품을 가공된 수준에 따라 1차산품(미가공), 중간재(다른 제품을 생산하는 데 투입되어 최종 제품 생산에 기여하는 제품으로 부품과 반제품으로 세분된다), 최종재(자본재와 소비재로 세분) 등으로 나누는 기준이다. BEC(Broad Economy Categories)로도 부르며 UN에서 발표한다.
https://unstats.un.org/unsd/trade/classifications/bec.asp

8 수출입 제품을 목적 및 형태(즉 일반무역, 가공무역, 보세구·보세창고 무역(반출입), 원조) 등으로 나누어 분석하는 방법이다. 중국 무역의 가장 큰 특징 중 하나가 가공무역 우대제도(가공무역 대상을 폭넓게 지정하고 관세 면제 및 부가세 환급을 제공)이다.

9 대표적인 수출입 제품 분류 방식이 가공 단계별 분류이다. 이 방식에 따르면 모든 수출입 제품은 1차산품과 중간재, 최종재로 구분되며 중간재는 다시 부품과 반제품으로, 최종재는 자본재(다른 재화를 생산하는 데 이용되는 완제품)와 소비재(직접 소비되는 최종재)로 세분된다.

10 중국의 주요 대한국 수입 부품은 메모리(2021년 대한국 수입의 25.8%), 프로세서와 컨트롤러(9.0%), 기타 집적회로(4.7%), 무선송수신기 부품(2.5%), 컴퓨터 부품(2.2%), 증폭기(1.8%), 데릭·크레인·건설기계 부품(0.2%), 발광다이오드(0.2%), 배선패널(0.1%), 시험 및 탐지기(0.1%) 등이다(HS 6단위 기준).

11 수출입 제품을 일반무역, 가공무역, 보세창고(보세구) 반출·반입, 원조 등으로 분류하고 상응하는 혜택·부담을 부과하는 방식이다. 특히 가공무역이란 외국에서 원부자재를 중국으로 들여와 가공 생산한 뒤 다시 수출하는 무역 방식을 가리키는데 중국은 개혁·개방 초기(1980년)부터 가공무역의 범위를 폭넓게 지정하고 우대정책(관세 면제 및 중국 내 가공분에 대한 증치세(부가가치세) 환급)을 실시했다. 가공무역 우대정책은 중국 개방 모델의 가장 큰 특징으로 중국이 흔히 말하는 동아시아 신흥국형 '수출 드라이브' 정책에 '외자 유치 드라이브' 정책을 결합해 추진했음을 의미한다.

12 당시 신흥제조국의 대처 방안에 다소 차이가 있다. 홍콩과 대만은 이미 1980년대 중국의 개방을 기회로 남부 특구지역내 생산을 이용해 중국과 분업협력을 구축하고 있었고, 한국은 1992년 한중 수교 이후 산둥성 등 동부 연해지역을 상대로 중국과 분업 협력에 뛰어들게 된다.

13 지만수. 2017.「경제협력」, 성균중국연구소 편,『한중 수교 25년사』, 성균관대학교 출판부, pp. 304–305.

14 2000년 마늘-핸드폰 분쟁 당시 처음 시작한 한국의 추진 과정과 중국의 대응, 협상에 국내 정치적 이해관계와 감정적 요인의 작용, 협상 경험 부족 등 여러 문제가 있었음이 나중에 밝혀졌다. 이영태,「"선거 승리 위해 한중 무역관계 해치지 말라" – 중국 경제일보의 한국 마늘 파동에 대한 중국 입장」,『프레시안』, 2002년 7월 25일; 지만수,「한중 마늘 분쟁에서 얻은 몇 가지 교훈」,『LG 주간경제』(2001년 5월), pp. 18–21.

15 당초 계획은 협상 개시(2018년 3월) 후 2년 내 타결이었으나 2020년 초 코로나19의 확산으로 지연되고 있다.

16 산업통상자원부 보도자료, 〈2022년 2월 1일 역내포괄적경제동반자협정(RCEP) 국내 발효〉, 2022. 1. 27.

17 아시아-태평양 11개 국가(미국은 2015년 10월 첫 타결에 참여했으나 2017년 말 대통령에 당선된 트럼프가 탈퇴를 선언했다)가 2018년 3월 타결한 복수국 무역협정이다. 미국을 제외한 아태지역 11개국(일본, 캐나다, 호주, 브루나이, 싱가포르, 멕시코, 베트남, 뉴질랜드, 칠레, 페루, 말레이시아) 등이 참여하고 있으며 세계 GDP의 약 30%, 무역총액의 약 40%, 인구 약 6억 명을 포괄하는 경제권이다. 한국은 2021년 12월 가입 방침을 공식화했으며, 중국은 그 직전(2021년 10월) 공식적으로 가입을 신청했다(김수동·정선인, 2021: 59).

18 싱가포르, 칠레, 뉴질랜드 3국이 2020년 6월 체결한 최초의 복수국 디지털 협정이다. 한국은 2021년 9월, 중국은 11월에 DEPA 가입을 신청하고 협상을 진행 중이다. 중국 외교부 홈피 보도자료. DEPA 개관과 특성은 盘和林. 2022.「中国为什么申请加入〈数字经济伙伴关系协定〉」. 中国小康网.『小康』. 2022年 2月 참조.

19 중국은 2020년 8월 〈디지털 안전 이니셔티브〉를 발표하여 디지털 주권 및 안전 보호 기조의 디지털 통상전략을 발표한 뒤 후속 정책을 적극 추진하고 있으며 DEPA 가입 추진도 그 일환이다. 디지털 협력 강화는 2020년 이후 한중 고위급 회담 시 중국의 거의 빠뜨리지 않고 협력을 요청해 오고 있는 의제이다.

20 14차 5개년 규획(2021~2025년) 2022년도 정부사업보고 등에서도 WTO, G20, APEC 등 다자 협력기구에 적극 참여할 것임을 강조하고 있다(〈中华人民共和国国民经济和社会发展第十四个五年规划和2035年远景目标纲要〉, 2021. 3. 11; 〈政府工作報告〉, 2022. 3. 5).

21 역내무역 수준을 정확하게 산출하기는 쉬운 일이 아니지만 중국을 예로 들어보면, 수출에서 ASEAN과 RCEP 회원국(인도 제외)의 비중은 최근 10년 사이(2010년 → 2020년)에 각각 6.0%p(8.8% → 14.8%)와 4.3%p(22.7% → 27.0%) 늘어났다. Trade map 통계를 계산.

22 중국이 세계의 공장, 즉 세계 가공생산기지 역할을 통해 성장했음을 가리키는 지표로 중국의 높은 가공무역 비중이 지적돼왔지만 중국의 가공무역은 급감을 거듭해왔다. 중국의 수출 대비 가공무역 비중은 2009년 48.8% → 2021년 24.5%로 급감했고, 수입 대비 비중은 같은 기간 32.1% → 18.2%로 급감했다. 2021년 기준으로 중국은 이미 과거의 가공무역기지가 아니다. 중국해관통서(CEIC data) 자료를 계산.

23 2020년 기준 중국은 전체 무역 품목(HS 6단위 기준)의 1/3 이상(1,798품목, 전년보다 46개 증가)에서 수출점유율 1위를 차지하고 있으며, 선진국이 강세를 보이던 비전자기계 등 분야에서도 중국의 비중이 크게 증가한 것으로 나타나고 있다(김아린·정혜선, 2021).

24 리커창 총리는 2021년 3월 〈정부사업보고〉에서 일부 강대국의 중국 목조르기에 대비해야 한다고 강조했으며, 중국과학원은 '20년 10월, 「"목조르기" 목록의 35개 기술 총람」("卡脖子"清单35项技术总览)을 발표하기도 했다. (https://mp.weixin.qq.com/s/888ZXCZaBGQHqf6EWKA8lQ). 또 리커창 총리는 2021년 3월 〈정부사업보고〉에서 "십 년 동안 단 하나의 칼을 연

마하는 정신으로 핵심 과학 기술 프로젝트에 매진할 것"이라고 밝혔다.

25 2016년 3월 〈13차 5개년 규획〉에서 처음으로 디지털 경제 육성 방침이 제시됐고, 종합적인 발전 전략 형태로 제시된 것은 2017년 7월 발표된 〈국가정보화발전 전략〉이었다.

26 문재인 정부 시기 종합적인 디지털 전환 정책으로 「한국판 뉴딜 종합계획」(2020. 7)이 발표, 추진되었고, 디지털 무역과 관련해서는 「무역 디지털 전환 대책」(2020. 11. 13)이 추진되었다. 2022년 20대 대선에서도 디지털 경제 육성 및 전환은 주요 후보들의 핵심 공약이었다.

27 문재인 정부(2017. 3~2022. 3)의 통상정책은 "보호무역주의 대응 및 전략적 경제협력 강화" 방침 아래 세부 과제로 "① 한미 경협 강화, ② 한중 경제협력 및 동아시아 경제통합, ③ 거대 신흥시장 개척, ④ 보호무역주의 공동 대응, ⑤통상 역량 강화"를 추진했다. 「문재인 정부 국정운영 5개년 계획」(2017. 7); 2022년 집권한 윤석열 정부의 통상정책은 "지역별 맞춤형 통상 협력 강화" 기조 아래 "IPEF · CPTPP · RCEP 등 역내 통상 규범 주도, 디지털·그린 통상 선도를 통한 인태 통상 중추국 도약"이다. 「윤석열 정부 110대 국정과제」(2022. 5).

28 포괄 분야와 의제는 게임, 콘텐츠, 전자상거래, 디지털 서비스(클라우드, AI, 포털 등)와 세금, 결재 등 매우 넓으며 확대 가능성도 매우 크다.

29 〈글로벌 데이터 안전 이니셔티브〉(2020. 9)를 통해 자국의 디지털 안보 및 주권 보호 기조의 디지털 통상 기본 방침을 제시하고 그해 말 〈중-아세안 디지털경제협력동반자 관계 이니셔티브〉(2020. 11), 〈제1차 중-아세안 사이버업무대화 공동성명〉(2020. 12), 〈상하이협력기구(SCO) 최고이사회의 디지털경제협력에 관한 성명(2020. 11) 등을 연속해서 추진하고, 다음해 초에는 〈중-아랍 디지털 안전 협력 이니셔티브〉(2021. 3)를 발표했다.

30 한국은 2021년 9월 가입을 신청한 뒤 2022년 1월 첫 번째 협상을 진행했고, 중국은 2021년 11월 가입을 신청했다.

31 2021년 4월 한중 외교장관회담(샤먼), 2021년 9월 한중 외교장관회담(서울), 2022년 5월 왕이 국무위원 겸 외교부장이 윤석열 신정부의 신임 박

진 외교부 장관과 가진 화상회의에서 제시한 '4개 강화' 과제 중 두 번째 상호 협력 과제로 디지털 경제·AI·신에너지 등 분야의 협력을 강화하자고 지적한 바 있다(중국 외교부 보도자료).

32 2008년 10월 발효된 중-뉴질랜드 FTA의 경우 2016년 11월 업그레이드 협상을 시작해 2021년 1월 타결되었다. 이를 통해 상품·서비스·투자 개방을 확대했고 무역 편리화 수준을 높였고 전자상거래·경쟁정책·정부조달·환경 챕터 등을 추가했다. 2014년 7월 발효된 중-스위스 FTA는 2017년 업그레이드 연구를 시작한 뒤 2022년 현재 협상이 진행 중이다.

33 2025년까지 추진될 〈14차 5개년 규획〉에서도 일대일로의 지속 추진 방침을 강조하고 있고(제32장 및 41장), 2022년도 〈정부사업보고〉에서 제시한 9대 과제 중 하나인 대외경제 분야의 핵심 과제로 일대일로를 제시하고 있다.

제5장 한중 상호 직접투자 30년

1 5,090만 달러의 투자에 16억 달러의 회수가 이뤄졌다. 이 회수액은 과거 투자의 총액(약 10억 달러)보다 많다. 이는 과거에 우리나라 통계에 집계되지 않는 투자가 현지에서 이뤄졌고, 그 금액이 모두 회수됐음을 시사한다.

2 인천정유도 2004년 시노켐(Sinochem)이 5억 5,000만 달러를 들여 인수를 시도했지만 성사되지 못하고 결국 SK로 넘어갔다.

3 Gereffi(1994), Gereffi et al.(2005)는 글로벌 가치 사슬의 형성이 크게 생산자주도형 상품연쇄(Producer-Driven Commodity Chain)와 구매자주도형 상품연쇄(Buyer- Driven Commodity Chain)에 의해 형성되는 것으로 구분하고 있다.

4 삼성그룹은 중국과의 공식적인 수교 이전인 1985년 홍콩에 중화지역본부를 설립하였고, 삼성물산이 그해 베이징에 사무소를 설립했다.

5 1995년 당시 중국의 1인당 GDP는 500달러 수준에 불과했다.

6 후공정이란 웨이퍼를 갈아내는 공정으로부터 시작해서 웨이퍼를 용도에 맞게 잘라내고, 이후 테스트와 포장이 이루어지는 공정이다. 특히 웨이퍼를 갈아내는 공정은 정밀도가 요구되며 값비싼 장비가 필요하고, 청정도를 유지하는 것이 중요하다.

7 ㈜현성테크노에 관한 내용은 회사 홈페이지와 최인혁·김도연(2019)을 참고했다.

8 구체적인 사항은 https://www.pressian.com/pages/articles/92798 참조.

9 구체적인 사항은 https://www.chosun.com/economy/stock-finance/2021/09/13/KEF5 NJ3SQFDCTNSVNFSXVTWJXY 참조.

제6장 한중 사회문화 교류 30년: 인적 교류와 문화 콘텐츠 교류를 중심으로

1 특히 사드 갈등 이전에 행해진 선행연구들은, '양자 외교의 기적'(김흥규, 2011: 212), '역사상 그 유래를 찾아볼 수 없을 정도로 폭발적으로 발전'(서진영, 2012: 10), '여러 분야에 걸쳐 비약적인 관계 발전'(전성흥, 2010: 180), '거의 모든 영역에서 괄목한 발전과 성장을 거듭'(정재호, 2012: 23) 등의 표현으로 한중 관계를 매우 긍정적으로 평가하였다.

2 수교 이후 한중 양국 간에는 관광, 유학, 학술, 교육, 스포츠, 문화예술, 신문, 방송, 출판, 전시 등 다양한 영역에서 사회문화 교류가 이루어지고 있다. 본 장에서는 이 중 인적 교류와 문화 콘텐츠 교류를 중심으로 한중 사회문화 교류를 논의하고자 한다.

3 인적 교류에 대한 통계자료는 법무부 출입국·외국인정책본부가 발행하는 연도별 「출입국 통계자료」 및 한국관광공사가 발행하는 「출입국 국가별 월별 통계」에서 구할 수 있는데, 집계 대상 및 집계 시기가 다름에 따라 두 통계자료는 상이한 수치를 제공하고 있다. 한중 인적 교류 통계에 관하여는 외국인 출입국을 직접 관리하는 법무부 출입국·외국인정책본부의 자료가 가장 정확할 것으로 여겨지나, 2006년 7월부터 국민 출국

카드가 폐지되어 출국자의 목적지 파악이 어렵게 됨에 따라, 법무부 출입국·외국인정책본부의 「출입국 통계자료」는 2005년까지만 방중 한국인 통계를 제시하고 있다. 반면 한국관광공사의 통계자료는 중국 국가관광국 사료를 참조하여 중국에서 집계 및 발표하는 한국인 입국사 통계에 근거해서 2006년 이후의 방중 한국인 통계자료까지도 제시하고 있다. 따라서 본 연구에서 한중 인적교류 현황에 대한 통계자료의 제시는 기본적으로 한국관광공사의 통계자료에 기반하고 있다. 한중 인적 교류에 대한 자세한 내용은 부록의 〈표 7〉을 참고할 것.

4 급성호흡기증후군(SARS)으로 인해 2003년에는 일본을 방문한 한국인이 중국을 방문한 한국인 수를 추월하였으나, 2004년에는 중국 방문자가 일본 방문자를 추월하여 중국이 다시 가장 많은 수의 한국인이 방문한 국가가 되었다. 한편 법무부 출입국·외국인정책본부의 「출입국 통계자료」는 중국이 처음으로 일본을 제치고 가장 많은 수의 한국인이 방문한 국가(行先國)가 된 해를 2001년이 아닌 2002년으로 제시하고 있다.

5 베이징, 상하이, 광저우, 선양, 시안, 우한, 청두, 칭다오, 홍콩 등에 총영사관, 다롄에 영사출장소.

6 '조선족'은 중국 정부가 56개 소수민족 중 하나로 중국에 거주하는 한민족을 다른 민족과 구분하기 위해 사용하는 용어이며, 한국에서는 조선족 이외에도 '중국동포', '재중동포', '한국계 중국인' 등 다양한 호칭이 사용되고 있다. 본 장에서는 주로 '중국동포'를 사용하며 필요한 경우에만 '조선족'이라 한다.

7 주중 한국 대사관은 2012년 8월 7일 당시 재중 한국인의 규모를 37만에서 85만으로 폭넓게 추산하고 있다. 한 중국 언론은 2009년 10월 8일자 기사에서 중국에 거주하는 한국인이 "백만인시대(百萬人時代)"에 진입했고, 한국인이 1만 명 이상 거주하는 중국의 도시 수는 14개에 달한다고 보도하였다(中国新闻网. 2009. 「在华居住韩国人达百万, 北京人数最多达二十万」. 10月 18日. http://china.huanqiu.com/roll/2009-10/596705.html. 검색일: 2022. 3. 20). 한편 민귀식(2010: 254)은 재중 한국인이 2010년 이미 70만

명을 넘어선 것으로 추정하였다.

8 참고로 OECD 2021 International Migration Outlook 자료에 의하면, 2020년 말 기준 중국내 거주 외국인은 총 46만 3,405명인데, 이 중 가장 큰 비중(11%)을 차지하는 한국인 거주자는 5만 975명이다(OECD, 2021: 250). 외교부 재외동포 현황과 OECD 자료에서의 차이는 집계 기준이 다르기 때문이다. OECD 자료에서는 주로 "permanent or long-term residents"를 기준으로 집계하고 있다.

9 대만인도 중국의 주요 도시에 민족경제(ethnic economy)가 중심이 되는 초국가적 민족공동체(transnational ethnic community)인 그들만의 집중 거주지를 형성하고 있다(王茹, 2007). 그러나 중국계가 아닌 외국인이 형성한 집중 거주지로는 한국인의 집중 거주 형태가 매우 특수한 것으로 평가할 수 있다.

10 '체류중국인'은 관광 등의 목적으로 90일 이내 체류하는 '단기체류 중국인'과 91일 이상 장기거주하기 위해 지방출입국·외국인관서의 장에게 외국인등록을 한 등록중국인 및 국내거소신고를 한 외국국적동포 국내거소 신고자로 이루어진 '장기체류 중국인'으로 구분된다. 한중 수교 이후 체류 자격별 재한 중국인에 대한 자세한 통계자료는 부록의 〈표 8〉을 참고할 것.

11 법무부 출입국·외국인정책본부 웹사이트에 매년 게재되는 "출입국·외국인정책"에서 국적별 결혼 이민자 현황 부분을 바탕으로 정리한 것임. 중국인 결혼이민자에 대한 자세한 통계자료는 부록의 〈표 9〉를 참고할 것.

12 한중 수교 이후 체류 자격별 재한 중국동포에 대한 자세한 통계자료는 부록의 〈표 10〉을 참고할 것.

13 한편 최근 젊은 세대를 중심으로 재한 중국동포는 온라인 커뮤니티와 오프라인 네트워크를 이용하여 재한 중국동포 공동체를 강화 및 확장하고 있다. 대표적인 온라인 커뮤니티로는 '모이자', '123넷', '코리아86', '중국 조선족네트워크', '중국 조선족 대모임', '쉼터', '나가자' 등이 있다(김윤태, 2021: 45).

14 한중 수교 이후 한국에서 새롭게 뿌리를 내린 중국인을 오래전부터 한국에서 살아온 대만(중화민국) 국적의 화교와 구분하기 위해 전자를 '신화교(新華僑)', 후자를 '구화교(舊華僑)'로 지칭한다. 신화교의 개념에 대해서는 양필승·이정희(2004: 104-105)를 참조할 것.

15 중국의 소수민족인 조선족(재한 중국동포)은 2010년 이후 중국에서 공식적으로 '한국화교화인'의 범주에 포함되고 있다(김윤태, 2021: 34-35).

16 교육부. 연도별 〈국외 한국인 유학생 현황〉
https://www.moe.go.kr/boardCnts/view.do?boardID=350&boardSeq=12338&lev=0&searchType=S&statusYN=W&page=2&s=moe&m=0309&opType=N (최종 검색일: 2022. 7. 27). 재중 한국인 유학생에 관한 자세한 통계자료는 부록의 〈표 11〉을 참고할 것.

17 대학교육연구소. 2014년 8월 27일. "1945~2013년 외국박사학위 57%가 미국 학위."
http://www.khei.re.kr (검색일: 2022. 3. 12).

18 한국연구재단 외국박사학위 종합시스템 웹사이트(https://dr.nrf.re.kr/stats/country)를 참고하여 필자가 정리한 것이다. 한국연구재단의 자료는 한국연구재단에 신고한 자만을 대상으로 하며, 따라서 실제 외국박사학위 취득자 수치와는 차이가 있을 수 있다.

19 2012년 당시 한국대학들의 웹사이트를 참고하여 필자가 관련 통계 정리한 것이다.

20 교육부. 연도별 〈외국인 유학생 현황〉
https://www.moe.go.kr/boardCnts/viewRenew.do?boardID=350&boardSeq=12341&lev=0&searchType=null&statusYN=C&page=1&s=moe&m=0309&opType=N(최종 검색일: 2022. 7. 27); 교육통계서비스. 연도별 「교육통계연보」.
https://kess.kedi.re.kr/publ/list?survSeq=2002&menuSeq=0&division=&itemCode=02(최종 검색일: 2022. 7. 27).
재한 중국인 유학생에 관한 자세한 통계자료는 부록의 〈표 11〉을 참고할 것.

21 국내 중국인 박사학위 취득자 수는 한국직업능력연구원. 2022년 2월 23일. "외국인의 국내 박사, 10년 사이 4배 늘어" https://www.krivet.re.kr/ku/ea/kuDCAVw.jsp?gn=F4-F420100472 (검색일: 2022. 3. 12)에 기초하여 필자가 산출한 수치이다.

22 본 장에서 문화 콘텐츠란 문화적 요소를 체감할 수 있는 출판, 만화, 방송, 영화, 음악 등 다양한 형태의 창작물을 통칭한다(김태식, 2021: 363).

23 중국에서 '韩流'라는 용어는 1999년 11월 19일자 『北京青年报』 기사에서 한국의 대중문화를 지칭하면서 처음으로 등장하였다(이지한, 2018: 369).

24 따라서 2000년 2월 H.O.T의 베이징 공연 이후 한류가 본격적으로 중국에서 하나의 문화 신드롬으로 공인되었다고 보는 시각도 있다(강진석, 2020: 181).

25 문화 콘텐츠 관련 통계는 문화체육관광부와 한국콘텐츠진흥원이 발행하는 연도별 통계자료(2009년까지는 「문화산업통계」, 2009년 이후는 「콘텐츠산업통계」) 및 「해외콘텐츠시장 동향조사」를 참고하였다. 수교 이후 한중 콘텐츠 수출입액에 관한 자세한 통계자료는 부록의 〈표 12〉를 참고할 것.

26 2017년부터는 중국, 홍콩, 대만의 3개 국가를 '중화권'으로 통합하여 집계함에 따라, 대만으로의 콘텐츠 수출액이 추가되었다. 따라서 2017년을 기준으로 전후의 수출입액 규모가 큰 차이를 보인다.

27 콘텐츠의 산업 분야별 대중국 수출통계는 문화셈터(문화체육관광부 공식 통계 웹사이트, https://stat.mcst.go.kr/portal/main)에 공개된 연도별 "콘텐츠산업통계조사"(2009년까지는 「문화산업통계」, 2009년 이후는 「콘텐츠산업통계」)를 참고하였다.

28 영화 콘텐츠의 대중국 수출액과 관련하여 영화진흥위원회와 한국콘텐츠진흥원은 상이한 통계 수치를 제공하고 있는데, 이는 집계 일자 또는 집계 연도 표기에 있어서의 차이에 기인한 것으로 보인다.

29 앞서 언급한 대로 2017년부터는 중국, 홍콩, 대만의 3개 국가를 '중화권'

으로 통합하여 집계하고 있다.

30 『조선일보』. 2014년 10월 15일. "중국어 개설 高校, 2000년 8.8%서 2012년 36.8%로".
https://www.chosun.com/site/data/html_dir/2014/10/15/2014101500413.html (검색일: 2022.3.12).

31 한국교육개발원 교육통계서비스(https://kess.kedi.re.kr/post/CESI1009007970?itemCode=04&menuId=m_02_04_02)에 기초하여 필자가 산출한 수치다. 전문대 등을 포함하면 2012년 당시 중국 관련학과는 총 200개이다.

32 커리어넷(교육부 지원 사이트) 학과정보 (https://www.career.go.kr/cnet/front/base/major/FunivMajorList.do)에 기초하여 필자가 산출한 수치다. 한편 수교 이후 한중 양국 간 활발한 경제 및 인적 교류, 한류로 대표되는 대중문화 교류 등의 영향으로 한국에 대한 관심과 수요가 상승하면서, 중국에서도 한국학 관련학과 역시 폭발적으로 증가하였다. 수교 이전 베이징대, 연변대, 중앙민족대를 포함하여 6개에 불과하였던 조선(한국)어학과는 2015년 기준으로 220개로 증가하였는데(반사박, 2018: 75), 이는 중국 대학의 외국어 관련학과 중 영어학과, 일본어학과에 이어 세 번째로 큰 규모이다(윤해연, 2016: 418). 필자의 조사에 의하면, 2022년 현재 중국 대학의 한국 관련학과는 총 276개로 추산된다. 이 같은 외형적인 성장에 더하여 중국 대학의 한국 관련학과들은 북한 중심의 조선학(朝鮮學)에서 남한 중심의 한국학으로의 변화, 한국어 교육을 넘어 총체적인 한국학 교육 및 연구로의 변화 등 내적인 변화도 동반하고 있다(송현호, 2012: 463).

33 『중앙일보』. 2021년 6월 4일. "한국에 23곳 있는 공자학원, 미국·유럽선 80곳 퇴출".
https://www.joongang.co.kr/article/24074137 (검색일: 2022.3.12).

34 자세한 통계자료는 부록의 〈표 12〉를 참고할 것.

35 『조선일보』. 2021년 9월 11일. "중국어 인기만 뚝? 제2외국어 씨가 말라간다".

https://www.chosun.com/national/weekend/2021/09/11/XGVC6QILUJG5LNDJMIPHDYASUA/ (검색일: 2022. 3. 12).

36 이러한 비공식적인 한류의 수용, 소비, 및 전파에는 중국의 한류 팬과 팬덤이 중요한 역할을 하였다(김정은 2021: 322).

37 Pew Research Center. "Negative Views of China Tied to Critical Views of Its Policies on Human Rights". JUNE 29, 2022. https://www.pewresearch.org/global/2022/06/29/negative-views-of-china-tied-to-critical-views-of-its-policies-on-human-rights/(검색일: 2022. 7. 23).
중국에 대한 인식 조사는 세계 주요 19개국 2만 4,525명의 국민을 대상으로 2022년 2월 14일부터 6월 3일 사이에 진행되었다.

38 Shin, Gi-Wook, Haley M. Gordon, and Hannah June Kim. 2022. "South Koreans Are Rethinking What China Means to Their Nation"
https://fsi.stanford.edu/news/south-koreans-are-rethinking-what-china-means-their-nation#_ftn2 (검색일: 2022. 4. 11).
다른 설문조사들에서도 한국의 젊은 세대는 기성세대보다 더 강한 반중 성향을 보여주었다. 예를 들면, 『중앙일보』. 2022년 1월 19일. "2030 열 명 중 여섯 "中 싫다"…미래세대 반중감정 치솟았다"
https://www.joongang.co.kr/article/25041759#home (검색일: 2022. 4. 11); 『시사인』. 2021년 6월 17일. "중국의 모든 것을 싫어하는 핵심 집단, 누굴까?"
https://www.sisain.co.kr/news/articleView.html?idxno=44821 (검색일: 2022. 4.11).

39 『연합뉴스』. 2019년 11월 19일. "홍콩시위 둘러싼 대학가 韓中 '대자보 갈등' 온라인으로 확산"
https://www.yna.co.kr/view/AKR20191119150400004 (검색일: 2022. 4. 11); 『BBC News 코리아』.

2019년 11월 15일. “홍콩 시위: 한국 대학가에서 한-중 대학생 사이에 갈등이 벌어졌다”
https://www.bbc.com/korean/features-50431583 (검색일: 2022. 4. 11).

제7장 한중 문화 갈등 30년

1 이러한 특징을 지닌 전통 시대부터 수교 이후까지 한중 문화 교류의 양상에 대한 전반적인 정리에 대해서는 윤여탁(2015) 참조.

2 ‘韓流’라는 이름이 중국 언론에 등장하기 시작한 것은 1999년 무렵이다.

3 동북공정은 2002년에 중국에서 시작되었지만 2003년에 한국에 알려지면서 논쟁이 전개되었다는 점에서 2003년을 기점으로 잡았다.

4 이에 대해서는 III장의 웨이보 분석 참조.

5 김치 논쟁을 중심으로 환구시보의 이러한 보도 경향을 분석한 연구로는 최태훈(2021) 참조.

6 여기에는 한중 언론이 공유하는 민족주의가 작동하고 있다. 환구시보와 조선일보를 대상으로 한 양국 언론의 반한과 반중 프레임 문제에 대한 분석에 대해서는 이광수(2016) 참조.

7 중국 외교부는 BTS 수상 소감 발언이 나온 5일 뒤인 2020년 10월 12일 정례 브리핑에서 “한중은 함께 역사에서 배우고 미래를 맞이하고 평화를 소중히 여기며 우정을 증진해야 한다”라고 논평하였다.

8 BTS 발언과 김치로 인한 파문이 중국에서 웨이보를 매개로 전파된 과정에 대한 분석은 강병규 교수(서강대), 박민준 교수(덕성여대)가 진행하였음.

9 이하 필자의 관점은 김한규가 한중 관계사 차원에서 한중 두 나라가 요동 역사공동체 및 한중 문화 교류를 보는 관점의 전환을 주장한 것에서 암시받았다. 김한규(1999) 참조.

제8장 한중 관계 30년의 분석과 평가

1 중국은 1989년 9월부터 1998년 11월까지 10년 동안 모두 35개 국가와 수교했다. 톈안먼 사건과 소련 붕괴 이후 국제적 고립을 돌파하기 위한 중국 정부의 고육지책에 따른 결과였다. 참고로 중국이 그 직전의 10년(1979년 1월부터 1989년 4월) 동안에 수교한 국가는 모두 19개였다.

2 이 논문에서 말하는 한중 관계 30년은 1992년 수교 때부터 2022년까지를 말한다. 따라서 수교 이전의 한중 관계는 이 논문의 분석 대상이 아니다.

3 5개 항의 '구두 합의'는 다음과 같다. 첫째, 중국 정부는 고구려사 문제가 양국 간 중대 현안으로 대두된 데에 유념한다. 둘째, 역사문제로 한중 우호 협력 관계가 손상되는 것을 방지하고, 전면적 협력 동반자 관계의 발전에 노력한다. 셋째, 고구려사 문제의 공정한 해결을 도모하고 필요한 조치를 취해서 정치 문제화하는 것을 방지한다. 넷째, 중국 측은 중앙 및 지방 정부 차원에서의 고구려사 관련 기술에 대한 한국 측의 관심에 이해를 표명하고 필요한 조치를 취함으로써 문제가 복잡해지는 것을 방지한다. 다섯째, 학술교류의 조속한 개최를 통해 (문제를) 해결한다.

4 우완영(2019)에 따르면, 2012년 이후 5년 연속 일본을 찾은 해외 관광객 1위는 중국인이었다. 2019년 상반기에 중국인 관광객은 453만 3,000명으로, 일본을 찾은 전체 해외 관광객의 1/3을 차지했다. 중일 간의 정기 항공편은 2019년 10월부터 2020년 3월까지 매주 1,406편을 운행했다. 이는 한중 간에 1,000편 정도 운행하는 횟수를 능가하는 것이다. 중국 정부가 한국으로의 단체 관광은 제한하는 반면, 일본으로의 단체 관광은 허용하는 정책을 적절히 구사한 결과라고 해석할 수 있다.

5 북한은 2017년 4월부터 11월까지 8개월의 짧은 기간에 한 차례의 핵실험과 14차례의 미사일 발사 시험을 강행했다(주재우, 2022a: 166). 이는 전에 없던 규모의 군사도발이라고 말할 수 있다.

6 미국 트럼프 정부의 북한 선제공격에 대한 경고와 실제 준비 과정은 주재우(2022a: 157–176)를 참고할 수 있다.

7 이 내용은 필자가 외교안보와 관련된 복수의 고위 당국자와의 개인적인 면담을 통해 알게 된 사실을 토대로 작성한 것이다. 따라서 이에 대한 구체적이고 실증적인 연구는 이 분야를 전문적으로 연구하는 학자들에 의해 좀 더 체계적으로 진행되어야 할 것이다.

8 중국은 남북한을 한 덩어리로 묶어서 정책을 추진하고 있다. 따라서 중국의 '한국' 정책보다 남북한을 포괄하는 '한반도' 정책이라는 표현이 더 적절하다.

9 '보수정부'는 이명박·박근혜 정부, '진보정부'는 김대중·노무현·문재인 정부를 가리킨다. '보수정부'와 '진보정부'라는 용어는 적절하지는 않지만, 흔히 사용하는 용어라 이 논문도 사용하기로 한다.

10 은종학(2021: 459-466)은 미중 간의 경제 경쟁을 '기술 전쟁'으로 보는 것은 "표면적 양상을 스케치한 것에 가깝고", 실제는 "판(plate)의 전쟁에 가깝다"라고 주장한다. 중국은 "21세기 첫 20년의 국제적 판도를 지키고자 하는 반면, 미국은 그런 21세기 초반의 판도를 뒤엎어 중국의 추격과 미국의 상대적 위축이라는 추세를 반전시키고자 한다"는 것이다.

11 블링컨 국무장관도 미중 전략 경쟁에서 미국이 승리하기 위한 관건 요소는 미국의 경쟁력 회복이라고 본다. 이를 위해서는 첨단 과학기술 분야와 교육 분야에 대규모 투자(investment)가 필요하다. 블링컨 장관이 바이든 정부의 첫 번째 중국 정책으로 투자를 제시하는 것은 이 때문이다. 참고로 두 번째 중국 정책은 연합(alignment)이고, 세 번째는 경쟁(competition)이다(Blinken, 2022).

12 수미 테리(2022)는 외국 전문가의 관점에서 한국의 중국 정책에 대해 조언한 글이지만, 최근에 등장한 한국 내의 의견 수렴 현상을 정리한 듯한 착각을 불러일으킨다.

13 참고로 주재우(2018: 252-291)는 "중국이 가진 대북 영향력은 없다"라고 단호히 말한다.

참고문헌

서문

〈국문〉

김태호. 2017.「한·중 관계의 악화와 사드의 교훈」.『신아세아』 24권 4호. pp. 70–95.

김한권. 2022.「한중, 미중 사이 '약한 고리' 벗어야」. 21세기평화연구소(편). 『한중 수교 30년』. 서울: 화정평화재단. pp. 148–161.

신종호 외. 2021.『미중 전략 경쟁과 한국의 대응: 역사적 사례와 시사점』. 통일연구원.

이동률. 2017.「2016년 한·중 관계의 현황, 평가, 전망」. 국립외교원 중국연구센터.『2016중국정세보고』. 서울: 역사공간. pp. 219–259.

이욱연. 2021.「한중 사이 가치의 거리와 갈등에 대한 한국의 대응 전략 연구」.『중소연구』 44권 4호. pp. 7–49.

임대근. 2022.「한–중 문화갈등의 발생 양상 연구」.『한중언어문화연구』 63집. pp. 203–222.

조철·정은미·김종기·이준·남상욱·이재윤·이은창·조용원·김양팽·심우중·윤자영·이고은·이자연·전수경. 2020.『중국산업구조 고도화에 따른 한중 경쟁력 변화와 대응전략』. 대외경제정책연구원 연구보고서.

한석희. 2022.「노태우 정부부터 문재인 정부까지, 7인7색 대중외교」. 21세기평화연구소(편).『한중 수교 30년』. 서울: 화정평화재단. pp. 59–73.

〈영문〉

Byun, See-Won. 2021. "Interdependence, Identity, and China-South Korea Political Relations: Asia's Paradox." *Asian Survey*, 61(3): 473-499.

Liu, Adam Y., Xiaojun Li, and Songying Fang. 2021. "What Do Chinese People Think of Developed Countries? 2021 Edition." *The Diplomat*, March 13, 2021. https://thediplomat.com/2021/03/what-do-chinese-people-think-of-developed-countries-2021-edition/

제1장 한중 외교 관계 30년

〈국문〉

국립외교원 외교안보연구소 외교사연구센터. 2018. 『한국 외교와 외교관- 한중 수교와 청와대 시기- 김하중 전 통일부 장관 (상권)』. 서울: 국립외교원 외교안보연구소.

국립외교원 외교안보연구소 외교사연구센터(편). 2020. 『한중 수교』. 서울: 국립외교원 외교안보연구소.

국민의 힘. 「공정과 상식으로 만들어가는 새로운 대한민국」. http://www.peoplepowerparty.kr/renewal/policy/data_pledge.do (검색일: 2022. 3. 11).

김경일·전재우. 2012. 「한중 관계 20년: 회고와 전망 – 중국의 시각에서」. 『국방정책연구』. 제28권 제1호, 봄(통권 제95호). pp. 45-66.

김경희. 2022. 「한미협의단 "외교국방 '2+2'회의 개최 제안…연례 개최 바람직"(종합)」. 『연합뉴스』. 4월 8일.

김승욱. 2017a. 「文 대통령, 시진핑 주석에게 축전…"한반도 평화 협력 기대"」. 『연합뉴스』. 10월 25일.

______. 2017b. 「[전문] 문재인 대통령 베이징대 연설 전문」. 『연합뉴스』.

10월 25일.
김현숙. 2016. 「동북공정 종료 후 중국의 고구려사 연구동향과 전망」. 『동북아역사논총』(동북아역사재단) 제53호. pp. 36-61.
김흥규. 2012. 「한·중 수교 20년과 한·중관계 평가: 미래 한중 관계를 위한 방향과 더불어」. 『세계지역연구논총』. 29집 3호. pp. 211-240.
박경준. 2017. 「中 바짝 껴안는 文 대통령…"높은 산봉우리" "중국몽, 모두의 꿈"」. 『연합뉴스』. 12월 15일.
박지환. 2017. 「[전문] 문재인 대통령 베이징대 연설 전문」. 『CBS노컷뉴스』. 10월 25일.
백영서. 2017. 『역사적 관점에서 본 한중 관계 25년: 성과와 과제』. 서울: 국립외교원 외교안보연구소 중국연구센터.
성연철. 2017. 「문 대통령 "한-중, 힘 합치면 동북아 평화 이뤄낼 수 있어"」. 『한겨레』. 10월 25일.
손제민·박은경. 2017. 「문 대통령 베이징대 연설에서 '운명공동체' 강조」. 『경향신문』. 10월 25일.
신정승. 2016. 「사드와 중국의 무역보복 가능성」. 『외교광장』(한국외교협회) 8월 3일.
오병수. 2021. 「시진핑의 국가 정체성 만들기: 중국 국정교과서 만들기」. 국립외교원 외교안보연구소 외교사연구센터(편). 『한국외교사 논집 제2호』. 서울: 국립외교원 외교안보연구소.
온라인 뉴스부. 2017. 「[전문] 문 대통령 베이징대 연설 "한중, 역지사지하며 발전하길"」. 『서울신문』. 10월 25일.
윤해중. 2012. 『한중 수교 밑뿌리 이야기』. 서울: 이지출판.
이남주. 2002. 「미국에서 "중국위협론"의 부상과 변화」. 『역사비평』. 61호. pp. 343-359.
이상옥. 2002. 『전환기의 한국외교』. 서울: 삶과꿈.
이희옥. 2002. 「한국에서 중국학을 어떻게 할 것인가」. 『역사비평』. 61호. pp. 360-374.

전영기. 2017. 「한국은 작은 나라? 누가 연설문 썼나」. 『중앙일보』. 12월 18일.

전인갑. 2016. 『현대중국의 제국몽: 중국의 재보편화 100년의 실험』. 서울: 학고방.

전진환. 2017. 「[전문] 文 대통령 베이징대학 강연 "한·중 새로운 25년, 여러분이 주인공"」. 『뉴시스』. 10월 25일.

정재호. 2011. 『중국의 부상과 한반도의 미래』. 서울: 서울대학교 출판문화원.

______. 2012. 「대한민국과 중화인민공화국 간의 외교: 2012년, 1992년 그리고 1972년으로의 회고와 평가」. 『中國近現代史硏究』. 第56輯. pp. 23–43.

조법종. 2006. 「중국학계의 고조선연구 검토: 동북공정 전후시기 연구를 중심으로」. 『한국사학보』(고려사학회) 제25호. pp. 9–49.

조영남. 2012. 「한중 관계 20년의 안보 쟁점 분석: 북중동맹과 한미 동맹에 대한 전략적 고려」. 『국제지역연구』(서울대학교 국제학연구소) 21권 4호. pp. 1–25.

조원호. 2021. 「한국의 기후변화정책과 중견국 공공외교: 제26차 기후변화 당사국 총회를 중심으로」. 『외교광장』(한국외교협회) XXI–23. 11월 12일.

조희용. 2022. 『중화민국 리포트 1990–1993』. 서울: 선인.

주장환. 2011. 「마늘에서 자동차까지…한·중 간 경제적 마찰에서 얻어야 할 교훈」. 정재호 편저. 『중국을 고민하다』. 서울: 삼성경제연구소. pp. 73–116.

주중국 대한민국 대사관. 「한중 관계」. 「한중 관계와 중국」. https://overseas.mofa.go.kr/cn-ko/wpge/m_1222/contents.do (검색일: 2022. 3. 20).

청와대. 「대통령, 시진핑 중국 공산당 총서기에게 축전 전달 관련 브리핑」. https://news.naver.com/main/read.naver?mode=LSD&mid=sec&sid1=123&oid=154&aid=0000003437 (검색일: 2022. 3. 12).

______. 『문재인 대통령 연설문집』. 제1권 하 2017. 11. 1~2018. 5. 9.

https://www1.president.go.kr/c/president-speeches (검색일: 2022. 3. 14).

홍성의. 2012. 「한중 수교 20년의 평가와 전망에 대한 연구」. 『정치·정보연구』. 제15권 1호. pp. 271-300.

황진영. 2017. 「[전문] 文 대통령 베이징대 연설」. 『아시아경제』. 10월 25일.

〈영문〉

Democratic Party. 2020 Democratic Party Platform. https://democrats.org/where-we-stand/party-platform/ (accessed 12 March 2022).

International Organization for Standardization(ISO). ISO 24220:2020 Pao cai (salted fermented vegetables) — Specification and test methods. https://www.iso.org/standard/78112.html (accessed 23 March 2022).

U.S. Department of State. U.S.-China Joint Glasgow Declaration on Enhancing Climate Action in the 2020s. https://www.state.gov/u-s-china-joint-glasgow-declaration-on-enhancing-climate-action-in-the-2020s/ (accessed 10 November 2021).

________. Communist China and the Free World's Future. https://2017-2021.state.gov/communist-china-and-the-free-worlds-future-2/index.html (accessed 19 March 2022).

White House. Interim National Security Strategic Guidance. https://www.whitehouse.gov/wp-content/uploads/2021/03/NSC-1v2.pdf (accessed 11 March 2022).

________. United States Strategic Approach to The People's Republic of China.https://trumpwhitehouse.archives.gov/wp-content/uploads/2020/05/U.S.-Strategic-Approach-to-The-Peoples-Republic-of-China-Report-5.24v1.pdf (accessed 19 March 2022).

〈중문〉
馬大正. 2003.『古代中國高句麗歷史續論』. 中國社會科學出版社.
李丹. 2013.「"中韩战略合作伙伴关系"的特征及课题辨析」.『中國學』. 第44輯. pp. 295-320.
錢其琛. 2003.『外交十記』. 世界知識出版社.
中华人民共和国驻大韩民国大使馆. 中国驻韩国大使馆发言人就北京冬奥会开幕式涉中国朝鲜族服饰问题阐明立场. http://kr.china-embassy.org/chn/sghd/202202/t20220210_10640763.htm (accessed 10 February 2022).
"阎学通：00后大学生常以"居高临下"的心态看待其他国家". 新浪网 2022年 1月 13日.

제2장 한중 군사 관계 30년

〈국문〉
강범두. 2002.「군사 외교」. 차영구·황병무 편저.『국방정책의 이론과 실제』. 서울: 도서출판 오름. pp. 394-397.
국방부. 2021.「제8차 중국군 유해 인도식 개최」. 대한민국 정책브리핑. 9월 2일.
김광수. 2019.「일본엔 지소미아 내치고, 중국에 군사협정 구애」.『한국일보』. 10월 21일.
김성진. 2018.「서주석 국방차관, 한중 양자회담」.『뉴시스』. 10월 25일.
김수정. 2011.「김관진-량광례 합의 4년 만에…한중 군사 핫라인 8월 개통」.『중앙일보』. 5월 6일.
김영권. 2015.「박근혜·시진핑 6번째 회동」.『VOA』. 9월 2일.
김흥규. 2019.「문재인-시진핑 시기 한중 군사 관계: 평가와 제언」.『한국국가전략』. 통권 제11호. p. 83.
박병광. 2007.「한중 관계 15년의 평가와 과제: 외교안보적 측면을 중심으로」. 『국방정책연구』. 제23권 3호. p. 14.
박창희. 2012. 「한중 수교 20년과 한중 군사 관계 발전: 회고와 전망」. 『중소연구』. 제36권 1호. p. 24.
손덕호. 2022. 「윤석열, 中 겨냥 '반도체·배터리·6G·원전서 한미 첨단 기술 동맹 구축'」. 『조선일보』. 1월 24일.
심현섭. 2017. 「수교 이후 한중 군사 관계에 대한 이론적 해석: 군사 외교 이론과 국제 관계 이론의 분석수준틀을 중심으로」. 『국방정책연구』. 제33권 4호. p. 32.
안윤석. 2010. 「중, 천안함 안보리 조치 반대」. 『노컷뉴스』. 6월 12일.
연합뉴스. 2017. 「사드 갈등 속 한국·중국 국방장관 2년 만에 회담」. 『연합뉴스』. 10월 25일.
유강문. 2019. 「한중 국방장관 '전략적 소통 강화' 합의」. 『한겨레』. 6월 2일.
윤석열 공약위키. 2022. 「20대 외교안보 공약」 외교안보 분야. https://www.wikiyoon.com/7c410d7f-e119-4e47-b94e-0233bf5bcd59 (검색일: 2022. 4. 8).
이도원. 2010. 「북 연평도 포격 사건 안보리 회부 안 한다」. 『SBS』. 11월 24일.
이동률. 2011. 「변화하는 중국과 북중관계」. 『한반도와 중국: 비전과 과제』. 코리아정책연구원 주최 국제학술대회. 8월 24일. p. 64.
이태환. 2010. 「한중 전략적 협력 동반자 관계: 평가와 전망」. 『세종정책연구』. 제6권 2호. p. 136.
정우상. 2020. 「천안함, 연평도 논의하는 회의장서 중만 '그 사건, 중요사건' 얼버무려」. 『조선일보』. 12월 24일.
정욱식. 2008. 「"'한미 동맹은 과거의 유물' 반격 나선 중국"」. 『오마이뉴스』. 5월 28일.
KBS World. 2013. 「한중 군사협력」. 『KBS World』. 6월 6일.
하도형. 2008. 「한·중 국방교류의 확대와 제한요인에 관한 연구: 한·중의 대북 인식요인을 중심으로」. 『현대중국연구』. 제9집 2호. p. 13.

한국글로벌전략협력연구원, 중국차하얼학회. 2022.『신정부 출범 이후 한중 관계: 협력과 전망』. 한중 전문가대화. 2022년 4월 7일.

합동참모본부. 2020.『합동·연합작전 군사용어사전』. 서울: 합동참모본부. p. 56.

황재호. 2007.「한국의 대중 군사 외교」.『국방정책연구』. 제75호 봄, pp. 72–92.

〈영문〉

Park, Changhee. 2020. "Korea–China–Japan Regional Security Cooperation: Establishment of Northeast Asian Defense Dialogue." *A New Vision for Regional Confidence Building*. 2020 North East Asia Peace and Cooperation Forum. December 3.

Shambaugh, David. 2003. "China and the Korean Peninsula: Playing for the Long Term." The Washington Quarterly. 26(2); 48–49.

Shambaugh, David. 2002. "Modernizaing China's Military: Progress, Problems, and Prospects." Berkeley: University of California Press. pp. 344–345.

Yoon, Suk–yeol. 2022. "South Korea Needs to Step Up." *Foreign Affairs*, February 8. https://www.foreignaffairs.com/articles/south–korea/2022–02–08/south–korea–needs–step (검색일: 2022. 4. 5).

〈중문〉

郭晓鹏. 2022.「中韩关系需要"尊重", 更别忘了"相互"」.『环球时报』. 3月 10日.

徐焰. 2021.「纪念英烈更要继承抗美援朝精神」.『环球时报』. 9月 2日.

新华网. 2022.「国务委员兼外交部长王毅就中国外交政策和对外关系回答中外记者提问」.『新华网』. 3月 8日.

杨阳. 2017.「"三不一限", 韩国现在就往回缩了?」.『环球时报』. 11月 29日.

王旭. 2008.「中国国防部解读中韩军事热线: 只用于战术层面沟通」.『新华网』. 12月 2日.
袁小存. 2022.「中韩从通话看到了未来广阔合作面」.『环球时报』. 3月 25日.
李涛摄. 2022.「王岐山出席韩国新任总统尹锡悦就职仪式」.『人民日報』. 5月 11日.
郑青亭, 杨牧. 2014.「韩国防部表示中韩建立国防部直通电话可推动国防交流」.〈人民网〉. 7月 24日.
赵建东. 2022.「对华关系, 尹锡悦最有望处理好的事」.『环球时报』. 5月 10日.
中国新闻网. 2010.「秦刚就安理会就天安号事件发表主席声明发表谈话」.〈中国新闻网〉. 7월 10일.
中国外交部. 2010.「韩国总统李明博会见戴秉国」. 11月 28日.
中華人民共和國外交部. 2007『中韓建交 15周年, 1992-2007』. 北京: 世界知識出版社., p. 83.
中華人民共和國外交部亞洲司 編. 2007.『中國-韓國政府間主要文件集』. 北京: 世界知識出版社. pp. 278, 504.
解放军报. 2013.「房峰辉与韩军参联会主席会谈」.『解放军报』. 6月 5日.

제3장 한중 관계와 북한

〈국문〉

김영훈. 2010.「미국과 국제사회의 대북 식량지원」.『KERI 북한농업동향』. 12권 2호.
박종철. 1998.『남북한 교차승인 전망과 한국의 외교·안보 정책방향』. 서울: 민족통일연구원.
윤승현. 2015.「북·중 접경지역 경제협력 현황과 참여방안」.『LHI Journal』. Vol.6 No.2. pp. 79-88.

이상숙. 2010. 「김정일-후진타오 시대의 북중관계: 불안정한 북한과 부강한 중국의 비대칭협력 강화」. 『한국과 국제정치』. 26권 4호. pp. 119-144.
이영훈. 2006. 「북중무역의 현황과 북한경제에 미치는 영향」. 『금융경제연구』. 제246호.
이찬우. 2018. 「[북한경제와 협동하자⑭] 북한의 대외경제: 중국」. 『라이프인』. 12월 11일. https://www.lifein.news/news/articleView.html?idxno=3092. (검색일: 2022. 3. 4).
장덕준. 2004. 「북러 관계의 전개: 공동화된 동맹으로부터 새로운 협력관계로」. 『중소연구』. 제28권 제3호. pp. 119-150.
전재성. 2003. 「노태우 행정부의 북방정책 결정요인과 이후의 북방정책의 변화과정 분석」. 하용출 편저. 『북방정책: 기원, 전개, 영향』. 서울: 서울대학교 출판부.
조명철 외. 2005. 『북핵 해결 이후 국제사회의 대북 경제지원 활성화 방안: 양자간 지원을 중심으로』. 서울: 대외경제정책연구원.
주재우. 2011. 「北과 대화노력 '묻혀버린 진실'」. 『세계일보』. 4월 18일.
______. 2017. 『한국인을 위한 미중관계사: 6.25 한국전쟁에서 사드 갈등까지』. 서울: 경인문화사.
______. 2022. 『북미관계: 그 숙명의 역사』. 서울: 경계.
동아일보. 「미국이 中휴스턴 영사관 폐쇄한 이유 알고 보니…」. 『동아일보』. 2020년 7월 30일.
조선일보. 「중국 대북원조 지원 전면개시」. 『조선일보』. 2005년 7월 15일.
『세계일보』. 2005년 12월 5일.

〈영문〉

Barr, William P. 2020. "Transcript of Attorney General Barr's Remarks on China Policy." The Department of Justice.
https://www.justice.gov/opa/speech/transcript-attorney-general-barr-s-remarks-china-policy-gerald-r-ford-presidential-

museum. (accessed 20 July 2020).

Bolton, John. 2020. *The Room Where It Happened: A White House Memoir.* N.Y.: Simon & Schuster.

Deng, Yuwen, 2013. "China should abandon North Korea." *Financial Times.* February 27.

https://next.ft.com/content/9e2f68b2-7c5c-11e2-99f0-00144feabdc0. (accessed 28 Febuary 2013)

Hill, Christopher R., 2014, *Outpost: Life on the Frontlines of American Diplomacy: A Memoir,* New York: Simon & Schuster.

Kim, Ki-tae. 2003. "Can NK-China Comradeship Survive?" *The Korea Times.* July 4.

McMaster, H.R. 2020. *Battlegrounds: The Fight to Defend the Free World.* N.Y.: Harper.

Mann, James. 1998. *About Face: A History of America's Curious Relationship with China, from Nixon to Clinton,* N.Y.: Alfred A. Knopf.

Manyin, Mark E. 2005. "Foreign Assistance to North Korea." *CRS Report for Congress* RL31785. Washington DC: The Library of Congress. May 26.

Manyin, Mark E.,and Mary Beth D. Nikitin. 2014. *Foreign assistance to North Korea,* Washington. D.C.: Congressional Research Service. April 2.

Manyin, Mark E., and Ryun Jun. 2003. "US Assistance to North Korea." *Report for Congress.* Washington DC: The Library of Congress, March 17.

Noland, Marcus, *Avoiding the Apocalypse: The Future of the Two Koreas,* Washington DC: Institute for International Economics, 2000.

O'Brien, Robert. 2020. "The Chinese Communist Party's Ideology and Global Ambitions." The Department of Justice, https://www.justice.gov/opa/speech/attorney-general-william-p-barr-delivers-remarks-china-policy-gerald-r-ford-presidential. (accessed 28 June 2020).

Pollack, Jonathan D. 2011. *No Exit: North Korea, Nuclear Weapons, and International Security*. N.Y.: Routledge.

Pompeo, Michael R. 2020. "Communist China and the Free World's Future." The State Department,

https://2017-2021.state.gov/communist-china-and-the-free-worlds-future-2/index.html. (accessed 25 July 2020).

Rice, Condoleezza. 2011. *No Higher Honor: A Memoir of My Years in Washington*. New York: Crown Publishing Group.

Rumsfeld, Donald. 2011. *Known and Unknown: A Memoir*, New York: Sentinel.

Sigal, Leon V. 1998. *Disarming Strangers: Nuclear Diplomacy with North Korea*. Princeton, N.J.: Princeton University Press.

Sun, Lena H. and Jackson Diehl. 1993. "Arms Issue Reported Causing Rift Between China, N. Korea." *Washington Post*. April 28.

Thayer, Carlyle A. 2011. "Chinese Assertiveness in the South China Sea and Southeast Asian Responses." *Journal of Current Southeast Asian Affairs*. Vol. 30. No. 2.

Woodward, Bob. 2019. *Fear: Trump in the White House*. N.Y.: Simon & Schuster.

__________. 2020. *Rage*. N.Y.: Simon & Schuster.

Wray, Christopher. 2020. "The Threat Posed by the Chinese Government and the Chinese Communist Party to the Economic and National Security of the United States." The Hudson Institute,

https://www.hudson.org/research/16201-transcript-the-threat-posed-by-the-chinese-government-and-the-chinesecommunist-party-to-the-economic-and-national-security-of-the-united-states. (검색일: 2020년 7월 8일).

Zhebin, Alexander. 1995. "Russia and North Korea: An Emerging, Uneasy Partnership." *Asian Survey*. Vol. 35. No. 8.

"DONALD TRUMP ASKED MILITARY FOR A PLAN TO STRIKE NORTH KOREA, AND GENERALS WERE TERRIFIED: WOODWARD BOOK." *Newsweek*. September 6, 2018.

"Pentagon plan for pre-emptive strike on North Korea would reportedly launch from base in Guam." *CNBC*. August 9, 2017,

https://www.cnbc.com/2017/08/09/pentagon-plan-for-pre-emptive-strike-on-north-korea-would-reportedly-launch-from-base-in-guam.html (검색일: 2017년 8월 21일)

"Trump praises Chinese efforts on North Korea 'menace,' Pyongyang warns of strike." Reuters. April 20, 2017.

〈중문〉

徐堅. 2004.「和平崛起是中國的戰略抉擇」.『國際問題研究』. 第2期.

石源華. 2006.「論中國對朝鮮半島和平機制問題的基本立場」.『同濟大學報(社會科學版)』. 第17卷 第3期. pp. 72-78.

倪建民, 陳子舜. 2003.『中國國際戰略』. 北京: 人民出版社.

錢其琛 2003.『外交十記』. 北京:世界知識出版社.

丁詩傳, 李强. 1999.「朝鮮半島和平機制及其前景」.『現代國際關係』. 第4期.

朱杰勤, 黄邦和. 1992.『中外關係史辭典』. 湖北: 湖北人民出版社.

朱鋒. 2006.「中國的外交斡旋與朝核問題六方會談-爲什磨外交解決朝核問題這磨那?」.『外交評論』. 2月.

巴殿君.「論朝鮮半島多邊安全合作機制」.『東北亞論壇』. 第13卷 第1期.

「金正恩10個月內四度訪華 專家解讀: 原因有三」.『人民日報海外版』.

2019年 1月 8日.
「社评: 朝核, 中国须不怯懦不幻想不急躁」.『环球时报』. 2013年 2月 17日.
「習近平同朝鮮勞動黨委員長金正恩在大蓮擧行會晤」.『新華社』, 2018年 5月 8日.
「習近平同朝鮮勞動黨委員長金正恩擧行會談」.『新華社』. 2019年 1月 10日.

제4장 한중 경제 통상 관계 30년

〈국문〉

김수동 · 정선인. 「CPTPP의 미래와 우리의 대응방안」. 『KIET 산업경제』 (2021년 1월).
김아린 · 정혜선. 2021. 「세계 수출시장 1위 품목으로 본 우리 수출의 경쟁력 현황(2020년 기준)」. 국제무역연구원 트레이드포커스. 2022년 3호.
문재인정권인수위원회. 「문재인정부 국정운영 5개년 계획」(2017년 7월).
양평섭. 2017. 「무역 · 투자」. 성균관대학교 성균중국연구소 편. 『한중수교 25년사』 성균관대학교 출판부. 2017년.
윤석열정권 인수위원회. 「윤석열 정부 110대 국정과제」(2022년 5월).
이영태. 「"선거 승리 위해 한중 무역관계 해치지 말라" – 중국 경제일보의 한국 마늘 파동에 대한 중국 입장」. 『프레시안』 2002년 7월 25일.
정환우. 2012. 「한중 FTA의 바람직한 협상 방향 : 동아시아통합의 관점에서」. 대한민국주상하이총영사관 · 복단대학교 한국북한연구 중심 공편. 제2차 상하이 한중 학술회의 발표자료집. 『한중수교 20년 : 평가와 전망』. 신성출판사. 2012년.
_____. 2020. 「2019년 한중 경제협력 평가와 전망 : 교역 둔화 속 경제관계 심화 발전 모색의 한해」. 국립외교원 중국연구센터. 『2019년 중국정세 보고』. 국립외교원.
_____. 2021. 「2020년 한중 경제관계 평가와 전망 : 코로나19 위기 속 관계

재구축의 모색」. 국립외교원 중국연구센터. 『2020년 중국정세보고』. 국립외교원.

지만수. 2017. 「경제협력」. 성균관대학교 성균중국연구소 편. 『한중수교 25년사』 성균관대학교 출판부. 2017년.

______. 2012. 「한중 경제협력 20년의 동태적 동반자 관계와 새로운 도전」. 대한민국주상하이총영사관·복단대학교 한국북한연구 중심 공편. 제2차 상하이 한중 학술회의 발표자료집. 『한중수교 20년 : 평가와 전망』. 신성출판사. 2012년.

______. 「한중 마늘 분쟁에서 얻은 몇 가지 교훈」. 『LG 주간경제』(2001년 5월). pp. 18–21.

최필수. 2022. 「2021년 한중 경제관계 : 미중 경제갈등과 산업경쟁력 변화의 도전과 대응」. 국립외교원 중국연구센터. 『2021년 중국정세보고』. 국립외교원.

한국무역협회 편. 2006. 『한국무역사』. 한국무역협회.

중국과학원. 「"목조르기" 목록의 35개 기술 총람」(2020년 10월) ("卡脖子"清单35项技术总览) (https://mp.weixin.qq.com/s/888ZXCZaBGQHqf6EWKA8lQ).

〈중문〉

盘和林. 2022. 「中国为什么申请加入〈数字经济伙伴关系协定〉」. 中国小康网. 『小康』. 2022 年 2月.

裵長洪 主編. 2009. 『共和國對外貿易60年』. 人民出版社.

〈통계 및 기관 홈페이지〉

UN 통계국(https://unstats.un.org)

GTA

Trade map

CEIC Data

한국무역협회

산업통상자원부

한국수출입은행

중국 상무부

중국 외교부

중국국가통계국

제5장 한중 상호 직접투자 30년

〈국문〉

권영화. 2016.「한국과 대만 반도체기업들의 중국 내 직접투자 배경과 과정에 대한 비교사례연구: 공장설립 투자를 중심으로」.『국제지역연구』. 제20권 2호. pp. 85-111.

김기찬. 2021.「자동차 빅뱅시대, 급변하는 GVC 전략」.『기술패권 시대의 대중국 혁신전략』. 한국과학기술기획평가원 제305호. pp. 16-18.

김지은. 2014.「글로벌 기업으로 우뚝 선 현대차그룹 협력사들」.『신동아』. 4월 22일.

백권호. 2009.「삼성전자의 중국 시장 브랜드 전략 사례」.『한중사회과학연구』. 제7권 제1호. pp. 1-35.

삼성그룹. 1998.『삼성 60년사』. (비매품).

양평섭. 2012.「무역·투자」. 이희옥·차재복 외.『1992-2012 한중 관계 어디까지 왔나: 성과와 전망』. 서울: 동북아역사재단.

______. 2017.「무역·투자」.『한중 수교 25년사』. 서울: 성균관대학교 출판부.

______. 2022.「한중 무역·투자 협력 성과와 미래 발전방향」.『한중 관계 30년 성과와 미래비전 연구』. NRC 한중미래비전포럼(2022. 3. 3.) 발표자료.

여정민. 2009.「상하이차, '먹튀'도 이런 '먹튀'는 없었다」.『프레시안』 1월 13일.

왕윤종. 2019.「미중 통상분쟁이 동북아 통상질서에 미치는 영향과 전망」.『동북아경제연구』 제31권 제1호. pp. 1-40.

______. 2021. 「중국 국가자본주의의 형성 과정과 특징: 미중 전략적 경쟁과 중국의 미래」. 『비교경제연구』 제28권 제1호. pp. 1-36.

우개. 2020. 「한국 자동차의 중국시장 진출에 관한 연구: 기아자동차를 중심으로」. 가천대학교 대학원 글로벌 경제학과 석사학위논문.

이경은. 2021. 「벌써 9조 2000억…텐센트가 한국 증시에서 웃는 이유」. 『조선일보』 9월 13일.

이대식. 2016. 「대한국 중국투자기업의 투자 유형 분석: 기업 사례조사를 중심으로」. 『한국지역경제학회』 제14권 제1호. pp. 51-68.

이승신. 2022. 「한중 경제협력 성과와 미래발전 방향」. 『한중 관계 30년 성과와 미래비전 연구』. NRC 한중미래비전포럼(2022. 3. 3.) 발표자료.

이승신·현상백·나수엽·조고운. 2018. 『중국 기업의 인수합병을 통한 해외진출 전략과 정책 시사점』. KIEP 연구보고서 18-32.

이장규·정영록·이준엽·서봉교. 2020. 『주요 중소기업의 대중국 전략 분석』. 대외경제정책연구원 연구보고서 20-02.

조성재. 2010. 「한국 재벌의 중국 진출에 따른 글로벌 생산 네트워크의 전개」. 『동향과 전망』 한국사회과학연구회 80호. pp. 184-216.

조철·정은미·김종기·이준·남상욱·이재윤·이은창·조용원·김양팽·심우중·윤자영·이고은·이자연·전수경. 2020. 『중국 산업구조 고도화에 따른 한중 경쟁력 변화와 대응전략』. 대외경제정책연구원 연구보고서 20-01.

조평규. 2005. 『중국을 뒤흔든 한국인의 상술』. 서울: 달과소.

중국국가통계국 실질이용외자금액통계. www.stats.gov.cn(검색일: 2022년 5월 1일).

지만수. 2012. 「경제협력」. 이희옥·차재복 외. 『1992~2012 한중 관계 어디까지 왔나: 성과와 전망』. 동북아역사재단.

______. 2017. 「경제협력」. 『한중수교 25년사』. 서울: 성균관대학교 출판부.

최인혁·김도연. 2019. 「중소제조기업의 창업과 성장의 비즈니스 모델 연구: 현성테크노」. 『벤처창업연구』 제14권 제6호(통권 66호). pp. 103-117.

최필수. 2022. 「2021년 한중 경제관계: 미중갈등과 산업경쟁력 변화의 도전과 대응」. 『2021 중국정세보고』. 서울: 국립외교원 중국연구센터.

최필수·노수연·박민숙. 2012. 「한중 경제관계 20년: 회고와 향후과제」. 대외경제정책연구원 오늘의 세계경제 2012-16.

한국무역협회 무역데이터. www.kita.net (검색일: 2022년 5월 1일).

한국수출입은행 해외투자통계. www.koreaexim.go.kr (검색일: 2022년 5월 1일).

한국수출입은행. 2011. 『2010 회계연도 해외직접투자 경영분석』.

______. 2016. 『2015 회계연도 해외직접투자 경영분석』.

______. 2021. 『2020 회계연도 해외직접투자 경영분석』.

LG그룹. 2007. 『LG 60년사』. (비매품).

〈영문〉

China Global Investments Tracker. www.aei.org/china-global-investment-tracker (accessed 1 May 2022).

Gereffi, Gary, John Humphrey, and Timothy Sturgeon. 2005. "The Governance of Global Value Chains." *Review of International Political Economy*, 12(1): 78-104.

Gereffi, Gary. 1994. "The Organization of Buyer-driven Global Commodity Chains: How U.S. Retailers Shape Overseas Production Networks." In G. Gereffi and M. Korzeniewics (eds.), *Commodity Chains and Global Capitalism*. Westport: Praeger.

제6장 한중 사회문화 교류 30년: 인적 교류와 문화 콘텐츠 교류를 중심으로

〈국문〉

강유진. 1999. 「한국 남성과 결혼한 중국조선족 여성의 결혼생활 실태에 관한 연구」. 『한국가족관계학회지』 4권 2호. pp. 61-80.

강진석. 2007. 「베이징 '왕징[望京]' 코리안타운 지역의 韓-中 '異文化' 갈등 요소와 해소방안 연구」. 『국제지역연구 』11권 1호. pp. 3-32.

______. 2020. 「'사드사태'부터 '코로나 팬데믹'에 이르는 시기 생성된 동아시아 한류의 변화와 그 문화공간적 함의」. 『중국학연구』 94집. pp. 177-208.

구지영. 2013. 「동북아시아 이주와 장소구성에 대한 연구: 중국 청도 한인 집거지를 통해」. 『 동북아 문화연구』 37집. pp. 269-289.

권기영. 2017. 「'한한령 (限韓令)'을 통해 본 중국 대외문화정책의 딜레마」. 『중국문화연구』 37집. pp. 25-49.

김덕중 외. 2017. 『사드, 그 이후의 한류』. 서울: 한국문화산업교류재단.

김도희. 2008. 「한중 문화교류의 현황과 사회적 영향」. 『현대중국연구』 9집 2호. pp. 313-341.

김도희·왕샤오링. 2015. 『한중 문화 교류: 현황과 함의 그리고 과제』. 서울: 폴리테이아.

김상규. 2018. 「중국인의 대한국 인식 변화와 사드」. 『중소연구』 41권 4호. pp. 7-40.

김용선·임영상. 2018. 「서울 서남권 중국동포타운과 동포단체」. 『재외한인연구』 45권 6호. pp. 153-186.

김윤태. 2021. 「재한 중국동포의 정치적 초국가주의 실천과 함의」. 『중국과 중국학』 44호. pp. 25-56.

김윤태·안종석. 2009. 「중국의 신선족(新鮮族)과 한인타운」. 『중소연구』 33권 4호. pp. 39-64.

김익기·장원호. 2013. 「중국에서의 한류와 반한류」. 『지역사회학』 14권 2호. pp. 175-202.

김정은. 2021. 「한한령 시기 한류 전파에서 팬과 팬덤의 역할과 의의 - 중국 내 〈아스달 연대기〉 범중국 팬의 온라인 팬덤 활동을 중심으로」. 『중국학논총』 74권. pp. 303-327.

김지훈. 2020. 「2002년 전후 중국 동북공정의 추진과정과 추진 주체」. 『백산

학보』. 117호. pp. 27-61.

김창경. 2013.「부산과 중국 자매·우호협력도시와의 사회문화적 교류현황과 과제」.『중국학』 44집. pp. 275-294.

김태식. 2021.「한중 문화 산업교류와 그 문제점에 관한 연구: 정치·경제적 난제를 중심으로」.『중국학』 74집. pp. 361-379.

김태호. 2013.「한중관계 21년의 회고와 향후 발전을 위한 제언: 구동존이(求同存異)에서 이중구동(異中求同)으로」.『전략연구』 통권 제60호. pp. 5-37.

______. 2017.「한·중 관계의 악화와 사드의 교훈」.『신아세아』 24권 4호. pp. 70-95.

김흥규. 2011.「한·중 수교 20년과 한·중 관계 평가: 미래 한중 관계를 위한 방향과 더불어」.『세계지역연구논총』 29집 3호. pp. 211-240.

노남중. 2016.「한중 문화교류의 특징」.『지역발전연구』 14권 1호. pp. 88-115.

민귀식. 2010.「재중 장기체류자의 문화갈등 유형과 대중국인식의 변화-북경지역을 중심으로」.『중국학연구』 51집. pp. 253-287.

박성준·이희정. 2018.「한국의 사드 배치 결정 전과 후 중국인의 한국에 대한 인식 변화 비교 연구: 한국 관광업계 및 유통 채널의 시사점을 중심으로」.『물류학회지』 28권 1호. pp. 11-24.

박영환. 2011.「문화현상으로 본 현대 한중문화의 교류와 충돌」.『중국학보』 63권. pp. 95-118.

박우. 2017.「서울 남서부 지역 조선족 집거지에 대한 연구: 시민권적 접근」.『아태연구』 24권 2호. pp. 69-99.

반사박. 2018.「시대의 흐름에 따른 중국 내 한국학 연구동향과 전망」.『국제한국학저널』 5집. pp. 67-87.

백영서. 2013.「중국의 '동북공정'과 한국인의 중국인식의 변화: 대중과 역사학계에 미친 영향을 중심으로」.『중국근현대사연구』 58호. pp. 55-85.

서재권. 2018.「문화콘텐츠 수출 현황 진단과 통상법적 과제 - 한·중 FTA

후속협상을 중심으로」. 『정보법학』 22권 3호. pp. 135-160.
서진영. 2012. 「한중 관계 20년: 회고와 전망 - 한국의 시각에서」. 『국방정책연구』 28권 1호. pp. 9-43.
서창배·오혜정. 2014. 「중국의 문화산업화 정책과 소프트파워 전략」. 『문화와 정치』 1권 2호. pp. 1-35.
설동훈·문형진. 2020. 『재한 조선족, 1987-2020』. 서울: 한국학술정보.
송지연. 2020. 「사드(THAAD) 배치를 둘러싼 한국과 중국의 정치적 갈등이 경제관계에 미치는 영향」. 『한국과 국제정치』 36권 3호. pp. 133-168.
송현호. 2012. 「중국 지역의 한국학 현황」. 『한중인문학연구』 35집. pp. 463-504.
신종호 외. 2021. 『미·중 전략경쟁과 한국의 대응: 역사적 사례와 시사점』. 통일연구원(KINU 연구총서 21-22).
심두보. 2016. 「중국의 문화굴기와 한국 문화산업: 한류는 차이나 머니의 파고를 뛰어넘을 수 있을까?」. 『인문사회21』 7권 4호. pp. 833-858.
안병우. 2004. 「중국의 고구려사 왜곡과 동북공정」. 『국제정치연구』 7집 2호. pp. 45-66.
양필승·이정희. 2004. 『차이나타운 없는 나라 - 한국화교 경제의 어제와 오늘』. 서울: 삼성경제연구소.
양한순·박우·예동근·강주원. 2013. 『서울 거주 중국동포 실태조사 및 정책수립 연구』. 서울특별시 정책연구보고서.
오병수. 2017. 「역사교류」. 성균중국연구소 엮음. 『한중수교 25년사』. 서울: 성균관대학교출판부. pp. 169-187.
왕치엔. 2020. 「재한 유학 경험 중국인의 미래 거취에 영향을 주는 요인 분석」. 『현대사회와다문화』 10권 3호. pp. 57-79.
유경진 외. 2012. 「중국인들의 K-POP 이용이 한국과 한류에 대한 호감도에 미치는 영향」. 『한국언론정보학회』 65호. pp. 51-75.
유현정·주재우. 2017. 「한국의 사드배치 결정에 대한 중국의 대한(對韓) 경제보복과 한국의 대응방안」. 『세계지역연구논총』 35집 2호. pp. 167-186.

윤경우. 2009.「중국의 한류 수용양상: 선택적 수용, 저항 그리고 변용 및 주변화」.『중소연구』 32권 4호. pp. 99-129.

윤해연. 2016.「중국에서 한국학 교육의 역사와 현황 그리고 향후 전망」.『東方學志』 177집. pp. 399-426.

이남주. 2021.「문재인 정부 시기 한중 관계 평가: 전략적 협력동반자 관계는 지속 가능한가?」.『동향과전망』 112호. pp. 123-154.

이동률. 2016.「2015년 한·중 관계의 현주소와 대중국외교 과제」. 국립외교원 중국연구센터.『2015중국정세보고』. 서울: 역사공간. pp. 213-251.

______. 2017.「2016년 한·중 관계의 현황, 평가, 전망」. 국립외교원 중국연구센터.『2016중국정세보고』. 서울: 역사공간. pp. 219-259.

이동배. 2021.「중국 내 한류 콘텐츠 수용과정과 미래 발전방안에 대한 고찰」.『문화컨텐츠연구』 23호. pp. 117-150.

이석준·김경민. 2014.「서울시 조선족 밀집지 간 특성 분석과 정책적 함의」.『서울도시연구』 15(4). pp. 1-16.

이욱연. 2004.「두 개의 한류와 한중 문화 교류」.『철학과 현실』 통권 제62호. pp. 58-68.

______. 2021.「한중 사이 가치의 거리와 갈등에 대한 한국의 대응 전략 연구」.『중소연구』 44권 4호. pp. 7-49.

이장원. 2017.「시진핑 시대의 한중 관계: 사드 위기의 본질과 과제」.『현대중국연구』 19집 3호. pp. 45-84.

이지한. 2018.「한류를 바라보는 두 개의 시선 - 한국의 문화산업과 중국의 문화안보」.『中國學』 65집. pp. 357-378.

이춘호. 2014.「재한 중국동포의 정체성의 정치: 단체의 조식과 활동을 중심으로」.『아태연구』 21권 3호. pp. 143-180.

이효선·최정숙. 2021.「한중국제결혼 부부의 결혼생활 경험에 관한 질적 연구」.『한국가족복지학』 68권 3호. pp. 71-105.

이희옥. 2017.「한중 수교 25년의 성과와 새로운 도전」. 성균중국연구소 편.『한중 수교 25년사』. 서울: 성균관대학교 출판부. pp. 9-32.

이희옥·먼홍화 편. 2016.『동북아 정세와 한중 관계』. 서울: 성균관대학교 출판부.

임대근. 2022.「한-중 문화갈등의 발생 양상 연구」.『한중언어문화연구』 63집. pp. 203-222.

임영상. 2014.「심양 서탑 코리아타운의 변화와 민족문화축제」.『중국학연구』 70집. pp. 429-463.

장금·안외순. 2012.「한국과 중국의 문화 교류현황과 소프트파워—'한풍(漢風)''한류(韓流)'현상을 중심으로」.『동방학』 24집. pp. 289-322.

장수현. 2005.「한류와 동아시아의 초국가적 소통: 중국의 사례를 중심으로」.『국제학논총』 10집. pp. 27-47.

장신·박상희. 2017.「중국인의 한류문화콘텐츠 선호도가 한국 국가이미지와 방문의도에 미치는 영향」.『관광연구』 32권 1호. pp. 211-230.

전성흥. 2010.「한국과 중국의 사회문화 분야 교류: 현황, 평가, 제언」.『신아세아』 17권 2호. pp. 179-196.

전월매(田月梅). 2016.「'타자'와 경계: 한국영화에 재현되는 조선족 담론」.『겨레어문학』 56집. p. 167-195.

정재호. 2012.「대한민국과 중화인민공화국 간의 외교: 2012년, 1992년 그리고 1972년으로의 회고와 평가」.『중국근현대사연구』 56집. pp. 23-43.

______. 2021.『생존의 기로: 21세기 미·중 관계와 한국』. 서울: 서울대학교 출판문화원.

정종호. 2013.「왕징모델(望京模式): 베이징 왕징 코리아타운의 형성과 분화」.『중국학연구』 65집. pp. 433-460.

정종호·설동훈. 2020.『재중 한인타운의 형성과 발전: 베이징 왕징(望京) 한인타운을 중심으로』. 서울: 한국학술정보.

조운탁. 2013.「한국드라마가 중국시청자에게 미치는 영향」.『디지털영상학술지』 9권. pp. 143-158.

조의행. 2022.「MZ세대의 반중감정: 그 현황과 전망」.『역사와 융합』 10호. pp. 175-208.

조정래. 2018.「한한령의 전개와 문화콘텐츠 산업의 과제」.『중국학논총』 61집. pp. 335-359.

주성환·강진권. 2013.「한중경제확대의 정치적 효과」.『한중사회과학연구』 11권 1호. pp. 21-46.

최금해. 2010.「고학력 조선족 국제결혼 여성들의 한국생활에 관한 질적 연구」.『재외한인연구』 22호. pp. 139-173.

하영애. 2011.「한중교류활동과 지역사회발전 모색: 포항과 심천 간의 문화산업교류에 의한 사회적 실천을 중심으로」.『세계지역연구논총』 29집 1호. pp. 59-85.

한석희. 2018.「사드갈등과 한·중관계의 신창타이(新常态): 외교·안보를 중심으로」.『동서연구』 30권 1호. pp. 63-81.

황경아·홍지아. 2018.「재한 중국 유학생의 유학동기와 문화자본으로서의 취득학위의 가치 연구」.『한국언론정보학보』 91권. pp. 319-357.

황낙근. 2018.「반한류 정책이 중국 내 한류에 미치는 영향: 한국 TV드라마를 중심으로」.『한국엔터테인먼트산업학회논문지』 12권 6호. pp. 235-248.

황재호. 2020.「수교 이후 한중 관계의 평가와 신형관계를 위한 정책제언」.『아시아문화연구』 53집. pp. 187-209.

〈영문〉

Byun, See-Won. 2021. "Interdependence, Identity, and China-South Korea Political Relations: Asia's Paradox." *Asian Survey*, 61(3): 473-499.

Jeong, Jong-Ho. 2012. "Ethnoscapes, Mediascapes, and Ideoscapes: Socio-Cultural Relations between South Korea and China." *Journal of International and Area Studies*, 19(2): 77-95.

Lee, Ji-Young. 2020. "The Geopolitics of South Korea-China Relations: Implications for U.S. Policy in the Indo-Pacific. Santa

Monica." CA: RAND Corporation.
https://www.rand.org/pubs/perspectives/PEA524-1.html (검색일: 2022년 4월 11일).

Nye, Joseph S. Jr. 2004. *Soft Power: The Means to Success in World Politics*. New York: Public Affairs.

OECD. 2021. "China," *in International Migration Outlook 2021*, Paris: OECD Publishing.
https://www.oecd-ilibrary.org/social-issues-migration-health/international-migration-outlook_1999124x

Seo, Jungmin. 2007. "Interpreting Wangjing: Ordinary Foreigners in a Globalizing Town." *Korea Observer*, 38(3): 469-500.

Seol, Dong-Hoon and John D. Skrentny. 2009. "Ethnic Return Migration and Hierarchical Nationhood: Korean Chinese Foreign Workers in South Korea." *Ethnicities*, 9(2): 147-174.

Yang, Lijun and Yongnian Zheng. 2012. "Fen Qings (Angry Youth) in Contemporary China." *Journal of Contemporary China*, 32(76): 637-653.

〈중문〉

姜龙范. 2020.「文在寅执政前后影响中韩关系的核心议题及化解方策」.『东疆学刊』第4期. pp. 92-99.

董杜斌·王晓霞. 2018.「微时代"95后"学生政治价值取向的实证研究」.『中国青年社会科学』第37卷 第5期. pp. 52-59.

王茹. 2007.「台灣'兩岸族'的現狀, 心態與社會融入情況」.『台灣研究季刊』第97卷 第3期. pp. 19-27.

李国强. 2004.「"东北工程"与中国东北史的研究」.『中国边疆史地研究』第14卷 第4期. pp. 1-6.

李军. 2021.「文在寅政府对华政策立场动摇剖析」.『和平与发展』第5期. pp. 104-117.

李成日. 2018.「中国对朝鲜半岛政策与新时代中韩关系的发展」.『当代韩国』第1期. pp. 71-80.
丁小文. 2019.「中国网络民族主义发展分析和引导策略——从"网络愤青""自干五"到"小粉红"」.『北京青年研究』第3期. pp. 53-60.
赵立新. 2020.「中韩关系: 能否迎来"第二个春天"?」.『延边大学学报(社会科学版)』第53卷 第2期. pp. 5-15.
陈连山. 2011.「从端午节争端看中韩两国的文化冲突」.『民间文化论坛』第3期. pp. 12-18.

〈통계자료〉

교육부. 연도별 "국외 한국인 유학생 현황"
https://www.moe.go.kr/boardCnts/view.do?boardID=350&boardSeq=12338&lev=0&searchType=S&statusYN=W&page=2&s=moe&m=0309&opType=N (최종 검색일: 2022. 7. 27).
교육부. 연도별 "외국인 유학생 현황"
https://www.moe.go.kr/boardCnts/viewRenew.do?boardID=350&boardSeq=12341&lev=0&searchType=null&statusYN=C&page=1&s=moe&m=0309&opType=N (최종 검색일: 2022. 7. 27).
교육통계서비스. 연도별「교육통계연보」.
https://kess.kedi.re.kr/publ/list?survSeq=2002&menuSeq=0&division=&itemCode=02 (최종 검색일: 2022. 7. 27).
문화셈터(문화체육관광부 공식 통계 웹사이트). "콘텐츠산업통계조사".
https://stat.mcst.go.kr/portal/main (최종 검색일: 2022. 7. 27).
법무부.「출입국·외국인정책 통계연보」.
https://www.index.go.kr/potal/stts/idxMain/selectPoSttsIdxMainPrint.do?idx_cd=2819&board_cd=INDX_001 (검색일:2022. 3. 12).
외교부. 2021.「재외동포현황 2021」.
https://www.mofa.go.kr/www/brd/m_4075/view.do?seq=368682 (검색

일: 2022. 3. 12).
커리어넷(교육부 지원 사이트). 「학과정보」.
https://www.career.go.kr/cnet/front/base/major/FunivMajorList.do (검색일: 2022. 5. 12).
한국관광 데이터랩. 2022. 「2022년 5월 기준 국민 해외관광객 주요 목적지별 통계」.
https://datalab.visitkorea.or.kr/site/portal/ex/bbs/View.do?cbIdx=1127&bcIdx=301174&pageIndex=1&tgtTypeCd=&searchKey=&searchKey2=&tabFlag=N&subFlag=N&cateCont=spt04 (최종 검색일: 2022. 7. 12).
한국관광공사. 2020. 「1984-2018출입국국가별월별통계」.
https://kto.visitkorea.or.kr/viewer/view.kto?id=68225&type=bd (검색일: 2022. 3. 12).
한국교육개발원. 「교육통계센터」.
http://cesi.kedi.re.kr/index.jsp (검색일:2022. 3. 12).
한국콘텐츠진흥원. 연도별 「콘텐츠산업통계」.
한국콘텐츠진흥원. 연도별 「해외콘텐츠시장 동향조사」.

제7장 한중 문화 갈등 30년

〈국문〉

김도희. 2007. 「한중 문화 교류의 현황과 사회적 영향」. 『현대중국연구』. 제29집 2호. pp. 313-342.
김도희·왕샤오링. 2015. 『한중문화 교류: 현황과 함의 그리고 과제』. 서울: 폴리테이아.
김선영·이도형. 2022. 「역사공정 이어 김치 한복공정까지…中 횡포에 저자세 외교로 상황 악화」. 『세계일보』. 2월 9일.
김한규. 1999. 『한중 관계사1』. 서울: 민음사.

노남중. 2016. 「한중문화 교류의 특징」. 『지역발전연구』. 제14권 1호. pp. 88-115.

노우리. 2020. 「중 김치 국제표준 됐다? 농식품부 '김치 아닌 파오차이' 반박」. 『이투데이』. 11월 29일.

백영서. 2013. 「중국의 '동북공정'과 한국인의 중국인식의 변화」. 『중국근현대사연구』. 58집. pp. 55-85.

신경진. 2011. 「뜨거운 한중 간 역사 문화 논쟁, 차갑게 바라보기」 정재호(편). 『중국을 고민하다』. 서울: 삼성경제연구소. pp. 25-45.

유상철. 2011. 「중국 환구시보의 정치학」. 『관훈저널』. 118호. pp. 179-185.

유석재. 2022. 「고대사 김치 한복…중 대놓고 '문화 공정'」. 『조선일보』. 2월 7일.

유재기. 2009. 『수교 이후 한중문화 교류사』. 서울: 대가.

윤여탁. 2015. 「한중 문화 교류의 성과와 지평의 확대」. 『한중인문학연구』. 48집. pp. 1-20.

윤휘탁. 2007. 「한중 역사논쟁과 역사화해」. 『중국사연구』 51집. pp. 325-357.

이광수. 2016. 「한중 신문 보도 프레임 연구: 민족주의 정서를 중심으로」. 『인문사회과학연구』. 52호. pp. 97-116.

이오성. 2021. 「중국의 모든 것을 싫어하는 핵심집단, 누굴까?」. 『시사인』. 6월 17일.

이정원·공정배·김용범. 2012. 「아리랑의 유네스코 세계문화유산 목록 등재로 비롯된 한중 문화 갈등 배경 연구: 중국 조선족 문화의 이중정체성을 중심으로」. 『한민족문화연구』. 제40집. pp. 409-440.

이지한. 2018. 「한류를 바라보는 두 개의 시선: 한국의 문화산업과 중국의 문화안보」. 『중국어와문학』. 65호. pp. 357-378.

이창명·한민선·오진영. 2021. 「모두 중국 것? 中 문화동북공정으로 자극… 정부, 적극 대응해야」. 『머니투데이』. 4월 10일.

이현우. 2021. 「중국이 김치공정 억지까지 부리는 이유」. 『아시아경제』. 1월

3일.
이희옥. 2017.『한중 수교 25년사』. 서울: 성균관대학교 출판부.
임대근. 2012.「한중 문화 갈등의 발생 구조와 대응 방안」.『한국사회과학연구』. 10권 3호. pp. 71–95.
_____. 2022.「한–중 문화 갈등의 발생 양상 연구」.『한중언어문화연구』. 제63집. pp. 203–221.
정광호. 2009.『한국이 싫다』, 서울: 매일경제신문사.
정재서. 2011.「오래된 미래, 동아시아 문화공동체를 향하여: 한중 문화 갈등의 극복방안」.『중국어문학지』. 37호. pp. 531–547.
정재호·김애경·신경진·신상진·조영남. 2011.『중국을 고민하다』. 서울: 삼성경제연구소.
조영남. 2011.「인권과 법치, 발전모델 경쟁까지 한·중 간 규범과 가치관 차이가 부르는 충돌」. 정재호(편저).『중국을 고민하다: 한·중 관계의 딜레마와 해법』. 서울: 삼성경제연구소. pp. 117–164.
최태훈. 2021.『환구시보가 촉발한 김치논쟁 비판적 담화분석: 기획된 문화전쟁 양상을 중심으로」.『비교문화연구』. 62집. pp. 393–425.
한국국제문화교류진흥원. 2020.『한류백서 2020』.
한국콘텐츠진흥원. 2022.『콘텐츠산업 통계(2011~21)』.
한중미래비전포럼. 2022.『한중 관계30년 성과와 미래비전 연구』.
홍정륜. 2021.「강릉 단오제의 세계무형유산 등재 관련 한중 갈등의 발전적 전환과 응용」.『현대중국』. 23권 3호. pp. 215–245.
황태연. 2021.「중국의 문화강국 전략과 한중 문화 갈등」.『성균중국브리프』. 9권 3호. pp. 40–48.

〈중문〉
金勇范·金麗·申浩. 2015.「從朝鮮族雙重文化本體性看中韓文化糾紛」.『重慶理工大學學報(社會科學)』. 2015年 29卷 6期. pp. 7–13.
梁亮. 2018.『韓流粉絲身分生産的衝突與平衡』. 浙江: 浙江工業大學碩

士學位論文.
呂婉琴. 2021.「粉絲民族主義與中韓關係的嬗變」.『外交評論』. 2021年第1期. pp. 70-99.
石源華. 2009.「中韓民間文化衝突的評估: 解因和應對」.『當代韓國』夏季號. pp. 39-42.
尹鴻. 2008.「韓流在中國遭遇寒流的一點思考」.『大衆電影』. 2008年9期. pp. 1-2.
曾曉慧·張玉川·王丹. 2015.「對韓民族主義事件中的文化誤讀現像思考」.『當代韓國』2015年 1期. pp. 87-88.
夏曉莉. 2014.「從文化之爭探討中國民間嫌韓情緒的解決之道」.『經濟研究導刊』23期(總241期). pp. 294-295.
胡智鋒·張國濤.「日韓電視劇在中國的傳播及其審美文化思考」.『2005東北亞傳播學國際研討會:東北亞的文化交流論文提要集』(2005. 8). https://www.doc88. com/p-03247077693733.html?r=1(검색일: 2022. 5. 18).

제8장 한중 관계 30년의 분석과 평가

〈국문〉

21세기평화연구소 편. 2022.『한중 수교 30년』. 서울: 화정평화재단.
강준영. 2017.「한·중수교 25년: '신창타이' 시대의 도래」.『중국학연구』. 82집. pp. 203-227.
김경일·전재우. 2012.「한·중 관계 20년: 회고와 전망 – 중국의 시각에서」.『국방정책연구』제28권 제1호. pp. 45-66.
김동엽. 2017.「사드 한반도 배치의 군사적 효용성과 한반도 미래」.『국제정치논총』. 57집 2호. pp. 291-327.
김상규. 2017.「중국인의 대한국 인식 변화와 사드」.『중소연구』. 41권 4호. pp. 7-40.

김아린·정혜선. 2022. 「세계 수출시장 1위 품목으로 본 우리 수출의 경쟁력 현황(2020년 기준)」. 『Trade Focus』. 3호. 한국무역협회 국제무역통상연구원(IIT).

김애경. 2011. 「한·중 간에 존재하는 잠재적 영토 및 해양경계 획정 문제」. 정재호 편저(2011). pp. 269−317.

김열수. 2012. 「미국의 신국방전략과 한국의 대비 전략」. 『국가전략』. 제18권 2호. pp. 171−194.

김재철. 2011. 「미−중관계의 변화와 한국의 외교전략」. 『중소연구』. 제35권 제3호. pp. 147−172.

______. 2017. 「미−중관계와 한국 대미편승전략의 한계: 사드배치의 사례를 중심으로」. 『한국과 국제정치』. 33권 3호. pp. 1−31.

김준형. 2012. 「G2 관계 변화와 미국의 대중정책의 딜레마」. 『국가전략』. 제18권 1호. pp. 5−26.

김태호. 2009. 「한·중 관계의 명(明)과 암(暗): 다층적 맥락 및 한미동맹을 중심으로」. 백권호 편저. 『미래지향적인 한·중 관계: 소통과 성찰』. 서울: 폴리테이아. pp. 21−60.

김한권. 2022. 「한중, 미중 사이 '약한 고리' 벗어야」. 21세기평화연구소 편(2022). pp. 148−161.

김흥규. 2012. 「정치·외교」. 이희옥·차재복 외(2012). pp. 33−53.

______. 2022. 「중국, 북핵은 대미 전략 경쟁의 지렛대」. 21세기평화연구소 편(2022). pp. 259−271.

박병광. 2007. 「한·중 관계 15년의 평가와 과제: 외교·안보적 측면을 중심으로」. 『국방정책연구』. 가을. pp. 135−156.

______. 2019. 「한·중 관계 상호 인식 및 현황과 협력 방향: 비핵화와 미중 분쟁 이슈를 중심으로」. 『한국국가전략』. 11호. pp. 33−60.

______. 2020. 『시진핑 시기 북중관계에 대한 평가와 전망』. 서울: 국가안보전략연구원.

박창희. 2012. 「한중 수교 20년과 한중 군사 관계 발전: 회고와 전망」. 『중소연구』. 제36권 제1호. pp. 17−43.

______. 2017.「2016년 중국의 군사: 국방개혁을 중심으로」. 국립외교원 중국연구센터.『2016중국정세보고』. 서울: 역사공간. pp. 371−418.

박철희. 2022.「한중 30년과 중일 50년, 같은 점과 다른 점」. 21세기평화연구소 편(2022). pp. 315−347.

박한진. 2022.「한중, 이제 코피티션(Coopetition) 시대」. 21세기평화연구소 편(2022). pp. 117−130.

박홍서. 2020.『미중 카르텔: 갈등적 상호 의존의 역사』. 서울: 후마니타스.

배영자. 2019.「미중 기술패권경쟁: 반도체·5G·인공지능 부문을 중심으로」. EAI 이슈브리핑.

백영서. 2013.「중국의 '동북공정'과 한국인의 중국인식의 변화: 대중과 역사학계에 미친 영향을 중심으로」.『중국근현대사연구』. 58호. pp. 55−85.

______. 2021.「한국인의 눈에 비친 중국근현대사」. 배경한 책임 편집.『중국근현대사 강의(개정판)』. 파주: 한울. pp. 373−399.

서동혁·조은교. 2018.「한·중 신산업 정책 동향 및 경쟁력 비교와 협력 방향」.『KIET 산업경제』. 산업연구원(KIET).

서울대 아시아연구소 미중관계연구센터 (편). 2017.『미중 사이 한국의 딜레마: 사례와 평가』. (도서출판) 코보.

서진영. 2006.『21세기 중국 외교정책: '부강한 중국'과 한반도』. 서울: 폴리테이아.

______. 2012.「한·중 관계 20년: 회고와 전망 – 한국의 시각에서」.『국방정책연구』. 제28권 제1호. pp. 0−43.

______. 2022.「걸어온 길, 나아갈 길」. 21세기평화연구소 편(2022). pp. 12−24.

성균중국연구소 엮음. 2017.『한중 수교25년사』. 서울: 성균관대학교 출판부.

손영주. 2022.「중국 과학논문, 질적 측면 미국 추월: KISTI, 〈글로벌 미중 과학기술경쟁 지형도〉 보고서 발간」(보도자료). 한국과학기술정보연구원(KISTI).

송지연. 2020. 「사드(THAAD) 배치를 둘러싼 한국과 중국의 정치적 갈등이 경제 관계에 미치는 영향」. 『한국과 국제정치』. 36권 3호. pp. 133−168.
수미 테리. 2022. 「'강한 외교 전략', 한국에 주는 조언」. 21세기평화연구소 편(2022). pp. 286−301.
신경진. 2011. 「뜨거운 한·중 간 역사·문화 논쟁, 차갑게 바라보기」. 정재호 편저(2011). pp. 23−71.
신봉섭. 2022. 「'전략적 공색'으로 진화한 북중」. 21세기평화연구소 편(2022). pp. 222−243.
신상진. 2011. 「중국 외교안보 전략의 자산, 북한과 북핵을 읽는 중국의 독법」. 정재호 편저(2011). pp. 165−222.
신종호. 2022. 「한중 관계 30년 평가와 한국 신정부의 대중국정책 전망」. 『국가전략』. 28권 2호 (여름호). pp. 7−34.
신종호 외. 2021. 『미중 전략 경쟁과 한국의 대응: 역사적 사례와 시사점』. 통일연구원.
______. 2017. 「북중관계」. 성균중국연구소 엮음(2017). pp. 189−214.
아마코 사토시 지음. 이용빈 옮김. 2014. 『중국과 일본의 대립』. 파주: 한울.
양평섭. 2012. 「무역·투자」. 이희옥·차재복 외(2012). pp. 91−125.
______. 2015. 「대외경제정책(한중 경제 관계)」. 국립외교원 중국연구센터. 『2015중국정세보고』. 서울: 역사공간. pp. 253−306.
______. 2017a. 「무역·투자」. 성균중국연구소 엮음(2017). pp. 75−97.
______. 2017b. 「대외경제정책(한중 경제 관계): 2016년도 한중 경제협력 평가와 과제」. 국립외교원 중국연구센터. 『2016중국정세보고』. 서울: 역사공간. pp. 261−312.
______. 2020. 「최근 대중국 수출 급감의 원인과 과제」. 『KIEP 오늘의 세계경제』. 20권 19호.
______. 2022. 「대중 견제, 한국경제의 고민과 전략」. 21세기평화연구소 편(2022). 서울: 화정평화재단. pp. 192−206.
연원호 외. 2020a. 「첨단 기술을 둘러싼 미중 간 패권 경쟁 분석」. 『KIEP 오늘의 세계경제』. 20권 18호.

______. 2020b. 『미중 간 기술패권 경쟁과 시사점』. 대외경제정책연구원(KIEP).

오병수. 2017. 「역사교류」. 성균중국연구소 엮음(2017). pp. 169–187.

오종혁. 2021. 「미중 기술패권 경쟁의 최근 동향」. 『Focus (MSOS)』. No. 83.

우완영. 2019. 「사드 갈등 이후 중국의 한국에 대한 인식」. 『JPI 정책포럼』(제주평화연구소).

유현정·주재우. 2017. 「한국의 사드배치 결정에 대한 중국의 대한(對韓) 경제보복과 한국의 대응방안」. 『세계지역연구논총』. 35집 2호. pp. 167–186.

은종학. 2021. 『중국과 혁신: 맥락과 구조, 이론과 정책 함의』. 파주: 한울아카데미.

이동률. 2006. 「한·중 정치관계의 쟁점과 과제」. 전성흥·이종화 편. 『중국의 부상: 동아시아 및 한·중 관계에의 함의』. 서울: 오름. pp. 227–277.

______. 2014. 「한·중 관계의 현황과 과제 그리고 대안」. 국립외교원 중국연구센터. 『2013중국정세보고』. 서울: 웃고문화사. pp. 135–167.

______. 2015. 「중국 주변외교의 진화와 한·중 관계」. 국립외교원 중국연구센터. 『2014중국정세보고』. 서울: 역사공간. pp. 187–228.

______. 2016. 「2015년 한·중 관계의 현주소와 대중국외교 과제」. 국립외교원 중국연구센터. 『2015중국정세보고』. 서울: 역사공간. pp. 213–251.

______. 2017a. 「2016년 한·중 관계의 현황, 평가, 전망」. 국립외교원 중국연구센터. 『2016중국정세보고』. 서울: 역사공간. pp. 219–259.

______. 2017b. 「정치외교」. 성균중국연구소 엮음(2017). pp. 33–55.

______. 2022. 「눈은 돌리고 마음은 틀어지고, 왜?」. 21세기평화연구소 편(2022). pp. 86–101.

이상국. 2017. 「국방·군사」. 성균중국연구소 엮음(2017). pp. 57–73.

이상현. 2022. 「한미 동맹과 자강, 안보의 두 기둥」. 21세기평화연구소 편(2022). pp. 177–191.

이장원·홍우택. 2008. 「중국의 문화적 팽창주의: 동북아질서에 대한 중국의 의도 분석」. 『국제정치논총』. 48권 2호. pp. 33–52.

이희옥. 2008. 「역사문제와 한·중 관계: 동북공정을 중심으로」. 전성흥·이종화 편. 『중국의 부상: 동아시아 및 한·중 관계에의 함의』. 서울: 오름. pp. 303–338.

______. 2012. 「한중 수교 20년 과거, 현재, 미래: 미래지향적 한·중 관계의 발전을 위해」. 이희옥·차재복 외(2012). pp. 17–29.

______. 2017. 「한중 수교 25년의 성과와 새로운 도전」. 성균중국연구소 엮음(2017). pp. 9–32.

______. 2022. 「옷소매 한 자락의 한중」. 21세기평화연구소 편(2022). pp. 43–58.

이희옥·차재복 외. 2012. 『1992–2012 한·중 관계 어디까지 왔나: 성과와 전망』. 서울: 동북아역사재단.

임대근. 2012. 「대중문화 교류」. 이희옥·차재복 외(2012). pp. 159–183.

______. 2017. 「대중문화」. 성균중국연구소 엮음(2017)부. pp. 121–144.

전재성. 2022. 「미중 경쟁 틈 파고드는 북핵」. 21세기평화연구소 편(2022). pp. 162–176.

정재호 편저. 2011. 『중국을 고민하다: 한·중 관계의 딜레마와 해법』. 서울: 삼성경제연구소.

정재호. 2011a. 『중국의 부상과 한반도의 미래』. 서울: 서울대학교출판문화원.

______. 2011b. 「중국도 미국만큼: '전략동맹'과 '전략적 파트너십' 사이에서」. 정재호 편저(2011). pp. 223–268.

______. 2021. 『생존의 기로: 21세기 미중 관계와 한국』. 서울: 서울대학교출판문화원.

정재호·김애경·주장환·최명해. 2011. 「한반도 통일에 대한 중국의 지지는 가능할 것인가?」. 정재호 편저(2011). pp. 319–358.

조영남. 2006. 『후진타오 시대의 중국정치』. 파주: 나남.

______. 2011a. 「한·중 관계의 발전추세와 전망: 바람직한 중국 정책을 위한 시론」, 『국제지역연구』. 제20권 제1호. pp. 89-123.

______. 2011b. 「인권과 법치, 발전모델 경쟁까지 한·중 간 규범과 가치관 차이가 부르는 충돌」. 정재호 편저(2011). pp. 117-164.

______. 2012. 「한·중 간 20년의 외교안보 관계 분석: 북중동맹과 한미동맹을 중심으로」. 『국제지역연구』. 21권 4호. pp. 1-25.

______. 2013. 『중국의 꿈: 시진핑 리더십과 중국의 미래』. 서울: 민음사.

조철 외. 2020. 『중국 산업구조 고도화에 따른 한·중 경쟁력 변화와 대응전략』. 대외경제정책연구원(KIEP).

주장환. 2011. 「마늘에서 자동차까지…한·중 간 경제적 마찰에서 얻어야 할 교훈」. 정재호 편저(2011). pp. 73-116.

주재우. 2017. 『한국인을 위한 미중관계사: 6·25 한국전쟁에서 사드 갈등까지』. 파주: 경인문화사.

______. 2018. 『팩트로 읽는 미중의 한반도 전략』. 파주: 종이와 나무.

______. 2022a. 『북미관계, 그 숙명의 역사』. 서울: 경계.

______. 2022b. 「중국 눈에 한국이 없나」. 21세기평화연구소 편(2022). pp. 86-116.

지만수. 2012. 「경제협력」. 이희옥·차재복 외(2012). pp. 73-89.

______. 2017. 「경제협력」. 성균중국연구소 엮음(2017). pp. 99-120.

차재복. 2012. 「역사·문화」. 이희옥·차재복 외(2012). pp. 185-221.

하도형. 2008. 「한·중 국방교류의 확대와 제한요인에 관한 연구: 한·중의 대북 인식요인을 중심으로」. 『현대중국연구』. 제9집 제2호. pp. 3-35

한석희. 2022. 「노태우 정부부터 문재인 정부까지, 7인7색 대중외교」. 21세기평화연구소 편(2022). pp. 59-73.

현대경제연구원. 2013. 「한·중 과학기술 경쟁력 비교와 시사점: 중국이 한국을 앞지르고 있다!」. 『경제주평(Weekly Economic Review)』. 통권 524호.

황재호. 2012. 「안보·국방」. 이희옥·차재복 외(2012). pp. 55-72.

황지환. 2017. 「진보 대 보수의 대북정책, 20년 이후」. 『통일정책연구』. 26권 1호. pp. 29-49.

〈영문〉

Blinken, Antony J. 2022. "The Administration's Approach to the People's Republic of China." George Washington University Speech. http://www.state.gov (검색일: 2022.5.29.).

Clinton, Hillary. 2011. "America's Pacific Century." *Foreign Policy*. http://www.foreignpolicy.com (검색일: 2011. 10. 28).

Chu, Yun-han. Liu Kang and Min-hua Huang. 2015. "How East Asians View the Rise of China." *Journal of Contemporary China*. Vol. 24, No. 93. pp. 398-420.

Dreyer, Tune Feufel. 2012. "The Shifting Triangle: Sino-Japanese-American relations in stressful times." *Journal of Contemporary China*. Vol. 21, No. 75. pp. 409-426.

Fitriani, Evi. 2021. "Linking the impacts of perception, domestic politics, economic engagements, and the international environment on bilateral relations between Indonesia and China in the onset of the 21th century." *Journal of Contemporary East Asia Studies*. Vol. 9, No. 1. pp. 182-202.

Goldstein, Avery. 2001. "The Diplomatic Face of China's Grand Strategy: A Rising Power's Emerging Choice." *China Quarterly*. No. 168. pp. 835-864.

__________. 2005. *Rising to the Challenge: China's Grand Strategy and International Security*. Stanford: Stanford University Press.

__________. 2020. "China's Grand Strategy under Xi Jinping: Reassurance, Reform, and Resistance." *International Security*. Vol. 45, No. 1. pp. 164-201.

Hai, Do Thanh. 2021. "Vietnam and China: Ideological bedfellows, strange dreamers." *Journal of Contemporary East Asia Studies*. Vol. 10, No. 2. pp. 162–182.

Hu, Weixing. 2019. "Xi Jinping's 'Major Country Diplomacy': The Role of Leadership in Foreign Policy Transformation." *Journal of Contemporary China*. Vol. 28, No. 115. pp. 1–14.

Hwang, Jaeho. 2021. "The continuous but rocky developments of Sino–South Korean relations: Examined by the four factor model" *Journal of Contemporary East Asia Studies*. Vol. 10, No. 2. pp. 218–229.

Iriye, Akira. 1996. "Chinese–Japanese Relations, 1945–1990." Christoper Howe (ed.). *China and Japan: History, Trends, and Prospects*. Oxford: Clarenon Press. pp. 46–59.

Koga, Kei. 2016. "The Rise of China and Japan's Balancing Strategy." *Journal of Contemporary China*. Vol. 25, No. 101. pp. 777–791.

Lai, Christina. 2020. "A Coercive Brotherhood: Sino–Vietnamese Relations from the 1990s to 2018." *Journal of Contemporary China*. Vol. 29, No. 123. pp. 469–486.

Lam, Peng Er. 2021. "Singapore–China relations in geopolitics, economics, domestic politics and public opinion: An awkward "special relationship"?" *Journal of Contemporary East Asia Studies*. Vol. 10, No. 2. pp. 203–217.

Lampton, David M. 2001. *Same Bed Different Dreams: Managing U.S.-China Relations 1989-2000*. Berkeley: University of California Press.

Lee, Min–gyu and Yufan Hao. 2018. "China's Unsuccessful Charm Offensive: How South Koreans have Viewed the Rise of China Over the Past Decade." *Journal of Contemporary China*. Vol. 27, No. 114. pp. 867–886.

Lin, Zhimin. 2019. "Xi Jinping's 'Major Country Diplomacy': The Impacts of China's Growing Capacity." *Journal of Contemporary China*. Vol. 28, No. 115. pp. 31–46.

Marukawa, Tomoo. 2021. "Dependence and competition: Trade relationship between Asian countries and China." *Journal of Contemporary East Asia Studies*. Vol. 10, No. 2. pp. 246–261.

Mochizuki, Mike. 2005. "China–Japan Relations: Downward Spiral or a New Equilibrium?" David Shambaugh (ed.). *Power Shift: China and the Asia's New Dynamics*. Berkeley: University of California Press. pp. 135–150.

Moon, Chung-in. 2011. "Between Principle and Pragmatism: What Went Wrong with the Lee Myung-bak Government's North Korean Policy?" *Journal of International and Area Studies*. Vol. 18, No. 2. pp. 1–22.

Nathan, Andrew J. 2022. "What Exactly Is America's China Policy?" *Foreign Policy*. Spring. pp. 32–39.

Nathan, Andrew J. and Boshu Zhang. 2022. " 'A Shared Future for Mankind': Rhetoric and Reality in Chinese Foreign Policy under Xi Jinping." *Journal of Contemporary China*. Vol. 31, No. 133. pp. 57–71.

Office of the Secretary of State. 2020. "The Elements of the China Challenge."

Pew Research Center. 2021. "China's international image remains broadly negative as views of the U.S. rebound."

Saunders, Phillip C. et al. (eds.). 2019. *Chairman Xi Remakes the PLA: Assessing Chinese Military Reforms*. Washington D.C.: National Defense University Press.

Self, Benjamin. 2002. "China and Japan: A Facade of Friendship." *Washington Quarterly*. Vol. 26, No. 1. pp. 77–88.

Silver, Laura. Kat Devlin and Christine Huang. 2021. "Large Majorities Say China Does Not Respect the Personal Freedoms of Its People." Pew Research Center. www.pewresearch.org (검색일: 2021.7.3).

Sonoda, Shigeto. 2021. "Asian Views of China in the age of China's rise: Interpreting the results of pew survey and Asian students survey in chronological and comparative perspectives, 2002–2019." *Journal of Contemporary East Asia Studies*. Vol. 10, No. 2. pp. 262–279.

Suettinger, Robert L. 2003. "*Beyond Tiananmen: The Politics of U.S.-China Relations 1989-2000*." Washington D.C.: Brookings Institution Press.

Sutter, Robert G. 2002. "China and Japan: Trouble Ahead?" *Washington Quarterly*. Vol. 25, No. 4. pp. 37–49.

_________. 2010. "*U.S.-Chinese Relations: Perilous Past, Pragmatic Present*." Lanham: Rowman & Littlefield Publishers.

U.S. Department of Defense. 2012. Sustaining U.S. *Global Leadership: Priorities for 21st Century Defense*.

Wan, Ming. 2006. "*Sino-Japanese Relations: Interaction, Logic and Transformation*." Stanford: Stanford University Press.

Wang, Jianwei. 2019. "Xi Jinping's 'Major Country Diplomacy': A Paradigm Shift?." *Journal of Contemporary China*. Vol. 28, No. 115. pp. 15–30.

White House. 2020. "United States's Strategic Approach to the People's Republic of China."

_________. 2021. "Interim National Security Strategic Guidance."

_________. 2022. "Indo-Pacific Strategy of the United States."

Xie, Yu and Yongai Jin. 2022. "Global Attitudes toward China: Trends and Correlates." *Journal of Contemporary China*. Vol. 31, No. 133. pp.

1–16.

Yang, Florence. 2019. "Asymmetrical Interdependence and Sanction: China's Economic Retaliation over South Korea's THAAD Deployment." Issues & Studies. Vol. 55, No. 4. DOI: 10.1142/S1013251119400083.

KI신서 10509
한중 수교 30년, 평가와 전망

1판 1쇄 인쇄 2022년 11월 28일
1판 1쇄 발행 2022년 12월 12일

지은이 서울대학교 국제학연구소 기획, 정종호 편
펴낸이 김영곤
펴낸곳 (주)북이십일 21세기북스

인문기획팀장 양으녕 **인문기획팀** 이지연 최유진
디자인 푸른나무디자인
출판마케팅영업본부장 민안기
마케팅1팀 배상현 한경화 김신우 강효원
영업팀 최명열
e-커머스팀 장철용 김다운
제작팀 이영민 권경민

출판등록 2000년 5월 6일 제406-2003-061호
주소 (10881) 경기도 파주시 회동길 201(문발동)
대표전화 031-955-2100 **팩스** 031-955-2151 **이메일** book21@book21.co.kr

ISBN 978-89-509-4288-5 93340